中國古代史學叢書

三國志集解

［晉］陳壽 撰 ［南朝宋］裴松之 注

盧弼 集解 錢劍夫 整理

柒

上海古籍出版社

吴書一

三國志四十六

孫破虜討逆傳第一〔一〕

〔一〕潘眉曰：「吴書有本紀，故孫晧欲爲父和立本紀，韋昭執以和不登帝位，宜名爲傳。陳壽修志，乃悉改爲傳。」劉咸炘曰：「尚氏云：堅討黄巾功大，使張温聽堅誅董卓，則漢不致亂，使諸郡如堅討董卓，則長安不至遷，此壽所以題爲孫破虜而詳序其起義兵、拒和親、修漢陵諸事，評以有忠壯之烈也。按堅固當表章，然題破虜則非爲此。堅、策在吴，本有帝王之追號，而是書不題權、亮等爲帝，又不直題其名，而稱主，故于堅、策亦題其生前之官。若如尚氏言，策題討逆，又何功乎？」沈均璿曰：「既云吴書，而武烈、桓王俱通篇稱名，與臣下一律，似非體。若標題稱破虜、討逆，或猶可。」

孫堅字文臺，吴郡富春人，〔一〕蓋孫武之後也。〔二〕

吴書曰：堅世仕吴，家于富春，葬于城東，冢上數有光怪，雲氣五色，上屬於天，曼延數里。衆皆往觀視，父老相謂曰：「是非凡氣，孫氏其興矣。」及母懷妊堅，夢腸出繞吴閶門，寤而懼之，以告鄰母。鄰母曰：「安知非吉徵也？」〔三〕堅生容貌不凡，性闊達，好奇節。

少爲縣吏。年十七，〔四〕與父共載船至錢唐。〔五〕會海賊胡玉等從匏里上掠取賈人財物，〔六〕方於岸上分之，行旅皆住船，不敢進。堅謂父曰：「此賊可擊，請討之。」父曰：「非爾所圖也。」堅行操刀上岸，以手東西指麾，若分部人兵，以羅遮賊狀。賊望見，以爲官兵捕之，即委財物散走。堅追，斬得一級以還。父大驚，由是顯聞。府召署假尉。會稽妖賊許昌起於句章，〔七〕自稱陽明皇帝，

靈帝紀曰：昌以其父爲越王也。〔八〕

與其子韶扇動諸縣，衆以萬數。〔九〕堅以郡司馬募召精勇，得千餘人，與州郡合討破之。〔一〇〕是歲，熹平元年也。〔一一〕刺史臧旻列上功狀，〔一二〕詔書除堅鹽瀆丞，〔一三〕數歲，徙盱眙丞，〔一四〕又徙下邳丞。〔一五〕

江表傳曰：堅歷佐三縣，所在有稱，吏民親附。鄉里知舊，好事少年，往來者常數百人，堅接撫待養，有若子弟焉。

〔一〕漢書地理志：「會稽郡富春。」郡國志：「揚州吴郡富春。」孫權傳：「黄武五年，置東安郡，郡治富春，以全琮爲太守。七年，罷東安郡。」宋書州郡志：「吴郡太守、富陽令，漢舊縣，本曰富春。晉簡文鄭太后諱春，孝武改曰富陽。」水經漸江水注：「浙江又東北入富陽縣，故富春也。晉后名春，改曰富陽也。浙江又東北逕富春縣南，江南有山，孫武皇之先所葬也。漢末，墓上有光如雲氣屬天。黄武五年，孫權以富春爲東安郡。浙江又東北逕亭山西，山上有孫權父冢。」元和志：「富陽縣東北去杭州七十三里，本漢富春縣。晉孝武太元中，避鄭太后諱，改春爲陽。」一統志：「故城在今浙江杭州府富陽縣治西北隅。」楊守敬曰：「水經漸江水注云：山上有孫權父冢，權字爲堅字之訛。」

若是權父，則直稱孫堅冢。蓋鍾名晦而堅名顯也。」弼按：孫策傳：堅薨，還葬曲阿。吴録云：尊堅廟曰始祖，墓曰高陵。孫權傳：太元元年，吴高陵松柏斯拔。晉陽秋：惠帝元康中，吴令謝詢表爲孫氏二君墓置守冢五人。吴地記：盤門東北二里，有孫堅及孫策墳。一統志：孫王墓在江蘇蘇州府吴縣南。按據各書所載，文臺初葬曲阿，後遷葬吴。楊氏謂水經漸江水注當作堅父冢，誠無疑矣。

〔二〕史記孫武傳：「孫子武者，齊人也。以兵法見於吴王闔廬。闔廬以爲將，西破彊楚入郢，北威齊、晉，顯名諸侯，孫子與有力焉。」裴駰曰：「越絶書云：吴縣巫門外大冢，孫武冢也。去縣十里。」弼按：孫武之後，傳於吴越，當原於此。互見胡綜傳。宋書符瑞志上云：「孫堅之祖名鍾，家在吴郡富春，獨與母居，性至孝。遭歲荒，以種瓜爲業。忽有三少年詣鍾乞瓜，鍾厚待之。三人謂鍾曰：此山下善，可作冢，葬之當出天子。君可下山百步許，顧見我去，即可葬也。鍾去三十步，便反顧，見三人並乘白鶴飛去。鍾死，即葬其地。地在縣城東，冢上數有光怪，雲氣五色，上屬天，衍數里。父老相謂，此非凡氣，孫氏其興矣。」御覽卷五百五十九引幽明録所載孫鍾事略同。潘眉曰：「陳志不詳破虜父祖名字，裴注亦略之。」趙一清曰：「張習孔雲谷臥餘云：劉敬叔異苑載堅父名鍾，因施瓜供異人，而獲吉地。敬叔，劉宋時人，而宋書以鍾爲堅祖，與幽明録同。一清案，此傳不稱父名，似當依異苑以鍾爲堅父。寰宇記卷九十三謂堅居陽平山，其祖種瓜於此。郡縣志謂堅其玄孫，恐非。」鄭蘇年曰：「蓋孫武之後，乃疑詞，與魏武紀前云曹參之後，後云莫能審其生出本末者，同一用意。」劉咸炘曰：「王云：蓋者，疑詞。尚云：此與魏武紀同一傳疑。使先主世系難明，亦必曰其先蓋中山靖王之後矣。」

〔三〕宋書符瑞志：「堅母生堅，夢腸出繞吴昌門，以告鄰母。鄰母曰：安知非吉祥也？昌門，吴郭門也。」趙一清曰：「昌門本曰閶闔門，亦曰閶門。」

〔四〕時爲漢靈帝建寧四年。

〔五〕漢書地理志：「會稽郡錢唐，西部都尉治。」晉書地理志：「吴郡錢唐。」一統志：「錢唐故城，在今浙江杭州府錢塘縣西。秦始皇三十七年，東遊過丹陽，至錢唐。漢爲西部都尉治。後漢省。中平二年，封朱（雋）〔儁〕爲錢唐侯，蓋是時復置也。孫策入會稽，以程普爲吴郡都尉，治錢唐。」吴增僅曰：「錢唐，中興後省。吴志闞澤傳『除錢唐長』，在建安初年，蓋漢末復立。吴郡南部都尉治。」謝鍾英曰：「全琮傳：琮，吴郡錢唐人。黄武元年，封錢唐侯。」王先謙曰：「隋以前皆作錢唐，至唐以字係國號，加土爲錢塘。」弼按：水經漸江水注：浙江又東逕靈隱山，山下有錢唐故縣，浙江逕其南。錢唐記曰：防海大塘在縣東一里許，郡議曹華信家議立此塘，以防海水。始開募，有能致一斛土者，即與錢一千。旬月之間，來者雲集。塘未成而不復取，于是載土石者皆棄而去，塘以之成，故改名錢塘焉。范書朱（雋）〔儁〕傳：封錢塘侯。章懷注引錢塘記、御覽卷七十四引劉道真錢塘記，所載均同。是則唐以前已有錢塘之名，王説似未可信。

〔六〕謝鍾英曰：「匏里宜近錢唐。」

〔七〕郡國志：「揚州會稽郡，治山陰。會稽山在南，上有禹冢。有浙江。」胡三省曰：「句章縣屬會稽郡。」十三州志：「句踐之地，南至句無。其後并吴，因大城之，章霸功以示子孫，故曰句章。句，音章句之句。」潘眉曰：「史炤通鑑釋文句音鉤。胡三省據經典釋文音九具反。如淳、韋昭皆音拘。然按闞駰十三州志，史炤音是也。」一統志：「山陰故城，范蠡所築，見越絶書。今浙江紹興府山陰縣治。句章故城，今浙江寧波府慈谿縣西南。」

〔八〕馮本「王」作「主」，誤。

〔九〕范書靈帝紀：「熹平元年十一月，會稽人許生自稱越王，寇郡縣。」章懷注引東觀記曰：「會稽許昭，聚衆自稱大將軍，立父生爲越王，攻破郡縣。」何焯曰：「許生，吴志作許昌，許昭作許韶。」惠棟曰：「天文志、臧洪傳皆作許生。晉諱昭，故作韶。」潘眉曰：「昌、韶字誤。討逆傳注『嚴白虎投許昭於虞中』，亦不作韶，可證。」弼按：范書朱儁傳「會稽太守尹端討許昭失利」，亦作許昭。

〔一〇〕胡三省曰：「百官志郡有丞、長史，而無司馬。蓋是時以盜起，置司馬，以主兵也。」

〔一一〕是年，孫堅年十八歲。

〔一二〕臧旻事詳魏志臧洪傳注引謝承書。范書靈帝紀：「熹平元年，遣揚州刺史臧旻、丹陽太守陳夤（通鑑作「寅」。）討破之。三年十一月，大破許生於會稽，斬之。」趙一清曰：「咸淳臨安志：皇甫巖在於潛東一十五里，近平越城。舊志云：皇甫嵩破妖賊許生於此，故名。考皇甫嵩傳，止載討黃巾張角之事，而不及許昭。贊中所云，儁捷陳、潁，亦弭於越。是時陳國、潁川各有賊起，朱儁與皇甫嵩共平之。嵩曾駐兵於此，史逸不載，亦未可知。」弼按：皇甫嵩、朱（雋）〔儁〕傳贊注：謂平許昭也。

〔一三〕郡國志：「徐州廣陵郡鹽瀆。」一統志：「鹽瀆故城，今江蘇淮安府鹽城縣西北。」

〔一四〕馮本「眙」作「咍」，誤。郡國志：「徐州下邳國盱台。」一統志：「盱眙故城，今安徽泗州盱眙縣東北。」孫策生於熹平四年，堅年二十一歲，當在爲盱眙丞時。

〔一五〕郡國志：「下邳國，治下邳。」一統志：「下邳故城，今江蘇徐州府邳州東三里。」孫堅爲下邳丞，生權，見權傳注引江表傳。是歲，光和五年，堅年二十八歲。

中平元年，〔一〕黃巾賊帥張角起於魏郡，託有神靈，遣八使以善道教化天下，而潛相連結，自稱黃天泰平。三月甲子，三十六萬一旦俱發，天下嚮應，燔燒郡縣，殺害長吏。〔二〕

獻帝春秋曰：角稱天公將軍，角弟寶稱地公將軍，寶弟良稱人公將軍。〔三〕

漢遣車騎將軍皇甫嵩、中郎將朱儁將兵討擊之。〔四〕儁表請堅爲左軍司馬，〔五〕鄉里少年隨在下邳者皆願從。堅又募諸商旅及淮、泗精兵，合千許人，與儁并力奮擊，所向無前。

吳書曰：堅乘勝深入，於西華失利。〔六〕堅被創墮馬，臥草中。軍衆分散，不知堅所在。堅所騎驄馬馳還營，踣地呼鳴，〔七〕將士隨馬，於草中得堅。堅還營十數日，創少愈，乃復出戰。

汝、潁賊困迫，走保宛城。〔八〕堅身當一面，登城先入，衆乃蟻附，遂大破之。〔九〕儁具以狀聞上，拜堅別部司馬。〔一〇〕

續漢書曰：儁字公偉，會稽人。〔一一〕少好學，爲郡功曹，察孝廉，舉進士。〔一二〕漢朝以討黄巾功，〔一三〕拜車騎將軍，累遷河南尹。董卓見儁，外甚親納，而心忌之，儁亦陰備焉。關東兵起，卓議移都，儁輒止卓。卓雖憚儁，然貪其名重，乃表拜太僕以自副。儁被召，不肯受拜，因進曰：「國不宜遷，必孤天下望，成山東之結，〔一四〕臣不見其可也。」有司詰曰：「召君受拜而君拒之，不問徙事而君陳之，何也？」儁曰：「副相國，非臣所堪也；遷都非計，臣之所急也。〔一五〕辭所不堪，進臣所急，〔一六〕臣之所宜也。」有司曰：「遷都之事，初無此計也。就有，未露，何所受聞？」儁曰：「相國董卓爲臣説之，臣聞之於相國。」有司不能屈，朝廷稱服焉。後爲太尉。〔一七〕李傕、郭汜相攻，劫質天子公卿，儁性剛，即發病而卒。〔一八〕

〔一〕是年，孫堅年三十歲，子翊生。

〔二〕范書靈帝紀：「中平元年，鉅鹿人張角自稱黄天，其部師有三十六萬，皆著黄巾，同日反叛。」皇甫嵩傳：「鉅鹿張角自稱大賢良師，奉事黄、老道，畜養弟子，跪拜首過，符水呪説以療病。角因遣弟子八人，使於四方，以善道教化天下，轉相誑惑。十餘年間，衆徒數十萬，連結郡國，自青、徐、幽、冀、荆、揚、兖、豫八州之人，莫不畢應。遂置三十六方，方猶將軍號也。大方萬餘人，小方六七千，各立渠帥，訛言蒼天已死，黄天當立。一時俱起，皆著黄巾爲標幟，時人謂之黄巾，亦名爲蛾賊。」何焯曰：「三十六方，不知何自，沿寫爲万。」惠棟曰：「袁宏紀作坊，方與坊，古字通。蓋張角列部署爲三十六坊，各有甲乙以別之也。」

〔三〕通鑑考異曰：「司馬彪九州春秋云：角弟梁，梁弟寶。袁紀云：角弟良、寶。」弼按：皇甫嵩傳作角弟寶，寶弟梁。靈帝紀亦云：獲張角弟梁。

〔四〕范書皇甫嵩傳：「以嵩爲左中郎將，持節，與右中郎將朱(雋)〔儁〕各統一軍，共討潁川黄巾。」錢大昭曰：「嵩以北地太守爲左中郎將，與朱儁共討黄巾。黄巾已平，乃拜左車騎將軍，此時尚未爲車騎也。疑傳有誤。」

〔五〕宋本作「佐軍」，山陽公載記作「佐軍」，見後注；江表傳注亦作「佐軍」，見孫策傳注。儁爲會稽上虞人，與堅同州里。

〔六〕郡國志：「豫州汝南郡西華。」一統志：「西華故城，今河南陳州府西華縣南。」

〔七〕馮本「踣」作「倍」，誤。

〔八〕郡國志：「荆州南陽郡，治宛。」一統志：「宛縣故城，今河南南陽府南陽縣治。」

〔九〕范書朱(雋)〔儁〕傳：「南陽黄巾數萬，殺郡守，屯宛下。賊更以趙弘爲帥，衆十餘萬據宛城，儁擊弘，斬之。賊餘帥韓忠復據宛拒儁，儁又大破之。賊遂解散。」文臺從朱儁力戰，當在此時。沈家本曰：「儁自將精卒五千，掩其東北，乘城而入，即此事。范史不言堅者，統於儁耳。」

〔一〇〕上字當屬上句讀。如後注引吴録以狀上是也。拜堅别部司馬，如下文拜堅議郎是也。陳本上字屬下句讀，誤。續百官志：「其别領營屬爲别部司馬。」

〔一一〕朱儁事略見魏志武紀初平元年。

〔一二〕何焯曰：「史傳言舉進士，始見於此。」梁章鉅曰：「此與後人由科舉出身者相仿。」周壽昌曰：「後漢書儁作雋，云太守徐珪舉儁孝廉，再遷，除蘭陵令。其敍儁出身是也。若舉進士，兩漢無此制，即司馬彪時亦不能有也。進士兩字，恐是高第之誤。」沈家本曰：「兩漢無進士之名，此云舉進士，未詳其義。梁氏欲以今制擬之，殊非其實。」

〔一三〕姚範曰：「漢朝當本吴人注記，紹統之書，何以云爾？」

〔一四〕范書儁傳「結」作「釁」。

〔一五〕范書作「遷都計，非事所急也」。

〔一六〕范書作「言所非急」。

〔一七〕徐州刺史陶謙等推儁爲太師，見魏志陶謙傳注。范書儁傳：「初平四年，代周忠爲太尉，録尚書事。明年，免。」

〔一八〕范書儁傳：「獻帝詔儁與太尉楊彪等十餘人，譬郭汜令與李傕和。汜不肯，遂留質儁等。儁素剛，即日發病，卒。」陳仁錫曰：「儁不死於卓，得其死所。」弼按：儁不死於董卓，而死於郭汜，奚以别乎？陳説謬甚。

邊章、韓遂作亂涼州，〔一〕中郎將董卓拒討無功。中平三年，〔二〕遣司空張温行車騎將軍，西討章等。〔三〕温表請堅與參軍事，〔四〕屯長安。温以詔書召卓，卓良久乃詣温。温責讓卓，卓對應不順。〔五〕堅時在坐，前耳語謂温曰：〔六〕「卓不怖罪，而鴟張大語，宜以召不時至，陳軍法斬之。」温曰：「卓素著威名於隴蜀之閒，〔七〕今日殺之，西行無依。」堅曰：「明公親率天兵，〔八〕威震天下，何賴於卓？觀卓所言，不假明公，輕上無禮，一罪也。章、遂跋扈經年，當以時進討，而卓云未可，沮軍疑衆，二罪也。卓受任無功，應召稽留，而軒昂自高，三罪也。古之名將，仗鉞臨衆，未有不斷斬以示威者也。是以穰苴斬莊賈，〔九〕魏絳戮楊干。〔一〇〕今明公垂意於卓，〔一一〕不即加誅，虧損威刑，於是在矣。」温不忍發舉，〔一二〕乃曰：「君且還，卓將疑人。」〔一三〕堅因起出。章、遂聞大兵向至，黨衆離散，皆乞降。軍還，議者以軍未臨敵，不斷功賞，〔一四〕然聞堅數卓三罪，勸温斬之，無不歎息。〔一五〕拜堅議郎。時長沙賊區星自稱將軍，〔一六〕衆萬餘人，攻圍城邑，乃以堅爲長沙太守。〔一七〕到郡親率將士，施設方略，旬月之閒，克破星等。

魏書曰：堅到郡，郡中震服，任用良吏。勑吏曰：「謹遇良善。治官曹文書，必循治，以盜賊付太守。」

周朝、郭石亦帥徒衆起於零、桂，〔一八〕與星相應，遂越境尋討，三郡肅然。〔一九〕漢朝録前後功，封堅烏程侯。〔二〇〕

吴録曰：是時廬江太守〔二一〕陸康〔二二〕從子作宜春長，〔二三〕爲賊所攻，遣使求救於堅。堅整嚴救之。主簿進諫，堅答曰：「太守無文德，以征伐爲功，越界攻討，〔二四〕以全異國。〔二五〕以此獲罪，何媿海内乎！」乃進兵往救，賊聞而走。

〔一〕邊章、韓遂事詳見魏志武紀卷首，韓遂事又見武紀建安二十年注引典略。

〔二〕前已書中平元年，此「中平」二字衍。

〔三〕錢大昕曰：「後漢書靈帝紀在二年。」

〔四〕胡三省曰：「參軍事之官，始見於此。杜佑曰：漢靈帝時，陶謙以幽州刺史參司空車騎將軍張温軍事，時孫堅亦爲參軍。晉時軍府乃置爲官員。」又云：「參軍事昉於魏、晉之閒，位望頗重。孫楚謂石苞曰：天子命我參卿軍事。自是以後，位望輕矣。」見通鑑六十二以王朗參司空軍事注。周壽昌曰：「與參軍事，言使參議其軍事，非設官之稱，時堅仍官別部司馬也。胡氏三省謂參軍設官之始，殆非也。又按通典載漢靈帝時陶謙以幽州刺史參司空張温軍事，杜佑謂晉時乃置爲官員。壽昌案，三國時即置參軍，如楊儀、馬謖皆諸葛丞相之參軍，他固未遑攷也。晉書職官志：諸公及開府位從公，爲持節都督，增參軍。又領軍出征，則置參軍。是此官因時置，無定員也。又案，建安十九年，吴獲魏參軍董和，是參軍設官，當三國時，漢末尚未定制也。」弼按：魏志曹休傳：以休參曹洪軍事。太祖謂休曰：汝雖參軍，其實帥也。是爲權重之證。

〔五〕宋本「對應」作「應對」。

〔六〕胡三省曰：「耳語，附耳而語也。」

〔七〕通鑑「隴蜀」作「河隴」。

〔八〕宋本「天」作「王」，通鑑同。

〔九〕史記司馬穰苴傳：「齊景公時，晏嬰薦田穰苴。景公召穰苴，與語兵事，大説之，以爲將軍。穰苴曰：臣素卑賤，願得君之寵臣，國之所尊以監軍，乃可。景公使莊賈往。穰苴與莊賈約曰：旦日日中，會於軍門。穰苴先馳至軍，立表下漏待賈。日中，而賈不至，夕時乃至。穰苴召軍正問曰：軍法期而後至者云何？對曰：當斬。遂斬賈以徇三軍。三軍之士，皆振慄。」

〔一〇〕左傳襄公三年：「晉侯之弟楊干亂行於曲梁，魏絳戮其僕。」

〔一一〕胡三省曰：「垂意，猶言降意也。」

〔一二〕通鑑無「舉」字。

〔一三〕錢大昭曰：「張温不聽破虜之言，即斬董卓，致令職爲亂階，小不忍則亂大謀矣。」

〔一四〕沈家本曰：「范史靈紀：中平二年，張温破北宮伯玉於美陽，因遣盪寇將軍周慎追擊之，圍榆中；又遣中郎將董卓討先零羌，慎、卓並不克。董卓傳：三年冬，徵温還京師。然則温以被徵而還，非軍勝而還，當時之不斷功賞，自以師出無功，非以軍未臨敵。且其時温破賊於美陽，不得謂軍未臨敵，章、遂敗走榆中，亦無黨衆離散皆乞降之事。此傳與范史全不符合，恐是承祚之謬。」

〔一五〕林國贊曰：「是時卓逆未著，無所歎息；且既歎息，何後來復召卓也？疑從後附會之詞。」

〔一六〕胡三省曰：「區，烏侯翻，姓也。又如字。」通鑑考異曰：「范書作觀鵠。」弼按：范書獻紀中平四年十月，零陵人觀鵠自稱平天將軍，寇桂陽，長沙太守孫堅擊斬之。按此即下文起於零、桂之賊，非長沙之賊也。考異似誤以區星即觀鵠也。趙一清曰：「方輿紀要卷八十：鍾武城在衡州府西八十里，漢縣，屬零陵郡，後漢改爲重安。初平中，賊區星嘗據此，孫堅討平之。三國吳屬衡陽郡。」

〔一七〕郡國志：「荆州長沙郡，治臨湘。」一統志：「臨湘故城，今湖南長沙府長沙縣治。」寰宇記卷九十三：「富春縣前有沙漲，孫堅爲郡吏，趨府，鄉人餞之洲上。父老曰：此沙狹而長，君其爲長沙太守乎？後如其言，因名孫洲。」御覽六十九引吴録地理志所云，與此同。一統志：「孫洲在浙江杭州府富陽縣西南四十二里。」弼按：堅爲長沙太守，通鑑編入中平四年，時堅年三十三歲。堅舉長沙桓階爲孝廉，見階傳。

〔一八〕朱治傳：「中平五年，治從孫堅討長沙、零、桂等三郡賊周朝、蘇馬等有功。」

〔一九〕長沙、零陵、桂陽也。

〔二〇〕郡國志：「揚州吴郡烏程。」孫晧傳寶鼎元年注載晧詔曰：「今吴郡陽羨、永安、餘杭、臨水及丹陽故鄣、安吉、原鄉、於潛諸縣，地勢水流之便，悉注烏程，既宜立郡，以鎮山越，且以藩衛明陵。其亟分此九縣，爲吴興郡，治烏程。」一統志：「烏程故城，今浙江湖州府烏程縣治。」梁章鉅曰：「吴以烏程侯始，以烏程侯終。」弼按：此爲事之偶合，如漢以陳留王終，魏亦以陳留王終，事亦相類，與天命歷數毫不相涉。如謂以烏程興者，必以烏程亡，則疑忌巫蠱之事，相沿而生，讖緯術數遂得以施其伎矣。

〔二一〕郡國志：「揚州廬江郡，治舒。」弼按：此東漢末之廬江郡治也。一統志：「舒縣故城，今安徽廬州府廬江縣西。」互見魏志武紀建安四年及臧霸傳。吴增僅曰：「後漢廬江郡治舒，建安四年，劉勳始移治皖。（吴志孫策傳）通鑑胡注：魏廬江治陽泉。皇輿表及周氏晉略表又云：魏廬江治六安，吴平，徙治陽泉。今按諸説，皆各據一時言耳。魏志滿寵傳：太和六年，吴將陸遜向廬江。滿寵云：賊舍船二百里來，後尾空懸。整兵趨揚宜口，賊聞大兵東下，即遁走。據水經注，揚宜口即陽泉水之口。據此，則陽泉爲廬江郡治，無可疑也。吴志孫權傳：嘉禾六年，全琮襲六安。又朱異傳：魏廬江太守文欽營住六安。（時在正始中。）據此，則六安亦魏廬江郡治，無可疑也。汪士鐸三國廬江郡考云：建安十九年，吴破朱光，拔皖城，魏廬江太守遂治陽泉。竊疑建安末徙治陽泉，自齊王芳時又徙六安，吴平，又徙陽泉也。」楊守敬曰：「吴君謂魏太和時魏廬江郡治陽泉，其實非也。陸遜向廬江，論者以爲宜速赴之，謂速赴六安也。故滿寵云：廬江雖小，將勁兵精，守則經時。乃整衆趨陽宜口。陽宜口去六安尚百餘里，此其從容整軍可見。若廬江治陽泉，則寵已趨赴治所，與寵所云云，不應矣。」弼按：吳、楊所云，魏廬江郡治也。一統志：「陽泉故城，今安徽潁州府霍丘縣西；六安故城，今安徽六安州北。」洪亮吉曰：「呂蒙傳：吳破皖後，即拜蒙廬江太守，還屯尋陽。則吳廬江郡蓋從尋陽遥領也。」謝鍾英曰：「建安四年，孫策拔廬江；（時廬江治皖。）五年，權攻李術於皖城，梟術首；十九年，權克皖城。黄武四年，皖口言木連理；六年，曹休斬吳皖守將審德；七年，權至皖口，使陸遜破曹休於石亭。嘉禾六年，諸葛恪屯廬江；赤烏六年，恪自皖遷於柴桑。是吳廬江郡治皖，洪氏謂遥領，非也。天紀二年，吳人大田皖城，王渾攻破之，見晉書渾傳。是皖城終魏世屬吳。」弼按：洪、謝所云，吳廬江郡治也。一統志：「皖縣故城，今安徽安慶府懷寧縣治。」互見魏志明紀太和二年。趙一清曰：「方輿紀要卷二十六：胡氏曰：漢文帝分淮南爲廬江國，在江南；班志廬江郡則在江北。蓋兩漢廬江郡皆治舒。三國時，吳擊魏廬江，滿寵曰：權舍船二百里，懸軍深入，恐其走不及耳。蓋是時廬江郡改治陽泉縣也。孫氏亦置廬江郡治皖。」

〔二二〕范書陸康傳：「康字季寧，吳郡吳人。康少仕郡，以義烈稱。刺史臧旻舉爲茂才，徵拜議郎。會廬江賊黄穰等攻没四縣，拜康廬江太守。康申明賞罰，擊破穰等。」弼按：康事互見孫策傳。康少子績，自有傳，見後。

〔二三〕郡國志：「揚州豫章郡宜春。」晉書地理志：「荆州安成郡宜春。」宋書州郡志：「江州刺史、安成太守。孫晧分豫章、廬陵、長沙立，領宜陽，本名宜春，屬豫章。晉孝武改名。」一統志：「宜春故城，今江西袁州府宜春縣治。」弼按：此與汝南郡之宜春，同名異地。汝南郡之宜春，前漢曰宜春，後漢曰北宜春。

〔二四〕由長沙郡至豫章郡之宜春縣，故曰越界。

〔二五〕國者，郡國也。

靈帝崩，卓擅朝政，横恣京城。諸州郡並興義兵，欲以討卓。〔一〕

江表傳曰：堅聞之，拊膺歎曰：「張公昔從吾言，朝廷今無此難也！」

堅亦舉兵。荆州刺史王叡素遇堅無禮，堅過殺之。〔二〕

案王氏譜，叡字通耀，晉太保祥伯父也。〔三〕

吴録曰：叡先與堅共擊零、桂賊，以堅武官，言頗輕之。及叡舉兵欲討卓，素與武陵太守曹寅不相能，〔四〕揚言當先殺寅，寅懼，詐作案行使者光禄大夫温毅檄，移堅，説叡罪過，令收行刑訖，以狀上。堅即承檄勒兵襲叡。叡聞兵至，登樓望之，遣問欲何爲？堅前部答曰：「兵久戰勞苦，所得賞不足以爲衣服，詣使君更乞資直耳。」〔五〕叡曰：「刺史豈有所吝？」便開庫藏，使自入視之，知有所遺不？兵進及樓下，叡見堅，驚曰：「兵自求賞，孫使君何以在其中？」〔六〕堅曰：「被使者檄誅君。」叡曰：「我何罪？」堅曰：「坐無所知。」叡窮迫，刮金飲之而死。〔七〕

比至南陽，〔八〕衆數萬人。南陽太守張咨聞軍至，晏然自若。〔九〕

英雄記曰：咨字子議，〔一〇〕潁川人，亦知名。

獻帝春秋曰：袁術表堅假中郎將。堅到南陽，移檄太守，請軍糧。咨以問綱紀，〔一一〕綱紀曰：「堅鄰郡二千石，不應調發。」咨遂不與。

堅以牛酒禮咨，咨明日亦答詣堅。酒酣，長沙主簿入白堅：「前移南陽，而道路不治，軍資不具，請收主簿，推問意故。」〔一二〕咨大懼，欲去，兵陳四周不得出。有頃，主簿復入白堅：「南陽太守稽停義兵，使賊不時討，請收出，案軍法從事。」便牽咨於軍門，斬之。郡中震慄，無求不獲。〔一三〕

吳歷曰：初，堅至南陽，咨既不給軍糧，又不肯見堅。堅欲進兵，恐有後患，〔一四〕乃詐得急疾，舉軍震惶，迎呼巫醫，禱祀山川。遣所親人説咨，言病困，欲以兵付咨。咨聞之，心利其兵，即將步騎五六百人，詣營省望。〔一五〕堅臥與相見。無何，卒然而起，按劍罵咨，遂執斬之。此語與本傳不同。

前到魯陽，〔一六〕與袁術相見。術表堅行破虜將軍，領豫州刺史。〔一七〕遂治兵於魯陽城。當進軍討卓，遣長史公仇稱將兵從事還州督促軍糧。施帳幔於城東門外，祖道送稱，官屬並會。卓遣步騎數萬人逆堅，輕騎數十先到。堅方行酒談笑，敕部曲整頓行陣，無得妄動。後騎漸益，堅徐罷坐，導引入城。乃謂左右曰：「向堅所以不即起者，恐兵相蹈藉，諸君不得入耳。」卓兵見堅士衆甚整，不敢攻城，乃引還。

英雄記曰：初，堅討董卓，到梁縣之陽人。〔一八〕卓亦遣兵步騎五千迎之，陳郡太守胡軫爲大督護，〔一九〕呂布爲騎督，其餘步騎將校都督者甚衆。軫字文才，〔二〇〕性急，預宣言曰：「今此行也，要當斬一青綬，〔二一〕乃整齊耳。」諸將聞而惡之。軍到廣成，〔二二〕去陽人城數十里。日暮，士馬疲極，當止宿，又本受卓節度，宿廣成，秣馬飲食，以夜進兵，投曉攻城。諸將惡憚軫，欲賊敗其事，布等宣言「陽人城中賊已走，當追尋之，不然失之矣」。便夜進軍。城中守備甚設，不可掩襲。於是吏士飢渴，人馬甚疲，且夜至，又無壍壘。釋甲休息，而布又宣言相驚，云「城中賊出來」。軍衆擾亂奔走，皆棄甲，失鞍馬。行十餘里，定，無賊。〔二三〕會天明，便還，拾取兵器，欲進攻城。城守已固，穿壍已深，軫等不能攻而還。〔二四〕

堅移屯梁東，大爲卓軍所攻，堅與數十騎潰圍而出。〔二五〕堅常着赤罽幘，〔二六〕乃脱幘令親近將祖茂著之。卓騎爭逐茂，故堅從閒道得免。茂困迫，下馬，以幘冠冢閒燒柱，〔二七〕因伏草中。

卓騎望見，圍繞數重定，近覺是柱，乃去。堅復相收兵，合戰於陽人，大破卓軍，梟其都督華雄等。〔二八〕是時，或閒堅於術，術懷疑，不運軍糧。

江表傳曰：或謂術曰：「堅若得洛，不可復制，此爲除狼而得虎也。」故術疑之。

陽人去魯陽百餘里，堅夜馳見術，畫地計校曰：「所以出身不顧，上爲國家討賊，下慰將軍家門之私讎。堅與卓非有骨肉之怨也，而將軍受譖潤之言，〔二九〕還相嫌疑！」

江表傳載堅語曰：「大勳垂捷，而軍糧不繼，此吳起所以歎泣於西河，〔三〇〕樂毅所以遺恨於垂成也。〔三一〕願將軍深思之。」

術踧踖，〔三二〕即調發軍糧。堅還屯。卓憚堅猛壯，乃遣將軍李傕等來求和親，令堅列疏子弟任刺史、郡守者，許表用之。堅曰：「卓逆天無道，蕩覆王室，今不夷汝三族，縣示四海，〔三三〕則吾死不瞑目，豈將與乃和親邪！」〔三四〕復進軍大谷，〔三五〕拒雒九十里。〔三六〕

山陽公載記曰：卓謂長史劉艾曰：〔三七〕「關東軍敗數矣，皆畏孤，〔三八〕無能爲也。惟孫堅小戇，〔三九〕頗能用人，當語諸將，使知忌之。孤昔與周慎西征，慎圍邊、韓於金城。孤語張溫，求引所將兵爲慎作後駐。溫不聽。孤時上言其形勢，知慎必不克。臺今有本末，事未報，溫又使孤討先零叛羌，以爲西方可一時蕩定。孤皆知其不然，而不得止，遂行；留別部司馬劉靖將步騎四千屯安定，以爲聲勢。叛羌更還，〔四〇〕欲截歸道，孤小擊輒開，畏安定有兵故也。虜謂安定當數萬人，不知但靖也。時又上章言狀，而孫堅隨周慎行，謂慎求將萬兵造金城，使慎以二萬作後駐，邊、韓城中無宿穀，當於外運，畏慎大兵，不敢輕與堅戰，而堅兵足以斷其運道，兒曹用必還羌谷中，〔四一〕涼州或能定也。溫既不能用孤，慎又不用堅，自攻金城，壞其外垣，馳使語温，自以克在旦夕。温時亦自以計中也，而渡遼兒果斷蔡園，〔四二〕慎棄輜重走，果如孤策。〔四三〕臺以此封孤都鄉侯。〔四四〕堅以佐軍司馬，所見與人同，自爲可耳。」〔四五〕艾曰：「堅雖時見計，故自不如李傕、郭汜。聞在美陽亭北，〔四六〕將千騎步與虜合，殆死，亡失印綬，此不爲能也。」卓曰：「堅時烏合義從，兵不如虜精。且戰有利鈍，但當論山東大勢，終無所至耳。」艾曰：「山東兒驅略百姓，以作寇逆，其鋒不如人，堅甲利兵彊弩之用又不如人，亦安得久？」卓曰：「然但殺二袁、劉表、孫堅，天下自服從孤耳。」

卓尋徙都西入關，焚燒雒邑。〔四七〕堅乃前入至雒，修諸陵，平塞卓所發掘。〔四八〕

江表傳曰：舊京空虛，數百里中無煙火。〔四九〕堅前入城，惆悵流涕。

吴書曰：堅入洛，埽除漢宗廟，祠以太牢。堅軍城南甄官井上，〔五〇〕旦有五色氣，〔五一〕舉軍驚怪，莫有敢汲。堅令人入井，探得漢傳國璽，〔五二〕文曰「受命于天，既壽永昌」，方圜四寸，上紐交五龍，上一角缺。〔五三〕初，黄門張讓等作亂，劫天子出奔，左右分散，掌璽者以投井中。〔五四〕

山陽公載記曰：袁術將僭號，聞堅得傳國璽，乃拘堅夫人而奪之。〔五五〕

江表傳曰：案漢獻帝起居注云：「天子從河上還，得六璽於閣上。」又太康之初，孫晧送金璽六枚，無有玉，明其僞也。

虞喜志林曰：〔五六〕天子六璽者，文曰「皇帝之璽」、「皇帝行璽」、「皇帝信璽」、「天子之璽」、「天子行璽」、「天子信璽」。此六璽所封事異，故文字不同。〔五七〕獻帝起居注云「從河上還，得六玉璽於閣上」，此之謂也。傳國璽者，乃漢高祖所佩秦皇帝璽，世世傳受，號曰傳國璽。案傳國璽不在六璽之數，安得總其說乎？應氏漢官、〔五八〕皇甫世紀，〔五九〕其論六璽，文義皆符。漢官傳國璽文曰「受命于天，既壽且康」。「且康」「永昌」，二字爲錯，〔六〇〕未知兩家何者爲得。金玉之精，率有光氣，加以神器祕寶，〔六一〕輝耀益彰，蓋一代之奇觀，將來之異聞，而以不解之故，强謂之僞，不亦誣乎！陳壽爲破虜傳，亦除此説，俱惑起居注，不知六璽殊名，與傳國爲七者也。吳時無能刻玉，〔六二〕故天子以金爲璽。璽雖以金，於文不異。吳降而送璽者送天子六璽，曩所得玉璽，乃古人遺印，不可施用天子之璽，今以無有爲難，不通其義者耳。臣松之以爲孫堅於興義之中，最有忠烈之稱，若得漢神器而潛匿不言，此爲陰懷異志，豈所謂忠烈者乎！〔六三〕吳史欲以爲國華，而不知損堅之令德。如其果然，以傳子孫，縱非六璽之數，要非常人所蓄。孫晧之降，亦不得但送六璽，而寶藏傳國也。受命于天，奚取於歸命之堂？若如喜言，則此璽今尚在孫門。匹夫懷璧，猶曰有罪，而況斯物哉！〔六四〕

訖，引軍還，住魯陽。

吳録曰：是時關東州郡，務相兼并，以自彊大。袁紹遣會稽周喁爲豫州刺史，來襲取州。堅慨然歎曰：「同舉義兵，將救社稷，逆賊垂破，而各若此，吾當誰與戮力乎！」言發涕下。喁字仁明，周昕之弟也。

會稽典録曰：初，曹公興義兵，遣人要喁，喁即收合兵衆，得二千人，從公征伐，以爲軍師。後與堅爭豫州，屢戰失利。會次兄九江太守昂爲袁術所攻，喁往助之，軍敗，還鄉里，爲許貢所害。〔六五〕

〔一〕此爲獻帝初平元年事，是時孫堅年三十六歲。

〔二〕後注引吴録云：「周喁與孫堅爭豫州，堅慨然歎曰：同舉義兵，而各若此。言發涕下。」然堅與叡亦同舉義兵，何以擅殺荆州刺史、南陽太守也？魏志劉表傳：「表代王叡爲荆州刺史。」

〔三〕王祥事見魏志高貴鄉公紀甘露三年，又見吕虔傳及注。

〔四〕郡國志：「荆州武陵郡，治臨沅。」一統志：「臨沅故城，今湖南常德府武陵縣西。」

〔五〕胡三省曰：「據吴録，資直者，衣資之直也。」

〔六〕馮本「使」作「府」。顧炎武曰：「府君者，漢時太守之稱。孫策進軍豫章，華歆爲太守，策謂歆曰：府君年德名望，遠近所歸。」

〔七〕胡三省曰：「陶弘景云：生金有毒，不鍊服之殺人。」

〔八〕陳本「比」作「北」。郡國志：「荆州南陽郡治宛。」今河南南陽府南陽縣治。

〔九〕張咨爲董卓所用，到官，興義兵討卓，見范書卓傳。

〔一〇〕宋本「儀」作「議」。周壽昌曰：「作議是。議與咨義訓相合。」

〔一一〕南陽郡之綱紀也。郡綱紀，見魏志劉放傳。

〔一二〕康發祥曰：「上主簿，孫堅之主簿也；下主簿，張咨之主簿也。」周壽昌曰：「請收咨，歸主簿。推，問也；意，造意；故，事故。」

〔一三〕洪邁容齋續筆卷十云：「長沙爲荆州屬部，受督於刺史王叡，孫堅以私忿殺之。南陽太守張咨，鄰郡二千石也，堅又收斬之。是以區區一郡守，乘一時兵威，輒害方伯鄰守，豈得爲勤王乎？劉表在荆州，乃心王室，袁術志於逆亂，堅乃奉其命而攻之，自速其死，皆可議也。」

〔一四〕范書袁術傳引此注作「恐爲後害」。

〔一五〕宋本「望」作「堅」。范書袁術傳注「省望」作「看望」。

〔一六〕郡國志：「南陽郡魯陽。」今河南汝州魯山縣治，互見魏志劉表傳及毛玠傳、韓曁傳。

〔一七〕通鑑考異曰：「范書術傳云：劉表上術爲南陽太守。表傳云：術阻兵屯魯陽，表不得至荆州。魏志術傳：孫堅殺張咨，術得據南陽。魏武紀：此年二月，術屯南陽。蓋術初奔魯陽，此春孫堅取南陽，術乃據之，猶以魯陽爲治所也。」蘇輿曰：「此已在刺史改牧之後，此傳仍作刺史，蓋由羣雄競起，朝制不一，遂有參差，非由史誤。」

〔一八〕郡國志：「司隸河南尹梁。」劉昭注：「有陽人聚。史記曰：秦滅東周，不絶其祀，以陽人地賜周君。」水經汝水注：「汝水又東與廣成澤水合，水出狼皐山北澤中，汝水又東得魯公水口，水上承陽人城東魯公陂。城，古梁之陽人聚也。秦滅東周，徙其君於此。」胡三省曰：「陽人聚故城，在梁縣西。」一統志：「梁縣故城，今河南汝州西四十里；陽人聚，今汝州西八十五里。」

〔一九〕趙一清曰：「後漢書董卓傳注引九州春秋作東郡太守，續志有陳國，無陳郡，至曹魏始廢國爲郡，陳乃東之譌。」

〔二〇〕胡軫事見魏志董卓傳注引九州春秋，又見張既傳注引三輔決録注。

〔二一〕潘眉曰：「丁孚漢儀曰：二千石綬羽青地桃華縹。」續漢志曰：「九卿、中二千石、二千石，青綬。」

〔二二〕郡國志：「河南尹新城，有廣城聚。」方輿紀要卷五十一：「廣成澤在汝州西四十里，有廣成聚，靈帝置河南八關之一也。」

〔二三〕周壽昌曰：「定無賊三字，詞意不足，疑定上有驚字也。」

〔二四〕沈家本曰：「此注當在下合戰於陽人之下。此時堅治兵於魯陽城，未到陽人也。堅之進屯陽人，在初平二年，范史紀、傳可證。而其在魯陽及移屯梁東，則皆在元年，不得混而爲一。」

〔二五〕沈家本曰：「范史卓傳：卓先遣將徐榮、李蒙，四出虜掠。榮遇堅於梁，與戰，破堅，生禽潁川太守李旻，亨之。即此事，時初平元年也。」

〔二六〕續漢志輿服志云：「武吏常赤幘，成其威也。」劉昭注引獨斷曰：「幘，古者卑賤執事不冠者之所服也。董仲舒止雨書曰：執事者，皆赤幘。知不冠者之所服也。」康發祥曰：「幘，音責。説文：髮有巾曰幘。罽，音猘。爾雅注：氂毛所以爲罽。疏：織毛爲之，若今之毛氍毹也。赤罽幘，謂以赤色之罽爲幘也。後漢輿服志：秦加武將首飾爲絳帕。東觀漢記：段熲滅羌，詔賜赤幘大冠一具。似此。」

〔二七〕馮本「柱」作「著」，誤。或曰：「燒柱疑華柱之誤。」

〔二八〕潘眉曰：「督當爲尉，華當爲葉。廣韻二十九葉引吴志孫堅傳有都尉葉雄，知宋本如此，今本誤也。宜從廣韻。」

〔二九〕通鑑「譖潤」作「侵潤」。胡三省曰：「侵潤之譖，出論語。」

〔三〇〕吴本「泣」作「息」。史記吴起傳：「吴起，衛人也。魏文侯以起善用兵，以爲西河守，秦兵不敢東鄉，韓、趙賓從。公叔爲相，害吴起，起懼得罪，遂去之楚。」

〔三一〕馮本「成」作「戍」，毛本作「戊」，均誤。史記樂毅傳：「樂毅下齊七十餘城，皆爲郡縣，以屬燕，唯獨莒、即墨未服。田單縱反間於燕，燕惠王使騎劫代將，而召樂毅，毅畏誅，遂西降趙。」

〔三二〕踧踖，不自安貌。

〔三三〕縣，讀曰懸。

〔三四〕乃，汝也。

〔三五〕大谷爲漢靈帝置八關之一，在今河南洛陽縣東南，詳見魏志武紀初平元年。章懷注：「大谷口在故嵩陽西北八十五里，北出對雒陽故城。張衡東京賦云：盟津達其後，大谷通其前。是也。」

〔三六〕「拒」，范書董卓傳作「距」。章懷注：「距，至也。」

〔三七〕毛本「卓」誤作「車」。

〔三八〕毛本「畏」作「謂」。

〔三九〕説文曰：「戇，愚也。」音都降翻。

〔四〇〕宋本「更」作「便」。

〔四一〕通鑑作「兒曹用其言」。

〔四二〕范書董卓傳作「葵園狹」，通鑑作「葵園峽」。渡遼兒謂邊章、韓遂也。

〔四三〕事在靈帝中平二年。范書董卓傳：「邊章、韓遂敗走榆中，温乃遣周慎將三萬人追討之。温參軍事孫堅説慎曰：賊城中無穀，當外轉糧食，堅願得萬人，斷其運道，將軍以大兵繼後，賊必困乏，而不敢戰。若走入羌中，并力討之，則涼州可定也。慎不從，引軍圍榆中城，而章、遂分屯葵園狹，反斷慎運道。慎懼，乃棄車重而退。」方輿紀要卷六十：「葵園峽在蘭州西。」

〔四四〕魏志、范書董卓傳俱作「封斄鄉侯」。

〔四五〕通鑑「見」下有「略」字，下句作「固自爲可」。胡注：「言其才可用也。」通鑑又云：「但無故從諸袁兒，終亦死耳。」

〔四六〕美陽今陝西乾州武功縣西南，見魏志董卓傳。

〔四七〕魏志董卓傳：「初平元年二月，徙天子都長安，焚燒洛陽宮室，悉發掘陵墓，取寶物。」或曰：「尋字，畏堅逼也。」

〔四八〕范書董卓傳：「卓自出，與堅戰於諸陵墓閒。卓敗走，卻屯澠池，聚兵於陝。堅進洛陽宣陽城門，更擊呂布，布復破走。堅乃埽除宗廟，平塞諸陵，分兵出函谷關，至新安、澠池閒以截卓後。」或曰：「視韓馥輩，足令愧死。」

〔四九〕范書卓傳：「盡徙陽人數百萬人口於長安，悉燒宮廟、官府、居家，二百里内，無復孑遺。」

〔五〇〕甄，音堅，解見魏志后妃傳甄后傳。文選三十八求爲諸孫置守冢人表「濟神器於甄井」。李善注：「甄，音真。」葉樹藩曰：「李注誤。陳與郊云：惟甄、堅音叶，故孫堅以甄井神器爲受命之符。權既君吴，尊堅曰帝，江左遂爲吴諱。厥後秦緣苻避，隋爲楊更，沿襲以來，至忘堅讀。及宋甄徹登進士，林攄唱名，讀甄爲堅，上稱真韻，以爭辨不遜，落職。」胡三省曰：「甄官署之井中也。晉職官志少府之屬，有甄官令，而續漢志無之。蓋屬於他署，未置專官也。甄官，掌琢石陶土之事。」方輿紀要卷四十八：「甄官井在故洛陽城中。」一統志：「甄官井在洛陽縣東南。」

〔五一〕毛本「旦」作「且」，誤。官本攷證曰：「文選作每旦有五色氣。」

〔五二〕范書袁術傳注引吳書云：「漢室大亂，天子北詣河上，六璽不自隨，掌璽者以投井中。孫堅北討董卓，頓軍城南，甄官署有井，每旦有五色氣從井中出。使人浚井，得漢傳國玉璽。」（續漢志輿服志注引吳書，與此同。）

〔五三〕文選注「上」字上有「龍」字。

〔五四〕傳國璽事，詳見魏志武紀建安十三年注引先賢行狀。

〔五五〕范書袁術傳：「術有僭逆之謀，又聞孫堅得傳國璽，遂拘堅妻奪之。」弼按：袁術僭號在建安二年，是時孫策已遣將詣阜陵迎母至曲阿，術安得而拘之？

〔五六〕晉書儒林傳：「虞喜字仲寧，會稽餘姚人。喜博學好古，屢徵不就，專心經傳，兼覽讖緯。著安天論，又釋毛詩，略注孝經，爲志林三十篇，凡所注述數十萬言行於世。年七十六，卒。」隋書經籍志儒家類：「虞喜志林新書三十卷，廣林二十四卷，後林三卷。」今存馬國翰輯本志林一卷。

〔五七〕下文獻帝起居注與應氏漢官二條，馮本俱空一格，元本、毛本獻帝起居注空一格，宋本俱接連，不空格。沈均瑲曰：「按文義，前後相連，以駮江表傳無玉璽之説。裴注俱指爲喜言。三者似止志林一條，而刻本誤分之。」

〔五八〕馮本「官」作「宫」，誤。下同。隋書經籍志：「漢官五卷，應劭注；漢官儀十卷，應劭撰。」見魏志王粲傳注。

〔五九〕帝王世紀，皇甫謐撰，見蜀志秦宓傳注。

〔六〇〕馮本無下「且康」二字。

〔六一〕毛本「器」作「氣」，誤。

〔六二〕趙一清曰：「中華古今注：孫文臺獲青玉馬鞍，其光照於衢路。」

〔六三〕宋本「烈」作「臣」。

〔六四〕趙一清曰：「孫堅於井中得傳國璽。堅死，袁術逼其夫人而奪之。術死，軍破，徐璆得而獻之。後漢書徐璆傳云：得其盜國璽。及還許，上之。是也。章懷注引堅事以證之，而裴世期猶以吴亡不見此璽相詰難，可謂得其一而忘其二也。」又曰：「北齊書辛術傳：術移鎮廣陵，獲傳國璽，送鄴。此璽即秦所制，方四寸，上紐交盤龍，其文曰：受命於天，既壽永昌。二漢相傳，又傳魏、晉。懷帝敗没於劉聰，聰敗没於石氏。石氏敗，晉穆帝永和中，濮陽太守戴僧施得之，遣督護何融送於建鄴。歷宋、齊、梁，梁敗，侯景得之。景敗，侍中趙思賢以璽投景南兗州刺史郭元建，送於術，故術以進焉。魏書太武紀：太平真君七年，鄴城毁五層佛圖，於泥像中得玉璽二，其文皆曰：受命於天，既壽永昌。其一刻其傍曰：魏所受漢傳國璽。」

〔六五〕通鑑：「初平二年，袁紹以會稽周昂爲豫州刺史，襲奪孫堅陽城。」錢大昕、趙一清均辨其誤，見魏志公孫瓚傳，今再列舉見於各書者如下，以資參證焉。丹陽太守周昕助魏武兵。（見魏志武紀初平元年）袁術以吴景領丹陽太守，討故太守周昕，遂據其郡。（見吴志妃嬪傳）王朗遣故太守周昕與孫策戰，策破昕，斬之。（見吴志孫靜傳及注引會稽典録）此周昕事之始末也。袁術遣孫堅屯陽城拒董卓，袁紹使周昂奪其處，術、堅攻昂。（見魏志公孫瓚傳）袁紹用會稽周昂爲九江太守，袁術遣孫賁攻破昂於陰陵，術表賁領豫州刺史。（見吴志孫賁傳）此周昂事之始末，而賁之攻昂，在孫堅死後也。至周喁事，則見本傳裴注所引吴録及會稽典録。三人事跡分明，各不相涉也。

初平三年，術使堅征荆州，擊劉表。〔表〕遣黄祖逆於樊、鄧之閒。〔一〕堅擊破之，追渡漢水，遂圍襄陽，單馬行峴山，〔二〕爲祖軍士所射殺。〔三〕

典略曰：堅悉其衆攻表，表閉門，夜遣將黄祖潛出發兵。祖將兵欲還，堅逆與戰，祖敗走，竄峴山中。堅乘勝夜追祖，祖部兵〔四〕從竹木閒暗射堅，殺之。〔五〕

吴録曰：堅時年三十七。〔六〕

英雄記曰：堅以初平四年正月七日死。

又云：劉表將呂公〔七〕將兵緣山向堅，堅輕騎尋山討公，公兵下石，中堅頭，應時腦出物故。〔八〕其不同如此也。〔九〕

兄子賁，帥將士衆就術，術復表賁爲豫州刺史。

〔一〕樊、鄧均在湖北襄陽縣北，樊城見魏志武紀建安十三年，鄧縣見蜀志諸葛亮傳。胡三省曰：「鄧縣，屬南陽郡。樊城，周仲山甫之邑，在漢水北。杜佑曰：樊城，今襄州安養縣。劉昫曰：鄧城縣，漢之鄧縣，古樊城也。宋改安養縣。天寶元年，改爲臨漢縣；貞元二十一年，移縣古鄧城，乃改爲鄧城縣。」趙一清曰：「樊，樊城；鄧，鄧城也。方輿紀要卷七十九：樊城在襄陽府城北漢江上，與襄陽城隔江對峙，後漢末爲戍守處。鄧城在襄陽府東北二十里，唐貞元末移臨漢縣，治古鄧城，遂爲鄧城縣。又元和志：鄧塞故城在臨漢縣東南二十二里，南臨宛口，阻一小山，號曰鄧塞。孫堅破黄祖於此山下，魏嘗於此治舟艦伐吴。陸士衡辨亡論：魏氏浮鄧塞之舟，下漢陰之衆。謂此也。」鄧塞見孫晧傳注引陸機辨亡論。

〔二〕胡三省曰：「峴山去襄陽十里。」趙一清曰：「方輿紀要卷七十九：峴山在襄陽府城南七里，亦曰南峴，又曰峴首山。」

〔三〕通鑑考異曰：「范書初平三年春，堅死。吴志孫堅傳亦云初平三年。英雄記曰初平四年五月七日死。袁紀初平三年五月。山陽公載記載策表曰：臣年十七，喪失所怙。裴松之按：策以建安五年卒，時年二十六。計堅之亡，策應十八，而此表云十七，則爲不符。張璠漢紀及胡沖吴麻並以堅初平二年死，此爲是而本傳誤也。今從之。」潘眉曰：「裴注以破虜在初平二年卒，是也。此傳云三年，英雄記云四年，皆誤。」弼按：周瑜傳建安三年，瑜年二十四。瑜與孫策同年，計初平二年，實爲十七歲。孫策表云十七失怙，孫堅之死，實在初平二年，無可疑也。

〔四〕通鑑作「部曲兵」。

〔五〕魏志桓階傳：「堅擊劉表，戰死。階冒難詣表，乞堅喪，表義而與之。」

〔六〕以堅死於初平二年計之，當生於桓帝永壽元年。堅死時，孫策年十七歲，孫權年十一歲，策長權六歲。

〔七〕後漢書劉表傳注「公」作「介」，下同。

〔八〕物故解見蜀志劉璋傳。

〔九〕魏志劉表傳：「堅爲流矢所中，死。」

堅四子，策、權、翊、匡。權既稱尊號，謚堅曰武烈皇帝。

吴録曰：尊堅廟曰始祖，墓曰高陵。〔一〕

志林曰：堅有五子，策、權、翊、匡，吴氏所生；少子朗，庶生也，一名仁。

〔一〕趙一清曰：「方輿紀要卷二十五：丹陽縣治曲阿，吴陵在縣西十五里，孫堅葬此。」弼按：堅墓在吴，説見前。

策字伯符。堅初興義兵，策將母徙居舒，〔一〕與周瑜相友，〔二〕收合士大夫，江、淮閒人咸向之。〔三〕

江表傳曰：堅爲朱儁所表，爲佐軍，留家著壽春。〔四〕策年十餘歲，已交結知名，聲譽發聞。有周瑜者，與策同年，〔五〕亦英達夙成，〔六〕聞策聲聞，〔七〕自舒來造焉。便推結分好，〔八〕義同斷金，〔九〕勸策徙居舒，策從之。

堅薨，還葬曲阿。〔一〇〕已乃渡江居江都。〔一一〕

魏書曰：策當嗣侯，讓與弟匡。

〔一〕廬江郡，治舒。見堅傳注。周瑜爲舒人。

〔二〕周瑜傳：「策與瑜同年，獨相友善。瑜推道南大宅以舍策，升堂拜母，有無通共。」

〔三〕文臺初起，鄉里少年皆願相從。伯符年未弱冠，已交結知名，轉鬭江東，士民樂爲致死。太史子義，一見解縛。孫氏父子兄弟皆善於招致英雄，據有江東，非偶然也。

〔四〕郡國志：「揚州九江郡壽春。」今安徽鳳陽府壽州治，詳見魏志武紀初平元年揚州刺史注，又見初平四年九江郡注。

〔五〕周瑜傳注引江表傳云：「公瑾與伯符同年，小一月耳。」

〔六〕胡三省曰：「夙，早也。」

〔七〕宋本作「聲問」，通鑑同。

〔八〕胡三省曰：「分，扶問翻。推分而結好也。好，扶到翻。」

〔九〕易繫辭：「二人同心，其利斷金。」

〔一〇〕郡國志：「揚州吴郡曲阿。」吴曰雲陽，今江蘇鎮江府丹陽縣治，詳見魏志王朗傳。通鑑：「堅死，策年十七，還葬曲阿。」趙一清曰：「水經湘水注引郭頒世語云：魏黃初末，吴人發吴芮冢，取木於縣立孫堅廟。宋書禮志：孫權不立七廟，以父堅嘗爲長沙太守，長沙臨湘縣立堅廟而已。權既不親祠，直是依後漢奉南頓君故事，使太守祠也。堅廟見尊曰始祖廟，而不在京師，又以民人所發吴芮冢材爲屋，未之前聞也。又水經漸江水注：浙江逕亭山西，山上有孫權父冢。一清案：亭山在吴郡富春，孫堅不葬此也。策傳云還葬曲阿，而權傳太元元年秋八月，大書吴高陵松柏斯拔。參之謝詢請置守冢之文，則文臺定葬於吴也。吴地記云：堅墓在盤門内。劉昭續志注於吴郡吴縣下引皇覽曰，縣東門外孫武冢，蓋春秋時孫武子耳，於文臺何與？吴地記亦爲謬也。」

〔一一〕郡國志：「徐州廣陵郡江都。」本志趙達傳注引吴録：「皇象，廣陵江都人。」宋書州郡志：「廣陵太守、江都令。漢舊縣，三國時廢。晉武帝太康六年復立。」寰宇記：「故城在今縣東南四十六里。城臨江水，爲水所侵，無復餘址。」一統志：「故城在今江蘇揚州府江都縣西南。」

徐州牧陶謙深忌策，策舅吴景時爲丹陽太守，〔一〕策乃載母徙曲阿，〔二〕與吕範、孫何俱就景，〔三〕因緣召募，得數百人。興平元年，從袁術，術甚奇之，以堅部曲還策。〔四〕

吴歷曰：初，策在江都，時張紘有母喪。策數詣紘，〔五〕咨以世務。曰：「方今漢祚中微，天下擾攘，英雄俊傑各擁衆營私，未有能扶危濟亂者也。先君與袁氏共破董卓，功業未遂，卒爲黄祖所害。策雖暗稚，竊有微志，欲從袁揚州求先君餘兵，就舅氏於丹陽，收合流散，東據吴會，報讎雪恥，爲朝廷外藩，君以爲何如？」紘答曰：「既素空劣，方居衰絰之中，無以奉贊盛略。」策曰：「君高名播越，遠近懷歸。今日事計，決之於君，何得不紆慮啓告，副其高山之望？若微志得展，〔六〕血讎得報，此乃君之勳力，策心所望也！」因涕泣横流，顔色不變。紘見策忠壯内發，辭令慷慨，感其志言，乃答曰：「昔周道陵遲，齊、晉並興；王室已寧，諸侯貢職。今君紹先侯之軌，有驍武之名，若投丹陽，收兵吴會，則荆、揚可一，讎敵可報。據長江，奮威德，〔七〕誅除羣穢，匡輔漢室，功業侔於桓、文，豈徒外藩而已哉！方今世亂多難，若功成事立，當與同好俱南濟也。」策曰：「一與君同符合契，同有永固之分，〔八〕今便行矣，以老母弱弟委付於君，策無復回顧之憂。」

江表傳曰：策徑到壽春，見袁術，涕泣而言曰：「亡父昔從長沙入討董卓，與明使君會於南陽，同盟結好，不幸遇難，勳業不終。策感惟先人舊恩，欲自憑結，願明使君垂察其誠。」術甚貴異之，然未肯還其父兵。術謂策曰：「孤始用貴舅爲丹陽太守，賢從伯陽爲都尉，〔九〕彼精兵之地，〔一〇〕可還依召募。」策遂詣丹陽依舅，〔一一〕得數百人，而爲涇縣大帥祖郎所襲，〔一二〕幾至危殆。〔一三〕於是復往見術，術以堅餘兵千餘人還策。

太傅馬日磾杖節安集關東，在壽春〔一四〕以禮辟策，表拜懷義校尉，〔一五〕術大將喬蕤、張勳皆傾心敬焉。〔一六〕術常歎曰：「使術有子如孫郎，死復何恨！」〔一七〕策騎士有罪，逃入術營，隱於內廄。策指使人就斬之，訖，詣術謝。〔一八〕術曰：「兵人好叛，當共疾之，何爲謝也！」由是軍中益畏憚之。術初許策爲九江太守，已而更用丹陽陳紀。〔一九〕後術欲攻徐州，從廬江太守陸康求米三萬斛，康不與，術大怒。策昔曾詣康，康不見，使主簿接之。策嘗銜恨。術遣策攻康，謂曰：「前錯用陳紀，〔二〇〕每恨本意不遂，今若得康，廬江真卿有也。」策攻康，拔之，〔二一〕術復用其故吏劉勳爲太守，策益失望。先是劉繇爲揚州刺史，州舊治壽春。〔二二〕壽春，術已據之，繇乃渡江治曲阿。時吴景尚在丹陽，策從兄賁又爲丹陽都尉，繇至，皆迫逐之。〔二三〕景、賁退舍歷陽。〔二四〕繇遣樊能、于麋、陳横屯江津，張英屯當利口，以距術。〔二五〕術自用故吏琅邪惠衢爲揚州刺史，〔二六〕更以景爲督軍中郎將，與賁共將兵擊英等，連年不克。策乃説術，乞助景等，平定江東。〔二七〕

江表傳曰：策説術云：「家有舊恩在東，願助舅討横江。横江拔，因投本土召募，〔二八〕可得三萬兵，以佐明使君，匡濟漢室。」〔二九〕術知其恨，〔三〇〕而以劉繇據曲阿，王朗在會稽，謂策未必能定，故許之。

術表策爲折衝校尉，行殄寇將軍，〔三一〕兵財千餘，騎數十匹，〔三二〕賓客願從者數百人。比至歷陽，〔三三〕衆五六千。策母先自曲阿徙於歷陽，〔三四〕策又徙母阜陵，〔三五〕渡江轉鬭，所向皆破，莫敢當其鋒，而軍令整肅，百姓懷之。〔三六〕

江表傳曰：策渡江攻繇牛渚營，〔三七〕盡得邸閣糧穀、戰具。〔三八〕是歲，興平二年也。〔三九〕時彭城相薛禮、〔四〇〕下邳相笮融〔四一〕依繇爲盟主，禮據秣陵城，〔四二〕融屯縣南。〔四三〕策先攻融，融出兵交戰，斬首五百餘級。融即閉門，不敢動。因渡江攻禮，禮突走，而樊能、于麋等復合衆，襲奪牛渚屯。策聞之，還攻破能等，獲男女萬餘人。復下攻融，爲流矢所中，傷股，不能乘馬，因自輿還牛渚營。或叛告融曰：「孫郎被箭已死。」融大喜，即遣將于兹鄉策。〔四四〕策遣步騎數百挑戰，〔四五〕設伏於後，賊出擊之，鋒刃未接而僞走，賊追入伏中，乃大破之，斬首千餘級。策因往到融營下，令左右大呼曰：「孫郎竟云何！」賊於是驚怖夜遁。融聞策尚在，更深溝高壘，繕治守備。策以融所屯地勢險固，乃舍去，攻破繇别將於海陵，〔四六〕轉攻湖孰、江乘，皆下之。〔四七〕

〔一〕郡國志：「揚州丹陽郡，治宛陵。」本志吕範傳：「孫權破關羽，還都武昌，封範宛陵侯，領丹陽太守，治建業。」建業本漢秣陵縣，屬丹陽郡，其地本名金陵，秦始皇改，見劉昭注，又見張紘傳注引江表傳。建安十七年，孫權改秣陵爲建業，見權傳。沈約曰：「秣陵其地本名金陵，本治去京邑六十里，今故城邨是也。」元豐九域志：「江寧府江寧縣有秣陵鎮。」一統志：「宛陵故城，今安徽寧國府宣城縣治；秣陵故城，今江蘇江寧府上元縣南。」本志妃嬪傳：「袁術上吴景領丹陽太守，討故太守周昕，遂據其郡。」丹陽郡互見孫權傳嘉禾三年。

〔二〕復渡江而南也。

〔三〕吕範自有傳，孫何見宗室傳孫韶傳。

〔四〕策時年二十歲。

〔五〕紘爲廣陵人，策居江都，故數詣紘。

〔六〕馮本「若」作「君」，誤。

〔七〕局本「德」作「得」，誤。

〔八〕「同」字疑衍。

〔九〕孫賁字伯陽，堅從子，策從兄也。

〔一〇〕胡三省曰：「丹陽號爲天下精兵處。」

〔一一〕監本「舅」作「舊」，誤。

〔一二〕郡國志：「丹陽郡涇。」孫策執太史慈於此。韋昭曰：「涇水出蕪湖，蓋因水立名。」一統志：「涇縣故城，今安徽寧國府涇縣西。」謝鍾英曰：「涇水即今清弋江，在涇縣城西。」胡三省曰：「姓譜：祖，商祖己之後。」弼按：祖郎事詳見孫輔傳及注。

〔一三〕即斫孫策馬鞍事。

〔一四〕范書獻帝紀：「初平三年八月，遣太傅馬日磾及太僕趙岐，持節慰撫天下。興平元年十二月，太傅馬日磾薨于壽春。」

〔一五〕錢大昕曰：「漢時城門校尉、司隸校尉任寄最重，而屯騎、越騎、步兵、長水、射聲諸校尉，亦典兵之官，號爲五校。西京更有胡騎、虎賁二校尉，故云七校。若命將出征，則大將軍營五部，部皆有校尉，不常置也。邊塞則有護羌校尉、護烏桓校尉，西域有戊己校尉。靈帝置西園八校尉，有上軍、中軍、下軍、典軍、助軍左、助軍右、左校、右校之名，自後校尉漸多。曹操爲驍騎校尉，周珌爲督軍校尉，蓋勳爲討虜校尉，公孫瓚亦爲討虜校尉。應劭爲袁紹軍謀校尉，皆見於後漢書。其見於魏志者，夏侯惇折衝校尉，曹仁厲鋒校尉，曹洪鷹揚校尉，賈詡討虜校尉，樂進討寇校尉，于禁平虜校尉；見於吴志者，孫策爲懷義校尉，又爲折衝校尉，孫權爲奉義校尉，劉基輔義校尉，孫靜、魯肅皆奮武校尉，孫瑜恭義校尉，孫輔揚武校尉，孫韶承烈校尉，張紘正議校尉，陸遜定威校尉，陸抗、陸凱皆建武校尉，賀齊平東校尉，全琮奮威校尉，周魴昭義校尉，是儀忠義校尉，見於蜀志者，法正軍議校尉，費禕昭信校尉，來敏典學校尉，周羣儒林校尉，大率皆武職也。蜀先主置司鹽校尉，較鹽鐵之利，亦名鹽府校尉。則名雖爲校尉，實非典軍之職。王連、呂乂、岑述皆嘗爲之。」弼按：三國校尉之官，尚不止此，具見洪飴孫三國職官表，文繁不録。

〔一六〕范書袁術傳：「建安二年，術僭號，遣將張勳、橋蕤攻呂布，大敗。曹操征術，術走渡淮，操擊斬蕤，而勳退走。」即此二人也。

〔一七〕梁章鉅曰：「此如魏武歎生子當如孫仲謀，同一口吻。亦足見孫郎之動人矣。」

〔一八〕胡三省曰：「謝入術營專殺也。」

〔一九〕錢大昕曰：「此別是一人，非潁川陳紀也。」

〔二〇〕胡三省曰：「錯，誤也。」

〔二一〕廬江見孫堅傳注引吴録，陸康事亦見堅傳注。范書陸康傳：「袁術屯兵壽春，部曲饑餓，遣使求委輸兵甲。康以其叛逆，閉門不通，内修戰備，將以禦之。術大怒，遣其將孫策攻康，圍城數重。康固守，吏士有先受休假者，皆遁伏還赴，暮夜緣城而入。受敵二年，城陷；月餘，發病卒，年七十。宗族百餘人，遭離饑戹死者將半。朝廷愍其守節，拜子儁爲郎中。少子績，仕吴爲鬱林太守，博學善政，見稱當時。幼年曾謁袁術，懷橘墮地者也。有名稱。」弼按：孫策之攻廬江，非出本意，見太史慈傳注引江表傳。

〔二二〕胡三省曰：「續漢志揚州本治歷陽，蓋中世已後徙治壽春也。」

〔二三〕劉繇傳：「詔書以繇爲揚州刺史。時袁術在淮南，繇畏憚，不敢之州，欲南渡江。吴景、孫賁迎置曲阿。術圖爲僭逆，攻没諸郡縣，繇遣樊能、張英屯江邊以拒之。以景、賁術所授用，乃迫逐使去。」王朗遺孫策書云：劉正禮臨州，未能自達，實賴尊門，濟江成治。後以袁氏之嫌，稍更乖刺，更以同盟，還爲讎敵。即指此也。朱治傳：「是時吴景已在丹陽，而策爲術攻廬江，於是劉繇恐爲袁、孫所并，遂搆嫌隙。」

〔二四〕通鑑「舍」作「屯」。郡國志：「揚州九江郡歷陽，侯國，刺史治。」晉書地理志：「揚州淮南郡歷陽。」宋書州郡志：「晉武帝復立歷陽、當塗、浚遒諸縣，二年，復立鍾離縣，並二漢舊縣也。三國時江淮爲戰爭之地，其間不居者，各數百里。此諸縣並在江北，淮南虚其地，無復民户。吴平，民還，故復立焉。」洪亮吉曰：「據沈志，三國時魏、吴俱無此數縣也。」吴增僅曰：「歷陽故屬漢九江郡。興平中，孫策平江東，縣遂入吴。建安十七年，孫權作濡須塢，又於此置濡須督，遂爲重鎮。」又云：「孫策起兵歷陽，平定江東，其後横江、當利、濱江諸隘，皆有戍守。沈志云，太康元年復立歷陽，則知吴未置縣也。」王先謙曰：「孫策傳：策至歷陽，衆五六千。江表傳：歷陽有山石臨水，歷陽長表上。孫晧傳：天璽元年，歷陽山石文理成字。是歷陽縣屬吴。洪氏據沈志，謂太康元年復立，非也。」謝鍾英曰：「歷陽自漢歷魏、吴，至晉不廢，沈志誤。」弼按：謝、王二説是。一統志：「歷陽故城，今安徽和州治。」

〔二五〕通鑑作「繇遣將樊能、于麋屯横江，張英屯當利口以拒之」。胡注：「横江渡在今和州，正對江南之采石，即今之楊林渡口。當利浦在今和州東十二里。」趙一清曰：「寰宇記卷一百二十四：横江浦在和州歷陽縣東南二十六里，當利浦在和州城東十二里，本名揚浦。建安初，孫策自壽春欲經略江東，揚州刺史劉繇遣將樊能、于麋屯横江，孫策破之於此。一清案：此則横江江津名也，而吴夫人傳及此注引江表傳，亦只有樊能、于麋二人，無陳横姓名。則陳字疑東字之譌。横屯二字，當互倒。」謝鍾英曰：「元和志：横江浦在歷陽縣東南二十五里，直江南采石渡處。自昔濟江津要。鍾英按：在今和州東南二十五里，地宜屬吴。」洪亮吉曰：「歷陽有當利浦。晉書：王濬平吴，水軍揚帆順流，於此而下。報王渾書曰：風利不得泊。後因以爲名。」謝鍾英曰：「周瑜傳：從攻横江、當利，皆拔之。是當利之名，不始於王濬。一統志：今和州東南，大江之别浦也。鍾英按：地宜屬吴。」

〔二六〕胡三省曰：「惠，姓也。戰國時，梁有惠施。」

〔二七〕朱治傳：「治知術政德不立，勸策還平江東。」胡三省曰：「大江東北流，自歷陽至濡須口，謂之江西；建業謂之江東。」

〔二八〕胡三省曰：「策本江東人，故謂之本土。」

〔二九〕通鑑作「以佐明使君定天下」。

〔三〇〕胡三省曰：「謂許以九江、廬江而不用也。」

〔三一〕胡三省曰：「殄寇將軍號，蓋始於此。」

〔三二〕史言其少也。

〔三三〕由壽春至歷陽。

〔三四〕朱治傳：「策家門盡在州下，治乃使人於曲阿迎太妃及權兄弟，供奉輔護，甚有恩紀。」

〔三五〕郡國志：「九江郡阜陵。」吳增僅曰：「孫韶傳：徐、泗、江、淮之地，不居者各數百里。阜陵諸縣，并在江北淮南，知魏初皆廢爲境上地矣。」謝鍾英曰：「孫權傳：黃龍三年，孫布詐降，魏將王淩以軍迎布，權以大兵潛伏於阜陵。淩覺而走。即此。晉志漢明帝時淪爲湖，是三國時已非舊縣矣。在今和州西三十里，地宜屬吳。」弼按：據謝說，吳仍置縣也。呂布擊袁術於阜陵，即此。互見魏志袁渙傳。一統志：「阜陵故城，今安徽滁州全椒縣東十五里。」

〔三六〕周瑜傳：「瑜從父尚爲丹陽太守，策將東渡，到歷陽，馳書報瑜。瑜將兵迎策，遂從攻橫江、當利，皆拔之。」

〔三七〕郡國志：「揚州丹陽郡秣陵南有牛渚。」杜佑曰：「牛渚圻即當塗縣采石。」胡三省曰：「太平州當塗縣北三十里，有牛渚山，山下有牛渚磯，與和州橫江渡相對。」一統志：「牛渚山在今安徽太平府當塗縣西北二十里，一名采石。孫權使孫瑜自溧陽移兵屯牛渚，自是以後，常爲重鎮。」李賢曰：「牛渚，山名，突出江中，謂之牛渚圻。」元和志：「在當塗縣北三十五里，古津渡處也。有采石戍，在山上。」寰宇記：「牛渚山北謂之采石，對采石渡口，商旅於此取石，至都輸造石渚，故名。」舊志：「采石山在當塗縣西北二十五里，東北至江寧八十里，渡江西至和州二十五里，周十五里，高百仞。西接大江，三面俱繞姑溪，一名翠羅山。山下突入江處，名采石磯。」

〔三八〕胡三省曰：「邸，至也；閣，庋置也。邸閣，謂轉輸之歸至而庋置之也。」

〔三九〕通鑑考異曰：「魏志、袁紀皆云初平四年，策受袁術使渡江。漢獻帝紀、吴志孫策傳皆云興平元年。虞溥江表傳云策興平二年渡江。按術初平四年始得壽春，策傳云術欲攻徐州從陸康求米事，必在劉備得徐州後也。劉繇傳稱吴景攻繇，歲餘不克，則策渡江不應在興平元年已前，今依江表傳爲定。」潘眉曰：「二年當爲元年。後漢書獻帝紀：興平元年，劉繇與孫策戰，繇軍敗績，孫策遂據江東。考是年策以朱治爲吴郡太守，治在郡三十一年，黄武三年卒。若興平二年至黄武三年，止得三十年，不得云三十一年，故當以元年爲確。策渡江在初平四年，明年乃爲興平元年，見魏武紀。」

〔四〇〕彭城國治彭城，今江蘇徐州府銅山縣治。

〔四一〕下邳見孫堅傳，薛禮、笮融事見劉繇傳。胡三省曰：「丁度集韻：笮，側格切，姓也。風俗通：楚有笮倫。」

〔四二〕秣陵見前丹陽郡注。

〔四三〕此句承上文當爲秣陵之縣南。妃嬪傳云，吴景擊笮融、薛禮於秣陵，是薛禮、笮融俱屯據江南之秣陵。孫策既已渡江，攻劉繇之牛渚營，又攻笮融於秣陵縣南，是俱在江南用兵，何以下文又云渡江攻禮？不無可疑。

〔四四〕趙一清曰：「于兹，人姓名。鄉與嚮通用。」

〔四五〕各本均無下「策」字，官本有之。

〔四六〕海陵今江蘇揚州府泰州治，詳見魏志張遼傳。通鑑：「興平二年，孫策破劉繇别將於梅陵。」胡注：「唐書地理志宣州南陵縣有梅根鎮，今有梅根港。」趙一清曰：「方輿紀要卷二十：雨花臺在應天府城南一里，據岡阜高處，俯瞰城闕，江山四極，無不在目，即聚寶山之東嶺也。山麓爲梅岡，或謂之梅陵，相傳漢梅鋗屯兵處也。孫策破劉繇别將，即此。然則海陵乃梅陵之誤。或曰：湖孰、江乘屬丹陽，在江南；海陵在江北，前志屬臨淮郡，遠不相及。策方略定丹陽屬縣，無緣分兵轉向江北，其誤無疑。」

〔四七〕郡國志：「揚州丹陽郡胡熟、江乘。」前書作「湖孰」。宋書州郡志：「湖孰、江乘，吴省爲典農都尉。」九域志：「江寧府上元縣有湖孰鎮。」謝鍾英曰：「呂範領湖熟相，見範傳。朱據領兵屯湖熟，見據傳。徐盛傳：爲疑城自石頭城至江、乘二縣，蓋黄龍後省。晉志俱屬丹陽郡。」一統志：「湖孰故城，今江蘇江寧府上元縣東南；江乘故城，今江寧府句容縣北六十里。」江乘互見孫權傳黄武二年。

策爲人，美姿顔，好笑語，性闊達聽受，善於用人，是以士民見者，莫不盡心，樂爲致死。劉繇棄軍遁逃，〔一〕諸郡守皆捐城郭奔走。〔二〕

江表傳曰：策時年少，雖有位號，而士民皆呼爲孫郎。百姓聞孫郎至，皆失魂魄；長吏委城郭，竄伏山草。〔三〕及至，〔四〕軍士奉令，不敢虜略，雞犬菜茹，〔五〕一無所犯。民乃大悦，競以牛酒詣軍。〔六〕劉繇既走，策入曲阿，勞賜將士，遣將陳寶詣阜陵迎母及弟。發恩布令，告諸縣：「其劉繇、笮融等故鄉部曲來降首者，一無所問；樂從軍者，一身行，復除門户；〔七〕不樂者，勿强也。」旬日之閒，四面雲集，得見兵二萬餘人，馬千餘匹。威震江東，形勢轉盛。

吴人嚴白虎等衆各萬餘人，處處屯聚。吴景等欲先擊破虎等，乃至會稽。〔八〕策曰：「虎等羣盜，非有大志，此成禽耳。」遂引兵渡浙江，據會稽，〔九〕屠東冶，〔一〇〕乃攻破虎等。

吴録曰：時有烏程鄒他、錢銅〔一一〕及前合浦太守〔一二〕嘉興王晟等，〔一三〕各聚衆萬餘或數千。引兵撲討，〔一四〕皆攻破之。策母吴氏曰：「晟與汝父有升堂見妻之分，今其諸子兄弟皆已梟夷，獨餘一老翁，何足復憚乎？」乃舍之，餘咸族誅。〔一五〕策自討虎，虎高壘堅守，使其弟輿請和，許之。輿請獨與策會面約，既會，策引白刃斫席，〔一六〕輿體動。策笑曰：「聞卿能坐躍，勦捷不常，聊戲卿耳！」輿曰：「我見刃乃然。」策知其無能也，乃以手戟投之，立死。興有勇力，虎衆以其死也，〔一七〕甚懼。進攻，破之。虎奔餘杭，〔一八〕投許昭於虜中。〔一九〕程普請擊昭，策曰：「許昭有義於舊君，有誠於故友，此丈夫之志也。」乃舍之。

臣松之案：許昭有義於舊君，謂濟盛憲也。事見後注。〔二〇〕有誠於故友，則受嚴白虎也。

盡更置長吏，策自領會稽太守，〔二一〕復以吴景爲丹陽太守，〔二二〕以孫賁爲豫章太守，〔二三〕分豫章爲廬陵郡，〔二四〕以賁弟輔爲廬陵太守，丹陽朱治爲吴郡太守，〔二五〕彭城張昭、廣陵張紘、秦松、陳端等爲謀主。〔二六〕

江表傳曰：策遣奉正都尉劉由、〔二七〕五官掾高承奉章詣許，拜獻方物。〔二八〕

時袁術僭號，〔二九〕策以書責而絶之。〔三〇〕

吴録載策使張紘爲書曰：「蓋上天垂司過之星，〔三一〕聖王建敢諫之鼓，〔三二〕設非謬之備，急箴闕之言，何哉？凡有所長，必有所短也。去冬傳有大計，無不悚懼，旋知供備貢獻，萬夫解惑。頃聞建議，復欲追遵前圖，即事之期，便有定月。益使憮然，〔三三〕想是流妄；設其必爾，民何望乎！曩日之舉義兵也，天下之士所以響應者，董卓擅廢置，害太后、弘農王，略烝宫人，〔三四〕發掘園陵，暴逆至此，故諸州郡雄豪聞聲慕義。神武外振，卓遂内殲。元惡既斃，幼主東顧，俾保傅宣命，欲令諸軍振旅，於河北通謀黑山，〔三五〕曹操放毒東齊，〔三六〕劉表稱亂南荆，〔三七〕公孫瓚炰烋北幽，〔三八〕劉繇決力江滸，劉備爭盟淮隅，是以未獲承命，櫜弓戢戈也。今備、繇既破，操等饑餒，謂當與天下合謀，以誅醜類。捨而不圖，有自取之志，非海内所望，一也。昔成湯伐桀，稱有夏多罪；〔三九〕武王伐紂，曰殷有罪罰重哉。〔四〇〕此二王者，雖有聖德，宜當君世；如使不遭其時，亦無繇興矣。幼主非有惡於天下，徒以春秋尚少，脅於彊臣，若無過而奪之，懼未合於湯、武之事，二也。卓雖狂狡，至廢主自興，〔四一〕亦猶未也，而天下聞其桀虐，攘臂同心而疾之，以中土希戰之兵，當邊地勁悍之虜，所以斯須游魂也。今四方之人，皆玩敵而便戰鬭矣，可得而勝者，以彼亂而我治，彼逆而我順也。見當世之紛，若欲大舉以臨之，適足趣禍，三也。天下神器，不可虛干，必須天贊與人力也。殷湯有白鳩之祥，周武有赤烏之瑞，漢高有星聚之符，世祖有神光之徵，〔四二〕皆因民困悴於桀、紂之政，毒苦於秦、莽之役，故能芟去無道，致成其志。今天下非患於幼主，未見受命之應驗，而欲一旦卒然登即尊號，未之或有，四也。天子之貴，四海之富，誰不欲焉？義不可，勢不得耳。陳勝、項籍、王莽、公孫述之徒，皆南面稱孤，莫之能濟。帝王之位，不可橫冀，五也。幼主岐嶷，若除其偪，去其鯁，必成中興之業。夫致主於周成之盛，自受旦、奭之美，此誠所望於尊明也。縱使幼主有他改異，猶望推宗室之譜屬，論近親之賢良，以紹劉統，以固漢宗。皆所以書功金石，圖形丹青，流慶無窮，垂聲管絃。捨而不爲，爲其難者，想明明之素，必所不忍，六也。五世爲相，〔四三〕權之重，勢之盛，天下莫得而比焉。〔四四〕忠貞者必曰宜夙夜思惟，所以扶國家之躓頓，念社稷之危殆，以奉祖考之志，以報漢室之恩。其忽履道之節而强進取之欲者，將曰天下之人非家吏則門生也，孰不從我？四方之敵非吾匹則吾役也，誰能違我？盍乘累世之勢，起而取之哉。二者殊數，不可不詳察者也。〔四五〕所貴於聖哲者，以其審於機宜，慎於舉措。若難圖之事，難保之勢，以激羣敵之氣，以生衆人之心，〔四六〕公義故不可，〔四七〕私計又不利，明哲不處，八也。世人多惑於圖緯而牽非類，〔四八〕比合文字以悦所事，苟以阿上惑衆，終有後悔者，自往迄今，未嘗無之，不可不深擇而熟思，九也。九者，尊明所見之餘耳，庶備起予，補所遺忘。忠言逆耳，幸留神聽！」〔四九〕典略云張昭之辭。〔五〇〕臣松之以爲張昭雖名重，然不如紘之文也。此書必紘所作。〔五一〕

曹公表策爲討逆將軍，封爲吴侯。〔五二〕

江表傳曰：建安二年夏，漢朝遣議郎王輔〔五三〕奉戊辰詔書曰：〔五四〕「董卓逆亂，凶國害民，先將軍堅念在平討，雅意未遂，〔五五〕厥筭著聞。〔五六〕策遵善道，求福不回，今以策爲騎都尉，襲爵烏程侯，〔五七〕領會稽太守。」又詔敕曰：「故左將軍袁術不顧朝恩，坐創凶逆，造合虚僞，欲因兵亂，詭詐百姓，聞其言〔五八〕以爲不然。定得使持節平東將軍領徐州牧温侯布上術所造惑衆妖妄，知術鴟梟之性，遂其無道，〔五九〕修治王宫，署置公卿，郊天祀地，殘民害物，爲禍深酷。布前後上策乃心本朝，欲還討術，爲國効節，乞加顯異。夫懸賞俟功，惟勤是與，故便寵授承襲前邑，重以大郡，榮耀兼至，是策輸力竭命之秋也。其亟與布及行吴郡太守安東將軍陳瑀戮力一心，同時赴討。」策自以統領兵馬，但以騎都尉領郡爲輕，欲得將軍號。及使人諷輔，〔六〇〕輔便承制假策明漢將軍。〔六一〕是時陳瑀屯海西，〔六二〕策奉詔治嚴，〔六三〕當與布、瑀參同形勢。行到錢塘，〔六四〕瑀陰圖襲策，〔六五〕遣都尉萬演等密渡江，使持印傳三十餘細賊〔六六〕與丹陽、〔六七〕宣城、〔六八〕涇、〔六九〕陵陽、〔七〇〕始安、〔七一〕黟、〔七二〕歙〔七三〕諸險縣大帥祖郎、焦已及吴郡烏程嚴白虎等，使爲内應，伺策軍發，欲攻取諸郡。策覺之，遣吕範、徐逸攻瑀於海西，大破瑀，獲其吏士妻子四千人。〔七四〕

山陽公載記曰：瑀單騎走冀州，自歸袁紹，紹以爲故安都尉。〔七五〕

吴録載策上表謝曰：「臣以固陋，孤持邊陲。陛下廣播高澤，不遺細節，以臣襲爵，兼典名郡。仰榮寵顧，〔七六〕所不克堪。興平二年十二月二十日，於吴郡曲阿得袁術所呈表，以臣行殄寇將軍；至被詔書，乃知詐擅。雖輒捐廢，猶用悚悸。臣年十七，喪失所怙，懼有不任堂構之鄙，〔七七〕以忝析薪之戒，〔七八〕誠無去病十八建功，〔七九〕世祖列將弱冠佐命。臣初領兵，年未弱冠，雖駑懦不武，然思竭微命。惟術狂惑，爲惡深重，臣憑威靈，奉辭伐罪，〔八〇〕庶必獻捷，以報所授。」

臣松之案：本傳云孫堅以初平三年卒，策以建安五年卒，策死時年二十六，計堅之亡，策應十八，而此表云十七，則爲不符。張璠漢記及吴歷並以堅初平二年死，此爲是而本傳誤也。〔八一〕

江表傳曰：建安三年，策又遣使貢方物，倍於元年所獻。其年，制書轉拜討逆將軍，改封吴侯。〔八二〕

後術死，〔八三〕長史楊弘、大將張勳等將其衆欲就策，廬江太守劉勳要擊，悉虜之，收其珍寶以歸。〔八四〕策聞之，僞與勳好盟。勳新得術衆，時豫章上繚宗民萬餘家在江東，〔八五〕策勸勳攻取之。勳既行，策輕軍晨夜襲拔廬江，〔八六〕勳衆盡降，勳獨與麾下數百人自歸曹公。〔八七〕

江表傳曰：策被詔勑，與司空曹公、衛將軍董承、益州牧劉璋等并力討袁術、劉表。軍嚴當進，會術死，術從弟胤、女壻黄猗等畏懼曹公，不敢守壽春，乃共舁術棺柩，扶其妻子及部曲男女，就劉勳於皖城。〔八八〕勳糧食少，無以相振，乃遣從弟偕告糴於豫章太守華歆，歆部素少穀，遣吏將偕就海昏上繚，〔八九〕使諸宗帥共出三萬斛米以與偕。偕往歷月，纔得數千斛。偕乃報勳，具説形狀，使勳來襲取之。勳得偕書，使潛軍到海昏邑下。宗帥知之，空壁逃匿，勳了無所得。時策西討黄祖，行及石城，〔九〇〕聞勳輕身詣海昏，便分遣從兄賁、輔率八千人於彭澤待勳，〔九一〕自與周瑜率二萬人步襲皖城，即克之，得術百工及鼓吹部曲三萬餘人，并術、勳妻子。表用汝南李術爲廬江太守，〔九二〕給兵三千人以守皖，皆徙所得人東詣吴。賁、輔又於彭澤破勳，勳走入楚江，從尋陽步上[九三]到置馬亭，[九四]聞策等已克皖，乃投西塞。[九五]至沂，[九六]築壘自守，告急於劉表，求救於黄祖。祖遣太子射船軍五千人助勳。[九七]策復就攻，大破勳。勳與偕北歸曹公，射亦遁走。策收得勳兵二千餘人，船千艘，遂前進夏口，[九八]攻黄祖。時劉表遣從子虎、南陽韓晞將長矛五千，來爲黄祖前鋒，策與戰，大破之。

吴録載策表曰：「臣討黄祖，以十二月八日到祖所屯沙羨縣。[九九]劉表遣將助祖，並來趣臣。臣以十一日平旦[一〇〇]部所領江夏太守行建威中郎將周瑜、[一〇一]領桂陽太守行征虜中郎將吕範、[一〇二]領零陵太守行蕩寇中郎將程普、[一〇三]行奉業校尉孫權、[一〇四]行先登校尉韓當、[一〇五]行武鋒校尉黄蓋等，[一〇六]同時俱進。身跨馬擽陳，手擊急鼓，以齊戰勢。吏士奮激，踊躍百倍，心精意果，各競用命；越渡重塹，迅疾若飛。火放上風，兵激煙下，弓弩並發，流矢雨集。日加辰時，祖乃潰爛，鋒刃所截，猋火所焚，[一〇七]前無生寇，惟祖迸走。獲其妻息男女七人，斬虎、狼韓晞以下二萬餘級，[一〇八]其赴水溺者一萬餘口，船六千餘艘，財物山積。雖表未禽，祖宿狡猾，爲表腹心，出作爪牙，表之鴟張，以祖氣息，而祖家屬部曲，埽地無餘，表孤特之虜，成鬼行尸。誠皆聖朝神武遠振，臣討有罪，得效微勤。」

是時，袁紹方彊，[一〇九]而策并江夏，[一一〇]曹公力未能逞，且欲撫之。

吴歷曰：曹公聞策平定江南，意甚難之，常呼「猘兒難與爭鋒也」。[一一一]

乃以弟女配策小弟匡，又爲子彰取賁女，[一一二]皆禮辟策弟權、翊，又命揚州刺史嚴象[一一三]舉權茂才。[一一四]

[一] 馮本作「逃遁」。

〔二〕劉繇傳：「孫策東渡，破英、能等，繇奔丹徒。」太史慈傳：「慈到曲阿見繇，卒遇策，便前鬭，慈與繇俱奔豫章。」

〔三〕胡三省曰：「山草，言深山茂草之中也。」李固對策曰：「臣伏從山草，痛心傷臆。」則山草二字，當時常談也。」周壽昌曰：「山草，猶山僻也。」

〔四〕通鑑作「及策至」。

〔五〕胡三省曰：「茹亦菜也。」

〔六〕通鑑「訾」作「勢」。

〔七〕胡三省曰：「一人以身行，除其門户賦役也。」

〔八〕會稽見孫堅傳。

〔九〕詳見孫静傳及魏志王朗傳。

〔一〇〕馮本、吴本、毛本「冶」作「治」，誤。東冶，今福建福州府閩縣東北，冶山之麓。詳見魏志王朗傳。

〔一一〕烏程見孫堅傳。通鑑「他」作「佗」。胡注：「佗，徒何反。姓譜：彭祖裔孫孚，爲周錢府上士，因官命氏。」

〔一二〕郡國志：「交州合浦郡，治合浦。」今廣東廉州府合浦縣東北，見魏志陳留王紀咸熙元年。

〔一三〕郡國志：「吴郡由拳。」劉昭注：左傳曰，越敗吴于檇李。杜預曰：「縣南醉李城也。」干寶搜神記曰秦始皇東巡，望氣者云，五百年後，江東有天子氣。始皇至，令囚徒十萬人掘汙其地，表以惡名，故改曰由拳縣。」孫權傳：「黄龍三年，由拳野稻自生，改爲禾興。赤烏五年，立子和爲太子，改禾興爲嘉興。」宋書州郡志：「吴郡太守，嘉興令。此地本名長水，秦改曰由拳。吴孫權黄龍四年，由拳縣生嘉禾，改曰禾興。孫皓父名和，又改名曰嘉興。」弼按：沈志黄龍三年誤作四年，又似以赤烏五年事爲孫皓事。通鑑胡注沿其誤。（見卷六十三建安四年注。）洪亮吉又承其訛，謝鍾英復誤以赤烏五年作黄龍五年。一縣更名之沿革，乃訛誤如此，皆由未檢閲孫權傳也。一統志：「故城今浙江嘉興府嘉興縣南五里。」趙一清曰：「嘉興之名，至孫權立子和爲太子時始改，不應於伯符之時先有此稱。寰宇記卷九十五引吴録地理志，敘説分明。」

〔一四〕通鑑「引兵」上有「策」字。

〔一五〕局本「誅」誤作「諸」。

〔一六〕御覽「斫」作「削」。

〔一七〕官本考證曰：「宋本以作聞。」

〔一八〕郡國志：「吴郡餘杭。」吴改屬吴興郡。一統志：「故城今浙江杭州府餘杭縣治。」

〔一九〕「虜中」字疑誤。沈家本曰：「上文會稽妖賊許昌之子韶下，潘眉引此，以證韶當作昭。按妖賊許昭於熹平元年起句章，三年，臧旻破平之，獲昭父子。是昭久已破滅。策之破虎，在興平元年，上距破昭之時，已二十一年，則是時之許昭，當別一人，非許生之子。注云許昭有義於舊君，舊君謂盛憲。憲爲吴郡太守，則此許昭乃吴郡人，妖賊許昭則會稽人，明非一人。」

〔二〇〕盛憲事詳見孫韶傳注引會稽典録。

〔二一〕賀齊傳：「齊，會稽人。建安元年，孫策臨郡，察齊孝廉。」

〔二二〕景初本爲丹陽太守，爲劉繇所迫，袁術以景爲廣陵太守。術僭號，景委郡東歸，策復以景爲丹陽太守。

〔二三〕郡國志：「揚州豫章郡，治南昌。」應劭漢官云：「荆、揚江南七郡，唯有臨湘、南昌、吴三令。」見百官志注。有劉繇城，繇自曲阿奔豫章，築城自保。見豫章記。孫策已平吴、會二郡，與孫賁征廬江太守劉勳、江夏太守黄祖。軍還，聞劉繇病死，過定豫章，上賁領太守。見孫賁傳。弼按：豫章太守初爲周術，術病卒，袁術署諸葛玄爲豫章太守，漢朝更選朱皓代玄。皓爲笮融所殺，融代領郡事，旋爲劉繇所破。漢朝拜華歆爲豫章太守。孫策使虞翻説歆，歆讓郡，策遂得有豫章。此豫章太守前後更迭之始末也。見諸葛亮傳、劉繇傳、華歆傳、虞翻傳及各傳注。一統志：「南昌故城，今江西南昌府南昌縣東灌城鄉城隍橋西。」互見魏志陳留王紀咸熙元年。

〔二四〕郡國志：「豫章郡廬陵。」劉昭注：「興平元年，孫策分立廬陵郡。」晉書地理志：「獻帝興平中，孫策分豫章立廬陵郡。」宋書州郡志：「廬陵本縣名，屬豫章。漢獻帝興平二年，孫策分豫章立。」吳增僅曰：「按孫策傳，置廬陵郡在領會稽太守時，策領會稽爲建安元年事，則郡爲建安元年立也。」謝鍾英曰：「豫章記：靈帝末，揚州刺史劉遵上書，請置廬陵、鄱陽二郡。獻帝興平元年始立郡。江表傳：時丹陽僮芝自署廬陵太守，策留賁弟輔領兵住南昌，周瑜到巴丘，輔遂進據廬陵。鍾英按，孫策分置廬陵，蓋承僮芝之舊。」楊守敬曰：「郡國志、豫章記並云立郡在興平元年，然據江表傳，孫策渡江在興平二年，則不得元年有立郡事。按水經注，漢和帝永平九年，分廬陵立石陽，獻帝興平二年，吳長沙桓王立廬陵郡，治此。然則石陽爲郡治，立郡亦非建安元年也。」弼按：吳、謝、楊諸説，言廬陵置郡之時，當以謝、楊二説爲是。至郡治何地，則晉志云治西昌，宋志、水經贛水注云治石陽。寰宇記云治高昌，一統志從之。一統志：「廬陵故城，在今江西吉安府廬陵縣南；高昌故城，在今廬陵縣西，本廬陵縣地。寰宇記言，孫策改廬陵爲高昌，以今志縣境古跡考之，差爲近是。則吳時及晉初郡治，當是高昌也。西昌故城，在今吉安府泰和縣西；石陽故城，在今吉安府吉水縣東北。」弼按：孫策初定豫章，分置廬陵郡，戎馬倥偬，必不暇移治所，當就廬陵爲郡治。然晉、宋二志無廬陵縣，當如寰宇記所云改爲高昌，是廬陵、高昌，實一地也。元和志云晉太康中，移郡石陽，則又與酈注云吳長沙桓王立廬陵郡治石陽之説歧異矣。廬陵郡互見魏志陳留王紀咸熙元年。

〔二五〕朱治傳：「治從錢唐，欲進到吳，吳郡太守許貢拒之於由拳。治與戰，大破之。貢南就山賊嚴白虎等，治遂入郡，領太守事。」郡國志：「揚州吳郡，治吳，本國。震澤在西，後名具區澤。」劉昭注：「爾雅十藪，吳、越之閒有具區。郭璞曰：縣南太湖也。中有句山，山下有洞庭穴道，潛行水底，去無所不通，號爲地脈。越絕書曰湖周三萬六千頃。又有大雷山、小雷山，周處風土記曰舜漁澤之所。臣昭按，此僻在成陽是也。又吳伐越，敗之夫椒。杜預曰太湖中椒山是也。」一統志：「吳縣故城，今江蘇蘇州府吳縣治。」

〔二六〕張昭、張紘自有傳。秦松、陳端見紘傳。何焯曰：「伯符以勇鋭摧破繇、朗，然能繫屬士民，修其政理，遂創霸圖，亦子布三四公之助。」

〔二七〕洪飴孫曰：「奉正都尉一人，吴所置。」

〔二八〕此爲建安元年所獻，見後注。通鑑考異曰：「策貢獻在二年，非元年也。」

〔二九〕術僭號在建安二年。

〔三〇〕何焯曰：「策前此猶爲術部曲，自絶術乃正名漢藩，得以自立矣。後曹公亦以策絶術，授討逆之號。」

〔三一〕郝經曰：「天官虚次有司非二星，主司過失。」潘眉曰：「鬼料竅云，文昌六星，五曰司命，以司諸過。」

〔三二〕郝經曰：「鄧析子：堯有敢諫之鼓，舜立誹謗之木。」

〔三三〕毛本「憮」作「無」。沈家本曰：「廣韻：憮同憮。」

〔三四〕毛本「烝」作「蒸」，誤。

〔三五〕「於」字衍，於上下文俱難通，或校改作「乃」字。陳景雲曰：「振旅句絶，於字疑然字之誤。後漢書袁術傳載此書，作然而河北異謀於黑山。章懷注謂袁紹爲冀州牧，與黑山賊相連。蓋與術書，不可顯斥，其書故微其詞。」

〔三六〕宋本「齊」作「徐」，范書袁術傳同。

〔三七〕范書「稱」作「僭」。

〔三八〕范書作「公孫叛逆於朔北」。

〔三九〕尚書湯誓曰：「有夏多罪，天命殛之。」

〔四〇〕史記：「武王徧告諸侯曰：殷有重罰，不可不伐。」

〔四一〕宋本、馮本「興」作「與」，通鑑作「興」。

〔四二〕郝經曰：「漢書：元年冬十月，五星聚於東井，沛公至霸上。後漢書：南頓君生光武于縣舍，有赤光照室中。」

〔四三〕李賢曰：「安生京，京生湯，湯生逢，逢生術，凡五代。」

〔四四〕文類「焉」作「爲」。

〔四五〕宋本「者」作「七」。

〔四六〕馮本「生」作「先」。

〔四七〕馮本「故」作「既」。

〔四八〕「牽」下何焯校增「引」字。

〔四九〕袁宏後漢紀載此文，較簡絜，今全録之於下。書云：「昔者董卓無道，陵虐王室，禍加太后，暴及弘農，天子播越，宗廟焚毁。是以豪傑發憤，赫然俱起，元惡既斃，幼主東顧。乃使王人奉命，宣明朝恩，偃武修文，與之更始。而河北異謀，黑山不順，劉表僭亂於南，公孫叛逆於北，劉繇阻兵，劉備爭盟，是以未獲承命，櫜弓戢戈也。當謂使君與國同規，舍是不卹，完然有自取之志，懼非海内企望之意。昔湯伐桀，稱有夏多罪；武王伐紂，曰殷有重罰。此二王者，雖有聖德，假使時無失道之過，何由逼而奪之也？今主上豈有惡於天下，徒以幼小，脅於僭臣，異於湯、武之時也。又聞幼主明智聰敏，有夙成之德，天下雖未被恩，咸以歸心焉。若輔而興之，旦、奭之美，率土之所望也。使君五世相承，爲漢宰輔，榮寵之盛，莫與爲比。宜効忠守節，以報漢室。世人多惑圖緯之言，妄牽非類之文，苟以悦主爲美，不顧成敗之計，今古所慎也。忠言逆耳，駁議致憎，苟有益於尊明，則無所敢辭。」術始自以爲有淮南之衆，料策必與己合，及得其書，遂愁沮發疾。范書袁術傳所載，與此同。

〔五〇〕袁紀云：「彭城人張昭，避亂淮南，策賓禮之。及策東略，遂爲之謀主。聞袁術僭號，昭爲策書諫術。」

〔五一〕或曰：「子布論舊君諱事，無此朗潤，可見文不出其手。」

〔五二〕胡三省曰：「討逆將軍，亦創置也。由烏程徙封吴，進其封也。」周壽昌曰：「王輔承制假策明漢將軍。策上表稱袁術以臣行殄寇將軍，至被詔書，乃知詐擅。一則承制，一則假詔，惟建安三年制書轉拜討逆將軍，是真拜，故兩將軍號不入傳，惟討逆擅名也。」弼按：「殄寇將軍入傳，周説誤。」

〔五三〕宋本「輔」作「誧」，下同。妃嬪傳亦作「誧」，音普。通鑑同。

〔五四〕通鑑考異曰：「奉戊辰詔書，不知其何月也。」

〔五五〕毛本「未」作「恭」，誤。

〔五六〕宋本、馮本「筭」作「美」。

〔五七〕胡三省曰：「策父堅以討賊功封烏程侯。」

〔五八〕官本考證曰：「北宋本作始聞其言。」

〔五九〕「遂」疑作「逞」。

〔六〇〕「及」疑作「乃」。

〔六一〕胡三省曰：「明漢將軍，亦權宜置此號，言明於逆順，知尊漢室也。」

〔六二〕郡國志：「揚州廣陵郡海西。」一統志：「故城今江蘇海州南。」見魏志梁習傳。

〔六三〕胡三省曰：「嚴，裝也。」

〔六四〕錢塘見孫堅傳。

〔六五〕馮本「圖襲」二字誤倒。

〔六六〕郝書「細」作「紐」。沈家本曰：「細賊二字，疑有誤。」

〔六七〕郡國志：「丹陽郡丹陽。」今安徽太平府當塗縣東少北五十里，詳見魏志陶謙傳注。

〔六八〕漢書地理志：「丹陽郡宣城。」續志後漢省。一統志：「故城今安徽寧國府南陵縣東四十里，清弋江上。」通鑑：「建安三年，孫策定宣城以東。二十年，孫權使蔣欽屯宣城。」皆即故城也。洪亮吉曰：「郡國志無此縣，疑吴時復立。」

〔六九〕涇縣見前。

〔七〇〕郡國志：「丹陽郡陵陽。」劉昭注：「陵陽子明得仙於此縣山，故以爲名。」孫輔傳：「輔從孫策討陵陽，生得祖郎等。」即此。一統志：「故城今安徽池州府石埭縣東北。」

〔七一〕謝鍾英曰：「賀齊傳：建安二十一年，陵陽、始安、涇縣皆與鄱陽民尤突相應，齊討破突，丹陽三縣皆降。是丹陽郡有始安縣，地缺。」

〔七二〕漢書地理志：「丹陽郡黝。」師古曰：「黝，音伊，字本作黟，其音同。」郡國志：「丹陽郡黝。」劉昭注：「魏氏春秋有林歷山。」王念孫曰：「說文：黟，黑水也。從黑，多聲。丹陽有黟縣。又云漸水出丹陽黟南蠻中，東入海。則地理志本作黟明矣。水經注引此亦作黟，黟從多聲，於古音屬歌部，於今音屬支部。若黝從幼聲，則古今音皆屬幽部，幽之字無與支、歌部通者。黟字不得借作黝也。此因字形有似而誤耳。各史志或作黟、或作黝，其作黝者，皆爲誤本漢志所惑。玉篇黝字無伊音，廣韻黝於脂切，縣名，屬歙州，誤與各史志同。」王先謙曰：「漸江水注：縣居黟山之陽，故縣氏之。一統志：墨嶺在縣南，山出石墨，縣名以此。」謝鍾英曰：「賀齊傳：黟帥陳僕、祖山等二萬户，屯林歷山。方輿紀要：今黟縣南十里。寰宇記：故城在黟縣東五里，因黟川爲名。一統志：今安徽徽州府黟縣，東吴改屬新都郡，晉志屬新安郡。」

〔七三〕漢書地理志：「丹陽郡歙，都尉治。」師古曰：「歙，音攝。」郡國志：「丹陽郡歙。」劉昭注：「山海經曰三天子鄣山在閩西海北，郭璞曰在縣東，今謂之玉山。」吴改屬新都郡，晉志屬新安郡。一統志：「故城今徽州府歙縣治。」

〔七四〕互見吕範傳。

〔七五〕郡國志：「幽州涿郡故安。」一統志：「故城今直隸易州東南。」見魏武紀建安九年。

〔七六〕宋本作「仰榮顧寵」。

〔七七〕尚書大誥：「厥子乃弗肯堂，矧肯構。」

〔七八〕左傳：「其父析薪，其子弗克負荷。」

〔七九〕漢書霍去病傳：「去病年十八，爲侍中，善騎射，再從大將軍。大將軍受詔予壯士爲票姚校尉，與輕勇騎八百，直棄大將軍數百里，赴利斬捕首虜過當，上以二千五百户封去病爲冠軍侯。」

〔八〇〕馮本「伐」作「罰」，誤。

〔八一〕何焯曰：「以二爲三，傳寫之誤。」

〔八二〕通鑑：「建安三年，孫策遣正議校尉張紘獻方物。」本志張紘傳云：「建安四年，策遣紘奉章至許宫。」通鑑考異云：「紘傳誤。」

〔八三〕范書獻帝紀：「建安四年六月，袁術死。」

〔八四〕袁術使孫策攻廬江太守陸康，策已拔廬江，術復用故吏劉勳爲太守。術死，而勳背之，勳固不義，術亦可謂昧於知人矣。

〔八五〕趙一清曰：「水經贛水注：繚水導源建昌縣，東逕新吴縣，又逕海昏縣，謂之上繚水。」胡三省曰：「上繚在建昌界，繚讀曰僚。宗民，即所謂江南宗賊。」

〔八六〕策攻廬江劉勳，在建安四年，見孫權傳。

〔八七〕劉勳事見魏志武紀建安四年。魏志劉曄傳：「劉勳兵彊於江、淮之閒，孫策惡之，遣使卑辭厚幣説勳攻上繚，勳信之，興兵伐上繚。策果襲其後，勳窮蹙，遂奔太祖。」

〔八八〕皖城見孫堅傳廬江郡注。趙一清曰：「方輿紀要卷二十六：皖城在安慶府西北，建安四年孫策襲克之，既而曹操取其地。操恐江表郡縣爲孫權所略，徙民東渡，西江遂虚；合肥以南，唯有皖城。建安十九年，權攻皖城，克之，遂爲重鎮。」

〔八九〕郡國志：「豫章郡海昏，侯國。」劉昭注：「在昌邑城。豫章記曰：城東十三里，縣列江邊，名慨口，出豫章大江之口也。昌邑王每乘流東望，輒憤慨而還，故謂之慨口。」一統志：「故城今江西南康府建昌縣治。」謝鍾英曰：「當在今建昌縣東南，南昌府城北，慨江口之西。一統志謂即建昌縣治，與水經注不合。上繚，今建昌縣南十七里。」海昏、上繚，互見太史慈傳。

〔九〇〕郡國志：「丹陽郡石城。」胡三省曰：「賢曰在今蘇州西南。予據水經，石城縣在牛渚東，酈道元注又云：牛渚在石城東，減五百里。未知孰是。又據五代志，宣城秋浦縣舊曰石城。宋白曰：池州貴池、石埭二縣皆漢石城縣之地。」一統志：「石城故城，在今安徽池州府貴池縣西。程普爲丹陽都尉，屯石城，孫權封韓當爲石城侯。縣志：故城在縣西七十里，地名鐵店，亦曰蒼埠潭，以東西兩石山夾河如城而名。」趙一清曰：「寰宇記卷一百十二：黄石城在鄂州西北二百九十里，劉勳爲孫策所破，遂奔曹公，即此城也。胡三省注通鑑，引水經注牛渚城及貴池、石埭二縣爲漢石城縣地，誤。」弼按：胡注本存疑，趙説誤，當以一統志爲是。互見程普傳。

〔九一〕郡國志：「豫章郡彭澤，彭蠡澤在西。」宋白曰：「彭澤縣取彭蠡澤爲名，漢屬豫章郡，今江州彭澤縣、南康軍都昌縣皆漢彭澤縣地。」一統志：「彭澤故城，在今江西九江府湖口縣東三十里。建安中，孫權置彭澤郡，以吕範爲太守，尋廢。晉陶潛爲彭澤令，即此。」王先謙曰：「彭蠡澤即鄱陽湖。」

〔九二〕李術事見孫權傳建安五年注。

〔九三〕郡國志：「廬江郡尋陽。南有九江，東合爲大江。」劉昭注：「有置馬亭。劉勳士衆散處。釋慧遠廬山記略曰：山在尋陽南，南賓宫亭湖，北對小江，山去小江三十餘里。有匡俗先生者，出殷、周之際，隱遯潛居其下，受道於仙人而共嶺，時謂所止爲仙人之廬而命焉。其山大嶺凡七重，圓基周迴，垂三五百里。其南嶺臨宫亭湖，下有神廟，七嶺會同，莫升之者。東南有香爐山，其上氛氲若香煙，西南中石門前有雙闕，壁立千餘仞，而瀑布流焉。其中鳥獸草木之美，靈藥芳林之奇，所稱名代。豫章舊志：匡俗字君平，夏禹之苗裔也。」胡三省曰：「尋陽縣本在大江之北，尋水之陽。」一統志：「故城今湖北黄州府黄梅縣北。」互見魏志明紀卷首及曹休傳，又見孫權傳黄初二年，又見諸葛恪傳。

〔九四〕方輿紀要卷八十五：「置馬亭在九江府西。」

〔九五〕潘眉曰：「西塞，山名。在今湖北大冶縣東，三國吴時爲陽新縣地。」

〔九六〕通鑑作「勳走，保流沂」。胡注：「流沂，地名，近西塞。」趙一清曰：「方輿紀要卷七十六：西塞山在武昌縣東百三十里。圖經云：山高百六十丈，周三十七里，吴、楚分界處也。既險且峻，横崿枕江，危峯對岸，長江東注，高浪飛翻。建安四年，孫策破黄祖子射處也。沂字上有脱誤，當作流沂。西塞山有流沂城，劉勳走保流沂，求救於黄祖，即此。」

〔九七〕周壽昌曰：「祖尚爲劉表屬，並未僭號，子安能稱太子？疑是長子之訛。」胡三省曰：「船軍，即舟師也。」

〔九八〕夏口，今湖北漢口，詳見魏志武紀建安十三年。

〔九九〕通鑑作「十二月辛亥，策軍至沙羨」。郡國志：「荆州江夏郡沙羨。」晉灼曰：「羨，音夷。」水經江水篇：「江水又東北至江夏沙羨縣西北，沔水從北來注之。」一統志：「沙羨故城，今湖北武昌府江夏縣西南。」

〔一〇〇〕通鑑作「甲寅，策與戰，大破之」。

〔一〇一〕江夏郡見魏志武紀建安十三年及文聘傳。建威中郎將一人，吴置。

〔一〇二〕桂陽郡見蜀志先主傳。範傳不言領桂陽太守，蓋遥領也。征虜中郎將一人，吴置。

〔一〇三〕零陵郡見蜀志先主傳。蕩寇中郎將一人，吴置。

〔一〇四〕孫權傳作奉義校尉。

〔一〇五〕先登校尉一人，吴置。

〔一〇六〕武鋒校尉一人，吴置。蓋傳未言此官。

〔一〇七〕宋本、馮本「焱」作「猋」。

〔一〇八〕何焯曰：「虎即劉表從子，狼字疑誤。」盧明楷曰：「狼字衍。」潘眉説同。

〔一〇九〕魏志武紀：「建安四年，是時袁紹既并公孫瓚，兼四州之地，衆十餘萬，將進軍攻許。」

〔一一〇〕策是時亦未有江夏郡全境。

〔一一一〕猘，音制；本作狾，或作瘈。説文：「狂犬也。」

〔一一二〕彰，各本均作章。官本考證曰：「章當作彰，鄢陵侯也。」

〔一一三〕潘眉曰：「魏志荀彧傳注亦有嚴象，御覽卷一百十八引吳志作众，众即衆字。蓋宋本作嚴衆，今本或訛衆爲象耳。」沈家本曰：「彧傳注引三輔決録，象字文則，是其名當作象，不應作衆。鮑本御覽作象，未知潘氏所據何本。」

〔一一四〕董卓令孫堅列疏子弟仕刺史、郡守者，許表用之。曹操不能制孫策，乃與之結親，而禮辟其弟。孫權畏劉備之强，進妹固好。權奸心事，大略相同。

建安五年，曹公與袁紹相拒於官渡，策陰欲襲許，迎漢帝。

吳録曰：時有高岱者，隱於餘姚，〔一〕策命出使會稽丞陸昭逆之，策虛己候焉。聞其善左傳，乃自玩讀，欲與論講。或謂之曰：「高岱以將軍但英武而已，無文學之才，若與論傳，而或云不知者，則某言符矣。」〔二〕又謂岱曰：「孫將軍爲人惡勝己者，若每問，當言不知，乃合意耳。如皆辨義，比必危殆。」〔三〕岱以爲然。及與論傳，或答不知。策果怒，以爲輕己，乃囚之。知交及時人皆露坐爲請。策登樓，望見數里中填滿。策惡其收衆心，遂殺之。岱字孔文，吳郡人也。受性聰達，輕財貴義，其友士拔奇，取於未顯，所友八人，皆世之英偉也。太守盛憲以爲上計，舉孝廉。許貢來領郡，岱將憲避難於許昭家，求救於陶謙。〔四〕謙未即救，岱憔悴泣血，水漿不入口。謙感其忠壯，有申包胥之義，許爲出軍，以書與貢。岱得謙書以還，而貢已囚其母。吳人大小皆爲危竦，以貢宿忿，往必見害。岱言在君則爲君，且母在牢獄，期於當往，若得入見，事自當解。遂通書自白，貢即與相見。才辭敏捷，好自陳謝。貢登時出其母。岱將見貢，與友人張允、沈暱〔五〕令豫具船，以貢必悔，當追逐之。出便將母乘船，易道而逃。貢須臾遣人追之，令追者若及於船，江上便殺之，〔六〕已過則止。使與岱錯道，遂免。被誅時，年三十餘。

江表傳曰：時有道士琅邪于吉，〔七〕先寓居東方，往來吴會。立精舍，燒香讀道書，制作符水以治病，吴會人多事之。策嘗於郡城門樓上，集會諸將賓客，吉乃盛服杖小函，漆畫之，名爲仙人鏵，〔八〕趨度門下。諸將賓客三分之二下樓迎拜之，掌賓者禁呵不能止。策即令收之，諸事之者，悉使婦女入見策母，請救之。母謂策曰：「于先生亦助軍作福，醫護將士，不可殺之。」策曰：「此子妖妄，能幻惑衆心，遠使諸將不復相顧君臣之禮，盡委策下樓拜之，不可不除也。」諸將復連名通白事陳乞之，策曰：「昔南陽張津爲交州刺史，〔九〕舍前聖典訓，廢漢家法律，常著絳帕頭，〔一〇〕鼓琴燒香，讀邪俗道書，云以助化，卒爲南夷所殺。此甚無益，諸君但未悟耳。今此子已在鬼籙，勿復費紙筆也。」即催斬之，縣首於市。諸事之者，尚不謂其死而云尸解焉，復祭祀求福。

志林曰：初順帝時，琅邪宮崇詣闕上師于吉所得神書於曲陽泉水上，白素朱界，號太平青領道，凡百餘卷。〔一一〕順帝至建安中，五六十歲，于吉是時近已百年，年在耄悼，禮不加刑。又天子巡狩，問百年者，就而見之，敬齒以親愛，聖王之至教也。吉罪不及死，而暴加酷刑，是乃謬誅，非所以爲美也。喜推考桓王之薨，建安五年四月四日。是時曹、袁相攻，未有勝負。案夏侯元讓與石威則書，〔一二〕袁紹破後也。書云：「授孫賁以長沙，業張津以零、桂。」此爲桓王於前亡，張津於後死，不得相讓，譬言津之死意矣。

臣松之案：太康八年，廣州大中正王範上交廣二州春秋。〔一三〕建安六年，張津猶爲交州牧，江表傳之虚，如志林所云。

搜神記曰：策欲渡江襲許，與吉俱行。時大旱，所在熇厲，策催諸將士，使速引船，或身自早出督切，見將吏多在吉許，策因此激怒，言：「我爲不如于吉邪？而先趨務之！」便使收吉。至，呵問之曰：「天旱不雨，道塗艱澀，不時得過，故自早出，而卿不同憂戚，安坐船中，作鬼物態，敗吾部伍，今當相除。」令人縛置地上暴之，使請雨。若能感天日中雨者，當原赦；不爾，行誅。俄而雲氣上蒸，膚寸而合，比至日中，大雨總至，溪澗盈溢。將士喜悦，以爲吉必見原，並往慶慰。策遂殺之。將士哀惜，共藏其尸。天夜，忽更興雲覆之。明旦往視，不知所在。

案江表傳、搜神記于吉事不同，未詳孰是。

密治兵，部署諸將。未發，會爲故吴郡太守許貢客所殺。〔一四〕先是策殺貢，貢小子與客亡匿江邊。策單騎出，卒與客遇，客擊傷策。〔一五〕

江表傳曰：廣陵太守陳登治射陽，〔一六〕登即瑀之從兄子也。策前西征，登陰復遣閒使，以印綬與嚴白虎餘黨，圖爲後害，以報瑀見破之辱。〔一七〕策歸，復討登。軍到丹徒，〔一八〕須待運糧。策性好獵，將步騎數出。策驅馳逐鹿，所乘馬精駿，從騎絶不能及。初，吴郡太守許貢上表於漢帝曰：「孫策驍雄，與項籍相似，宜加貴寵，召還京邑。若被詔不得不還。若放於外，必作世患。」策候吏得貢表，以示策。策請貢相見，以責讓貢。貢辭無表，策即令武士絞殺之。〔一九〕貢奴客潛民閒，〔二〇〕欲爲貢報讎。獵日，卒有三人，〔二一〕即貢客也。策問：「爾等何人？」答云：「是韓當兵，在此射鹿耳。」策曰：「當兵吾皆識之，未嘗見汝等。」因射一人，應弦而倒。餘二人怖急，便舉弓射策，〔二二〕中頰。後騎追至，皆刺殺之。

九州春秋曰：策聞曹公北征柳城，〔二三〕悉起江南之衆，自號大司馬，將北襲許。恃其勇，行不設備，故及於難。

孫盛異同評曰：凡此數書，各有所失。孫策雖威行江外，略有六郡，〔二四〕然黃祖乘其上流，陳登間其心腹，且深險彊宗，未盡歸復，曹、袁虎爭，勢傾山海，策豈暇遠師汝、潁，而還帝於吳、越哉！斯蓋庸人之所鑒見，況策達於事勢者乎？又案袁紹以建安五年至黎陽，而策以四月遇害，而志云策聞曹公與紹相拒於官渡，謬矣！伐登之言，爲有證也。

又江表傳說策悉識韓當軍士，疑此爲詐，便射殺一人。夫三軍將士，或有新附，策爲大將，何能悉識？以所不識，便射殺之，非其論也。又策見殺在五年，柳城之役在十二年，九州春秋乖錯尤甚矣。

臣松之案：傅子亦云曹公征柳城，將襲許。記述若斯，何其踈哉！然孫盛所譏，未爲悉是。黃祖始被策破，魂氣未反，但劉表君臣〔二五〕本無兼并之志，雖在上流，何辦規擬吳會？策之此舉，理應先圖陳登，但舉兵所在，不止登而已。于時彊宗驍帥，祖郎、嚴虎之徒，禽滅已盡，所餘山越，蓋何足慮？然則策之所規，未可謂之不暇也。若使策志獲從，大權在手，淮、泗之閒所在皆可都，何必畢志江外，其當還帝於揚、越哉？案魏武紀，武帝以建安四年已出屯官渡，〔二六〕策未死之前，〔二七〕久與袁紹交兵，則國志所云，不爲謬也。許貢客無聞之小人，而能感識恩遇，臨義忘生，卒然奮發，有侔古烈矣。詩云：「君子有徽猷，小人與屬。」貢客其有焉。

創甚，請張昭等，謂曰：〔二八〕「中國方亂，夫以吳、越之衆，三江之固，〔二九〕足以觀成敗。公等善相吾弟！」呼權佩以印綬，謂曰：「舉江東之衆，決機於兩陳之閒，與天下爭衡，〔三〇〕卿不如我；〔三一〕舉賢任能，各盡其心，以保江東，我不如卿。」至夜，卒，〔三二〕時年二十六。〔三三〕

吴歷曰：策既被創，醫言可治，當好自將護，百日勿動。策引鏡自照，謂左右曰：「面如此，尚可復建功立事乎！」推几大奮，創皆分裂，須臾卒。〔三四〕

搜神記曰：策既殺于吉，每獨坐，彷彿見吉在左右，意深惡之，頗有失常。後治創方差，而引鏡自照，見吉在鏡中，顧而弗見，如是再三。因撲鏡大叫，創皆崩裂，須臾而死。

〔一〕郡國志：「會稽郡餘姚。」山海經：「句餘之山，無草木，多金玉。」郭璞注：「今在餘姚縣南，句章縣北，故此二縣因以爲名。」水經沔水注：「江水又東逕餘姚縣故城南，縣城是吴將朱然所築，南臨江津，北背巨海，縣西去會稽百四十里，因句餘山以名縣。山在餘姚之南，句章之北。江水又東注於海。風土記：舜支庶所封。舜，姚姓，故曰餘姚。」一統志：「餘姚故城，今浙江紹興府餘姚縣治。晉地志餘姚有句餘山，即四明山，在縣南一百十里。山東北跨寧波府鄞縣界。」方輿紀要：「餘姚故城，與今紹興府餘姚縣隔江相對。」

〔二〕馮本「某」作「其」，誤。

〔三〕宋本「比」作「此」。

〔四〕何焯曰：「許劭嘗依陶謙，此昭字似劭之誤。」弼按：裴注云，許昭有義於舊君，謂濟盛憲事，此作許昭不誤。

〔五〕睧，音閔。

〔六〕或校改作「若及船於江上」。

〔七〕馮本「于」作「干」，誤。

〔八〕鏵，胡瓜切，鍫也。官本考證曰：「鏵一作鏟，或作鏁。」

〔九〕張津事見士燮傳、薛綜傳，又見蜀志許靖傳。

〔一〇〕續漢志輿服志：「秦雄諸侯，乃加其武將首飾爲絳袙，以表貴賤。」胡三省曰：「著，涉略翻。帕，莫白翻。項安世家説：頭巾一名幧，音鴞；一名帕。陸游曰：袙頭者，巾幘之類，猶今言幞頭。韓文公云以紅袙首，已爲失之。東坡云絳袙蒙頭讀道書，增一蒙字，其誤尤甚。」

〔一一〕趙一清曰：「漢書地理志東海、九江皆有曲陽縣，應劭並云在淮曲之陽。後漢以東海曲陽屬下邳，於九江曰西曲陽，此則東海之曲陽也。青當作清。後漢書襄楷傳：宮崇所獻遺書百七十卷，號太平清領書。其言以陰陽五行爲家，而多巫覡雜語。有司奏崇所上妖妄不經，乃收藏之。後張角頗有其書焉。注云神書即今道家太平經也。其經以甲、乙、丙、丁、戊、己、庚、辛、壬、癸爲部，每部一十七卷。」

〔一二〕夏侯惇字元讓，魏志有傳。

〔一三〕新唐志地理類：「王範交廣二州記一卷。」續漢書郡國志交州注、水經泿水注引存作交廣春秋。吕岱傳注王範誤作王隱。

〔一四〕通鑑輯覽曰：「田豐説袁紹，劉備説劉表，同欲乘虚襲許，而紹、表皆庸才，不能用，即令其説行，亦未必能集事也。孫策用兵，足與操埒，使鼓行直入，操將有首尾不相顧者。適會策卒，操遂得從事中原，亦時數爲之歟？」

〔一五〕何焯曰：「策本袁氏部曲，覩其喪敗，乃始睽貳。於漢，則江外之大賊也。貢既忠臣，其客亦無愧高漸離矣。」康發祥曰：「孫策之死，有似父堅。蓋策爲許貢客所殺，堅爲黄祖軍士所射，是可爲輕躁者鑒戒。」

〔一六〕郡國志：「徐州廣陵郡，治廣陵。」王先謙曰：「三國魏、吴分據。漢郡廢。魏廣陵徙治淮陰，見通鑑胡注。馬與龍云：建安中，魏武以陳登爲廣陵太守，治射陽。建安末，吴主權以孫韶爲廣陵太守，治京城。見吴志韶傳。此則吴徙置廣陵，治京城也。」一統志：「廣陵故城，今江蘇揚州府東北；射陽故城，今江蘇淮安府山陽縣東南；淮陰故城，今江蘇淮安府清和縣南；京城，今江蘇鎮江府丹徒縣治。」射陽，詳見魏志臧洪傳；京城，詳見蜀志先主傳建安十三年。

〔一七〕毛本「破」作「被」，誤。

〔一八〕郡國志：「吳郡丹徒。」劉昭注：「春秋曰朱方。」孫權傳：「嘉禾三年，改丹徒曰武進。」一統志：「故城今鎮江府丹徒縣東南十八里。」胡三省曰：「秦時望氣者云，其地有天子氣。始皇使赭徒三千人，鑿城以敗其勢，改曰丹徒。」通鑑考異曰：「據策傳云：策謀襲許，未發而死。陳矯傳云：登爲孫權所圍於匡奇，登令矯求救於太祖，太祖遣赴救。吳軍既退，登設伏追奔，大破之。先賢行狀云：登有吞滅江南之志，孫策遣軍攻登於匡奇城，登大破之，斬虜萬數。賊忿喪軍，尋復大興兵向登，登使功曹陳矯求救於太祖。此數者參差不同。孫盛異同評云：按袁紹以建安五年至黎陽，策以四月遇害，而志云策聞曹公與紹相拒於官渡，謬矣。伐登之言，爲有證也。今從之。」

〔一九〕通鑑考異曰：「許貢先爲朱治所迫，已去郡依嚴白虎，安能復爾？蓋策破白虎時殺貢耳。」

〔二〇〕奴客，見魏志文德郭后傳。

〔二一〕卒，讀曰猝。

〔二二〕馮本「射」字下空格，誤。

〔二三〕毛本「北」下空格，無「征」字，誤。柳城見魏志武紀建安十二年。

〔二四〕策已有丹陽、會稽、吳郡、豫章四郡，分置廬陵一郡，九江、廬江、江夏三郡，僅各割據其半耳。

〔二五〕何焯曰：「但字，安溪改且。」

〔二六〕馮本「渡」字下空格，誤。

〔二七〕宋、元本無「策」字，誤。陳本「策」上有「乃」字。

〔二八〕通鑑「請」作「召」。案：「請」字是。

〔二九〕三江詳見蜀志許靖傳。

〔三〇〕胡三省曰：「衡，所以平輕重也。爭衡，言分爭之世，兵力所加，天下大勢，爲之輕重也。」

〔三一〕趙一清曰：「此文全用吴録。善相吾弟下，尚有愼勿北渡四字。蓋策之遺教，而張昭幾背之，何邪？」

〔三二〕通鑑：「建安五年四月丙午，策卒。」蓋本虞喜策以四月四日死之語。通鑑考異曰：「策傳：策陰欲襲許，迎漢帝，密治兵。部署未發，爲許貢客所殺。郭嘉傳曰，策渡江北襲許，衆聞皆懼。嘉料之曰：策輕而無備，必死於匹夫之手，果爲貢客所殺。嘉雖先見，安能知策死於未襲許之前乎？蓋時人見策臨江治兵，疑其襲許，嘉料其不能爲耳。」潘眉曰：「班史宗室例書薨，陳志於討逆傳書卒，於吴主傳及周瑜、程普等傳又書策薨。體例未能畫一，亦是一病。」

〔三三〕由建安五年年二十六推之，策生於靈帝熹平四年。年十七喪父，十年之間，建立大業，少年英邁，勇鋭無前，眞一時豪傑之士也！輕躁隕身，享年不永，惜哉！

〔三四〕官本考證曰：「推几，宋本作椎几；須臾卒，宋本作其夜卒。」

權稱尊號，追謚策曰長沙桓王，〔一〕封子紹爲吴侯，〔二〕後改封上虞侯。〔三〕紹卒，子奉嗣。孫晧時，訛言謂奉當立，誅死。

〔一〕趙一清曰：「吴地記：盤門内東北二里，有後漢破虜將軍孫堅墳，又有討逆將軍孫策墳。一清案，御覽卷百九十引異苑曰：餘姚縣倉，封閉完密，而年年輒大損耗。後伺之，乃是富陽縣桓王陵上雙石龜所食。即斷毁龜口，於是無復虧減。則伯符亦還葬祖墓，不在吴也矣。敬叔之言，爲有徵也。又宋書禮志：孫權於建業立兄長沙桓王府於朱爵橋南。權疾，太子所禱，即策廟也。」

〔二〕策女一適顧邵，見顧雍傳；一適朱紀，見朱治傳；一適陸遜，見遜傳。

〔三〕郡國志：「會稽郡上虞。」水經漸江水注：「江水東逕上虞縣南，本司鹽都尉治，地名虞賓。晉太康地記曰：舜避丹朱於此，故以名縣。百官從之，故縣北有百官橋。亦云禹與諸侯會，事訖，因相虞樂，故曰上虞。二説不同，未知孰是。南有曹娥碑，娥父盱迎濤溺死，娥時年十四，哀父尸不得，乃號踴江介，因解衣投水。祝曰：若值父尸，衣當沈；若不值，衣當浮。裁落，便沈。娥遂于沈處赴水而死。縣令度尚使外甥邯鄲子禮爲碑文，以彰孝烈。」一統志：「上虞故城，今浙江紹興府上虞縣西北。」

評曰：孫堅勇摯剛毅，孤微發迹，導温戮卓，山陵杜塞，有忠壯之烈。策英氣傑濟，猛鋭冠世，覽奇取異，志陵中夏。然皆輕佻果躁，隕身致敗。且割據江東，策之基兆也，而權尊崇未至，子止侯爵，於義儉矣！

孫盛曰：孫氏兄弟皆明略絶羣。創基立事，策之由也，〔一〕且臨終之日，顧命委權。夫意氣之閒，猶有刎頸，況天倫之篤愛，豪達之英鑒，豈吝名號於既往，違本情之至實哉？〔二〕抑將遠思虚盈之數，而慎其名器者乎？夫正本定名，爲國之大防；杜絶疑貳，消釁之良謨。是故魯隱矜義，終致羽父之禍；〔三〕宋襄懷仁，卒有殤公之哀。〔四〕皆心存小善，而不達經綸之圖；求譽當年，而不思貽厥之謀。可謂輕千乘之國，蹈道則未也。孫氏因擾攘之際，得奮其縱横之志，業非積德之基，邦無磐石之固，勢一則禄祚可終，情乖則禍亂塵起，安可不防微於未兆，慮難於將來？壯哉！策爲首事之君，有吴開國之主，將相在列，皆其舊也。而嗣子弱劣，析薪弗荷，奉之則魯桓、田市之難作，崇之則與夷、子馮之禍興，是以正名定本，使貴賤殊邈，然後國無陵肆之責，後嗣罔猜忌之嫌，羣情絶異端之論，不逞杜覬覦之心。於情雖

達，於事雖儉，至於括囊遠圖，永保維城，可謂爲之于其未有，治之于其未亂者也。陳氏之評，其未達乎！〔五〕

〔一〕王懋竑曰：「孫策創業江東，自藉攻戰之力，而於張昭、張紘、虞翻俱待以師友之禮，委而用之，所謂爪牙信、布，腹心良、平，不專以武力也。至權時，張昭、張紘雖見尊禮，而不復任用，昭且幾不免，而翻竟以竄死，惟顧雍、潘濬輩從容諷議，得安有位。陸遜有大功，而以數直諫憤恚而卒，周瑜、魯肅幸已早死，不與陸遜同禍，而亦恩不及嗣。有所愛重者，惟呂蒙、淩統、甘寧、周泰輩，以視策萬萬不逮矣。其保有江東者，以有呂蒙輩爲之用，得其死力，而其不能廓大基業，窺中原者，亦以此。孫盛之評，蓋得其實矣。而通鑑不著其語，故附論之。」

〔二〕「本情」，馮本作「情本」，誤。

〔三〕左傳隱公十一年：「羽父請殺桓公，將以求太宰。公曰：爲其少故也，吾將授之矣。羽父懼，反譖公于桓公，而請弒之。十一月壬辰，羽父使賊弒公于蔿氏，立桓公。」

〔四〕左傳隱公三年：「宋穆公疾，召大司馬孔父而屬殤公焉。曰：先君舍與夷而立寡人，寡人弗敢忘。對曰：羣臣願奉馮也。公曰：不可。使公子馮出居于鄭。宋穆公卒，殤公即位。」杜注：「先君，穆公兄宣公也。與夷，宣公子，即所屬殤公。馮，穆公子莊公也。桓公二年，宋督殺孔父而弒殤公，召莊公于鄭而立之。」

〔五〕李光地曰：「陳評自是情理，亦何必累紙贊頌如此。使權果能防微慮遠，亦無子孫相殘之禍矣。盛之虛詞迂氣，皆是類也。」趙一清曰：「容齋續筆云：孫盛説迂謬。漢室中興，出於伯升，光武感其功業之不終，建武二年，首封其二子爲王，而帝子之封，乃在一年之後。司馬昭繼兄師秉魏政，以次子攸爲師後，常云天下者，景王之天下，欲以大業歸攸。以孫權視之，不可同日論也。」杭世駿亦引此説。

吴書二

吴主傳第二[一]

〔一〕劉咸炘曰：「尚云：傳名吴主，而傳首直名孫權，不冠吴主，與蜀志書先主諱備者異矣。」

孫權字仲謀。兄策既定諸郡，時權年十五，[一]以爲陽羨長。[二]

江表傳曰：堅爲下邳丞時，權生，[三]方頤大口，目有精光，堅異之，以爲有貴象。[四]及堅亡，策起事江東，權常隨從。性度弘朗，仁而多斷，好俠養士，始有知名，侔於父兄矣。每參同計謀，策甚奇之，自以爲不及也。每請會賓客，常顧權曰：「此諸君，汝之將也。」[五]

郡察孝廉，州舉茂才，[六]行奉義校尉。[七]漢以策遠修職貢，遣使者劉琬加錫命。琬語人曰：「吾觀孫氏兄弟，雖各才秀明達，然皆禄祚不終。惟中弟孝廉，形貌奇偉，骨體不恒，有大貴之表，年又最壽，爾試識之。」[八]

〔一〕時爲漢獻帝建安元年。

〔二〕郡國志：「揚州吳郡陽羨。」三國吳改屬吳興郡。孫亮傳：「五鳳二年，陽羨離里山大石自立。」（謝、王引此作太元二年，誤。）孫晧傳：「天璽元年，吳興陽羨山有空石長十餘丈，名曰石室，在所表爲大瑞。封禪國山，改元天紀，以協石文。」一統志：「陽羨故城，今江蘇常州府宜興縣南五里。國山在常州府荆溪縣西南五十里。」寰宇記：「國山本名離里山，山有九峯相連，亦名九斗山。孫晧封禪爲中嶽，改爲國山。」謝鍾英曰：「在今宜興縣南五十里。」弼按：陽羨國山互見孫亮傳五鳳二年、孫晧傳天璽元年。

〔三〕時在漢靈帝光和四年，詳見孫堅傳。

〔四〕宋書符瑞志：「孫堅妻吳氏初妊子策，夢月入其懷；後孕子權，又夢日入懷。告堅曰：昔妊策，夢月入懷；今又夢日入懷，何也？堅曰：日月，陰陽之精，極貴之象，吾子孫其興乎！」妃嬪傳注引搜神記所載與此同。

〔五〕趙一清曰：「此言未實。策之英武，何遽不及權？且亦未便自料年只二十六，倉卒爲人所害也。」又曰：「韋續九品書：孫權行草在中中，行隸草在中下。」

〔六〕權年十五，吳郡太守朱治舉權爲孝廉，見朱治傳，又見諸葛瑾傳。揚州刺史嚴象舉權茂才，見孫策傳。

〔七〕孫策傳注引吳録作「奉業校尉」。

〔八〕宋書符瑞志：「孫權方頤大口，紫髯長上短下。漢世有劉琬者，能相人，見權兄弟，曰：「孫氏兄弟雖各才智明達，然禄祚不終，惟中弟孝廉，形貌奇偉，骨體不恒，有大貴之表，年又最壽，爾其識之。」

建安四年，從策征廬江太守劉勳。勳破，進討黄祖於沙羨。〔一〕

〔一〕廬江、沙羨俱見孫策傳。

五年，策薨，以事授權。權哭，未及息。策長史張昭謂權曰：「孝廉，此寧哭時邪！〔二〕且周公立法，而伯禽不師，非欲違父，時不得行也。

臣松之按禮記曾子問〔二〕子夏曰：「三年之喪，金革之事無避也者，禮與？初有司與？」〔三〕孔子曰：「吾聞諸老聃曰：昔者魯公伯禽有爲爲之也。」鄭玄注曰：〔四〕「周人卒哭而致事。〔五〕時有徐戎作難，伯禽卒哭而征之，急王事也。」〔六〕昭所云「伯禽不師」，蓋謂此也。

況今姦宄競逐，豺狼滿道，乃欲哀親戚，〔七〕顧禮制，是猶開門而揖盜，未可以爲仁也。」乃改易權服，扶令上馬，使出巡軍。是時惟有會稽、吴郡、丹陽、豫章、廬陵，〔八〕然深險之地，猶未盡從，而天下英豪，布在州郡，〔九〕賓旅寄寓之士，以安危去就爲意，未有君臣之固。張昭、周瑜等謂權可與共成大業，故委心而服事焉。〔一〇〕曹公表權爲討虜將軍，〔一一〕領會稽太守。屯吴，使丞之郡，行文書事。〔一二〕待張昭以師傅之禮，而周瑜、程普、吕範等爲將率。招延俊秀，聘求名士，魯肅、諸葛瑾等始爲賓客。分部諸將，鎮撫山越，討不從命。

江表傳曰：初，策表用李術爲廬江太守。〔一三〕策亡之後，術不肯事權，而多納其亡叛。權移書求索，術報曰：「有德見歸，無德見叛，不應復還。」權大怒，乃以狀白曹公曰：「嚴刺史昔爲公所用，又是州舉將，〔一四〕而李術凶惡，輕犯漢制，殘害州司，〔一五〕肆其無道，宜速誅滅，以懲醜類。今欲討之，進爲國朝埽除鯨鯢，退爲舉將報塞怨讎，此天下達義，夙夜所甘心。術必懼誅，復詭説求救。明公所居阿衡之任，〔一六〕海内所瞻，願敕執事，勿復聽受。」是歲，舉兵攻術於皖城。術閉門自守，求救於曹公。曹公不救。糧食乏盡，婦女或丸泥而吞之。〔一七〕遂屠其城，梟術首，徙其部曲三萬餘人。〔一八〕

〔一〕胡三省曰：「孫權先爲陽羨長，郡察孝廉，故以稱之。」

〔二〕禮記曾子問篇。

〔三〕鄭注：「疑有司初使之然。」

〔四〕宋、元本，馮本「鄭」字上空格，誤。

〔五〕鄭注：「致事，還其職位於君也。」

〔六〕正義曰：「周公致政之後，成王即位之時，周公猶在，則此云伯禽卒哭者，爲母喪也。」

〔七〕顧炎武日知録卷二十四云：「古人稱其父兄子弟亦曰親戚。韓詩外傳：曾子曰：親戚既没，雖欲孝，誰爲孝？此謂其父母。左傳僖公二十四年：封建親戚，以蕃屏周。此謂其子弟。昭公二十年：棠君尚謂其弟員曰：親戚爲戮，不可以莫之報也。三國志：張昭謂孫權曰：乃欲哀親戚。此謂其父兄。」

〔八〕潘眉曰：「廬陵下似脱廬江一郡。」沈家本曰：「孫策時已得廬江，而此不及者，豈以李術不肯事權邪？」又云：「建安十九年，權征皖城，克之，獲廬江太守朱光。是權雖破李術，未能得其地也。」弼按：通鑑有「廬江」二字，是時孫策實力，只有會稽、吴郡、丹陽、豫章四郡，及分置廬陵一郡。至淮南、廬江、江夏三郡，終吴之世，爲魏、吴分據，故承祚不及之也。

〔九〕監本、官本脱「布」字，誤。

〔一〇〕張昭傳：「孫策臨亡，以弟權託昭，昭率羣僚立而輔之。」周瑜傳：「五年，策薨，權統事。瑜將兵赴喪，遂留吴，以中護軍與長史張昭共掌衆事。」

〔一一〕曹公欲因喪伐吴，從張紘之言，表權爲討虜將軍，見紘傳。胡三省曰：「討虜將軍之號，創置於此。」

〔一二〕會稽太守本治山陰，屯吴者，當爲軍事便利計，且圖進取也。顧雍傳：「孫權領會稽太守，不之郡，以雍爲丞，行太守事。」趙一清曰：「時以顧雍爲丞，代陸昭。」弼按：陸昭爲會稽丞，見孫策傳注引吴録。

〔一三〕策表用汝南李術爲廬江太守，見策傳注引江表傳。

〔一四〕揚州刺史嚴象，舉權爲茂才，見策傳。

〔一五〕嚴象爲李術所殺，見魏志荀彧傳注引三輔決録。

〔一六〕胡三省曰：「以伊尹況操。」

〔一七〕宋本「泥」作「土」。

〔一八〕通鑑「三」作「二」。孫韶傳注引吳書云：「孫河從權討李術，術破，領廬江太守。」

七年，權母吳氏薨。〔一〕

〔一〕吳夫人傳注引志林云：「吳后十二年薨。」

八年，權西伐黃祖，破其舟軍，〔一〕惟城未克，而山寇復動。〔二〕還過豫章，使呂範平鄱陽、會稽，〔三〕程普討樂安，〔四〕太史慈領海昏，〔五〕韓當、周泰、呂蒙等爲劇縣令長。〔六〕

〔一〕孫策傳注引江表傳：「黃祖遣船軍五千人助劉勳。」胡三省曰：「船軍，即舟師也。」弼按：下文有舟兵。舟軍、舟兵，皆今之水師也。

〔二〕胡三省曰：「丹陽、豫章、廬陵皆有山越。」

〔三〕郡國志：「揚州豫章郡鄱陽。」劉昭注：「建安十五年，孫權分立鄱陽郡，治縣。」宋書州郡志：「鄱陽太守，孫權分豫章立，治鄱陽。」一統志：「故城今江西饒州府鄱陽縣東。」沈家本曰：「範平鄱陽，在策征江夏之時，(輿)〔與〕此傳不同。」胡三省曰：「呂範傳止云鄱陽，孫權傳則有會稽二字，以地理考之，會稽二字衍。」弼按：孫策早已據有會稽，無俟呂範之平也。鄱陽互見呂範傳。

〔四〕晉、宋志鄱陽郡有樂安縣，吳立。元和志：「樂安本漢餘汗地，後漢靈帝於此置樂平，南臨樂安江，北接平林，因名樂平。」寰宇記：「樂安廢縣，靈帝時築。」一統志：「故城今饒州府德興縣東。」方輿紀要卷八十五：「樂平縣在饒州府東百二十里，漢餘汗縣地。建安中，孫氏析置，屬豫章郡。孫休永安中改屬鄱陽郡。」洪亮吉曰：「漢末置樂平縣，吳改名樂安。」楊守敬曰：「樂平、樂安，疑當時二縣並立，至吳乃併樂平於樂安，洪説本意度之辭，吳增僅乃謂沈志云漢末置樂平，誤矣。」謝鍾英曰：「今饒州府樂平縣治。」

〔五〕海昏今江西南康府建昌縣治，見孫策傳。

〔六〕胡三省曰：「劇，艱也，甚也。言其地當山越之要，最爲艱劇之甚者也。」沈家本曰：「是時韓當爲樂安長，周泰爲宜春長，吕蒙爲廣德長。然恐是總敍之詞，未必皆一年之事。」弼按：是年，賀齊平建安、漢興、南平，見齊傳。

九年，權弟丹陽太守翊爲左右所害，〔一〕以從兄瑜代翊。

吳録曰：是時權大會官寮，沈友有所是非，令人扶出，謂曰：「人言卿欲反。」友知不得脱，乃曰：「主上在許，有無君之心者，可謂非反乎？」遂殺之。友字子正，吳郡人。年十一，〔二〕華歆行風俗，見而異之，因呼曰：「沈郎，可登車語乎？」友逡巡卻曰：「君子講好，會宴以禮，今仁義陵遲，聖道漸壞，先生銜命，將以裨補先王之教，整齊風俗，而輕脱威儀，猶負薪救火，無乃更崇其熾乎！」歆慙曰：「自桓、靈以來，雖多英彦，未有幼童若此者。」弱冠博學，多所貫綜，善屬文辭，兼好武事，注孫子兵法。〔三〕又辯於口，每所至，衆人皆默然，莫與爲對。咸言其筆之妙、舌之妙、刀之妙，三者皆過絶於人。權以禮聘，既至，論王霸之略、當時之務，權斂容敬焉。陳荆州宜并之計，納之。正色立朝，清議峻厲，爲庸臣所譖，誣以謀反。權亦以終不爲己用，故害之，時年二十九。

〔一〕翊傳：「建安八年，翊領丹陽太守，時年二十。後卒爲左右邊(鴻)〔洪〕所殺，詳見孫韶傳注引吳歷。孫權兄弟四人，策、翊、匡均早死，權獨享大年，劉琬之言驗矣。」

〔二〕沈友死於建安九年，時年二十九，則年十一當在靈帝中平三年，是時靈帝猶存，華歆決無自桓、靈以來之語。又按華歆傳，靈帝時歆亦無行風俗至吳郡之事。吳録所云前後矛盾如此。

〔三〕隋書經籍志：「梁有孫子兵法二卷，吳處士沈友撰，亡。」唐經籍志：「孫子兵法二卷，沈友注。」藝文志：「沈友注孫子二卷。」

十年，權使賀齊討上饒，分爲建平縣。〔一〕

〔一〕錢大昕曰：「晉志無上饒及建平縣，宋志鄱陽郡有上饒縣，吳立。太康地志有，王隱地道無。疑初立縣名建平，後改爲上饒也。」趙一清曰：「晉志無上饒，蓋廢省。建平之名，兩史志皆不載。方輿紀要八十五：上饒故城在今江西廣信府上饒縣城西北天津橋之原，孫吳時置縣於此，隋廢。今社稷壇即其故址也。」洪亮吉曰：「建平，漢建安初分東候官立。元和志又云，本上饒縣，吳分置建平。」謝鍾英曰：「寰宇記：平東校尉賀齊討上饒，兼舊桐鄉置建平縣。晉太元四年，改爲建陽。」方輿紀要：「今福建建寧府建陽縣治。」互見賀齊傳。建安十一年，擊山賊麻、保二屯，平之，見周瑜傳、孫瑜傳。

十二年，西征黃祖，虜其人民而還。〔一〕

〔一〕通鑑載權母吳氏死於是年。

十三年春，權復征黃祖，〔一〕祖先遺舟兵拒軍，〔二〕都尉吕蒙破其前鋒，〔三〕而淩統、董襲等盡銳攻之，遂屠其城。〔四〕祖挺身亡走，〔五〕騎士馮則追梟其首，虜其男女數萬口。〔六〕是歲，使賀齊討黟、歙，〔七〕分歙爲始新、新定、〔八〕

吴録曰：晋改新定爲遂安。〔九〕

犂陽、休陽縣，〔一〇〕

吴録曰：晋改休陽爲海寧。

以六縣爲新都郡。〔一一〕荆州牧劉表死，魯肅乞奉命弔表二子，且以觀變。肅未到，而曹公已臨其境，表子琮舉衆以降。劉備欲南濟江，肅與相見，因傳權旨，爲陳成敗。備進住夏口，〔一二〕使諸葛亮詣權，權遣周瑜、程普等行。是時曹公新得表衆，形勢甚盛，諸議者皆望風畏懼，多勸權迎之。

江表傳載曹公與權書曰：「近者奉辭伐罪，旄麾南指，〔一三〕劉琮束手。今治水軍八十萬衆，〔一四〕方與將軍會獵於吴。」權得書，以示羣臣，莫不嚮震失色。〔一五〕

惟瑜、肅執拒之議，意與權同。〔一六〕瑜、普爲左右督，各領萬人，與備俱進，遇於赤壁，〔一七〕大破曹公軍。公燒其餘船引退，士卒饑疫，死者大半。備、瑜等復追至南郡，曹公遂北還，留曹仁、徐晃於江陵，使樂進守襄陽。時甘寧在江陵，〔一八〕爲仁黨所圍，用吕蒙計，留淩統以拒仁，以其半救寧，軍以勝反。權自率衆圍合肥，〔一九〕使張昭攻九江之當塗。〔二〇〕昭兵不利，權攻城踰月不能下。曹公自荆州還，遣張喜將騎赴合肥。〔二一〕未至，權退。〔二二〕

〔一〕權征黃祖，用甘寧計，見寧傳。

〔二〕祖橫兩蒙衝挾守沔口，見董襲傳。趙一清曰：「方輿紀要卷七十六：黃州府東有武磯山，相傳黃祖屯兵陽邏鎮，蒐武其上。又卻月城在漢陽府治北六里，與魯山相對，形如卻月。後漢末，黃祖所守處。建安十三年，孫權奪沔口，攻屠其城。水經注：魯山左即沔水口，沔左有卻月城，亦曰偃月壘。是也。」

〔三〕蒙爲平北都尉，勒前鋒，梟黃祖都督陳就首，將士乘勝，水陸並進，見蒙傳。

〔四〕詳見董襲傳。

〔五〕胡三省曰：「挺，拔也。」

〔六〕如是，則吳之水軍，習之有素矣，宜其戰勝於赤壁也。

〔七〕原注：「黟，音伊；歙，音攝。」黟、歙俱見孫策傳注引江表傳。

〔八〕賀齊傳：「齊表言以葉鄉爲始新縣，復表分歙爲新定、黎陽、休陽，并黟、歙凡六縣，權遂割爲新都郡，齊爲太守，立府於始新。」元和志：「始新本歙縣東鄉。」方輿紀要：「始新今浙江嚴州府淳安縣西六十里之威平鎮。」（始新互見孫休傳永安五年。）寰宇記：「新定本歙縣南鄉安定里。」謝鍾英曰：「今嚴州府遂安縣東、浙江北。」

〔九〕宋本脱此十字，毛本「遂安」作「遂定」，誤。晉志：「新安郡遂安。」水經注：「浙江又東逕遂安縣南。」

〔一〇〕宋本脱此五字，賀齊傳「犂」作「黎」，晉志同。一統志：「今安徽徽州府休寧縣東南。府志：東南有犂陽鄉，在屯溪、率口之閒。」寰宇記：「孫休改休陽爲海陽，晉改爲海寧。」一統志：「在今休寧縣東七里。」

〔一一〕晉改新都郡爲新安郡。

〔一二〕夏口，今漢口，詳見魏志武紀建安十三年。

〔一三〕通鑑「旐」作「旌」。

〔一四〕八十萬衆，夸辭耳。諸葛恪傳云操率三十萬衆，可證。

〔一五〕通鑑「嚮」作「響」。

〔一六〕詳見周瑜、魯肅傳。君臣協謀，不爲威懾，破除危疑，英勇果斷，而又時值隆冬，北軍不利。吳、楚之舟師，精於水戰，天時、地利、人和，兼而有之。遂能一戰功成，雄視江表。赤壁之役，所以垂聲千古也。

〔一七〕赤壁，今湖北武昌府嘉魚縣東北江濱，詳見魏志武紀建安十三年。

〔一八〕宋本「江陵」作「夷陵」。夷陵，吴改曰西陵，屬宜都郡，今湖北宜昌府東湖縣東，見魏志文紀黄初三年。甘寧傳：「寧建計先逕進取夷陵，往即得其城。曹仁乃令五六千人圍寧。」吕蒙傳：「周瑜使甘寧前據夷陵，曹仁分衆攻寧。」據此二傳，自以作夷陵爲是，各本作江陵，誤。

〔一九〕合肥今安徽廬州府合肥縣金斗城，詳見魏志武紀建安十三年。

〔二〇〕郡國志：「揚州九江郡當塗。」劉昭注：「帝王世紀曰：禹會諸侯塗山。皇覽曰：楚大夫子思冢在縣東山鄉，西去縣四十里。子思造芍陂。」輿地志：「三國時當塗荒廢。」宋志：「太康元年屬淮南郡。」一統志：「當塗故城，今安徽鳳陽府懷遠縣東南。」

〔二一〕魏志武紀「喜」作「熹」。

〔二二〕魏志蔣濟傳：「孫權圍合肥，張喜單將千騎解圍。濟密白刺史，僞得喜書云：步騎四萬，已到雩婁。權信之，遽燒圍走，城用得全。」

十四年，瑜、仁相守歲餘，所殺傷甚衆。仁委城走。權以瑜爲南郡太守。劉備表權行車騎將軍，領徐州牧；備領荆州牧，屯公安。〔一〕

〔一〕公安，今湖北荆州府公安縣東北，見蜀志劉璋傳。是年七月，曹操治水軍，自渦入淮，出肥水，軍合肥，置揚州郡縣長吏，開芍陂屯田。十二月，軍還譙。見魏志武紀。通鑑：「孫權以周瑜領南郡太守，屯據江陵；程普領江夏太守，治沙羨；呂範領彭澤太守，呂蒙領尋陽令。會劉琦卒，權以備領荆州牧。周瑜分南岸地以給備，備立營於油口，改名公安。權以妹妻備。」

十五年，分豫章爲鄱陽郡，〔一〕分長沙爲漢昌郡，〔二〕以魯肅爲太守，屯陸口。〔三〕

〔一〕豫章郡見孫策傳，鄱陽郡見前建安八年。

〔二〕長(涉)〔沙〕見孫堅傳，胡三省曰：「鄱陽，今饒州地。沈約志長沙郡有吳昌縣，漢末之漢昌也。吳更名，至隋廢吳昌入羅縣。唐武德八年，又省羅縣入湘陰，則知吳立漢昌郡在唐岳州湘陰縣界。」錢大昕曰：「是時長沙爲劉備所據。建安十九年，權始得長沙三郡，漢昌仍併入長沙，不別立郡矣。」弼按：魯肅傳肅建安二十二年卒。呂蒙傳魯肅卒，蒙屯陸口，肅軍屬蒙，又拜漢昌太守。是漢昌未併入長沙也。竹汀説誤。錢大昭曰：「漢志無漢昌縣，隸釋周憬碑陰有長沙漢昌嵳祇字宣節。碑立於靈帝熹平時，則此縣必桓、靈時置，至是時又立爲郡也。」謝鍾英曰：「寰宇記：後漢分羅縣爲漢昌，孫權於縣立郡，又改爲吳昌縣。方輿紀要：今湖南岳州府平江縣東。」

〔三〕水經江水注：「江水左逕烏林南，又東，右岸得蒲磯口，即陸口也。水出下雋縣西三山溪，入蒲圻縣北，逕呂蒙城西。昔孫權征長沙、零、桂所鎮也。」寰宇記：「蒲圻縣泝流八十里。」謝鍾英曰：「今蒲圻縣西北八十里陸溪口。」弼按：是年周瑜卒於巴丘，魯肅代瑜領兵。肅初住江陵，後下屯陸口，見肅傳。又是年孫權遣步騭爲交州刺史、交阯太守。士燮率兄弟奉承節度，由是嶺南始服屬於權。見士燮傳。

十六年，權徙治秣陵。〔一〕明年，城石頭，改秣陵爲建業。〔二〕聞曹公將來侵，作濡須塢。〔三〕

〔一〕秣陵見孫策傳，徙治秣陵事，見張紘傳及注。沈欽韓曰：「元和郡縣志云：秣陵故縣在潤州上元縣東南四里。案州郡志，秣陵本治去京邑六十里，今故治郙是也。晉安帝義熙九年，移治京邑在鬭場。恭帝元熙元年，省揚州府禁防參軍，縣移治其處。李吉甫所指，乃晉世所移者耳。」顧祖禹曰：「秣陵城在江寧東南五十里。」潘眉曰：「本傳云，五年，屯吳；至是云，徙治秣陵。似從吳徙秣陵矣。王伯厚地理通釋云：建安十三年鎮丹徒，築京城；十六年，徙治秣陵。眉按，王説是也。周瑜、魯肅、呂範傳並云，備詣京見權，是年爲十三年。又胡綜傳云：權爲車騎將軍，都京。是權實鎮丹徒，此徙治秣陵，乃從京口徙秣陵耳。」吳鳴鈞曰：「或據孫韶傳孫河爲將軍，屯京城，河子韶繕治京城，權甚器之。以爲鎮丹徒築京城者孫河父子，非吳主也。不知孫河與孫翊同時被害，權定丹陽，過京城，甚器孫韶，尚在建安九年。至十三年，權則自鎮丹徒，更修築京城，與孫河父子治京城，相去已四年矣。蜀先主傳亦云先主至京見權，綢繆恩紀。然則權住京城屢有明證，本傳失載，史官之失也。」王鳴盛曰：「策初謂瑜，欲以衆取吳會，又瑜自居巢還吳，策親自迎瑜。是策之始立在吳也。又策薨，權統事，瑜將兵赴喪，遂留吳，是權之始立在吳也。吳即今江蘇府治，蓋自闔廬、夫差以來，吳兵甚强，漢、魏時猶有遺風，非如今日吳人之柔脆，不足爲用武地也。孫策傳言策引兵渡浙江，據會稽，自領會稽太守，以朱治爲吳郡太守。但會稽治山陰，吳郡治吳，策雖領會稽，而志量實在江、淮上游。在吳猶近之，若居山陰，則太遠不及事矣。故下文即云，曹公表策爲討逆將軍，封吳侯。孫權傳亦云，曹公表權爲討虜將軍、領會稽太守，屯吳。自此以下，屯吳凡十二年。赤壁破曹之後，方徙治秣陵，改爲建業。張紘傳亦云，紘建計宜都秣陵，權從之，令還吳迎家。後居建業者又十年。得荆州之後，又徙武昌，至黄龍元年，乃仍還建業，惟中間曾居京口兩年，自此至薨，皆在建業。唐許嵩建康實録云，建安十三年，權始自吳遷於京口。十六年，權自京口徙治秣陵。十七年，城楚金陵邑，地號石頭，改秣陵爲建業。敘次較陳志分明也。」弼按：孫權徙治秣陵，固以此爲都城要地，然亦未嘗宴處。按權傳，建安十九年，權征皖城，克之，又住陸口，爲諸軍節度。反自陸口，遂征合肥。二十四年，權征關羽，屯公安。二十五年，自公安都鄂，改名武昌。黄武五年，權征江夏，圍石陽。七年，權至皖口破曹休於石亭。黄龍元年，權遷都建業。嘉禾二年，權向合肥新城。三年，權率大衆圍合肥新城。若如王説，則似權徙建業後，深居簡出，語意似少晦也。趙一清曰：「漢志秣陵屬丹陽郡，其地本名金陵。方輿紀要卷二十：今江寧府城，六朝時故都也。舊志云，吴大帝築都城，東晉至陳皆因之。其城近覆舟山，去秦淮五里，内爲宫城。又紀要卷二十五：京城今鎮江府治。建安十三年，孫權自吴徙鎮於此，築京城，周三百六十步，於南面西面各開一門，因京峴山爲名，號曰京鎮，尋移秣陵，復於此置京督，爲重鎮。郡有子城，周六百三十步，即吴所築，内外皆甃以甓，號鐵甕城。」

〔二〕晉地理志：「丹陽郡建鄴，本秣陵。孫氏改爲建業。武帝平吴，以爲秣陵。太康二年，分秣陵北爲建鄴，改業爲鄴。」胡三省曰：「秣陵屬丹陽郡，本金陵也，秦始皇改。孫權改曰建業。後避晉愍帝諱，改曰建康。石頭城在今建康城西二里，金陵志：石頭城去臺城九里，南合秦淮水。張舜民曰：石頭城者，天生城壁，有如城然，在清涼寺北覆舟山上。江行自北來者，循石頭城轉入秦淮。陸游曰：龍灣望石頭山不甚高，然峭立江中，繚繞如垣牆。清涼寺距石頭里餘，西望宣化渡及歷陽諸山。宋白曰：晉平吴，分爲二邑，自淮水南爲秣陵，北爲建業。」趙一清曰：「吴都賦戎車盈於石城。劉淵林注：石城，石頭隖也。在建業西，臨江。其中有庫藏、軍儲。寰宇記卷九十：石頭城，楚威王滅越，置金陵邑，即城也。吴大帝加修，改名石頭城，用貯軍糧器械。」沈欽韓曰：「元和郡縣志云，石頭城在縣西四里，楚之金陵城也。丹陽記：石頭城吴時悉土隖，義熙中始加磚累石，因山爲城。元和郡縣志又云，建康故城，在上元縣南三里。建安中，改秣陵爲建業，晉復爲秣陵，武帝又分秣陵水北爲建業，避愍帝諱，改名建康。」

〔三〕吕蒙勸權作塢，見蒙傳。濡須塢在今安徽無爲州東北五十里，詳見魏志武紀建安十八年。趙一清曰：「水經：泄水自濡溪逕安豐縣北流注于淠，亦謂之濡須口。一清案，濡溪水即漢志六安國六縣下之如溪水也。班固云，首受沘，東北至壽春入芍陂。濡、如音同。」王先謙曰：「沔水注：江水自濡須口又東，左會柵口水，導巢湖。酈注言濡須水注淠，而今水注江，此古今水道變遷，不能强合者。」（王説見班志六安國安豐注。）弼按：酈注云北流注淠，亦謂之濡須口者，别於巢湖東南注江之濡須口也。注淠者，在合肥之東北；注江者，在合肥之東南。孫權尚不能進據合肥，豈能在合肥之東北作塢乎？趙、王二説均誤。趙氏又曰：「寰宇記卷一百二十四：濡須塢在和州歷陽縣西南一百八十里，南臨須水，狀如偃月。陸士衡辨亡論曰：濡須之戰，臨川摧銳。即此處也。何焯云，城石頭以備陸，作濡須塢以備水，然後建業勢壯。」弼按：是年七月，曹操西征馬超，十月北征楊秋。十七年正月，還鄴；十月，征孫權。

十八年正月，曹公攻濡須，權與相拒月餘。曹公望權軍，歎其齊肅，乃退。〔一〕

吴歷曰：曹公出濡須，作油船，〔二〕夜渡洲上。權以水軍圍取，得三千餘人，其没溺者亦數千人。權數挑戰，公堅守不出。權乃自來，乘輕船，從濡須口入公軍。諸將皆以爲是挑戰者，欲擊之。公曰：「此必孫權欲身見吾軍部伍也。」勅軍中皆精嚴，弓弩不得妄發。權行五六里，迴還作鼓吹。公見舟船器仗軍伍整肅，喟然歎曰：「生子當如孫仲謀，劉景升兒子，若豚犬耳！」權爲牋與曹公，説「春水方生，公宜速去」。別紙言：「足下不死，孤不得安。」曹公語諸將曰：「孫權不欺孤。」乃徹軍還。

魏略曰：權乘大船來觀軍，公使弓弩亂發，箭著其船，船偏重，將覆；權因迴船，復以一面受箭。箭均船平，乃還。〔三〕

初，曹公恐江濱郡縣爲權所略，徵令内移。〔四〕民轉相驚，自廬江、九江、蘄春、廣陵户十餘萬〔五〕皆東渡江，江西遂虚；〔六〕合肥以南，惟有皖城。〔七〕

〔一〕魏武紀：「攻破權江西營，獲權都督公孫陽，乃還。」通鑑：曹操進軍濡須口，號步騎四十萬。權率衆七萬禦之。相守月餘，操徹軍還。

〔二〕胡三省曰：「油船，蓋以牛皮爲之，外施油以扞水。」

〔三〕李光地曰：「此不可信。」何焯曰：「此出敵國口，或有之；當時無火器，故能不懼也。」

〔四〕據魏志蔣濟傳，當爲建安十四、五年間事。

〔五〕蔣濟傳作「十餘萬衆」，此作「十餘萬户」，通鑑從之。胡三省曰：「蘄春縣本屬江夏郡，沈志：吴立蘄春郡。此據吴志書之也。蘄，音祁。」方輿紀要卷七十六：「建安十二年，吴分置蘄春郡。」吴增僅曰：「建安十三年，孫權擊斬黄祖，遂得江夏南境，蘄春郡當即是時分江夏立。建安十八年，蘄春、廣陵等郡十餘萬户皆東渡江，則是時蘄春又屬魏矣。其後魏使謝奇爲蘄春郡典農，屯皖，吕蒙襲破之。據蒙傳在建安十九年以前，雖破奇，實未得蘄春地也。黄武二年，魏以吴降將晉宗爲蘄春太守，賀齊等生虜宗，吴於是復置蘄春郡。蘄州志謂建安中魏置郡，不知劉琮未降前，荆州悉隸劉表，曹氏安得置郡乎！今從沈志。」謝鍾英曰：「方輿紀要：建安十二年，吴分江夏置蘄春郡。考建安十二年，江夏屬劉表，顧氏謂吴分者，誤。賀齊傳：齊督扶州以上至皖。是揚州西境至皖，蘄春在皖西，宜屬荆州。洪志屬揚州，誤也。」一統志蘄春故城，今「湖北黄州府蘄州西北」。互見後黄武二年及吕蒙傳。

〔六〕胡三省曰：「大江東北流，故自歷陽至濡須口皆謂之江西，而建業謂之江東。」

〔七〕皖縣見孫堅傳，移民事互見魏志蔣濟傳。宋書州郡志：「晉復立歷陽、當塗諸縣。三國時，江、淮爲戰爭之地，其間不居者各數百里，此諸縣並在江北淮南，虚其地，無復民户。吴平，各還本，故復立焉。」趙一清曰：「射陽、廣陵、海陵、高郵、江都、鹽城諸縣，皆云三國時廢。蓋自陳登爲廣陵太守，屢破孫策之兵，不似華歆、王朗輩，束手就斃。後登遷東城太守以去，孫氏遂跨有江表。曹公移民以避其鋒，每臨大江而歎，恨用登之不終也。」

十九年五月，權征皖城。閏月，克之，獲廬江太守朱光及參軍董和，男女數萬口。〔一〕是歲，劉備定蜀，權以備已得益州，令諸葛瑾從求荆州諸郡。〔二〕備不許，曰：「吾方圖涼州，涼州定，乃盡以荆州與吴耳。」權曰：「此假而不反，而欲以虚辭引歲。」〔三〕遂置南三郡長吏，〔四〕關羽盡逐之。〔五〕權大怒，乃遣吕蒙督鮮于丹、徐忠、孫規等兵二萬，取長沙、零陵、桂陽三郡，使魯肅以萬人屯巴丘，

巴丘今曰巴陵。〔六〕

以禦關羽。權住陸口，〔七〕爲諸軍節度。蒙到，二郡皆服，惟零陵太守郝普未下。會備到公安，使關羽將三萬兵至益陽，〔八〕權乃召蒙等，使還助肅。蒙使人誘普，普降，〔九〕盡得三郡將守，因引軍還，與孫皎、潘璋并魯肅兵並進，拒羽於益陽。未戰，〔一〇〕會曹公入漢中，備懼失益州，使使求和。〔一一〕權令諸葛瑾報，更尋盟好，遂分荆州長沙、江夏、桂陽以東屬權，南郡、零陵、武陵以西屬備。〔一二〕備歸，而曹公已還。權反自陸口，遂征合肥。〔一三〕合肥未下，徹軍還。兵皆就路，權與淩統、甘寧等在津北〔一四〕爲魏將張遼所襲，〔一五〕統等以死捍權，權乘駿馬越津橋得去。〔一六〕

獻帝春秋曰：張遼問吴降人：「向有紫髯將軍，長上短下，便馬善射，是誰？」降人答曰：「是孫會稽。」遼及樂進相遇，言不早知之，急追自得，舉軍歎恨。

江表傳曰：權乘駿馬走津橋，〔一七〕橋南已見徹，丈餘無版。谷利在馬後，使權持鞍緩控，〔一八〕利於後著鞭，以助馬勢，遂得超度。〔一九〕權既得免，即拜利都亭侯。谷利者，本左右給使也，以謹直爲親近監，〔二〇〕性忠果亮烈，言不苟且，權愛信之。〔二一〕

〔一〕孫權嘉吕蒙拔皖城之功，拜蒙廬江太守，詳見蒙傳。錢大昕曰：「此又一董和，非蜀之董和也。」

〔二〕蜀志先主傳：「建安二十年，孫權使使報，欲得荆州。」按此下皆爲二十年事。

〔三〕胡三省曰：「謂延引歲時也。孟子曰：久假而不歸，焉知其非有也。」

〔四〕長沙、零陵、桂陽三郡也。

〔五〕是時先主新得益州，意氣方盛，驕傲之辭，流露不覺。關羽一介武夫，本無遠謀，既背諸葛結吳爲援之策，又無魯肅消弭邊釁之能，鹵莽滅裂，貽誤事機，種此惡因，遂致後日麥城之禍，此真可爲歎息者也。

〔六〕監本「曰」作「日」，誤。巴丘今湖南岳州府巴陵縣治，詳見魏志武紀建安十三年及蜀志宗預傳。

〔七〕陸口見前十五年。

〔八〕馮本「陽」作「楊」，誤。益陽在今湖南長沙府益陽縣東，詳見蜀志先主傳建安十九年。

〔九〕詳見呂蒙傳。郝普事見蜀志楊戲季漢輔臣贊注。

〔一〇〕魯肅與關羽會語，肅責數羽，詳見肅傳及注引吳書。

〔一一〕通鑑考異曰：「備傳云曹公定漢中，孫權傳云入漢中。按：操以七月入漢中，備未應即聞之；而八月權已攻合肥，蓋聞曹公兵始欲向漢中，即引兵還耳。」

〔一二〕解見蜀志先主傳。

〔一三〕張遼傳：「權率十萬衆圍合肥。」

〔一四〕甘寧傳：「建安二十年，從攻合肥。會疫疾，軍吏引出，唯呂蒙、蔣欽、淩統及寧從權逍遥津北。」水經注：「合肥東有逍遥津，水上舊有梁。」方輿紀要：「今安徽廬州府治東，肥水枝津。」

〔一五〕詳見張遼傳。

〔一六〕謝鍾英曰：「寰宇記：西津橋在合肥西北五里。鍾英按，在古津水上。」

〔一七〕宋本、馮本「走」作「上」。

〔一八〕胡三省曰：「控即馬控。」

〔一九〕周壽昌曰：「御覽兵部引環氏吳紀：大帝合肥之圍，谷利助渡津北。」

〔二〇〕胡三省曰：「谷，姓也；利，名也。親近監，官也。」

〔二〕谷利事又見後黄武五年注引江表傳。

二十一年冬，曹公次于居巢，〔一〕遂攻濡須。〔二〕

〔一〕居巢今安徽廬州府巢縣東北五里，詳見魏武紀建安二十二年。

〔二〕吕蒙傳：「曹公又大出濡須，蒙據塢置彊弩萬張拒曹公。曹公前鋒屯未就，蒙攻破之，曹公引退。」

二十二年春，權令都尉徐詳詣曹公請降，〔一〕公報使修好，誓重結婚。〔二〕

〔一〕徐詳見胡綜傳。何焯曰：「請降者，規以全力取荆也。」

〔二〕曹、孫前已結婚，見孫策傳。是年，魯肅卒，以吕蒙代之。

二十三年十月，〔一〕權將如吴，親乘馬射虎於庱亭。〔二〕馬爲虎所傷，權投以雙戟，虎卻廢；常從張世擊以戈，獲之。

〔一〕十月上宜有冬字。

〔二〕原注：「庱，攄陵反。」宋本「庱」下有「音」字。元和郡縣志：「庱亭壘在丹陽東四十七里。」寰宇記卷九十二：「庱亭舖在常州武進縣西五里。」方輿紀要：「今鎮江府丹陽縣東四十七里。」王鳴盛曰：「庾信哀江南賦飛鏃於吴亭之虎，謂此事也。」

二十四年，關羽圍曹仁於襄陽，曹公遣左將軍于禁救之。會漢水暴起，羽以舟兵盡虜禁等步騎三萬送江陵，〔一〕惟城未拔。權内憚羽，外欲以爲己功，牋與曹公，乞以討羽自效。〔二〕

曹公且欲使羽與權相持以鬬之，〔三〕驛傳權書，〔四〕使曹仁以弩射示羽，羽猶豫不能去。〔五〕閏月，權征羽，〔六〕先遣呂蒙襲公安，獲將軍士仁。〔七〕蒙到南郡，南郡太守麋芳以城降。蒙據江陵，撫其老弱，釋于禁之囚。陸遜別取宜都，〔八〕獲秭歸、枝江、夷道，〔九〕還屯夷陵，〔一〇〕守峽口〔一一〕以備蜀。關羽還當陽，〔一二〕西保麥城。〔一三〕權使誘之，羽僞降，立幡旗爲象人於城上，因遁走。兵皆解散，尚十餘騎。〔一四〕權先使朱然、潘璋斷其徑路。十二月，璋司馬馬忠〔一五〕獲羽及其子平、都督趙累等於章鄉，〔一六〕遂定荆州。〔一七〕是歲大疫，盡除荆州民租稅。曹公表權爲驃騎將軍，假節、領荆州牧，封南昌侯。權遣校尉梁寓奉貢于漢，及令王惇市馬，〔一八〕又遣朱光等歸。〔一九〕

魏略曰：梁寓字孔儒，吴人也。權遣寓觀望曹公，曹公因以爲掾，尋遣南還。〔二〇〕

〔一〕官本攷證曰：「御覽作生虜禁等，多生字。」

〔二〕魏志温恢傳：「建安二十四年，孫權攻合肥。」案權於二十二年已降曹公，是年又乞討羽自效，似無攻合肥之事。或邊界小有接觸。温恢傳欲誇大其功，遂不覺其辭之誕也。

〔三〕韓菼曰：「襄、樊危急，操尚作如是遠慮，史云明略最優，當矣。乃魏欲兩存孫、劉，而吴不欲兩存蜀、魏，何其誤也？自此吴獨當曹兵矣。」弼按：陸遜戰勝先主，決計輒還，不復窮追者，計亦出此。自劉、孫失歡，諸葛一軍向宛、洛之策不行，終身惟有出秦川而已。此則不能不歸咎於關羽之開釁於吴人也。又按，是年春閒，先主戰勝陽平，據有漢中，設無關羽之敗，吴、蜀犄角，足以制魏，失此良機，惜哉！

〔四〕此用董昭之策，詳見昭傳。

〔五〕胡三省曰：「羽雖見權書，自恃江陵、公安守固，非權旦夕可拔，又因水勢結圍，以臨樊城，有必破之勢，釋之而去，必喪前功，此其所以猶豫也。」

〔六〕趙一清曰：「集古録鍾繇法帖者，曹公破關羽賀捷表也。其後書云，建安二十四年閏月九日，南蕃東武亭侯鍾繇上。集賢校理孫思恭精於厤學，余問孫君，建安二十四年閏在何月，思恭謂余，以漢家所用四分、乾象厤推之，是歲閏十月。三國志所書時月雖爲簡略，然以思恭言考之則合。魏志是歲冬十月軍還洛陽，其下遂書孫權請討關羽自效；於吳志則書閏月權討羽。以魏、吳二志參校，是閏十月矣。然則鍾繇安得於閏十月先賀捷也？此表疑非真。」弼按：通鑑編於是年十月。

〔七〕士仁在公安拒守，呂蒙令虞翻説降，見蒙傳注引吳書。

〔八〕宜都郡治夷道，今湖北荆州府宜都縣西北，詳見蜀志先主傳章武二年。

〔九〕秭歸今湖北宜昌府歸州治，見蜀志劉璋傳。枝江，今湖北荆州府枝江縣東，見蜀志董和傳。

〔一〇〕夷陵，吳改曰西陵，今湖北宜昌府東湖縣東，見魏志文紀黄初三年。

〔一一〕胡三省曰：「峽口，西陵峽口也。宜都記曰：自黄牛灘東入西陵界至峽口，一百許里，山水紆曲，兩岸高山重嶂，非日中夜半，不見日月。三峽，此其一也。」謝鍾英曰：「西陵峽今東湖縣西二十五里，峽長二十里。」

〔一二〕當陽，今湖北荆門州當陽縣東一百四十里，見蜀志先主傳建安十三年。

〔一三〕荆州記曰：「南郡當陽縣東南，有麥城。」水經沮水注：「沮水又東南逕驢城西，磨城東，又南逕麥城西，昔關雲長詐降處，自此遂叛。傳云子胥造驢、磨二城以攻麥邑。諺云『東驢西磨，麥城自破』者也。」元和郡縣志：「麥城在當陽縣東五十里，沮、漳二水閒。」一統志：「當陽縣東南五十里。」或曰：「荆州記麥城在當陽東南，與傳文西保之文不合。」弼按：漢當陽故城在麥城之東，故曰西保。當日關羽向西退走也。

〔一四〕通鑑「尚」作「纔」。

〔一五〕當時有兩馬忠。

〔一六〕水經漳水篇：「漳水出臨沮縣東荆山，東南過蓼亭，又東過章鄉南。」酈注云：「漳水又南歷臨沮縣之章鄉南，昔關羽保麥城，詐降而遁，潘璋斬之于此。漳水又南逕當陽縣，又南逕麥城東。」一統志：「章鄉在當陽縣東北。」

〔一七〕自是荆州全爲吴有，互見蜀志先主傳。

〔一八〕王惇事又見三嗣主傳太平元年。

〔一九〕朱光即十九年權征皖城所獲者。遣朱光而不遣于禁者，權揣知于禁爲曹操所重視也。操死，則亦遣之歸矣。後權致曹丕牋，述及此事，見黄武元年注引魏略。權是時上書曹操稱臣，稱説天命，見魏武紀建安二十四年注引魏略。

〔二〇〕宋本作「尋遣還南」。

二十五年春正月，曹公薨，〔一〕太子丕代爲丞相魏王，改年爲延康。秋，魏將梅敷使張儉求見撫納。南陽陰、酇、筑陽、〔二〕山都、中廬五縣民三千家來附。〔三〕冬，魏嗣王稱尊號，改元爲黄初。二年四月，劉備稱帝於蜀。〔四〕

魏略曰：〔五〕權聞魏文帝受禪，而劉備稱帝，乃呼問知星者，己分野中星氣何如，遂有僭意。而以位次尚少，無以威衆，又欲先卑而後踞之，爲卑則可以假寵，後踞則必致討，致討然後可以怒衆，衆怒然後可以自大，故深絶蜀而專事魏。〔六〕

權自公安都鄂，改名武昌，〔七〕以武昌、下雉、〔八〕尋陽、〔九〕陽新、〔一〇〕柴桑、〔一一〕沙羨〔一二〕六縣爲武昌郡。〔一三〕五月，建業言甘露降。八月，城武昌，〔一四〕下令諸將曰：「夫存不忘亡，安必慮危，古之善教。昔雋不疑，漢之名臣，於安平之世而刀劍不離於身。蓋君子之於武備，不可以已。〔一五〕況今處身疆畔，豺狼交接，而可輕忽不思變難哉！頃聞諸將出入，各尚謙約，不從人兵，〔一六〕甚非備慮愛身之謂。夫保己遺名，以安君親，孰與危辱？宜深警戒，務崇其大，副孤意焉。」〔一七〕自魏文帝踐阼，權使命稱藩，及遣于禁等還。十一月，策命權曰：「蓋聖王之法，以德設爵，以功制禄。勞大者禄厚，德盛者禮豐。故叔旦有夾輔之勳，太公有鷹揚之功，並啟土宇，并受備物，所以表章元功，殊異賢哲也。近漢高祖受命之初，分裂膏腴，以王八姓，〔一八〕斯則前世之懿事，後王之元龜也。朕以不德，承運革命，君臨萬國，秉統天機，思齊先代，坐而待旦。惟君天資忠亮，命世作佐，深覩曆數，達見廢興，遠遣行人，浮于潛漢。

禹貢曰：「沱、潛既道。」注曰：「水自江出爲沱，漢爲潛。」〔一九〕

望風影附，抗疏稱藩，兼納纖絺南方之貢，普遣諸將來還本朝，忠肅内發，款誠外昭，信著金石，義蓋山河，朕甚嘉焉。今封君爲吴王，使使持節太常高平侯貞〔二〇〕授君璽綬策書、金虎符第一至第五、左竹使符第一至第十，以大將軍使持節督交州，領荆州牧事。錫君青土，苴以白茅，對揚朕命，以尹東夏。其上故驃騎將軍南昌侯印綬符策。今又加君九錫，其敬聽後命。以君綏安東南，綱紀江外，民夷安業，無或攜貳，是用錫君大輅、戎輅各一，玄牡二駟。君務財勸農，倉庫盈積，是用錫君衮冕之服，赤舄副焉。君化民以德，禮教興行，是用錫君軒縣之樂。君宣導休風，懷柔百越，是用錫君朱户以居。君運其才謀，官方任賢，是用錫君納陛以登。君忠勇並奮，清除姦慝，是用錫君虎賁之士百人。〔二一〕君振威陵邁，宣力荆南，梟滅凶醜，罪人斯得，是用錫君鈇鉞各一。君文和於内，武信於外，是用錫君彤弓一、彤矢百、玈弓十、玈矢千。君以忠肅爲基，恭勤爲德，是用錫君秬鬯一卣，圭瓚副焉。欽哉！敬敷訓典，以服朕命，以勖相我國家，永終爾顯烈。」〔二二〕

江表傳曰：權羣臣議，以爲宜稱上將軍九州伯，〔二三〕不應受魏封。權曰：「九州伯，於古未聞也。昔沛公亦受項羽拜爲漢王，此蓋時宜耳，復何損邪？」遂受之。〔二四〕

孫盛曰：昔伯夷、叔齊不屈有周，魯仲連不爲秦民。夫以匹夫之志，猶義不辱，況列國之君，三分天下，而可二三其節，或臣或否乎？余觀吴、蜀，咸稱奉漢，至於漢代，莫能固秉臣節，〔二五〕君子是以知其不能克昌厥後，卒見吞於大國也。向使權從羣臣之義，〔二六〕終身稱漢將，豈不義悲六合，〔二七〕仁感百世哉！〔二八〕

是歲，劉備帥軍來伐，至巫山、秭歸，〔二九〕使使誘導武陵蠻夷，假與印傳，許之封賞。於是諸縣及五谿民皆反爲蜀。〔三〇〕權以陸遜爲督，督朱然、潘璋等以拒之。遣都尉趙咨使魏。魏帝問曰：「吴王何等主也？」咨對曰：「聰明仁智，雄略之主也。」帝問其狀，咨曰：「納魯肅於凡品，是其聰也；拔吕蒙於行陣，是其明也；〔三一〕獲于禁而不害，是其仁也；取荆州而兵不血刃，是其智也；據三州虎視於天下，〔三二〕是其雄也；屈身於陛下，是其略也。」

吴書曰：〔三三〕咨字德度，南陽人。〔三四〕博聞多識，應對辯捷。權爲吴王，擢中大夫，使魏。魏文帝善之，嘲咨曰：「吴王頗知學乎？」咨曰：「吴王浮江萬艘，〔三五〕帶甲百萬，任賢使能，志存經略。雖有餘閒，博覽書傳歷史，籍採奇異，〔三六〕不效書生尋章摘句而已。」〔三七〕帝曰：「吴可征不？」咨對曰：「大國有征伐之兵，小國有備禦之固。」〔三八〕又曰：「吴難魏不？」咨曰：「帶甲百萬，江、漢爲池，何難之有！」又曰：「吴如大夫者幾人？」咨曰：「聰明特達者八九十人，如臣之比，車載斗量，不可勝數。」〔三九〕咨頻載使北，人敬異。〔四〇〕權聞而嘉之，拜騎都尉。咨言曰：「觀北方終不能守盟，今日之計，朝廷承漢四百之際，應東南之運，宜改年號，正服色，以應天順民。」權納之。

帝欲封權子登，權以登年幼，上書辭封，重遣西曹掾沈珩陳謝，〔四一〕并獻方物。

吴書曰：珩字仲山，吴郡人。少總經藝，〔四二〕尤善春秋內、外傳。權以珩有智謀，能專對，乃使至魏。魏文帝問曰：「吴嫌魏東向乎？」珩曰：「不嫌。」曰：「何以？」曰：「信恃舊盟，言歸于好，是以不嫌。若魏渝盟，自有豫備。」又問：「聞太子當來，寧然乎？」珩曰：「臣在東朝，朝不坐，宴不與，〔四三〕若此之議，無所聞也。」文帝善之，乃引珩自近，談語終日。珩隨事響應，無所屈服。珩還，言曰：「臣密參侍中劉曄，數爲賊設姦計，終不久慤。臣聞兵家舊論，不恃敵之不我犯，恃我之不可犯。今爲朝廷慮之，且當省息他役，惟務農桑，以廣軍資，修繕舟車，增作戰具，令皆兼盈；撫養兵民，使各得其所；擥延英俊，〔四四〕獎勵將士，則天下可圖矣。」以奉使有稱，封永安鄉侯，〔四五〕官至少府。〔四六〕

立登爲王太子。〔四七〕

江表傳曰：是歲，魏文帝遣使求雀頭香、大貝、明珠、象牙、犀角、瑇瑁、孔雀、翡翠、鬬鴨、長鳴雞。〔四八〕羣臣奏曰：「荆、揚二州，貢有常典，〔四九〕魏所求珍玩之物，非禮也，宜勿與。」權曰：「昔惠施尊齊爲王，客難之曰：公之學去尊，今王齊，何其倒也？惠子曰：有人於此，欲擊其愛子之頭，而石可以代之，子頭所重而石所輕也，以輕代重，何爲不可乎！〔五〇〕方有事於西北，〔五一〕江表元元，恃主爲命，非我愛子

邪？彼所求者，於我瓦石耳，孤何惜焉。彼在諒闇之中，而所求若此，寧可與言禮哉！」皆具以與之。〔五二〕

〔一〕周壽昌曰：「承祚於魏武紀書王崩，是書於本國也。於蜀志是年不書，但書先主即位瑞應等事，獨於此書公書薨，隱抑操爲漢臣，使與吳並列也。」

〔二〕原注：「筑音逐。」

〔三〕郡國志：「荆州南陽郡陰、酇、筑陽、山都，南郡中廬。」一統志：「陰縣故城，今湖北襄陽府光化縣西；酇縣故城，今光化縣北；筑陽故城，今襄陽府穀城縣東；山都故城，今襄陽縣西北；中廬故城，今襄陽西南。陰、酇、筑陽三國魏屬南鄉郡，山都、中廬三國魏屬襄陽郡。」

〔四〕李清植曰：「於丕書嗣王，書稱尊號，明其爲漢之王，而僭稱尊也。於先主則書名，書稱帝而已。即此亦見書法之不苟。」劉咸炘曰：「此乃曲說。書王非褒，書名反爲褒邪？書名稱帝，彌見無位而竊據耳，何不書漢中王邪？」弼按：吳志於魏稱帝，於蜀稱名，前後一致，不如李、劉所云也。沈家本曰：「二年當提行，各本皆誤連上文改元爲黄初句下，一似建安二十五年改爲黄初二年者，殊誤。」朱邦衡曰：「前稱漢帝年號，此改書魏朔，二年上當有魏黄初三字，另提一行。否則以二年爲明年，以示無統，歷一年而自紀黄武，亦史法也。但權受丕册封，自應紀其元。」

〔五〕各本「略」作「啓」，誤，宋、元本不誤。

〔六〕唐庚曰：「是歲吳、蜀相攻，大戰於夷陵，吳人卑辭事魏，受其封爵，恐魏之議其後耳。而魏略以爲權有僭意，而自顧位輕，故先卑而後踞之。先卑者，規得封爵以成僭竊之基；後踞者，冀見討伐以激怒其衆。夫吳至權，三世矣，其勢足以自立，尚何以封爵爲哉！受封爵則君臣矣，供職貢矣，彼藩國同然，無足怪者。一不從命，則王師至討有詞矣，然後發兵拒戰，是抗上矣，尚安能激怒其衆哉？既而魏責任子，權不能堪，卒叛之，而爲天下笑。方其危急之時，羣臣無魯仲連之策，出一切之計，以寬目前之急，而陳壽猶以勾踐奇之。勾踐事吳，則嘗聞之矣，受吳封爵，則未之聞也。」弼按：唐説誠是。惟吴、蜀大戰夷陵在黄初三年，不在是歲也。林國贊曰：「權前後兩臣魏，前則掩襲荆州之故，後則禦兵猇亭之故。最後魏師臨江，權猶乞哀，則以吴患莫甚於山越。洎山越削平，權遂僭號，安所謂怒衆舉事耶？」

〔七〕郡國志：「荆州江夏郡鄂。」水經江水篇：「江水又東過邾縣南，鄂縣北。」酈注云：「江之右岸，有鄂縣故城，舊樊楚地。世本稱熊渠封其中子紅爲鄂王。晉太康地記以爲東鄂矣。九州記曰：鄂，今武昌也。孫權以魏黄初元年自公安徙此，改曰武昌縣，鄂縣徙治於袁山東，又以其年立爲江夏郡，分建業之民千家以益之。至黄龍元年，權遷都建業，以陸遜輔太子，鎮武昌。孫皓亦都之。皓還東，令滕牧守之。今武昌郡治南有袁山，即樊山也。城西有郊壇，權告天即位於此。」弼按：孫權自公安都鄂，改名武昌，爲黄初二年事。酈注云黄初元年，誤也。又按孫權以武昌等六縣爲武昌郡，傳文極爲明顯，酈注云是年立江夏郡，亦誤。孫權傳：黄龍元年四月，夏口、武昌並言黄龍、鳳皇見，丙申，南郊即皇帝位，九月遷都建業，太子登掌武昌留事。晉志：孫權分江夏立武昌郡。沈志：武昌太守，太康元年改江夏爲武昌。是武昌、江夏二郡分立，吴未省武昌併江夏也。自酈注有此二誤，後世地志多沿其訛。又史文「二年四月」四字，讀者忽略，遂多指爲建安末年事，洪、吴、謝、楊諸家皆誤，舉不勝舉，備列其説於此。一統志：「鄂縣故城，今湖北武昌府武昌縣治。」

〔八〕郡國志：「江夏郡下雉。」一統志：「故城今武昌府興國州東南下雉潭。」

〔九〕尋陽，今湖北黄州府黄梅縣北，見孫策傳注引江表傳。沈志：「吴立蘄春郡，尋陽縣屬焉。」洪亮吉曰：「縣當由武昌移屬蘄春，沈志太康元年省蘄春郡，復以尋陽屬武昌。」謝鍾英曰：「周瑜傳：進攻尋陽，破劉勳。吕蒙傳：蒙渡江立屯，曹仁退走，蒙領尋陽令。明帝紀：黄初七年，曹休破諸葛瑾別將於尋陽。曹休傳：太和二年，休向尋陽深入，不利。衛臻傳：權攻合肥，帝自東征，到尋陽，權退。（事在青龍二年。）諸葛恪傳：恪圖起田於尋陽。晉書：太康元年，王渾克吴尋陽。是終魏世，尋陽屬吴。」

〔一〇〕楊守敬曰：「水經江水注：富水西北流，逕陽新縣，故豫章之屬縣矣。宋本寰宇記：吴大帝分鄂立陽新縣，未立武昌以前，屬豫章。」洪亮吉曰：「陽新，吴分鄂縣立。甘寧傳：拜西陵太守，領陽新、下雉二縣。」吴增僅曰：「陽新，建安末屬西陵，後又屬武昌。」謝鍾英曰：「陽新，沈志：吴立。元和志：吴分鄂縣立。方輿紀要：今興國州西南五十里陽新里。」

〔一一〕郡國志：「揚州豫章郡柴桑。」吴改屬武昌郡，晉志同。胡三省曰：「柴桑縣，漢屬豫章郡，吴屬武昌郡。有柴桑山，在今江州德化西九十里。杜佑曰：江州尋陽縣南楚城驛，即古之柴桑縣。宋白曰：江州瑞昌縣，蓋柴桑之舊城。」一統志：「故城今江西九江府德化縣西南。」

〔一二〕沙羨，今湖北武昌府江夏縣西南，見孫策傳注引吴録。

〔一三〕吴增僅三國郡縣表考證論吴武昌郡併於江夏，文繁不録。然其舉證多誤。

〔一四〕胡三省曰：「既城石頭，又城武昌，此吴人保江之根本也。」

〔一五〕漢書雋不疑傳：「雋不疑，字曼倩，勃海人也。暴勝之爲直指使者，至勃海，請不疑相見。不疑冠進賢冠，帶櫑具劍，佩環玦，褒衣博帶，盛服至門上謁。門下欲使解劍，不疑曰：劍者，君子武備，所以衛身，不可解。請退。吏白勝之，勝之開閤延請。」

〔一六〕魏志高貴鄉公紀：「甘露五年，高貴鄉公率將從駕人兵。」

〔一七〕周壽昌曰：「武烈、桓王父子，俱以輕侻被害，易曰：弗過防之，從或戕之。吴主深鑒覆車，故諄諄然以此誡其臣下。然合肥之致敵，庱亭之射虎，幾蹈危辱，其亦掩睫而忘目者歟？」

〔一八〕郝經曰：「楚王韓信、梁王彭越、九江王英布、韓王信、趙王張耳、燕王盧綰、長沙王吴芮、越王無諸。」

〔一九〕孔傳云：「沱江別名潛水，名皆復其故道。」孔疏曰：「鄭注此引爾雅釋水。」陸德明曰：「馬云：沱，湖也。其中泉出而不流者謂之潛。」

〔二〇〕潘眉曰：「貞，邢貞。」

〔二一〕錢大昭曰：「此九錫文，與權授公孫淵同。若魏、晉九錫，皆云軒縣之樂，六佾之舞，虎賁之士三百人。」

〔二二〕何焯曰：「特載魏朝策命於傳，蓋醜之也。」弼按：自曹瞞爲九錫之文，歷晉、宋、齊、梁、陳，沿襲無改。往轍相尋，權奸心迹，古今一致。史臣備載其文，在當時必以爲榮，若以爲醜者，必不一再摹擬也。至曹丕之於孫權，孫權之於公孫淵，皆用此術，以爲牢籠之計，而所遇皆譎詐，殆所謂君以此始，亦以此終矣。或曰：「三國奉漢，吴先受封，終不免於兼并。蜀雖先亡，不受魏封，小國僻處，而能守義者，羣賢輔佐之力也。」

〔二三〕胡三省曰：「王制九州，其一州爲天子之縣，八州八伯。」

〔二四〕李光地曰：「沛公受項羽封，時義帝尚在。」

〔二五〕何焯曰：「盛何所見，言蜀於漢代臣節不固？與操異，即爲貳漢乎？大司馬漢中王之號，非是無以繫屬人心，異乎因危自擅也。」

〔二六〕宋本「義」作「議」。

〔二七〕「悲」疑作「被」。

〔二八〕或曰：「是猶責盜跖以仁義，望倚門以守貞。誠正論而不近情矣。」

〔二九〕巫山，今四川夔州府巫山縣東，見蜀志先主傳章武元年；秭歸，今湖北宜昌府歸州治，見魏志文紀黄初三年。

〔三〇〕互見蜀志先主傳、馬良傳。

〔三一〕李光地曰：「此聰明二字何别？」何焯曰：「此特取給一時，然聰字對品字言，凡品指衆口所見凡愚，故曰聰也。張昭訾毁魯肅，謂其年少麤疏，其不爲品藻所歸。」

〔三二〕御覽「州」下有「而」字。三州，荆、揚、交也。

〔三三〕各本無「曰」字，誤。

〔三四〕錢大昭曰：「魏志司馬朗傳有趙咨，亦字德度，河内温人。此别是一人也。」梁章鉅説同。弼按：河内趙咨字君初，錢説誤。

〔三五〕胡三省曰：「艘，蘇刀翻。」

〔三六〕通鑑作「采微奥」。

〔三七〕胡三省曰：「帝好文學，故趙咨以此言譏之。摘，蜀本作擿。」

〔三八〕胡三省曰：「此二語本管子。」

〔三九〕通鑑輯覽曰：「此等問答，或出於使者自記，以見己長，未可盡信。且以曹丕求珍責任子，不明時勢之人，安能有屢更其端之問，如出一手之文乎？」

〔四〇〕朱邦衡曰：「北下疑脱魏字。或作頻載奉使，北人敬異。」

〔四一〕胡三省曰：「姓譜沈姓出吴興，本自周文王第十子聃季，食采於沈。即汝南平輿沈亭是也。子孫以國爲氏。又楚莊王之子公子真封於沈鹿，其後有沈尹戌、沈諸梁。珩，音行。」

〔四二〕宋本「總」作「綜」。

〔四三〕胡三省曰：「吴在江東，故曰東朝。朝不坐，宴不與，禮記檀弓記尹商陽之言。」

〔四四〕馮本「擥」作「覽」。

〔四五〕趙一清曰：「宋書州郡志：吴興太守領武康令，吴分烏程、餘杭立永安縣，晉武帝太康元年更名。」

〔四六〕趙一清曰：「御覽八百二十引笑林曰：沈珩弟峻，字叔山，有譽而性儉。張温使蜀，辭峻，峻入内良久，出語温曰：向擇一端布，欲以送卿，而無粗者。温嘉其能顯非。」

〔四七〕以諸葛恪、張休、顧譚、陳表爲中庶子，謂之四友。通鑑載權於武昌，臨釣臺飲酒，大醉，及手劍欲擊虞翻，皆爲是年事。

〔四八〕胡三省曰：「本草以香附子爲雀頭香，此物處處有之，非珍也，恐別是一物。貝質白如玉，紫點爲文，皆行列相當。明珠出合浦，大者徑寸。象出交趾，雄者有兩長牙，長丈餘。犀亦出交趾，惟通天犀最貴，角有白理如線，置米羣雞中，雞往啄米，見犀輒驚卻，南人呼爲駭雞犀。玳瑁狀如龜，腹背甲有烘點，其大者如盤盂。諸蕃志：玳瑁形如龜黿，背甲十三片，黑白斑文，間錯邊欄，缺齧如鋸。無足而有四鬣，前長後短，以鬣棹水而行。鬣與首斑文如甲，老者甲厚而黑白分明，少者甲薄而花字模糊，世傳鞭血成斑者，妄也。孔雀生羅州，雄者尾金翠色，光耀可愛。埤雅曰：博物志云孔雀尾多變色，或紅或黃，諭如雲霞，其色不定，人拍其尾則舞。尾有金翠，五年而後成。始生三年，金翠尚小，初春乃生，三四月後復凋，與花萼俱衰榮。人採其尾，以飾扇拂，生取則金翠之色不減。南人取其尾者，握刀蔽于叢竹潛隱之處，伺過急斬其尾，若不即斷，回首一顧，金翠無復光彩。每欲小棲，先擇置尾之地，故欲生捕，候雨甚則往擒之，尾霑而重，不能高翔。人雖至，且愛其尾，不復騫揚也。翡翠大小一如雀，雄赤曰翡，雌青曰翠。羽可爲飾。鴨馴狎，能鬭者難得。長鳴雞者，其鳴聲長也。」

〔四九〕胡三省曰：「禹別九州，任土作貢，此常典也。」

〔五〇〕惠施，宋人；客者，匡章也。事見吕氏春秋。

〔五一〕胡三省曰：「謂與蜀相拒，復須備魏也。」

〔五二〕胡三省曰：「史言魏文帝爲敵國所窺。」

黄武元年〔一〕春正月，陸遜部將軍宋謙等攻蜀五屯，〔二〕皆破之，斬其將。三月，鄱陽言黄龍見。蜀軍分據險地，前後五十餘營，〔三〕遜隨輕重以兵應拒，自正月至閏月，〔四〕大破之，臨陳所斬及投兵降首數萬人。劉備奔走，僅以身免。〔五〕

吴歷曰：權以使聘魏，具上破備獲印綬及首級、所得土地，并表將吏功勤，宜加爵賞之意。文帝報使，致鼲子裘、〔六〕明光鎧、〔七〕騑馬，〔八〕又以素書所作典論及詩、賦與權。〔九〕魏略載詔答曰：「老虜邊窟，越險深入，曠日持久，內迫罷弊，外困智力，故見身於雞頭，〔一〇〕分兵擬西陵，〔一一〕其計不過謂可轉是前迹，〔一二〕以搖動江東。根未著地，摧折其支，雖未刳備五藏，使身首分離，其所降誅，亦足使虜部衆兇懼。昔吳漢先燒荆門，後發夷陵，而子陽無所逃其死；〔一三〕來歙始襲略陽，文叔喜之，而知隗囂無所施其巧。〔一四〕今討此虜，正似其事，將軍勉建方略，務全獨克。」

〔一〕是年，魏黄初三年，蜀章武二年。時孫權年四十一歲。胡三省曰：「吳改元黄武，亦以五德之運，承漢爲土德也。」

〔二〕何焯曰：「軍字疑衍。」

〔三〕魏文紀：「帝聞備兵東下，樹栅連營七百餘里。」陸遜傳：「備從巫峽、建平連圍至夷陵界，立數十屯。」

〔四〕潘眉曰：「是年閏六月。」

〔五〕詳見陸遜傳。

〔六〕説文：「鼲鼠出丁零胡，皮可爲裘。」鼲，音魂。

〔七〕北史蔡祐傳：「祐著明光鐵鎧，所向無敵。齊人咸曰：此鐵猛獸也。皆避之。」

〔八〕騑，音非，驂馬也。

〔九〕互見魏文紀黄初七年注。潘眉曰：「許慎解素，白緻繒也。蔡中郎非流紈豐素，不輕下筆，即此素字。」典論亦見魏文紀注。

〔一〇〕趙一清曰：「方輿紀要卷七十七：雞頭山在荆門州北六十里，最高。諺云『雞頭馬仰，去天一丈』。」

〔一一〕西陵即夷陵，見前建安二十四年。

〔一二〕宋本「是」作「足」。

〔一三〕公孫述，字子陽。范書吴漢傳：「建武十一年，漢率岑彭等伐公孫述，彭破荆門，長驅入江關，漢留夷陵。」

〔一四〕光武字文叔。范書來歙傳：「建武八年，歙伐山開道，逕至略陽，斬囂守將金梁，因保其城。囂大驚曰：何其神也！」

初，權外託事魏，而誠心不款。魏欲遣侍中辛毗、尚書桓階往與盟誓，并徵任子，權辭讓不受。〔一〕秋九月，魏乃命曹休、張遼、臧霸出洞口，〔二〕曹仁出濡須，〔三〕曹真、夏侯尚、張郃、徐晃圍南郡。〔四〕權遣吕範等督五軍，以舟軍拒休等，〔五〕諸葛瑾、潘璋、楊粲救南郡，〔六〕朱桓以濡須督拒仁。〔七〕時揚、越蠻夷多未平集，内難未弭，故權卑辭上書，求自改悔：〔八〕「若罪在難除，必不見置，當奉還土地民人，乞寄命交州，以終餘年。」〔九〕文帝報曰：「君生於擾攘之際，本有從横之志，降身奉國，以享兹祚。自君策名已來，貢獻盈路，討備之功，國朝仰成。埋而掘之，古人之所恥。

國語曰：狸埋之，狸掘之，是以無成功。〔一〇〕

朕之與君，大義已定，豈樂勞師，遠臨江漢？廊廟之議，王者所不得專；三公上君過失，皆有本末。朕以不明，雖有曾母投杼之疑，〔一一〕猶冀言者不信，以爲國福。故先遣使者犒勞，又遣尚書、侍中踐修前言，以定任子。君遂設辭，不欲使進，議者怪之。

魏略載魏三公奏曰：〔一二〕「臣聞枝大者披心，尾大者不掉，有國有家之所慎也。昔漢承秦弊，天下新定，大國之王，臣節未盡，以蕭、張之謀，不備録之，至使六王前後反叛，已而伐之，戎車不輟。又文、景守成，忘戰戢役，驕縱吳、楚，養虺成蛇，既爲社稷大憂，蓋前事之不忘，後事之師也。吳王孫權，幼豎小子，〔一三〕無尺寸之功，遭遇兵亂，因父兄之緒，少蒙翼卵昫伏之恩，〔一四〕長含鴟梟反逆之性，背棄天地，〔一五〕罪惡積大。復與關羽更相覘伺，逐利見便，挾爲卑辭。〔一六〕先帝知權姦以求用，時以于禁敗於水災，等當討羽，〔一七〕因以委權。先帝委裘下席，權不盡心，誠在惻怛，〔一八〕欲因大喪，寡弱王室，希託董桃傳先帝令，〔一九〕乘未得報許，擅取襄陽；及見驅逐，乃更折節。邪辟之態，巧言如流，雖重驛累使，發遣禁等，內包隗囂顧望之姦，外欲緩誅，支仰蜀賊。聖朝含弘，既加不忍，優而赦之，與之更始，猥乃割地王之，使南面稱孤，兼官累位，禮備九命，名馬百駟，以成其勢，光寵顯赫，古今無二。權爲犬馬之姿，横被虎豹之文，不思靜力致死之節，〔二〇〕以報無量不世之恩。臣每見所下權前後章表，又以愚意採察權旨，〔二一〕自以阻帶江湖，負固不服，狃挾累世，〔二二〕詐僞成功，〔二三〕上有尉佗、英布之計，〔二四〕下誦伍被屈彊之辭，〔二五〕終非不侵不叛之臣。以爲晁錯不發削弱王侯之謀，〔二六〕則七國同衡，禍久而大；〔二七〕蒯通不決襲歷下之策，則田橫自慮，罪深變重。〔二八〕臣謹考之周禮九伐之法，〔二九〕平權凶惡，逆節萌生，〔三〇〕見罪十五。昔九黎亂德，黄帝加誅；〔三一〕項羽罪十，漢祖不捨。〔三二〕權所犯罪釁明白，非仁恩所養，宇宙所容。臣請免權官，鴻臚削爵土，〔三三〕捕治罪。敢有不從，移兵進討，以明國典好惡之常，以靜三州元元之苦。」〔三四〕其十五條，文多不載。

又前都尉浩周勸君遣子，乃實朝臣交謀，以此卜君，君果有辭，外引隗囂遣子不終，〔三五〕內喻竇融守忠而已。〔三六〕世殊時異，人各有心。浩周之還，口陳指麾，益令議者發明衆嫌，終始之本，無所據杖，故遂俛仰從羣臣議。今省上事，款誠深至，心用慨然，悽愴動容。即日下詔，

敕諸軍但深溝高壘，不得妄進。若君必效忠節，以解疑議，登身朝到，夕召兵還。此言之誠，有如大江！」〔三七〕

魏略曰：浩周〔三八〕字孔異，上黨人。〔三九〕建安中，仕爲蕭令，〔四〇〕至徐州刺史。後領護于禁軍，軍没，爲關羽所得。權襲羽，并得周，甚禮之。及文帝即王位，權乃遣周，爲牋魏王曰：「昔討關羽，獲于將軍，即白先王，當發遣之。此乃奉款之心，不言而發。先王未深留意，而謂權中閒復有異圖。愚情悽悽，用未果決。遂值先王委離國祚，殿下承統，下情始通。公私契闊，未獲備舉，是令本誓，未即昭顯。梁寓傳命，委曲周至，深知殿下以爲意望。權之赤心，不敢有他，願垂明恕，保權所執。謹遣浩周、東里衮，〔四一〕至情至實，皆周等所具。」又曰：「權本性空薄，文武不昭。昔承父兄成軍之緒，得爲先王所見奬飾，遂因國恩，撫綏東土。而中閒寡慮，庶事不明，畏威忘德，以取重戾。先王恩仁，不忍遐棄，既釋其宿罪，且開明信。雖致命虜廷，梟獲關羽，功效淺薄，未報萬一。事業未究，先王即世，殿下踐阼，威仁流邁，私懼情願，未蒙昭察。梁寓來到，具知殿下不遂疏遠，必欲撫録，追本先緒。權之得此，欣然踴躍，心開目明，不勝其慶。權世受寵遇，分義深篤，今日之事，永執一心，惟察悽悽，重垂含覆。」又曰：「先王以權推誠已驗，軍當引還，故除合肥之守，著南北之信，令權長驅不復後顧。近得守將周泰、全琮等白事，過月六日，有馬步七百，徑到橫江，〔四二〕又督將馬和〔四三〕復將四百人進到居巢，〔四四〕琮等聞有兵馬渡江，視之，爲兵馬所擊，臨時交鋒，大相殺傷。卒得此問，情用恐懼。權實在遠，不豫聞知，約敕無素，敢謝其罪。又聞張征東、朱橫海〔四五〕今復還合肥，先王盟要，由來未久，且權自度未獲罪釁，不審今者何以發起，牽軍遠次？事業未訖，甫當爲國討除賊備，重聞斯問，深使失圖。凡遠人所恃，在於明信，願殿下克卒前分，開示坦然，使權誓命，得卒本規。凡所願言，周等所當傳也。」初，東里袞爲于禁軍司馬，前與周俱没，又俱還到，有詔皆見之。帝問周等，周以爲權必臣服，而東里袞謂其不可必服。帝悦周言，以爲有以知之。是歲冬，魏王受漢禪，遣使以權爲吴王，詔使周與使者俱往。周既致詔命，時與權私宴，謂權曰：「陛下未信王遣子入侍也，周以闔門百口明之。」權因字謂周曰：「浩孔異，卿乃以舉家百口保我，我當何言邪？」遂流涕霑襟。及與周别，又指天爲誓。周還之後，權不遣子而設辭，帝乃久留其使。到八月，權上書謝，又與周書曰：「自道路開通，不忘修意，既新奉國命，加知起居，假歸河北，故使情問不獲果至。望想之勞，曷云其已！[四六]孤以空闇，分信不昭，中閒招罪，以取棄絶，幸蒙國恩，復見赦宥，喜乎與君克卒本圖。傳不云乎：[四七]雖不能始，善終可也。」又曰：「昔君之來，欲令遣子入侍，于時傾心歡以承命，徒以登年幼，欲假年歲之閒耳。而赤情未蒙招信，遂見討責，常用慙怖。自頃國恩，復加開導，忘其前愆，取其後效，喜得因此尋竟本誓。前以有表具説遣子之意，想君假還，已知之矣。」[四八]又曰：「今子當入侍，而未有妃耦，昔君念之，以爲可上連綴宗室若夏侯氏，雖中閒自棄，常奉戢在心。[四九]當垂宿念，爲之先後，使獲攀龍附驥，永自固定。其爲分惠，豈有量哉！如是欲遣孫長緒[五〇]與小兒俱入，奉行禮聘，成之在君。」又曰：「小兒年弱，加教訓不足，念當與别，爲之緬然，父子恩情，豈有已邪！又欲遣張子布追輔護之。[五一]孤性無餘，凡所欲爲，今盡宣露。惟恐赤心不先暢達，[五二]是以具爲君説之，宜明所以。」於是詔曰：「權前對浩周自陳，不敢自遠，樂委質長爲外臣。又前後辭旨，頭尾擊地，此鼠子自知不能保爾許地也。又今與周書，請以十二月遣子，復欲遣孫長緒、張子布隨子俱來，彼二人皆權股肱心腹也。又欲爲子於京師求婦，此權無異心之明效也。」[五三]帝既信權甘言，且謂周爲得其真，而權但華僞，竟無遣子意。自是之後，帝既彰權罪，周亦見疎遠，終身不用。

權遂改年，臨江拒守。〔五四〕冬十一月，大風，範等兵溺死者數千，餘軍還江南。曹休使臧霸以輕船五百、敢死萬人襲攻徐陵，〔五五〕燒攻城車，殺略數千人。將軍全琮、徐盛追斬魏將尹盧，殺獲數百。十二月，權使太中大夫鄭泉聘劉備于白帝，始復通也。

江表傳曰：權云：「近得玄德書，已深引咎，求復舊好。前所以名西爲蜀者，以漢帝尚存故耳，今漢已廢，自可名爲漢中王也。」〔五六〕

吴書曰：鄭泉字文淵，陳郡人。博學有奇志，而性嗜酒，其閒居每曰：「願得美酒滿五百斛船，〔五七〕以四時甘脆置兩頭，〔五八〕反覆没飲之，憊即住而啖肴膳，酒有斗升減，隨即益之，不亦快乎！」權以爲郎中，嘗與之言：「卿好於衆中面諫，或失禮敬，寧畏龍鱗乎？」對曰：「臣聞君明臣直，今値朝廷上下無諱，實恃洪恩，不畏龍鱗。」後侍讌，權乃怖之，使提出付有司促治罪。泉臨出屢顧，權呼還，笑曰：「卿言不畏龍鱗，何以臨出而顧乎？」對曰：「實恃恩覆，知無死憂，至當出閤，感惟威靈，不能不顧耳。」使蜀，劉備問曰：「吴王何以不答吾書，得無以吾正名不宜乎？」泉曰：「曹操父子，陵轢漢室，終奪其位。殿下既爲宗室，有維城之責，不荷戈執殳爲海内率先，而於是自名，未合天下之議，是以寡君未復書耳。」〔五九〕備甚慙恧。泉臨卒，謂同類曰：「必葬我陶家之側，庶百歲之後，化而成土，幸見取爲酒壺，實獲我心矣。」

然猶與魏文帝相往來，〔六〇〕至後年，乃絶。〔六一〕是歲，改夷陵爲西陵。〔六二〕

〔一〕梁章鉅曰：「御覽一百十八引，欲作乃，是也。」沈家本曰：「辛毗、桓階二傳並無使吴事，蓋以權辭讓不受，欲遣而未行也。欲字不當作乃，梁説誤。下文文帝報書云，遣尚書、侍中踐修前言，以定任子，君遂設辭，不欲使進。是毗、階未至吴之證。」

〔二〕曹休、臧霸二傳作洞浦，董昭傳作洞浦口，呂範傳作洞口。洞口，今安徽和州西南臨江，見魏志曹休傳。胡三省曰：「據張遼傳，帝遣遼與曹休至海陵，臨江，與諸將破呂範。又據賀齊傳，齊督扶州以上至皖，黄武初，魏使曹休來伐，齊住新市。會洞口諸軍遭風流溺，賴齊未濟，諸將倚以爲勢。休等憚之，遂引軍還。又據王淩傳，遼等至廣陵，臨江。蓋廣陵即海陵也。蕭子顯曰：南兗州刺史每以秋月出海陵觀濤，與京口對岸。又據晉書譙王尚之傳，桓玄攻尚之于歷陽，使馮該斷洞浦，焚舟艦，則洞口在歷陽江邊明矣。」

〔三〕濡須今安徽無爲州東北，見魏武紀建安十八年。

〔四〕曹真傳：「真擊牛渚屯，破之。」夏侯尚傳：「使尚與真共圍江陵。是時，三道進兵，曹真等攻上游，以擊下游之牛渚屯。」曹仁傳：「仁督諸軍，據烏江。」然則破牛渚屯者，或爲曹仁之軍乎？

〔五〕呂範傳：「範督徐盛、全琮、孫韶等以舟師拒休等於洞口。時遭大風，船人覆溺，死者數千。」

〔六〕夏侯尚傳：「尚攻瑾諸軍，破之。」

〔七〕桓軍戰勝，見後；又見桓傳。是役呂範、諸葛瑾兩軍皆敗。

〔八〕宋本、馮本「悔」作「厲」，通鑑同。

〔九〕李光地曰：「真奸雄狡猾。蓋句踐之流風餘習也。此處與蜀人迥異。」

〔一〇〕宋本「貍」作「狸」。此國語吴語之辭。國語云：「狐埋之而狐搰之，是以無成功。」韋注：「埋，藏也；搰，發也。」搰，户骨切，掘地也。

〔一一〕史記甘茂傳：「茂曰：魯人有與曾參同姓名者殺人。人告其母曰：曾參殺人。其母織自若也。頃之，一人又告之，其母尚織自若也。頃又一人告之，其母投杼下機，踰牆而走。夫以曾參之賢，與其母信之也，三人疑之，其母懼焉。」

〔一二〕趙一清曰：「隋志梁有魏時羣臣表伐吴策一卷。」

〔一三〕馮本「豎」作「竪」，誤。

〔一四〕宋本「昫」作「煦」，文類作「育」。

〔一五〕宋本「地」作「施」。

〔一六〕陳仁錫曰：「八字是吴作用。」

〔一七〕「等」疑作「本」。郝書作「分」。何曰：「宋本作籌。」

〔一八〕「誠」字疑誤，郝書作「不」。

〔一九〕錢儀吉曰：「董桃未詳。」

〔二〇〕「静」疑作「盡」。何焯曰：「宋本作靖。」

〔二一〕「旨」疑作「指」。

〔二二〕宋本「挾」作「忕」。

〔二三〕元本「僞」作「爲」，誤。

〔二四〕史記南越尉佗傳：「南越王尉佗者，真定人也，姓趙氏。佗秦時爲南海龍川令，至二世時，行南海尉事。秦已破滅，佗即自立爲南越武王。」索隱云：「尉，官也；佗，名也。」史記黥布傳：「黥布者，六人也，姓英氏。漢立布爲淮南王，布反書聞。薛公曰：布反不足怪也。使布出上計，山東非漢之有也；出中計，勝敗之數未可知也；出下計，陛下安枕而卧矣。」

〔二五〕漢書伍被傳：「被，楚人也。或言其先伍子胥後也。被以材能稱，爲淮南中郎。淮南王安好學，折節下士，招致英雋以百數，被爲冠首。淮南王陰有邪謀，被數微諫，王恐陰事泄，謂被曰：事至，吾欲遂發。被曰：東保會稽，南通勁越，屈彊江、淮間，可以延歲月之壽耳，未見其福也。」

〔二六〕宋本「以爲」上多「臣」字。

〔二七〕史記晁錯傳：「錯，潁川人，爲御史大夫，請諸侯之罪過，削其地，收其枝郡。吳、楚七國果反，以誅錯爲名。」

〔二八〕史記田儋列傳：「韓信用蒯通計，度平原襲破齊歷下軍，因入臨淄。韓信遂平齊，乞自立爲齊假王，漢因而立之。田橫懼誅，而與其徒屬五百餘人入海居島中。」

〔二九〕周禮大司馬「以九伐之法正邦國」。鄭注云：「諸侯有違王命，則出兵以征伐之，所以正之也。諸侯之于國，如樹木之有根本，是以言伐云。」

〔三〇〕馮本「節」作「罪」。

〔三一〕史記五帝本紀：「蚩尤最爲暴，莫能伐。黄帝禽殺蚩尤。」孔安國曰：「九黎，君號；蚩尤是也。」

〔三二〕史記高祖本紀：「漢王數項羽十罪。」

〔三三〕毛本「土」作「士」，誤。

〔三四〕三州，荆、揚、交也。

〔三五〕范書隗囂傳：「囂遣長子恂隨來歙入關，以爲胡騎校尉，後囂終不降，於是誅其子恂。」

〔三六〕范書竇融傳：「融行河西五郡大將軍事，與五郡太守共砥厲兵馬，上書請師期，帝深嘉美之。」

〔三七〕或曰：「曹丕無如孫權何，而妄自夸大如此。」

〔三八〕胡三省曰：「浩，姓也。姓譜漢有青州刺史浩賞。」

〔三九〕上黨治長子，今潞安府長子縣城西。

〔四〇〕蕭縣今徐州府蕭縣西北。

〔四一〕胡三省曰：「東里之先，以居里爲氏。」

〔四二〕橫江，今安徽和州東南二十五里，直江南采石渡處，見孫策傳。

〔四三〕宋本、馮本「督」作「篤」。

〔四四〕居巢，今安徽廬州府巢縣東北五里。

〔四五〕張遼拜征東將軍，沈家本曰：「朱橫海不知何名，朱靈爲後將軍，附徐晃傳，不言爲橫海也。洪飴孫職官表橫海將軍列朱靈，似失闕疑之義。」

〔四六〕毛本「曷」作「偈」，誤。

〔四七〕毛本「不」作「注」，誤。

〔四八〕毛本「矣」作「也」。

〔四九〕毛本「常」作「當」，誤。

〔五〇〕孫邵，字長緒，見四年注引吳録。

〔五一〕張昭字子布。

〔五二〕官本考證曰：「册府先作克。」

〔五三〕李龍官曰：「諸本皆脱無字，誤，惟册府有之。」

〔五四〕趙一清曰：「隋書薛道衡傳：郭璞云江表偏王三百年，還與中國合。案江南偏王者，起吳大帝孫權黄武元年，盡歸命侯晧天紀四年，共五十九年。又起晉元帝建武元年，盡陳後主禎明九年，共二百七十七年。合得三百三十六年。又鼎録曰：孫權黄武元年於彭蠡水沉一鼎，其文曰：百神助陽侯伏三足。大篆書。」

〔五五〕趙一清曰：「方輿紀要卷二十五：京口先爲徐陵鎮，其地蓋丹徒縣西鄉京口里也。通釋：徐陵、丹徒、京城，其實一也。吳以其臨江津，因置督守之。」謝鍾英曰：「通鑑：咸寧五年，吳主遣徐陵督陶濬將七千人，從西道與交州牧陶璜共擊郭、馬。胡三省曰：徐陵與洞浦對岸，吳主權將吕範洞浦之敗，魏臧霸渡江攻徐陵，全琮、徐盛擊卻之。又華覈封徐陵亭侯，則徐陵蓋亭名，吴以其臨江津，置督守之。鍾英按，今太平府西南、東梁山之北。」

〔五六〕何焯曰：「此非惟以通好，亦謂漢帝改步，可以各王其地，自爲計也。」弼按：此時先主已稱帝，何以尚名漢中王？又據孫權名西爲蜀之言，可知蜀爲魏、吴所加，非劉氏自稱之名。後日兩國盟詞（見黄龍元年）亦稱爲漢。陸機辨亡論亦稱漢主，可證蜀爲魏、晉所稱。

〔五七〕毛本「滿」作「斗」，誤。

〔五八〕史記聶政傳：「政曰：『旦夕得甘毳以養親。』」集解「此芮反」，索隱「鄒氏音脆」。二義相通也。吕氏春秋：「越王三年苦心勢力，有甘脆不敢食。」脃俗作脆，讀如翠。說文：「小耎易斷，蓋柔之義。」

〔五九〕鄭泉之言，與費詩之見相同，此亦當時之公論也。

〔六〇〕何焯曰：「待西隣之固也。」

〔六一〕兩國交兵，復相往來，此亦畸形外交。然仲謀胸有策略，非漫無主宰者，曹丕、劉備，均爲其所玩弄矣。

〔六二〕夷陵見前建安二十四年。晉武帝太康元年，復曰夷陵，見沈志。

二年春正月，曹真分軍據江陵中州。〔一〕是月，城江夏山。〔二〕改四分，用乾象厤。〔三〕

江表傳曰：權推五德之運，以爲土行用未祖辰臘。

志林曰：土行以辰臘，得其數矣。土盛於戌，而以未祖，〔四〕其義非也。土生於未，故未爲坤初。是以月令：建未之月，祖黄精於郊，祖用其盛。今祖用其始，豈應運乎？

三月，曹仁遣將軍常彫等，〔五〕以兵五千，乘油船，〔六〕晨渡濡須中州。〔七〕仁子泰因引軍急攻朱桓，桓兵拒之，遣將軍嚴圭等擊破彫等。〔八〕是月，魏軍皆退。夏四月，權羣臣勸即尊號，權不許。

江表傳曰：權辭讓曰：「漢家堙替，不能存救，亦何心而競乎！」羣臣稱天命符瑞，固重以請。權未之許，而謂將相曰：「往年孤以玄德方向西鄙，故先命陸遜選衆以待之。聞北部分欲以助孤，孤内嫌其有挾，若不受其拜，是相折辱而趣其速發，便當與西俱至；二處受敵，於孤爲劇，故自抑按，就其封王。低屈之趣，諸君似未之盡，今故以此相解耳。」

劉備薨于白帝。〔九〕

吴書曰：權遣立信都尉馮熙聘于蜀，〔一〇〕弔備喪也。熙字子柔，潁川人，馮異之後也。〔一一〕權之爲車騎，熙歷東曹掾；使蜀還，爲中大夫。後使于魏，〔一二〕文帝問曰：「吴王若欲修宿好，宜當厲兵江關，〔一三〕縣旍巴蜀，而聞復遣修好，必有變故。」熙曰：「臣聞西使直報問，且以觀釁，非有謀也。」又曰：「聞吴國比年災旱，人物彫損。以大夫之明，觀之何如？」熙對曰：「吴王體量聰明，善於任使，賦政施役，每事必咨，敬養賓旅，親賢愛士，賞不擇怨仇，而罰必加有罪。臣下皆感恩懷德，惟忠與義。帶甲百萬，穀帛如山，稻田沃野，民無饑歲，所謂金城湯池，彊富之國也。以臣觀之，輕重之分，未可量也。」帝不悦，以陳羣與熙同郡，使羣誘之，啗以重利，熙不爲迴。送至摩陂，〔一四〕欲困苦之。後又召還，未至，熙懼見迫不從，必危身辱命，乃引刀自刺。〔一五〕御者覺之，不得死。權聞之，垂涕曰：「此與蘇武何異！」竟死于魏。〔一六〕

五月，曲阿言甘露降。〔一七〕先是戲口守將晉宗殺將王直，以衆叛如魏，魏以爲蘄春太守，〔一八〕數犯邊境。六月，權令將軍賀齊督麋芳、劉邵等襲蘄春，邵等生虜宗。〔一九〕十一月，〔二〇〕蜀使中郎將鄧芝來聘。〔二一〕

吴歷曰：蜀致馬二百匹，錦千端，及方物，自是之後，聘使往來，以爲常。吴亦致方土所出，以答其厚意焉。〔一二〕

〔一〕詳見朱然傳。胡三省曰：「去年吴將孫盛據中洲。據潘璋傳，江陵中洲即百里洲也。其洲自枝江縣西至上明，東及江津，江津北岸即江陵故城。」趙一清曰：「凡曰中洲，皆江中之洲也。下文濡須中洲正同。」

〔二〕趙一清曰：「水經注：江水逕魯山，古翼際山也。山中有吴江夏太守陸焕所治城，蓋取二水之名。地理志曰：夏水過郡入江，故曰江夏也。舊治安陸，漢高帝六年置，吴乃徙此。又黄鵠山東北對夏口城，魏黄初二年孫權所築，依山傍江，開勢明遠，憑墉藉阻，高觀枕流。對岸則入沔津，故城以夏口爲名，亦沙羨縣治也。一清案，齊書州郡志：郢州，鎮夏口，舊要害也。吴置督將爲魯口屯，對魯山岸，因爲名也。程普傳：領江夏太守，治沙羨。此吴置郡立屯之始。又方輿紀要卷七十六：武昌縣西五十里有梅城，居平川中，相傳黄武中所築，西二十里有仔城，皆廢。」

〔三〕潘眉曰：「宋書厤志云：光和中，穀城門候劉洪始悟四分於天疏闊，更以五百八十九爲紀法，百四十五爲斗分，造乾象法，又制遲疾厤法，以步月行，方於太初、四分，轉精微矣。（魏太史丞韓翊以爲乾象厤減斗分太過，後當先天。）吴中書令闞澤受劉洪乾象法於東萊徐岳，故孫吴用乾象厤，至於吴亡。」

〔四〕毛本「盛」作「成」，「戌」作「戊」，「祖」作「祀」，均誤。

〔五〕朱桓傳「彫」作「雕」。

〔六〕胡三省曰：「油船，蓋以牛皮爲之，外施油以扞水。」

〔七〕濡須見前黄武元年，中州，朱桓傳作中洲。中洲者，朱桓部曲妻子所在地，見桓傳。

〔八〕詳見朱桓傳。桓傳事在黄武元年。

〔九〕鄭蘇年曰：「後書權聞魏文帝崩，征江夏，圍石陽，不克而還。但用帶敘之筆，未必非承祚微旨所在。或謂因春秋赴告則書之例，不以此爲重輕，恐未必然。」劉咸炘曰：「或説是，鄭説鑿。」

〔一〇〕洪飴孫曰：「立信都尉一人，吴所置。」

〔一一〕范書馮異傳：「異字公孫，潁川父城人。」爲光武佐命功臣。

〔一二〕林國贊曰：「先主、鄧芝傳及權傳：權自敗先主猇亭，隨即請和。先主崩，蜀遣鄧芝來聘，遂絶魏。不得弔喪後復有使魏事。」弼按：孫權譎詐，三國觀釁，不得謂再無使魏之事。

〔一三〕江關，今四川夔州府奉節縣東，見魏志文紀黄初三年。

〔一四〕摩陂，今河南汝州郟縣東南，見魏志武紀建安二十四年。

〔一五〕官本考證曰：「御覽自刺下多中乳房三字。」

〔一六〕周壽昌曰：「吴志未爲馮熙立傳，並未載其事，僅見松之此注中。昔吴初丞相孫邵，史無其傳，虞喜聞劉升叔云，與張惠恕不能。後韋氏作史，蓋惠恕之黨，故不見書。韋即韋曜也。然則馮熙無傳，豈亦無援於承祚乎？」弼按：周説非是。國志之有傳者，豈皆有援於承祚乎！

〔一七〕曲阿見孫策傳。

〔一八〕蘄春見前建安十八年。胡三省曰：「蘄春縣，漢屬江夏郡，吴分立蘄春郡，即蘄陽也。東晉避諱，改焉。水經：蘄水出江夏蘄春縣北山。注云：即蘄山也。西南流逕蘄山，又南對蘄陽，會于大江，亦謂之蘄河口。」錢大昕曰：「宋書州郡志：吴立蘄春郡，尋陽縣屬焉。據此志，則蘄春郡蓋魏所置，而吴因之耳。宋志：晉太康元年，省蘄春郡，以尋陽屬武昌，改蘄春之安豐爲高陽，及邾縣皆屬武昌。然則吴之蘄春郡，領蘄春、尋陽、安豐、邾四縣也。」洪亮吉曰：「吴志：建安十八年，自廬江、九江、蘄春、廣陵户十餘萬皆東渡江，江西遂虚。蘄春之名，始見於此。是吴於此年前分廬江置此郡也。」

〔一九〕互見賀齊、胡綜傳。

〔二〇〕宋本「十一月」上有「冬」字。

〔一一〕李清植曰：「後主傳云，遣尚書郎鄧芝固好於吴。芝本傳於時芝正入爲尚書，此作中郎將，蓋異國紀録之誤，而編史者因之。」

〔一二〕周壽昌曰：「御覽布帛部引環氏吴紀：蜀遣使獻重錦千端。觀注引吴歷，大約即此一事。」

三年夏，遣輔義中郎將張温聘于蜀。〔一〕秋八月，赦死罪。九月，魏文帝出廣陵，〔二〕望大江曰：「彼有人焉，未可圖也！」乃還。〔三〕

干寶晉紀曰：魏文帝之在廣陵，吴人大駭，〔四〕乃臨江爲疑城，自石頭至于江乘，〔五〕車以木楨，衣以葦席，加采飾焉，一夕而成。〔六〕魏人自江西望，甚憚之，遂退軍。權令趙達算之，曰：〔七〕「曹丕走矣。雖然，吴衰庚子歲。」權曰：「幾何？」達屈指而計之，曰：「五十八年。」〔八〕權曰：「今日之憂，不暇及遠，此子孫事也。」〔九〕

吴録曰：是歲，蜀主又遣鄧芝來聘，重結盟好。權謂芝曰：「山民作亂，江邊守兵多徹，慮曹丕乘空弄態，而反求和。議者以爲内有不暇，幸來求和，於我有利，宜當與通，以自辨定。恐西州不能明孤赤心，用致嫌疑。孤土地邊外，間隙萬端，而長江巨海，皆當防守。丕觀釁而動，〔一〇〕惟不見便；寧得忘此，復有他圖？」

〔一〕洪飴孫曰：「輔義中郎將一人，吴所置。」

〔二〕廣陵見孫策傳。

〔三〕梁章鉅曰：「此魏文第一次臨江，是黄武三年九月事，至四年冬，復至廣陵，臨江觀兵。」

〔四〕監本無「大」字，官本無「人」字，均誤。

〔五〕江乘見孫策傳。胡三省曰：「江乘縣屬丹陽郡，吴省爲典農都尉治，其地在建業東北。」

〔六〕通鑑：「吴安東將軍徐盛建計，植木衣葦爲疑城假樓，自石頭至于江乘，聯緜相接數百里，一夕而成。」胡三省曰：「植木於内，以蘆撥遮其外，爲疑城假樓，今淮甸諸郡城敵樓，皆以蘆撥遮護之。」

〔七〕趙達，後有傳。

〔八〕吴亡於庚子歲，自黄武三年至天紀四年，爲五十七年。

〔九〕孫權是時年四十三歲，何其言之無遠謀也。

〔一〇〕毛本「丕」作「不」，誤。

四年夏五月，丞相孫邵卒。〔一〕

吴録曰：邵字長緒，北海人。長八尺，爲孔融功曹。融稱曰：「廊廟才也。」〔二〕從劉繇於江東。〔三〕及權統事，數陳便宜，以爲應納貢聘，權即從之。拜廬江大守，遷車騎長史。黄武初爲丞相，威遠將軍，封陽羡侯。〔四〕張温、暨豔奏其事，邵辭位請罪，權釋令復職，年三十六卒。

志林曰：吴之創基，邵爲首相，史無其傳，竊嘗怪之。嘗問劉聲叔，〔五〕聲叔，博物君子也，云：「推其名位，自應立傳。項峻、吴孚時已有注記，〔六〕此云與張惠恕不能。〔七〕後韋氏作史，蓋惠恕之黨，故不見書。」

六月，以太常顧雍爲丞相。〔八〕

吴書曰：以尚書令陳化爲太常。化字元耀，汝南人。博覽衆書，氣幹剛毅，長七尺九寸，〔九〕雅有威容。爲郎中令使魏，〔一〇〕魏文帝因酒酣，嘲問曰：「吴、魏峙立，誰將平一海内者乎？」化對曰：「易稱帝出乎震，加聞先哲知命，舊説紫蓋黄旗，運在東南。」〔一一〕帝曰：「昔文王以西伯王天下，豈復在東乎？」化曰：「周之初基，太伯在東，是以文王能興於西。」帝笑，無以難；心奇其辭，使畢當還，禮送甚厚。〔一二〕權以化奉命光國，拜犍爲太守，〔一三〕置官屬。頃之，遷太常，兼尚書令。正色立朝，勸子弟〔一四〕廢田業，絶治産，仰官廩禄，不與百姓争利。妻早亡，化以古事爲鑒，乃不復娶。權聞而貴之，以其年壯，敕宗正妻以宗室女，化固辭以疾，權不違其志。年出七十，乃上疏乞骸骨，遂爰居章安，〔一五〕卒於家。長子燭，字公熙，少有志操，能計算。衛將軍全琮表稱燭任大將軍，〔一六〕赴召，道卒。

皖口言木連理。〔一七〕冬十二月，鄱陽賊彭綺自稱將軍，攻没諸縣，衆數萬人。〔一八〕是歲，地連震。〔一九〕

吴録曰：是冬，魏文帝至廣陵，臨江觀兵，兵有十餘萬，旌旗彌數百里，有渡江之志。〔二〇〕權嚴設固守。時大寒冰，舟不得入江。帝見波濤洶涌，歎曰：「嗟乎！固天所以隔南北也！」〔二一〕遂歸。孫韶又遣將高壽等率敢死之士五百人於徑路夜要之，帝大驚，壽等獲副車羽蓋以還。

〔一〕錢大昭曰：「自孫邵至濮陽興，皆爲丞相。至寶鼎元年，以陸凱爲左丞相，常侍萬彧爲右丞相，始分爲左右兩丞相矣。」洪飴孫曰：「建衡中復舊。」

〔二〕或曰：「孫邵獲器於文舉，顧雍見歎於伯喈，相繼爲開吴宰輔。」

〔三〕毛本「江東」作「酒來」，誤。

〔四〕陽羨見卷首。

〔五〕毛本「問」作「倚」，誤。

〔六〕趙一清曰：「吴當作丁，二人亦見薛瑩傳，丁孚又見齊書禮志。又隋書經籍志：始學十二卷，吴項中、項峻撰。」

〔七〕張温字惠恕，或曰：「云」疑作「公」。

〔八〕百寮舉張昭爲丞相，孫權不從，見昭傳。

〔九〕毛本「尺」作「八」，誤。

〔一〇〕此即本傳所謂猶與魏文帝相往來也。

〔一一〕趙一清曰：「宋書符瑞志：漢世術士言黄旗紫蓋，見於斗牛之閒，江東有天子氣。寰宇記卷九十：司馬德操與劉嗣恭書曰，黄旗紫蓋，恒見東南，終能成天下之功者，揚州之君子乎！謂斗牛之閒，恒有此氣。一清案，庾信哀江南賦作黄旗紫氣。」

〔一二〕連年交兵，而又使命往來，亦異事也。

〔一三〕犍爲郡見蜀志劉焉傳。趙一清曰：「此郡亦是遥領。」

〔一四〕宋本「勸」作「勑」。

〔一五〕郡國志：「揚州會稽郡章安。故治，閩越地，光武更名。」劉昭注引晉太康記曰：「本鄞縣南之迴浦鄉，章帝章和元年立，未詳。」宋書州郡志：「臨海太守本會稽東部都尉，前漢都尉治鄞，後漢分會稽爲吴郡，疑是都尉徙治章安也。孫亮太平二年立，領章安。」孫亮傳：「太平二年以會稽東部爲臨海郡，三年，封故齊王奮爲章安侯。」王先謙曰：「三國吴置臨海郡，以縣屬。」一統志：章安故城，今浙江台州府臨海縣東一百五十里章安市。章安互見孫奮傳。或曰：「爰者，爰居爰處之義邪？抑直取爰居避風之義邪？」弼按：鍾離牧傳：少爰居永興。

〔一六〕大將軍三字疑誤。

〔一七〕皖口今安徽安慶府懷寧縣西十五里，皖水入江之口。胡三省曰：「皖水自霍山縣東南流，三百四十里入大江，謂之皖口。」一統志：「皖水今名長河，源出潛山縣西北天堂山，東南流至縣東三里，會潛水；又南至石牌，與太湖諸水合。又南逕懷寧縣西十五里入江，即皖口也。」互見諸葛恪傳。

〔一八〕魏志劉放傳注引孫資别傳曰：「時吴人彭綺又舉義江南，議者以爲因此伐之，必有所克。資曰：鄱陽宗人前後數有舉義者，衆弱謀淺，旋輒乖散，以此推綺，懼未能爲權腹心大疾也。綺果尋敗亡。」

〔一九〕趙一清曰：「晉書五行志：黄武四年，江東地連震，是時權受魏爵命，爲大將軍、吴王，改元專制，不修臣節。」

〔二〇〕趙一清曰：「方輿紀要卷二十三：初，自廣陵揚子鎮濟江，江面闊相拒四十餘里；唐立伊婁埭，江闊猶二十餘里；宋時瓜州渡口猶十八里；今瓜州渡至京口不過七八里。又紀要卷二十：宋嘉定五年，建康守臣王度言府境北據大江，是爲天險。上自采石，下達瓜步，千有餘里，共置六渡，一曰烈山渡，二曰南(渡浦)〔浦渡〕，三曰龍灣渡，四曰東陽渡，五曰丈城渡，六曰岡沙渡。」

〔二一〕通鑑「隔」作「限」。

五年春，令曰：「軍興日久，民離農畔，父子夫婦，不能相卹，孤甚愍之。今北虜縮竄，方外無事，其下州郡，有以寬息。」〔一〕是時，陸遜以所在少穀，表令諸將增廣農畝。權報曰：「甚善。今孤父子親自受田，車中八牛以爲四耦，〔二〕雖未及古人，亦欲與衆均等其勞也。」秋七月，權聞魏文帝崩，征江夏，圍石陽，〔三〕不克而還。蒼梧言鳳皇見。〔四〕分三郡惡地十縣置東安郡。〔五〕

吴録曰：郡治富春也。〔六〕

以全琮爲太守，平討山越。冬十月，陸遜陳便宜，勸以施德緩刑，寬賦息調。又云：「忠讜之言，〔七〕不能極陳，〔八〕求容小臣，數以利聞。」權報曰：「夫法令之設，欲以遏惡防邪，儆戒未然也，焉得不有刑罰，以威小人乎！此爲先令後誅，不欲使有犯者耳。君以爲太重者，孤亦何利其然，但不得已而爲之耳。今承來意，當重諮謀，務從其可。且近臣有盡規之諫，親戚有補察之箴，所以匡君正主、明忠信也。書載『予違汝弼，汝無面從』。孤豈不樂忠言，以自裨補邪？而云不敢極陳，何得爲忠讜哉！若小臣之中，有可納用者，寧得以人廢言，而不採擇乎？假若諂媚取容，〔九〕雖闇亦所明識也。至於發調者，徒以天下未定，事以衆濟。若徒守江東，修崇寬政，兵自足用，復用多爲？顧坐自守可陋耳。若不豫調，恐臨時未可便用也。又孤與君分義特異，榮戚實同。來表云不敢隨衆容身苟免，此實甘心所望於君也。」〔一〇〕於是令有司盡寫科條，〔一一〕使郎中褚逢齎以就遜及諸葛瑾，意所不安，令損益之。〔一二〕是歲，分交州置廣州，〔一三〕俄復舊。〔一四〕

江表傳曰：權於武昌新裝大船，名爲長安，試泛之釣臺圻。〔一五〕時風大盛，谷利令柂工取樊口。權曰：「當張頭取羅州。」〔一六〕利拔刀向柂工曰：「不取樊口者斬。」工即轉柂入樊口，風遂猛不可行，乃還。權曰：「阿利畏水何怯也？」利跪曰：「大王萬乘之主，輕於不測之淵，戲於猛浪之中，船樓裝高，邂逅顛危，柰社稷何！是以利輒敢以死爭。」權於是貴重之，自此後不復名之，常呼曰谷。〔一七〕

〔一〕趙一清曰：「刀劍録：黃武五年，採武昌銅鐵作千口劍、萬口刀，各長三尺九寸。刀頭方，皆是南銅越炭作之，文曰大吳，小篆書。中華古今注曰：吳大帝有寶刀三、寶劍六。一曰白蛇、二曰紫電、三曰辟邪、四曰奔星、五曰青冥、六曰百里。刀一曰百鍊、二曰青犢、三曰漏景。又寰宇記卷百五十七引南越志云趙佗之墓，黃武五年孫權使交阯治中從事吕瑜訪鑿佗墓，功費彌多，卒不能得。掘嬰齊墓，即佗之子，得珠襦玉匣之具、金印三十六、一皇帝信璽、一皇帝行璽，餘文天子也。又得印三紐、銅劍三枚，並爛若龍文，其一刻曰純鉤、二曰干將、三曰莫邪，皆雜玉爲匣。水經泿水注引王範交廣春秋曰：南越王趙佗之葬也，因山爲墳，其壟塋可謂奢大，葬積珍玩。吳時遣使發掘其墓，求索棺柩，鑿山破石，費日損力，卒無所獲。一清案，此殆與發丘中郎、摸金校尉同其酷暴也。」

〔二〕胡三省曰：「耒廣五寸爲伐，二伐爲耦，漢制。后稷始甽田，以二耜爲耦。注云並兩耜而耕也。」趙一清曰：「宋書禮志：犢車，駢車之流也。孫權云車中八牛，即犢車也。」

〔三〕石陽今湖北德安府應城縣東南，詳見魏志文聘傳，胡三省以石陽爲沔陽，誤；趙一清以石陽屬廬陵郡，亦誤。

〔四〕馮本「蒼」作「倉」，誤。蒼梧縣治廣信，今廣西梧州府蒼梧縣治，見魏志陶謙傳。

〔五〕全琮傳：「丹陽、吳、會山民復爲寇賊，攻没屬縣。權分三郡險地爲東安郡。」胡三省曰：「吳、會，吳郡、會稽也；三郡，豫章、丹陽、新都也。或曰：三郡丹陽、吳、會稽也。」弼按：豫章、丹陽、新都三郡，相距太遠，以丹陽、吳郡、會稽三郡爲是。何焯曰：「三郡上不著丹陽、吳、會稽，疑是脱文。」趙一清曰：「方輿紀要卷九十：東安城在杭州富陽縣北十八里，郡守全琮築城。一清案，十縣之名不可攷。宋書州郡志以吳郡之新城爲吳立，又建德、桐廬、壽昌三縣，皆是吳分富春立，疑皆屬東安，後罷郡，以縣屬吳也。」錢大昕曰：「水經注：黄武四年，孫權以富春爲東安郡，分置諸縣。沈約州郡志亦云，黄武四年，以富春爲東安郡，與此相差一歲。蓋分郡之議在四年，以全琮爲守在五年也。」郡治富春縣，其九縣無考。太平寰宇記建德、桐廬二縣，俱黄武四年分富春置，當是東安屬縣也。」

〔六〕富春見孫堅傳。何焯曰：「北宋本無也字。」

〔七〕胡三省曰：「讜，音黨，善言也。」

〔八〕錢大昭曰：「不能疑是不敢，尋下文自見。」

〔九〕宋本「假若」作「但」。

〔一〇〕何焯曰：「魏方大喪，未能議遠，故勸及時息民，以固基本。而權詞已有猜焉，所以末年自用益甚。」

〔一一〕嘉禾三年，孫登表定科令，見登傳。五年，設盜鑄之科，六年，定長吏奔喪科，文見本傳。胡琮傳：「初以內外多事，特立科。綜議吏遭喪宜定科文，遂用綜言。」此吳科之有明文者。

〔一二〕赤烏四年，孫登臨終上疏云：「可令諸葛瑾等陳上便宜，蠲除煩苛。」見登傳。

〔一三〕士燮傳：「燮黄武五年卒。權以交趾縣遠，乃分合浦以北爲廣州，吕岱爲刺史；交趾以南爲交州，戴良爲刺史。」吕岱傳：「岱表分海南三郡爲交州，以將軍戴良爲刺史；海東四郡爲廣州，岱自爲刺史。」晉書地理志：「吴黄武五年，分交州之南海、蒼梧、鬱林、高梁四郡立爲廣州，俄復舊。永安六年，復分交州置廣州。」胡三省曰：「海南三郡，交趾、九真、日南也；海東四郡，蒼梧、南海、鬱林、合浦也。」趙一清曰：「方輿紀要卷百：孫吴廣州治番禺，交州還治龍編。」

〔一四〕是歲，諸葛瑾等圍襄陽，司馬懿擊破之。見魏志明紀卷首。

〔一五〕宋本「圻」作「沂」。趙一清曰：「當作圻。奚囊橘柚曰：孫權命工人滿芳造船，夜夢一老父謂曰：船將下參第楫徼，（楫之下水處。）更殺其角柁福。（柁離水處曰福。）宜更殺其頓，（福上曲處曰頓。）則日行千里矣。言畢，化赤龍飛去。如法，果然。中華古今注：孫權時，號舸爲赤龍，小船爲馳馬，言如龍之飛於天，馬之走陸地也。吴都賦：弘舸連軸，巨檻接艫，飛雲蓋海，制非常模。劉淵林云：飛雲蓋海，吴樓船之有名者。李善云：江表傳：孫權乘飛雲大船。張銑云：飛雲船上樓名。方輿紀要卷七十六：釣臺在武昌縣北門外大江中，大江回曲處在樊口者曰大回，在釣臺下者曰小回。唐元結歌：叢石横大江。又云：是釣臺水石相衝擊，此中爲小回。是也。」

〔一六〕水經江水注：「鄂城南對蘆洲，舊吴時築客舍於洲上，方便唯所止焉，亦謂之羅洲矣。」

〔一七〕谷利事見前建安二十年注引江表傳。趙一清曰：「寰宇記卷百十二：敗舶灣在武昌縣西北，水路七里。武昌記：權與羣臣泛船中流值風，至樊口十餘里便敗，因名敗舶灣。水經注江水：樊口之北有灣，昔孫權裝大船，名之曰長安，亦曰大舶，載坐直之士三千人，與羣臣泛舟江津。屬值風起，權欲西取蘆洲，谷利不從，令取樊口薄舶，船至岸而敗，故名其處爲敗舶灣。因鑿樊山爲路以上，人即名其處爲吴造峴，在樊口上一里，今厥處尚存。」

六年〔一〕春正月，諸將獲彭綺。〔二〕閏月，韓當子綜〔三〕以其衆降魏。〔四〕

〔一〕是年爲魏太和元年，蜀建興五年。

〔二〕周魴生禽綺，見魴傳。趙一清曰：「水經漸江水注：萬善歷曰，吴黄武六年獲彭綺。是歲，由拳西鄉有産兒墮地便能語，云：天方明，河欲清，鼎脚折，金乃生。因是詔爲語兒鄉。非也。禦兒之名遠矣，蓋無智之徒，因藉地名生情穿鑿耳。國語曰：句踐之地，北至禦兒。是也。安得引黄武證地哉！」

〔三〕綜，宋本作琮，誤。

〔四〕綜降魏事，見韓當傳。韓菼曰：「晉宗、彭綺、韓綜、翟丹，叛者凡四，宜伯言以緩刑請也。」

七年春三月，封子慮爲建昌侯，〔一〕罷東安郡。夏五月，鄱陽太守周魴僞叛，誘魏將曹休。〔二〕秋八月，權至皖口，〔三〕使將軍陸遜督諸將大破休於石亭。〔四〕大司馬吕範卒。是歲，改合浦爲珠官郡。〔五〕

江表傳曰：是歲，將軍翟丹叛如魏。權恐諸將畏罪而亡，〔六〕乃下令曰：「自今諸將有重罪三，然後議。」〔七〕

〔一〕郡國志：「揚州豫章郡建昌。」一統志：「故城今江西南昌府奉新縣西。」互見太史慈傳。

〔二〕詳見周魴傳。

〔三〕皖口見前黄武四年。

〔四〕石亭在今安徽省安慶府潛山縣東北，見魏志明紀太和二年。是時，曹休向皖，司馬懿向江陵，賈逵向東關，三道俱進，而休大敗。見陸遜傳。

〔五〕合浦郡治合浦，今廣東廉州府合浦縣東北，見魏志陳留王紀咸熙元年。趙一清曰：「宋書州郡志：合浦太守，漢武帝立。孫權黄武七年，更名珠官，孫亮復舊。朱官長，吴立，朱作珠；朱盧長，吴立。一清案，續郡國志：合浦郡五城，合浦、徐聞、高涼、臨允、朱崖。劉昭注：建安二十五年，孫權立高涼郡。晉書地理志高涼屬高涼郡，蓋仍吴之舊；臨允屬蒼梧郡，疑亦吴所更。合浦郡領縣六，有南平、毒質，宋志無，其建置處所不詳也。方輿紀要卷一百五瓊州府東南有瑇瑁廢縣，豈即晉之毒質乎？又紀要一百四：珠母海在廉州府東南八十里巨海中，中有七珠池，曰青鶯、曰楊梅、曰烏泥、曰白沙、曰平江、曰斷望、曰海渚。後爲五池，其東爲斷望、對達二池，無珠；西爲平江、楊梅、青鶯三池，有大蚌，剖而有珠。今止以三池名，所謂合浦珠也。」

〔六〕馮本「亡」作「去」。

〔七〕毛本「令」作「令」，誤。

黄龍元年〔一〕春，公卿百司皆勸權正尊號。夏四月，夏口、武昌並言黄龍、鳳皇見。〔二〕丙申，南郊，即皇帝位。〔三〕

吴録載權告天文曰：〔四〕「皇帝臣權敢用玄牡昭告于皇皇后帝：漢享國二十有四世，歷年四百三十有四，〔五〕行氣數終，祿祚運盡，普天弛絶，率土分崩。孽臣曹丕，遂奪神器；丕子叡，繼世作慝，淫名亂制。權生於東南，遭值期運，承乾秉戎，志在平世，奉辭行罰，舉足爲民。羣臣將相、州郡百城、執事之人，咸以爲天意已去於漢，漢氏已絶祀於天，〔六〕皇帝位虚，郊祀無主。休徵嘉瑞，前後雜沓，歷數在躬，不得不受；權畏天命，不敢不從。謹擇元日，登壇燎祭，即皇帝位。惟爾有神饗之，左右有吴，永終天祿。」〔七〕

是日，大赦，改年。追尊父破虜將軍堅爲武烈皇帝，母吴氏爲武烈皇后，兄討逆將軍策爲長沙桓王。吳王太子登爲皇太子。將吏皆進爵加賞。初，興平中，吳中童謠曰：「黃金車，班蘭耳，闓昌門，〔八〕出天子。」

昌門，吳西郭門，夫差所作。〔九〕

五月，使校尉張剛、管篤之遼東。六月，蜀遣衛尉陳震慶權踐位。權乃參分天下：〔一〇〕豫、青、徐、幽屬吳，兗、冀、并、涼屬蜀。其司州之土，以函谷關爲界，〔一一〕造爲盟曰：「天降喪亂，皇綱失敘，逆臣乘釁，劫奪國柄，始於董卓，終於曹操，窮凶極惡，以覆四海，至令九州幅裂，普天無統，民神痛怨，靡所戾止。及操子丕，〔一二〕桀逆遺醜，荐作姦回，偷取天位。而叡么麼，〔一三〕尋丕凶蹟，阻兵盜土，未伏厥誅。昔共工亂象而高辛行師，〔一四〕三苗干度而虞舜征焉。〔一五〕今日滅叡，禽其徒黨，非漢與吳，將復誰任？〔一六〕夫討惡翦暴，必聲其罪，宜先分裂奪其土地，使士民之心，各知所歸。是以春秋晉侯伐衛，先分其田，以畀宋人，斯其義也。〔一七〕且古建大事，必先盟誓，故周禮有司盟之官，〔一八〕尚書有告誓之文，漢之與吳，雖信由中，然分土裂境，宜有盟約。諸葛丞相德威遠著，翼戴本國，典戎在外，信感陰陽，誠動天地，重復結盟，廣誠約誓，使東西士民，咸共聞知。〔一九〕故立壇殺牲，昭告神明，再歃加書，副之天府。天高聽下，靈威棐諶，司慎司盟，羣臣羣祀，〔二〇〕莫不臨之。自今日漢、吳既盟之後，戮力一心，同討魏賊，救危恤患，分災共慶，好惡齊之，無或攜貳。若有害漢，則吳伐之；若有害吳，則漢伐之。各守分土，無相侵犯；傳之後葉，克終若始。凡百之約，皆如載書。信言不豔，〔二一〕

實居于好。有渝此盟，創禍先亂，違貳不協，慆慢天命，明神上帝，是討是督；山川百神，是糾是殛；俾墜其師，無克祚國。于爾大神，其明鑒之！」秋九月，權遷都建業，因故府不改館。〔一二〕徵上大將軍陸遜輔太子登，掌武昌留事。〔一三〕

〔一〕是年，魏太和三年，蜀建興七年，權年四十八歲。

〔二〕胡綜傳：「黄武八年夏，黄龍見（舉）〔夏〕口，於是權稱尊號，因瑞改元。」

〔三〕趙一清曰：「水經江水注：武昌城西有郊壇，權告天即位於此。又武昌紀曰：樊口南有大姥廟，孫權嘗獵樊山下，依夕見一姥，問權獵何所得？曰：正得一豹。姥曰：何不豎豹尾？忽然不見。權事應在此，故爲立廟也。鼎録曰：權爲姥立廟，并作一鼎，文曰豹尾鼎。又方輿紀要卷八十一：道州江華縣南吴望山，舊名秦山，孫權未建號時，山忽開洞穴，石有文采，權以爲瑞。」

〔四〕胡綜傳：「自權統事，文告册命，鄰國書符，皆綜所造。」

〔五〕宋書禮志載此文，無「有四」二字。

〔六〕宋志無「祀」字。

〔七〕宋志作「永綏天極」。

〔八〕宋書符瑞志「闓」作「開」。

〔九〕趙一清曰：「寰宇記卷九十一：閶闔門，吴城西門也。以天門通閶闔，故名之。又郡國志云：吴由此伐楚國，改爲破楚門。」

〔一〇〕潘眉曰：「參分者，參酌以分天下，與世所稱三分異，蜀志謂之交分天下也。自是以後，蜀徙魯王永爲甘陵王，梁王理爲安平王，以魯、梁在吴分界故也。吴亦解步騭冀州牧職，又解朱然兗州牧職，以冀、兗在蜀分界故也。其實魯、梁、冀、兗當時皆是魏地也。」

〔一一〕胡三省詳釋司州，見蜀志陳震傳。

〔一二〕局本誤作「及丕子操」。

〔一三〕毛本「厶」作「ム」。

〔一四〕賈逵注：「共工侵陵諸侯，與高辛爭王，遂爲高辛所滅。」

〔一五〕尚書舜典：「竄三苗于三危。」孔傳云：「三苗，國名，縉雲氏之後。爲諸侯，號饕餮。三危，西裔。」

〔一六〕宋本、毛本「任」作「在」。

〔一七〕事見左傳僖公二十八年。

〔一八〕周禮秋官司盟「掌盟載之法」。鄭注云：「載盟辭也。盟者，書其辭於策，殺牲取血，坎其牲，加書於上而埋之，謂之載書。」

〔一九〕李光地曰：「吳人既喜諸葛之來賀，又知其信足倚，揚之如此。」何焯曰：「讀其載書，不惟先歃者漢，而主是盟者惟丞相，盛德之所及遠哉！或曰：此胡綜之詞，推諸葛若此，張溫一表，又足罪乎！」

〔二〇〕宋本「臣」作「神」。

〔二一〕周壽昌曰：「不豔，言不爲浮美之辭也。」

〔二二〕趙一清曰：「此即長沙桓王故府，太康地記所稱太和宮也。」

〔二三〕胡三省曰：「吳於大將軍之上，復置上大將軍。」

二年春正月，魏作合肥新城。〔一〕詔立都講祭酒，以教學諸子。遣將軍衞溫、諸葛直將甲士萬人，浮海求夷洲及亶洲。〔二〕亶洲在海中，長老傳言，秦始皇帝遣方士徐福將童男童女數千人入海，求蓬萊神山〔三〕及仙藥，止此洲不還。世相承有數萬家，其上人民時有至會稽貨布，會稽東縣人海行，〔四〕亦有遭風流移至亶洲者。所在絕遠，卒不可得至，但得夷洲數千人還。〔五〕

〔一〕合肥新城今安徽合肥縣西北三十里，見魏志明紀青龍二年及滿寵傳。是年，吴築東興隄，見諸葛恪傳。林國贊曰：「魏作合肥新城，書於吴主傳，魏明紀一字不及，殊非史法。吴黄龍二年，即魏太和四年，據滿寵傳，合肥新城作於青龍元年，爾時猶未作也。即年數覈之，已有差舛，不惟撰述非體。」

〔二〕潘眉曰：「亶洲，後漢書東夷傳作澶洲，澶、亶同字也。韓昌黎送鄭尚書序夷、亶之州，亦作亶，不從水旁。夷洲、亶洲，並國名。」

〔三〕毛本「山」作「仙」。

〔四〕錢大昭曰：「東縣當作東冶，見魏志王朗傳。」

〔五〕後漢書東夷傳：「會稽海外有夷洲及亶洲，傳言秦始皇遣方士徐福將童男女數千人，入海求蓬萊神仙不得，徐福畏誅，不敢還，遂止此洲，世世相承，有數萬家。人民時至會稽市。會稽東冶縣人有入海行，遭風流移至澶洲者。所在絕遠，不可往來。」沈瑩臨海水土志曰：「夷洲在臨海東南，去郡二千里，土地無霜雪，草木不死，四面是山谿，人皆髡髮穿耳，女人不穿耳。土地饒沃，既生五穀，又多魚肉。有犬，尾短如麕尾狀。此夷舅姑、子婦臥息共一大牀，略不相避。地有銅鐵，唯用鹿格爲矛，以戰鬭；摩礪青石，以作弓矢。取生魚肉，雜貯大瓦器，以鹽鹵之，歷月餘日，乃啖食之，以爲上肴也。」胡三省曰：「今人相傳倭人，即徐福止王之地。其國中至今廟祀徐福。」弼按：陸遜傳云：權征夷洲，得不補失。

三年春二月，遣太常潘濬率衆五萬，討武陵蠻夷。〔一〕衛温、諸葛直皆以違詔無功，下獄誅。〔二〕夏，有野蠶成繭，大如卵；由拳野稻自生，改爲禾興縣。〔三〕中郎將孫布詐降，以誘魏將王淩，淩以軍迎布。冬十月，權以大兵潛伏於阜陵俟之，〔四〕淩覺而走。〔五〕會稽南始平言嘉禾生。〔六〕十二月丁卯，大赦，改明年元也。

〔一〕馮本「陵」作「靈」，誤。武陵蠻夷見蜀志先主傳章武元年。

〔二〕陸遜傳：「權欲遣偏師取夷洲及珠崖，遜上疏諫，不從。權遂征夷洲，得不補失。」全琮傳：「權將圍珠崖及夷洲，琮言不可，權不聽。軍行經歲，士衆疾疫，死者十有八九。權深悔之。」或曰：「求之於無益，悖矣，因而妄殺，其惡尚可言哉！」

〔三〕由拳見孫策傳，今浙江嘉興府嘉興縣南五里，赤烏五年改嘉興。

〔四〕阜陵，今安徽滁州全椒縣東十五里，見魏志袁渙傳。胡三省曰：「阜陵縣，漢屬九江郡，魏改九江爲淮南郡。晉志曰：阜陵縣，漢明帝時淪爲麻湖，麻湖在今和州歷陽縣西三十里。杜佑曰：漢阜陵縣在滁州全椒縣南。」

〔五〕事見魏志滿寵傳。

〔六〕元和志：「南始平，吳分章安立。」寰宇記：「吳初置，屬會稽。」輿地廣記：「吳屬臨海。」方輿紀要：「今浙江台州府天台縣治。本漢章安，吳析置南始平。或曰，後漢興平四年，孫氏析置也。」互見虞翻傳注引會稽典録始平注。

嘉禾元年〔一〕春正月，建昌侯慮卒。〔二〕三月，遣將軍周賀、校尉裴潛〔三〕乘海之遼東。秋九月，魏將田豫要擊，斬賀于成山。〔四〕冬十月，魏遼東太守公孫淵遣校尉宿舒、〔五〕郎中令孫綜〔六〕稱藩于權，〔七〕并獻貂馬。權大悦，加淵爵位。〔八〕

江表傳曰：是冬，羣臣以權未郊祀，奏議曰：「頃者嘉瑞屢臻，〔九〕遠國慕義，天意人事，前後備集，宜修郊祀，以承天意。」〔一〇〕權曰：「郊祀當於土中，今非其所，於何施此？」重奏曰：「普天之下，莫非王土；王者以天下爲家。昔周文、武郊於酆、鎬，非必土中。」權曰：「武王伐紂，即祚于鎬京，而郊其所也。文王未爲天子，立郊於酆，見何經典？」復書曰：〔一一〕「伏見漢書郊祀志，匡衡奏徙甘泉河東，郊於長安，〔一二〕言文王郊於酆。」〔一三〕權曰：「文王德性謙讓，〔一四〕處諸侯之位，明未郊也。經傳無明文，匡衡俗儒意説，非典籍正義，不可用也。」〔一五〕

志林曰：吴王糾駁郊祀之奏，追貶匡衡，謂之俗儒。凡在見者，莫不慨然以爲統盡物理，達於事宜。至於稽之典籍，乃更不通。毛氏之説云：「堯見天因邰而生后稷，故國之於邰，命便事天。」〔一六〕故詩曰：「后稷肇祀，庶無罪悔，以迄于今。」〔一七〕言自后稷以來，皆得祭天，猶魯人郊祀也。是以棫樸之作，有積燎之薪。〔一八〕文王郊酆，經有明文，匡衡豈俗而枉之哉？文王雖未爲天子，然三分天下而有其二，伐崇戡黎，祖伊奔告，〔一九〕天既棄殷，乃眷西顧，太伯三讓，以有天下；文王爲王，於義何疑？〔二〇〕然則匡衡之奏，有所未盡。按世宗立甘泉、汾陰之祠，皆出方士之言，非據經典者也。方士以甘泉、汾陰，黄帝祭天地之處，故孝武因之，遂立二時。漢治長安，而甘泉在北，謂就乾位，而衡云武帝居甘泉，祭於南宫，此既誤矣。祭汾陰在水之脽，呼爲澤中，而衡云東之少陽，失其本意。此自吴事，於傳無非，恨無辨正之辭，故矯之云。脽，音誰，見漢書音義。〔二一〕

〔一〕魏太和六年，蜀建興十年。是時，孫權年五十一歲。趙一清曰：「御覽卷百七十六引金陵地記：嘉禾元年，於桂林落星山起重樓，名曰落星樓。吴都賦：數軍實於桂林之苑，饗戎旅乎落星之樓。注云：吴有桂林苑、落星樓，樓在建業東北十里。」

〔二〕慮，太子登之弟，年二十。

〔三〕時有兩裴潛。

〔四〕成山，今山東登州府文登縣東北百五十里，見魏志田豫傳。

〔五〕胡三省曰：「姓譜：宿本風姓，伏羲之後，封於宿。風俗通：漢有鴈門太守宿詳。」

〔六〕宋本、毛本「郎」作「閬」，誤。胡三省曰：「晉志王國置郎中令，淵未封王，僭置之也。」潘眉曰：「遼東無閬中，公孫淵傳注作郎中令。」

〔七〕公孫淵表權，見魏志公孫淵傳注引吳書。

〔八〕是年，陸遜引兵向廬江，見魏志滿寵傳。

〔九〕馮本「臻」作「徵」。

〔一〇〕林國贊曰：「本傳權於黃龍元年南郊，繼此即循例舉行，不復更書，直至權卒前一年，復因寢疾一書，是前此四年，權已舉行南郊，注誤。」弼按：權不修郊祀，宋書禮志、五行志可證，林說誤，裴注不誤。

〔一一〕宋本作「復奏曰」。

〔一二〕宋本作「匡衡奏從甘泉河東，郊於酆」，誤。

〔一三〕漢書郊祀志：成帝初即位，丞相衡奏言：「昔者周文、武郊於豐、鄗，成王郊於雒邑。由此觀之，天隨王者所居而饗之，可見也。甘泉泰畤、河東后土之祠，宜可徙置長安。」

〔一四〕宋本無「德」字，誤。

〔一五〕趙一清曰：「宋書五行志：權稱帝三十年，竟不於建業創七廟，但有父堅一廟，遠在長沙，而郊禋禮闕。嘉禾初，羣臣奏宜郊祀，又弗許。末年雖一南郊，而北郊遂無聞焉。且三江、五湖、衡霍、會稽，皆吳、楚之望，亦不見秩，反禮羅陽妖神，以求福助。禮志：何承天云：權建號繼天，而郊享有闕，固非也。末年雖一南郊，而遂無北郊之禮。

環氏吴紀：「權思崇嚴父配天之義，追上父堅尊號爲始祖。如此説，則權末年所郊，堅配天也。權卒後，三嗣主終吴世不郊祀，則權不享配帝之禮矣。」何焯曰：「仲謀既自擅尊號，以天子臨其臣民，而不修郊祀，是子不事父，野哉。」

〔一六〕宋本「便」作「使」，是；此誤。毛傳云：「邰，姜嫄之國也。堯見天因邰而生后稷，故國后稷於邰，命使事天，以顯神順天命耳。」

〔一七〕毛本「悔」作「侮」，誤。此大雅生民篇之辭。鄭箋云：「庶，衆也。后稷肇祀上帝於郊，而天下衆民咸得其所，無有罪過也。子孫蒙其福，以至於今，故推以配天焉。」

〔一八〕詩大雅：「芃芃棫樸，薪之槱之。」毛傳云：「芃芃，木盛貌。棫，白桵也；樸，枹木也；槱，積也。山木茂盛，萬民得而薪之。」鄭箋云：「白桵相樸屬而生者，枝條芃芃然，豫斫以爲薪，至祭皇天上帝及三辰，則聚積以燎之。」

〔一九〕詩大雅皇矣章「以伐崇墉」。毛傳云：「墉，城也。」鄭箋云：「崇侯虎倡紂爲無道，罪尤大也。」尚書：「西伯既戡黎，祖伊恐，奔告於王。」王肅云：「文王爲西伯，黎侯無道，文王伐而勝之。」

〔二〇〕張宗泰魯巖所學集云：「中庸追王太王、王季、文王，大傳追王太王亶父、王季歷、文王昌。謂文王及身而王，是並禮記未讀也。」

〔二一〕漢書武帝紀：「元鼎四年十一月，立后土祠于汾陰脽上。」蘇林曰：「脽音誰。」如淳曰：「脽者，河之東岸，特堆掘長四五里，廣一里餘，高十餘丈。汾陰縣治脽之上，后土祠在縣西，汾在脽之北，西流與河合。」師古曰：「二説皆是也。脽者，以其形高起如人尻脽，故以名云。一説此臨汾水之上，地本名鄈，音與葵同。彼鄉人呼葵音如誰，故轉而爲脽字耳。故漢舊儀云葵上。」錢大昭曰：「説文：鄈，河東臨汾地，即漢之所祭后土處。从邑，癸聲。鄈正字，脽借用字。漢舊儀又作葵，司馬貞云蓋河東呼誰與葵同耳。酈道元分鄈丘與脽爲二，失之。」顧千里曰：「吴大帝之論，自不可易。虞喜傅會經傳，强爲之説，此乃所謂俗儒也。」

二年〔一〕春正月，詔曰：「朕以不德，肇受元命，夙夜兢兢，不遑假寢。思平世難，救濟黎庶，上答神祇，下慰民望。是以眷眷，勤求俊傑，將與勠力，共定海內。苟在同心，與之偕老。今使持節督幽州領青州牧遼東太守燕王，久噌賊虜，〔二〕隔在一方，雖乃心於國，其路靡緣。今因天命，遠遣二使，款誠顯露，章表殷勤，朕之得此，何喜如之！雖湯遇伊尹，周獲呂望，世祖未定而得河右，方之今日，豈復是過？普天一統，於是定矣。書不云乎：『一人有慶，兆民賴之。』〔三〕其大赦天下，與之更始。〔四〕其明下州郡，咸使聞知。特下燕國，奉宣詔恩，令普天率土，備聞斯慶。」三月，遣舒、綜還，使太常張彌、執金吾許晏、將軍賀達等將兵萬人，金寶珍貨，九錫備物，乘海授淵。〔五〕

江表傳載權詔曰：「故魏使持節車騎將軍遼東太守平樂侯：〔六〕天地失序，皇極不建，元惡大憝，作害于民。海內分崩，羣生堙滅，雖周餘黎民，靡有孑遺，方今之日，亂有甚焉。朕受歷數，君臨萬國，夙夜戰戰，念在弭難，若涉淵水，罔知攸濟。是以把旄杖鉞，翦除凶虐，自東徂西，靡遑寧處。苟力所及，民無災害，雖賊虜遺種，未伏辜誅，猶繫囚枯木，待時而斃。惟將軍天姿特達，兼包文武，觀時覩變，審於去就，踰越險阻，顯致赤心，肇建大計，爲天下先，元勳巨績，侔於古人。雖昔竇融背棄隴右，卒占河西，〔七〕以定光武，〔八〕休名美實，豈復是過？欽嘉雅尚，朕實欣之。自古聖帝明王，建化垂統，以爵褒德，以祿報功；功大者祿厚，德盛者禮崇。故周公有夾輔之勞，太師有鷹揚之功，並啓土宇，兼受備物。今將軍規萬年之計，建不世之略，絕僭逆之虜，順天人之肅，濟成洪業，功無與比，齊魯之事，奚足言哉！詩不云乎：『無言不讎，無德不報。』今以幽青二州十七郡七十縣，〔九〕封君爲燕王，使持節守太常張彌授君璽綬策書、金虎符第一至第五、竹使符第一至第十。錫君玄土，苴以白茅，爰契爾龜，用錫冢社。方有戎事，典統兵馬，以大將軍曲蓋麾幢，督幽州青州牧遼東太守如故。今加君九錫，其敬聽後命：以君三世相承，保綏一方，寧集四郡，訓及異俗，民夷安業，無或攜貳，是用錫君大輅、戎輅、玄牡二駟。君務在勸農，嗇人成功，倉庫盈積，官民俱豐，是用錫君袞冕之服，赤舄副焉。君正化以德，敬下以禮，敦義崇謙，內外咸和，是用錫君軒縣之樂。君宣導休風，懷保邊遠，遠人迴面，莫不影附，是用錫君朱戶以居。君運其才略，官方任賢，顯直錯枉，羣善必舉，是用錫君虎賁之士百人。〔一〇〕君戎馬整齊，威震遐方，糾虔天刑，彰厥有罪，是用錫君鈇鉞各一。君文和於內，武信於外，禽討逆節，折衝掩難，是用錫君彤弓一、彤矢百、玈弓十、玈矢千。君忠勤有効，温恭爲德，明允篤誠，感于朕心，是用錫君秬鬯二卣，〔一一〕珪瓚副焉。欽哉！敬茲訓典，寅亮天工，相我國家，永終爾休。」

舉朝大臣，自丞相雍已下皆諫，以爲淵未可信，而寵待太厚，但可遣吏兵數百護送舒、綜，權終不聽。〔一二〕

臣松之以爲權愎諫違衆，信淵意了，非有攻伐之規，重複之慮。宣達錫命，乃用萬人，是何不愛其民、昏虐之甚乎！此役也，非惟闇塞，實爲無道。〔一三〕

淵果斬彌等，送其首于魏，沒其兵資。權大怒，欲自征淵，〔一四〕

江表傳載權怒曰：「朕年六十，〔一五〕世事難易，靡所不嘗。近爲鼠子所前卻，〔一六〕令人氣湧如山。〔一七〕不自截鼠子頭以擲於海，無顏復臨萬國。就令顛沛，不以爲恨！」〔一八〕

尚書僕射薛綜等切諫，乃止。〔一九〕是歲，權向合肥新城，〔二〇〕遣將軍全琮征六安，〔二一〕皆不克還。

吳書曰：初，張彌、許晏等俱到襄平，〔二二〕官屬從者四百許人。淵欲圖彌、晏，先分其人衆，置遼東諸縣，以中使秦旦、張羣、杜德、黄疆等及吏兵六十人，置玄菟郡。〔二三〕玄菟郡在遼東北，相去二百里，〔二四〕太守王贊領户二百，兼重可三四百人。旦等皆舍於民家，仰其飲食。積四十許日，旦與疆等議曰：「吾人遠辱國命，自棄於此，與死亡何異？今觀此郡，形勢甚弱，若一旦同心，焚燒城郭，殺其長吏，爲國報恥，然後伏死，足以無恨。孰與偷生苟活、長爲囚虜乎！」疆等然之。於是陰相約結，當用八月十九日夜發。其日中時，爲部中張松所告，贊便會士衆閉城門。旦、羣、德、疆等，皆踰城得走。時羣病疽創著膝，不及輩旅，德常扶接與俱，崎嶇山谷。行六七百里，創益困，不復能前，臥草中，相與悲泣。〔二五〕羣曰：「吾不幸創甚，死亡無日，卿諸人宜速進道，冀有所達。空相守，俱死於窮谷之中，何益也？」德曰：「萬里流離，死生共之，不忍相委。」〔二六〕於是推旦、疆使前，德獨留守羣，捕菜果食之。旦、疆別數日，得達句驪王宫，〔二七〕因宣詔於句驪王宫〔二八〕及其主簿，詔言有賜爲遼東所攻奪。宫等大喜，即受詔，命使人隨旦還迎羣、德。其年，宫遣皁衣二十五人送旦等還，奉表稱臣，貢貂皮千枚，鶡雞皮十具。〔二九〕旦等見權，悲喜不能自勝。權義之，皆拜校尉。閒一年，遣使者謝宏、中書陳恂拜宫爲單于，加賜衣服珍寶。〔三〇〕恂等到安平口，〔三一〕先遣校尉陳奉前見宫，而宫受魏幽州刺史諷旨，〔三二〕令以吳使自效。奉聞之，到還。〔三三〕宫遣主簿笮咨、帶固等出安平，與宏相見。宏即縛得三十餘人質之，宫於是謝罪，上馬數百匹。宏乃遣咨、固奉詔書賜物歸與宫。是時宏船小，載馬八十匹而還。〔三四〕

〔一〕魏青龍元年。

〔二〕嚐，音脅。

〔三〕尚書呂刑篇之辭。

〔四〕何焯曰：「爲之下赦，此氣湧如山，所由迫也。權自稱尊號，一無可觀矣。史家鋪陳其事，亦醜之也。」

〔五〕何焯曰：「此舉本欲蓋其身受魏封之恥，然下詔可以少需人衆，但遣數百，亦自足也。其後朱然征柤中，預表必勝，權抑其表不出，其鑑於是哉。」

〔六〕魏志明紀：「太和二年，以公孫淵領遼東太守。四年，以淵爲車騎將軍。」又公孫度傳：「文帝封公孫恭爲平郭侯。」淵奪恭位，當亦襲恭侯爵。平郭屬遼東郡，公孫氏爲遼東人，此詔平樂當爲平郭之誤。前漢平樂屬山陽郡，後漢省併此縣，其誤無疑。

〔七〕「卒占」或改作「率先」，「河西」，宋本、馮本、毛本皆作「西河」。

〔八〕「定」字疑誤。

〔九〕潘眉曰：「郡國志幽州郡國十一，青州郡國六，并之計十七郡。幽州涿郡七縣，廣陽郡五縣，代郡十一縣，上谷郡八縣，漁陽郡九縣，右北平郡四縣，遼西郡五縣，遼東郡十一縣，玄菟郡六縣，樂浪郡十八縣，遼東屬國六縣，青州濟南郡十縣，平原郡九縣，樂安國九縣，北海國十八縣，東萊郡十三縣，齊國六縣，共得一百五十五縣。此注云七十縣，多寡不符，疑七十上脱百字。建安末頗有分立縣，合之當得百七十縣耳。」

〔一〇〕潘眉曰：「此九錫文，只有八錫，當是古本相沿，脱去一行耳。君運其才略四句下當云，是以錫君納陛以登。再加四句，然後接是用錫君虎賁之士百人。然安知非五句連屬。而吾以爲脱在羣善必舉之下，是用錫君虎賁之上者，以魏武九錫文云，君研其明哲，思帝所難，官才任賢，羣善必舉，是用錫君納陛以登。吳主九錫文云，君運其才謀，官方任賢，是用錫君納陛以登。晉文九錫文云，君簡賢料材，營求俊逸，爰升多士，寘彼周行，是用錫公納陛以登。晉武九錫文云，公官方任能，網羅幽滯，九皐辭野，髦士盈朝，是用錫公納陛以登。齊高九錫文云，公明鑒人倫，澄辨涇渭，官方與能，英乂克舉，是用錫君納陛以登。梁武九錫文云，公揚清抑濁，官方有序，多士聿興，棫樸流詠，是用錫公納陛以登。陳武九錫文云，以公抑揚清濁，褒德進賢，髦士盈朝，幽人虛谷，是用錫公納陛以登。合諸文觀之，則此任賢舉善云云，其爲錫納陛之辭無疑也。納陛者，孟康曰：納，内也，鑿殿基際爲陛，使不露也。」

〔一一〕宋本「二」作「一」。

〔一二〕張昭强諫，權終不從，見昭傳。

〔一三〕或曰：「遣衆太多，淵亦猜焉。」

〔一四〕李光地曰：「不深自悔，而繼之以怒，醜哉！」趙一清曰：「世説注引列女傳曰：趙姬者，桐鄉令虞韙妻，潁川趙氏女也。才敏多覽。韙既没，大皇帝敬愛其文才，詔入宫省。上欲自征公孫淵，姬上疏以諫，作列女傳解，號趙母注，賦數十萬言。赤烏六年，卒。」

〔一五〕權是時年五十二，不得云六十。

〔一六〕胡三省曰：「嘗，試也，謂稱臣以誘吴使同前，既又斬其使以卻之也。」

〔一七〕宋本「湧」作「踴」，通鑑同。

〔一八〕胡三省曰：「知其不可而欲興忿兵也。」

〔一九〕陸遜、陸瑁先後上疏諫，各見本傳。

〔二〇〕權因遠水，不敢下船，見魏志滿寵傳。胡三省曰：「即太和六年滿寵所築新城也。華夷對境圖：魏合肥新城今爲廬州謝步鎮。」

〔二一〕六安，今安徽六安州北，見孫堅傳廬江郡注。

〔二二〕襄平，今奉天府遼陽州北，見魏志明紀景初元年。胡三省曰：「襄平縣，遼東郡治所，淵所都也。」

〔二三〕玄菟郡，治高句驪，（非高句驪國。）今奉天府鐵嶺縣東，見魏志公孫度傳。

〔二四〕胡三省曰：「此非玄菟郡舊治也。」

〔二五〕宋本「與」作「守」。

〔二六〕委，棄也。

〔二七〕「王宮」二字誤，通鑑無此二字。

〔二八〕通鑑作「王位宮」。位宮，漢高句驪王宮之曾孫也。詳見魏志高句驪傳。

〔二九〕郭璞注山海經曰：「鶡雞似雉而大，青色，有毛角，鬭敵死乃止。」鶡，何葛反。

〔三〇〕宋本「服」作「物」。

〔三一〕安平口見魏志高句驪傳。

〔三二〕毛本「旨」作「音」，誤。

〔三三〕宋本「到」作「倒」。

〔三四〕魏志明紀：「青龍四年七月，高句驪王宮斬送孫權使胡衛等首，詣幽州。」此即吴嘉禾五年事，吴志未書。魏志明紀又云：「初，孫權遣使浮海，與高句驪通，欲襲遼東。」是孫權始終未忘遼東。然越國鄙遠，當時又無航海駕馭之術，故「先後俱無利，不若魏之陸地可通也」。

三年春正月，詔曰：「兵久不輟，民困於役，歲或不登，其寬諸逋，勿復督課。」夏五月，權遣陸遜、諸葛瑾等屯江夏、沔口，〔一〕孫韶、張承等向廣陵、淮陽，〔二〕權率大衆圍合肥新城。〔三〕是時，蜀相諸葛亮出武功。〔四〕權謂魏明帝不能遠出，而帝遣兵助司馬宣王拒亮，自率水軍東征，未至壽春，〔五〕權退還，孫韶亦罷。秋八月，以諸葛恪爲丹陽太守，〔六〕討山越。九月朔，隕霜殺穀。〔七〕冬十一月，太常潘濬平武陵蠻夷，事畢，還武昌。〔八〕詔復曲阿爲雲陽，〔九〕丹徒爲武進。〔一〇〕廬陵賊李桓、羅厲等作亂。

〔一〕沔口即夏口，見魏志文聘傳。趙一清曰：「方輿紀要卷七十六：鳳棲山在漢陽郡治後，今郡城環其上，迤西之山亦曰魯山。志云：郡城東北有吳王磯，吳、魏相持時，皆以沔口爲重鎮，吳守此磯，以爲險固，有鐵門關在其旁。」

〔二〕通鑑作「淮陰」。魏廣陵郡，治淮陰，今江蘇淮安府清河縣南。趙一清曰：「宋書州郡志：廣陵太守，晉武帝太康三年治淮陰故城，後又治射陽。屬縣海陵、高郵、江都、鹽城俱三國時廢。一清案：上云江夏沔口，一地也；下云合肥新城，亦一地也。此云廣陵、淮陽，書法不例。考後漢書廣陵郡治廣陵，三國屬魏，爲重鎮。陳登爲太守，徙治射陽，又移治淮陰，而以故城爲邊邑。黃初五年伐吳，自壽春至廣陵，登故城，臨江觀兵。胡三省曰：廣陵故城，即蕪城矣。後吳人得其地，孫峻使馮朝城廣陵是也。淮陽後漢爲陳國，今開封府陳州，去廣陵甚遠。淮陽是淮陰之誤無疑。方輿紀要卷二十二：淮陰城在淮安府西北四十里，漢屬臨淮郡，後漢改屬下邳國，晉爲廣陵郡治，則宋志云廣陵晉太康時治淮陰，或仍魏置耳。」

〔三〕魏志滿寵傳：「青龍二年，權自將號十萬，至合肥新城，寵射殺權弟子孫泰。」

〔四〕武功，今陝西乾州武功縣西南三里，見魏志蘇則傳。是年，諸葛亮死。

〔五〕壽春，今安徽鳳陽府壽州治，見魏志文紀黃初五年。趙一清曰：「晉地志：江西廬江、九江之地，自合肥之北至壽春，悉屬魏。」

〔六〕丹陽郡治宛陵，今安徽寧國府宣城縣治，見孫策傳。吳增僅曰：「洪志云，郡治建業。今考後漢丹陽治宛陵，建安八年，孫翊爲太守，遇害，孫河馳赴宛陵，則是時仍舊治也。孫權遷都武昌，以呂範爲丹陽太守，治建業，時在黃武初。及嘉禾三年，諸葛恪爲太守，討平山越，時太守營府當已徙近山越。又孫休居虎林，諸葛恪秉政，不欲諸王在濱江兵馬之地，徙休丹陽郡。建業濱江，明是時郡治非建業矣。沈志云，晉太康二年分丹陽爲宣城郡，治宛陵，而丹陽移治建業。以是參考，知嘉禾初年，實已還治宛陵也。」趙一清曰：「晉書地理志丹陽郡統縣十一，有建鄴、秣陵二縣。注云：「建鄴本秣陵，孫氏改爲建業。武帝平吳，以爲秣陵。太康三年，分秣陵北爲建業，改業爲鄴。」一清案：宋書州郡志云，孫權改秣陵爲建業，秣陵其地本名金陵，秦始皇改。然則吳時有建業無秣陵，至晉乃分立，故晉志兩書之。又孫權嘗分丹陽爲臨川郡，以朱然爲太守，其地不知在何所。諸葛恪爲丹陽太守，斬臼陽長胡伉，似亦丹陽屬縣，其建置處所不詳。」弼按：臨川郡治南城，解見朱然傳，臼陽，解見諸葛恪傳。

〔七〕宋本「殺」作「傷」。趙一清曰：「宋書五行志：是時校事呂壹專作威福，與漢元帝時石顯用事隕霜同應。班固書九月二日，陳壽言朔，皆明未可以傷穀也。」

〔八〕黃龍三年，濬往討，見前。還武昌，共掌留事，見濬傳。

〔九〕曲阿今江蘇鎮江府丹陽縣治，見孫策傳。

〔一〇〕丹徒今鎮江府丹徒縣東南十八里，見孫策傳。

四年夏，遣呂岱討桓等。〔一〕秋七月，雨雹。〔二〕魏使以馬求易珠璣、翡翠、瑇瑁。〔三〕權曰：「此皆孤所不用，而可得馬，何苦而不聽其交易？」

〔一〕毛本「桓」作「恒」，誤。

〔二〕宋本「雨」作「有」。趙一清曰：「宋書五行志作雨雹。志曰：七月雨雹，又隕霜。是時呂壹作威用事，詆毀重臣，排陷無辜，自太子登以下，咸患毒之。漢安帝信讒，多殺無辜，亦雨雹。」

〔三〕通鑑「瑇」作「玳」。胡三省曰：「珠不圓者爲璣。」又曰：「麤瑀爲璣。」

五年春，鑄大錢，一當五百。〔一〕詔使吏民輸銅，計銅畀直，設盜鑄之科。二月，〔二〕武昌言甘露降於禮賓殿。輔吳將軍張昭卒。〔三〕中郎將吾粲獲李桓，將軍唐咨獲羅厲等。自十月不雨，至於夏。冬十月，彗星見于東方。鄱陽賊彭旦等爲亂。

〔一〕杜佑曰：「孫權嘉禾五年鑄大泉，一當五百，文曰大泉五百。徑一寸三分，重十二銖。」趙一清曰：「泉志：大泉五百錢。舊譜曰：徑寸二分，重十二銖，文曰大泉五百。此泉徑寸一分，重四銖六絫，今世有之。方輿紀要卷二十：冶城在江寧府西石城門内，本吴冶鑄處。」

〔二〕宋本「二」作「三」。

〔三〕輔吴將軍，班亞三司。昭時年八十一。

六年〔一〕春正月，詔曰：「夫三年之喪，天下之達制，人情之極痛也。賢者割哀以從禮，不肖者勉而致之。世治道泰，上下無事，君子不奪人情，故三年不逮孝子之門。至於有事，則殺禮以從宜，要經而處事。故聖人制法，有禮無時則不行。遭喪不奔非古也，蓋隨時之宜，以義斷恩也。前故設科，長吏在官，當須交代，而故犯之，雖隨糾坐，猶已廢曠。方事之殷，國家多難，凡在官司，宜各盡節，先公後私，而不恭承，甚非謂也。中外羣寮，其更平議，務令得中，詳爲節度。」顧譚議，以爲「奔喪立科，輕則不足以禁孝子之情，重則本非應死之罪。雖嚴刑益設，違奪必少。若偶有犯者，加其刑則恩所不忍，有減則法廢不行。愚以爲長吏在遠，苟不告語，勢不得知。比選代之閒，若有傳者，必加大辟，則長吏無廢職之負，孝子無犯重之刑」。將軍胡綜議，以爲「喪紀之禮，雖有典制，苟無其時，所不得行。方今戎事，軍國異容，而長吏遭喪，知有科禁，公敢干突，苟念聞憂不奔之恥，不計爲臣犯禁之罪，此由科防本輕所致。忠節在國，孝道立家，出身爲臣，焉得兼之？故爲忠臣不得爲孝子，宜定科文，示以大辟；若故違犯，有罪無赦。以殺止殺，行之一人，其後必絶」。〔二〕丞相雍奏從大辟。其後吴令孟宗喪母奔赴，〔三〕已而自拘於武昌以聽刑。陸遜陳其素行，因爲之請，權乃減宗一等，後不得以爲比，因此遂絶。〔四〕二月，陸遜討彭旦等，其年，皆破之。冬十月，遣衞將軍全琮襲六安，不克。諸葛恪平山越事畢，北屯廬江。〔五〕

〔一〕魏景初元年。

〔二〕何焯曰：「身在疆埸，與強敵對，親老不預陳請，棄軍敗國，不俟交代，宜嚴立科禁。若內地守令，自無事限制也。加罪傳者，尤爲謬濫。譚綜之議，吴朝可謂無治。」趙一清曰：「晉書五行志：吴之風俗，相驅以急，言論彈射，以刻薄相尚。居三年之喪，往往有致毁以死，諸葛患之，著正交論。雖不可以經訓整亂，蓋亦救時之作也。」或曰：「此猶禁人之奔赴，今則驅之不去矣。無謂世道無古今之異。」

〔三〕孟宗事見孫晧傳建衡三年注引吴録。

〔四〕或曰：「顧譚之論，有若兒戲，胡綜、顧雍，則違禮滅天矣。嗚呼痛哉！以死刑驅人於逆，異乎先王以孝教天下矣。」

〔五〕嘉禾三年，恪討山越。

赤烏元年〔一〕春，鑄當千大錢。〔二〕夏，吕岱討廬陵賊畢，〔三〕還陸口。〔四〕秋八月，武昌言麒麟見。〔五〕有司奏言，麒麟者太平之應，宜改年號。詔曰：「閒者赤烏集於殿前，朕所親見，若神靈以爲嘉祥者，改年宜以赤烏爲元。」羣臣奏曰：「昔武王伐紂，有赤烏之祥，〔六〕君臣觀之，遂有天下。聖人書策，載述最詳者，以爲近事既嘉，親見又明也。」於是改年。步夫人卒，追贈皇后。初，權信任校事呂壹，壹性苛慘，用法深刻。太子登數諫，權不納，大臣由是莫敢言。後壹姦罪發露，伏誅，〔七〕權引咎責躬，乃使中書郎袁禮告謝諸大將，因問時事所當損益。禮還，復有詔責數諸葛瑾、步騭、朱然、呂岱等曰：「袁禮還，云與子瑜、子山、義封、定公相見，〔八〕並以時事當有所先後，〔九〕各自以不掌民事，不肯便有所陳，悉推之伯言、承明。〔一〇〕伯言、承明見禮，泣涕懇惻，辭旨辛苦，至乃懷執危怖，有不自安之心。聞此悵然，〔一一〕深自刻怪。〔一二〕何者？夫惟聖人能無過行，明者能自見耳。人之舉厝，何能悉中？獨當己有以傷拒衆意，忽不自覺，故諸君有嫌難耳。不爾，何緣乃至於此乎！自孤興軍五十年，〔一三〕所役賦凡百皆出於民。天下未定，孽類猶存，士民勤苦，誠所貫知。然勞百姓，事不得已耳。與諸君從事，自少至長，髮有二色，〔一四〕以謂表裏足以明露，公私分計，足用相保；盡言直諫，所望諸君；拾遺補闕，孤亦望之。昔衛武公年過志壯，勤求輔弼，每獨歎責。

江表傳曰：權又云：「天下無粹白之狐，而有粹白之裘，衆之所積也。夫能以駁致純，不惟積乎？故能用衆力，則無敵於天下矣；能用衆智，則無畏於聖人矣。」〔一五〕

且布衣韋帶，相與交結，分成好合，尚污垢不異。今日諸君與孤從事，雖君臣義存，猶謂骨肉不復是過。榮福喜戚，相與共之。忠不匿情，智無遺計，事統是非，〔一六〕諸君豈得從容而已哉！〔一七〕同船濟水，將誰與易？齊桓諸侯之霸者耳，有善，管子未嘗不歎；有過，未嘗不諫；諫而不得，終諫不止。今孤自省無桓公之德，而諸君諫諍未出於口，仍執嫌難。以此言之，孤於齊桓良優，未知諸君於管子何如耳。〔一八〕久不相見，因事當笑。共定大業，整齊天下，當復有誰？凡百事要所當損益，樂聞異計，匡所不逮。」〔一九〕

〔一〕魏景初二年，蜀延熙元年，權時年五十七。

〔二〕杜佑曰：「孫權赤烏元年，鑄一當千大錢，徑一寸四分，重十六銖。」趙一清曰：「晉書食貨志：孫權鑄當千錢，故呂蒙定荆州，賜錢一億。錢既太貴，但有空名，人間患之。晉自中原喪亂，元帝過江，用孫氏舊錢，輕重雜行，大者謂之比輪，中者謂之四文。泉志曰：此泉有二品，大者徑寸五分，重十二銖六絫，字文夷漫，輪郭重厚，頗艱得之。小者徑寸三分，重七銖二絫，世多有之。」通鑑輯覽曰：「五銖輕重適中，行之最爲無弊。周景王鑄大錢，不久即廢，乃幣重之明驗也。圜法流通，貴乎利用，直百且不可，況當千乎！」何焯曰：「錢當五百，已不可通行，又鑄當千，徒爲妄作，有以知吴之無制也。」

〔三〕嘉禾四年，遣岱往討。

〔四〕陸口，今湖北蒲圻縣西北八十里陸溪口，見前建安十五年。嘉禾三年，呂岱領潘璋士衆屯陸口，見岱傳。今討廬陵賊畢，還屯陸口。

〔五〕趙一清曰：「宋書符瑞志又云白麟見建業。」

〔六〕史記周本紀：「武王渡河，有火自上復于下，至于王屋，流爲烏，其色赤，其聲魄云。」

〔七〕呂壹事見顧雍、潘濬、闞澤傳，又見孫休傳永安元年注引襄陽記。

〔八〕諸葛瑾字子瑜，步騭字子山，朱然字義封，呂岱字定公。

〔九〕通鑑「並」下有「咨」字。胡注：「謂時事所當行，何者爲先，何者爲後也。」

〔一〇〕陸遜字伯言，潘濬字承明。

〔一一〕通鑑「此」作「之」。
〔一二〕胡三省曰：「刻，怪也。」
〔一三〕權自黄龍元年稱尊之後，詔書稱朕，此詔何以稱孤？此後稱朕、稱孤互見，爲例不一。是時權年五十七，亦不得云興軍五十年。
〔一四〕二色，謂斑白也。
〔一五〕或曰：「至言也，權恐不及此。」
〔一六〕胡三省曰：「言行事是則君臣同其是；非則同其非也。」
〔一七〕局本「得從」二字誤倒。
〔一八〕胡三省曰：「下之於上，不從其令，而從其意。孫權自謂優於齊桓，而責其臣以管子，使吴誠有管子，亦不敢盡言於權，觀諸陸遜可見矣。」
〔一九〕何焯曰：「魏、吴皆有校事，而適生奸，無政而好察，何如劉氏之平明也？權既迷謬于前，引咎方新，責數隨至，不思反求所以致此之由，洞然無猜，更始納誨，惟思歸過于下，又何怪乎國之日亂，民之日瘠哉！」

二年春〔一〕

江表傳曰：〔二〕權正月詔曰：「郎吏者，宿衛之臣，古之命士也。閒者所用頗非其人。自今選三署皆依四科，不得以虚辭相飾。」

三月，遣使者羊衜、〔三〕鄭胄、將軍孫怡之遼東，擊魏守將張持、高慮等，虜得男女。〔四〕

文士傳曰：〔五〕胄字敬先，沛國人。父札，才學博達。權爲驃騎將軍，以札爲從事中郎，與張昭、孫邵共定朝儀。〔六〕胄其少子，有文武資局，〔七〕少知名，舉賢良，稍遷建安太守。〔八〕吕壹賓客於郡犯法，胄收付獄，考竟。壹懷恨，後密譖胄。權大怒，召胄還。潘濬、陳表並爲請，得釋。後拜宣信校尉，往救公孫淵，已爲魏所破，還遷執金吾。〔九〕子豐，字曼季，有文學操行，與陸雲善，與雲詩詞往反。〔一〇〕司空張華辟，未就，卒。

臣松之聞孫怡者，東州人，非權之宗也。

零陵言甘露降。〔一一〕夏五月，城沙羨。〔一二〕冬十月，將軍蔣祕南討夷賊，祕所領都督廖式殺臨賀太守嚴綱等，〔一三〕自稱平南將軍，與弟潛共攻零陵、桂陽，〔一四〕及搖動交州蒼梧、鬱林諸郡，〔一五〕衆數萬人，遣將軍呂岱、唐咨討之，歲餘皆破。〔一六〕

〔一〕趙一清曰：「方輿紀要卷二十七：廬江縣西北四十里金牛山嶺有塔，吳赤烏二年造。又有馬槽山，上有寨壘，相傳曹魏所作。蓋南北相持，故各建樹，以爲升高瞭望之所。又明史禮志：蕪湖城隍祠，赤烏二年建。」

〔二〕宋本、馮本、毛本「曰」作「載」。

〔三〕羊衜事見魏志公孫淵傳注引漢晉春秋，又見本志孫霸傳。康發祥曰：「羊衜無傳，附見孫登、鍾離牧等傳，（弼按：登傳見注引吳録、吳書、江表傳，牧傳見注引會稽典録。）同時有二羊衜，始興太守吳羊衜也，上黨太守魏羊衜也。魏羊衜爲晉景王之舅，生祜及景獻羊皇后，后母即漢左中郎將蔡邕之女也。」

〔四〕通鑑：「夏四月，吳督軍使者羊衜擊遼東守將，俘人民而去。」胡注：「督軍使者，漢官也。魏黄初二年，罷督軍官，而吳猶仍漢制。」

〔五〕監本「士」作「字」，誤。

〔六〕陳浩曰：「張昭傳注引吳録曰：昭與孫紹、滕胤、鄭禮等採周、漢撰定朝儀。孫紹此作孫邵，鄭禮此作鄭札，疑有一誤。」陳景雲曰：「札字當作礼。礼與禮，古今字異耳。」周壽昌曰：「礼本古禮字。禮之誤札，容或有之。特攷四年注引漢晉春秋作零陵太守殷札，顧邵傳作雲陽殷禮官零陵太守，張温傳作殷禮者本占候召，趙達傳作殷禮，獨此作鄭胄之父札定朝儀，與張昭傳注之鄭禮定朝儀同，是札固疑作礼；而或爲殷，或爲鄭，豈一人有二姓，如前漢之陳武，一爲柴武乎？又案顧邵傳注云雲陽殷禮子基爲無難督，著通語。本傳注稱鄭胄爲沛國人，是鄭禮與殷禮異籍，確是兩人；而殷札與鄭札又岐出無攷，則札、礼兩字，亦姑從蓋闕可也。」

〔七〕宋本「資」作「姿」。

〔八〕賀齊傳：「侯官既平，而建安、漢興、南平復亂。齊進兵建安，立都尉府。是歲，建安八年也。」孫休傳：「永安三年，以會稽南部爲建安郡。」晉書地理志：「孫休分會稽立建安郡。」又云：「建安郡故秦閩中郡，漢高帝五年，以立閩越王。及武帝滅之，徙其人，名爲東冶，又更名東城。後漢改爲侯官都尉。吴置建安郡，郡治建安。」宋書州郡志：「會稽治縣分爲會稽東南二部都尉，東部臨海是也，南部建安是也。」輿地廣記：「福、建、泉、南劍、汀、漳六州皆建安郡地。」胡三省曰：「建安中分東侯官置建安縣，用漢年號也。」一統志：「建安故城，今福建建寧府治。」趙一清曰：「孫休永安三年，始立建安郡，是時尚爲會稽南部都尉地，不應先有建安之名。」

〔九〕胄事又見孫亮傳太平二年。

〔一〇〕宋本、馮本、毛本「詞」作「相」。

〔一一〕宋書符瑞志云在元年春，誤。

〔一二〕沙羡今湖北武昌府江夏縣西南。趙一清曰：「沙羡即江夏也。黄武二年城之，今復築。晉書五行志：赤烏二年五月，地再震。是時呂壹專事。按壹於元年已伏誅，此爲誤也。」

〔一三〕郡國志：「交州蒼梧郡臨賀。」晉書地理志：「孫權分蒼梧立臨賀郡，治臨賀，屬廣州。」胡三省曰：「臨賀縣，漢屬蒼梧郡，縣臨賀水，因以爲名。吴分立爲臨賀郡，唐爲賀州。」一統志：「臨賀故城，今廣西平樂府賀縣治。」

〔一四〕零陵郡治泉陵，今湖南永州府零陵縣城北二里；桂陽郡治郴，今湖南郴州治，均見蜀志先主傳建安十三年。

〔一五〕蒼梧郡治廣信，交州刺史治，今廣西梧州府蒼梧縣治，見魏志陶謙傳。郡國志：「交州鬱林郡，治布山。」一統志：

「布山故城，今廣西潯州府貴縣治。」方輿紀要：「今潯州府桂平縣西五十里。」

〔一六〕詳見呂岱傳。

三年〔一〕春正月，〔二〕詔曰：「蓋君非民不立，民非穀不生。頃者以來，民多征役，歲又水旱，年穀有損，而吏不良，〔三〕侵奪民時，以致饑困。自今以來，督軍、郡守，其謹察非法，當農桑時，以役事擾民者，舉正以聞。」夏四月，大赦，詔諸郡縣治城郭，起譙樓，穿塹發渠，以備盜賊。冬十一月，民饑，詔開倉廩，以賑貧窮。

〔一〕魏正始元年。

〔二〕宋本「正」作「二」。

〔三〕宋本「吏」下有「或」字。

四年春正月，大雪，平地深三尺，鳥獸死者大半。〔一〕夏四月，遣衛將軍全琮略淮南，決芍陂，〔二〕燒安城邸閣，〔三〕收其人民。威北將軍諸葛恪攻六安。〔四〕琮與魏將王淩戰于芍陂，中郎將秦晃等十餘人戰死。車騎將軍朱然圍樊，大將軍諸葛瑾取柤中。〔五〕

漢晉春秋曰：零陵太守殷禮言于權曰：〔六〕「今天棄曹氏，喪誅累見，〔七〕虎爭之際，而幼童涖事。陛下身自御戎，取亂侮亡，〔八〕宜滌荆、揚之地，〔九〕舉彊羸之數，使彊者執戟，羸者轉運，西命益州軍于隴右，〔一〇〕授諸葛瑾、朱然大衆，直指襄陽，〔一一〕陸遜、朱桓別征壽春，大駕入淮陽，歷青、徐。〔一二〕襄陽、壽春困於受敵，長安以西務對蜀軍，〔一三〕許、洛之衆，勢必分離，掎角瓦解，〔一四〕民必內應，將帥對向，或失便宜；〔一五〕一軍敗績，則三軍離心。便當秣馬脂車，陵蹈城邑，乘勝逐北，以定華夏。若不悉軍動衆，循前輕舉，則不足大用，易於屢退，民疲威消，時往力竭，非出兵之策也。」〔一六〕權弗能用之。〔一七〕

五月，太子登卒。是月，魏太傅司馬宣王救樊。〔一八〕六月，軍還。閏月，大將軍瑾卒。秋八月，陸遜城邾。〔一九〕

〔一〕馮本「大」作「太」。侯康曰：「晉書五行志下：是年夏，全琮等四將軍攻略淮南、襄陽，戰死者千餘人。其後權以讒邪，數責讓陸議，議憤恚致卒。」

〔二〕芍陂在今安徽鳳陽府壽州南，詳見魏志武紀建安十四年。

〔三〕安城在壽春左右，見魏志王基傳，邸閣亦見王基傳。

〔四〕洪飴孫曰：「威北將軍一人，吳所置。」六安見前嘉禾二年。

〔五〕柤中距襄陽城一百五十里，南漳縣東南六十里，見魏志齊王紀正始二年。

〔六〕禮，官本作札，通鑑同。胡三省曰：「札一作禮。」盧明楷曰：「殷札，疑作殷禮。張溫傳載權罪溫令曰，又殷禮者本占候召，而溫先後乞將到蜀。又顧邵傳稱雲陽殷禮，官零陵太守。合二傳參校，作禮爲是。蓋禮之於札，爲傳寫而互異也。」

〔七〕胡三省曰：「喪誅，謂魏累有大喪，蓋天誅也。」

〔八〕書仲虺之誥之辭。

〔九〕胡三省曰：「滌，洗也。言舉國興師，後無留者，其地如洗也。」

〔一〇〕益州，謂蜀也。

〔一一〕「直指」，宋本作「指事」，通鑑作「直指」。

〔一二〕胡三省曰：「前漢之淮陽，後漢章帝改曰陳郡，此直謂淮水之陽耳。」弼按：淮陽見前嘉禾五年。

〔一三〕宋本「對」作「禦」。

〔一四〕通鑑「瓦解」作「並進」。

〔一五〕毛本「宜」作「益」。

〔一六〕通鑑作「非上策也」。

〔一七〕胡三省曰：「傾國出師，決勝負於一戰，苻堅之所以亡也。吳主非不能用殷禮之計，不肯用也。」李光地曰：「此人有大略，公瑾之後一人耳。蜀之跨渭虎爭，蓋以十年教訓，仲謀審己，避所短也。」韓菼曰：「當日南北之勢，大抵足以相持，而不足以相斃。權老矣，更事多，宜不見用也。」

〔一八〕詳見魏志齊王紀正始二年注引干寶晉紀。

〔一九〕郡國志：「荊州江夏郡邾。」水經江水篇：「江水又東過邾縣南，鄂縣北。」酈注云：「江水又東逕邾縣故城南，楚宣王滅邾，徙居於此，故曰邾也。漢高帝元年，項羽封吳芮爲衡山王，都此。」寰宇記：「邾縣故城，在黄州東三十里，臨江與武昌相對。三國時，初屬魏。吳赤烏三年，使陸遜攻邾城，常以三萬兵守之。」宋白曰：「黄州邾縣。」一統志：「邾縣故城，今湖北黄州府黄岡縣治。」吳增僅曰：「吳初爲魏、吳境上地。赤烏四年，陸遜城邾，其地始爲吳有。」趙一清曰：「方輿紀要卷七十六：邾城今黄州府城也。三國初屬魏，吳赤烏四年陸遜拔邾，築城置戍，以爲重鎮。」一清案，此事遜傳不載，晉書陶侃傳：議者以武昌北岸有邾城，宜分兵鎮之。侃曰，邾城隔在江北，吳時此城乃三萬兵守之。」王先謙曰：「三國吳邾縣改屬蘄春郡。沈約云晉省蘄春郡，邾縣屬武昌。」

五年春正月，立子和爲太子，大赦，改禾興爲嘉興。〔一〕百官奏立皇后及四王，〔二〕詔曰：「今天下未定，民物勞瘁，且有功者或未禄，饑寒者尚未恤，猥割土壤，以豐子弟，崇爵位以寵妃妾，孤甚不取，其釋此議。」三月，海鹽縣言黃龍見。〔三〕夏四月，禁進獻御，減太官膳。〔四〕秋七月，遣將軍聶友、校尉陸凱以兵三萬討珠崖、儋耳。〔五〕是歲大疫，有司又奏立后及諸王。八月，立子霸爲魯王。〔六〕

〔一〕禾興見前黃龍三年。

〔二〕趙一清曰：「晉書地理志：孫權赤烏五年亦取中州嘉號，封建諸王，其户五十二萬三千，男女口二百四十萬。通典曰户五十二萬，男女口二百三十萬。」梁章鉅曰：「藝文類聚卷五十一封爵部引吴胡綜請立諸王表云：受命之主，繫天而王，建化垂統，爲一代制。雖禮有損益，事有質文，至於崇建懿親，列土封爵，内蕃國朝，外鎮天下，古今同契，其揆一也。周室之興，寵秩子弟，姬姓之國，五十有五，諸王子受國者漸多。光武中興，四海擾攘，衆諸制度未徧，而九子受國。明、章即位，男則封王，女爲公主。故詩曰『既受帝祉，施於孫子』。陛下踐祚以來，十有二載，皇后無號，公主無邑，臣下歎息，遠近失望。是以屢獻愚懷，依據典禮，庶請具陳，足寤聖心。深辭固拒，不蒙進納，恐天下有識之士，將謂吴臣闇於禮制，不知陛下謙以失之也。加今仰夏，盛德在上，大吴之慶，於是乎始，開國建號，吉莫大焉。唯陛下割謙謙之德，副兆民之望，留臣祐許，天下幸甚。案胡綜表中有踐祚十二載之語，則當在赤烏三年，上距黃龍元年權稱尊號，實十二載也。蓋胡綜表不見納，故是年有司復有此奏。」

〔三〕漢書地理志：「會稽郡海鹽，故武原鄉。」郡國志：「揚州吴郡海鹽。」劉昭注：「案今計偕簿，縣之故治，順帝時陷而爲湖，今謂爲當湖。大旱湖竭，城郭之處可識。」水經沔水注：「谷水又東南逕鹽官縣故城南，舊吴海昌都尉治。谷水右有馬臯城，故司鹽都尉城，吴王濞煑海爲鹽，于此縣也。是以漢書地理志曰：縣有鹽官，東出五十里，有武原鄉，故越地也。秦于其地置海鹽縣。地理志曰：縣故武原鄉也。後縣淪爲柘湖，又徙治武原鄉，改曰武原縣。漢安帝時，武原之地又淪爲湖，今之當湖也。後乃移此縣南。」一統志：「海鹽故城，今浙江嘉興府平湖縣東南；當湖在今平湖縣東門外，周四十餘里，一名鸚鵡湖，俗呼東湖，即海鹽縣陷處。」

〔四〕續漢(志)〔書〕百官志：「太官令一人，六百石，掌御飲食。」

〔五〕漢書武帝紀：「元鼎六年，定越地，以爲南海、蒼梧、鬱林、合浦、交阯、九真、日南、珠崖、儋耳郡。」又地理志序云：「自合浦徐聞南入海，得大州，東西南北方千里。武帝元封元年略以爲儋耳、珠崖郡。元帝時，罷棄之。」又賈捐之傳：「捐之字君房，賈誼之曾孫也。初，武帝征南越，元封元年立儋耳、珠崖郡，皆在南方海中洲居，廣袤可千里。至昭帝始元五年，罷儋耳郡，并屬珠崖。元帝初元三年，從賈捐之議，罷珠崖郡。」應劭曰：「二郡在大海中，崖岸之邊出真珠，故曰珠厓。儋耳者，種大耳，渠率自謂王者耳尤緩，下肩三寸。」張晏曰：「異物志：二郡在海中，東西千里，南北五百里。珠崖言珠若崖矣。儋耳之云，鏤其頰皮，上連耳匡，分爲數支，狀似雞腸，累耳下垂。」臣瓚曰：「茂陵書：珠崖郡治瞫都，去長安七千三百一十四里，儋耳去長安七千三百六十八里，領縣五。」師古曰：「儋，音丁甘反，字本作瞻。瞫，音審。」水經溫水注：「林邑記曰：漢置九郡，儋耳與焉。民好徒跣，耳廣垂以爲飾，雖男女褻露，不以爲羞。暑褻薄日，自使人黑，積習成常，以黑爲美。離騷所謂玄國矣。然則儋耳即離耳也。王氏交廣春秋曰：朱崖、儋耳二郡，與交州俱開，皆漢武帝所置。大海中南極之外，對合浦徐聞縣。清朗無風之日，徑望朱崖州如囷廩大，從徐聞對渡，北風舉帆，一日一夜而至。周迴二千餘里，徑度八百里，人民可十萬餘家，皆殊種異類，被髮雕身。而女多姣好白皙，長髮美鬢，犬羊相聚，不服德教。儋耳先廢，朱崖數叛，元帝以賈捐之議罷郡。楊氏南裔異物志曰：儋耳、朱崖俱在海中，分爲東蕃。故山海經曰在鬱水南也。」一統志：「珠崖故郡，在今廣東瓊山縣東南；儋耳故郡，在今瓊州府儋州西。」王先謙曰：「二郡今瓊州府境。洪亮吉以珠崖爲郡治，吳增僅引方輿勝覽以徐聞爲珠崖郡治，謝鍾英據元和志謂吳無朱崖故地，蓋自赤烏五年用兵，士衆多死，遂棄朱崖耳。」弼按：諸說均誤。據漢書紀、傳、地理志序及水經注，二郡疆域在海南，確爲今瓊州府境，不在雷州府境也。謝說與吳志不合，王先謙已辨之。洪氏又云：陸凱傳除儋耳太守，蓋因討珠崖郡，使虛領其名耳。

〔六〕霸爲太子和弟，寵愛崇特，與和無殊，見霸傳。是儀疏諫不從，見儀傳。

六年春正月，新都言白虎見。〔一〕諸葛恪征六安，〔二〕破魏將謝順營，收其民人。冬十一月，丞相顧雍卒。十二月，扶南王范旃遣使獻樂人及方物。〔三〕是歲，司馬宣王率軍入舒，〔四〕諸葛恪自皖遷于柴桑。〔五〕

〔一〕新都郡治始新，始新今浙江嚴州府淳安縣西六十里之威平鎮，見前建安十三年。

〔二〕六安見孫堅傳。胡三省曰：「漢六安國，都六縣；後漢爲六安侯國，屬廬江郡；晉爲六縣，屬廬江郡。」

〔三〕趙一清曰：「南史：扶南國在日南郡之南海西大灣中，在林邑西南三千餘里。其國廣輪三千餘里，以女人爲王，號曰柳葉。其南有激國，有事鬼神者，字混填，夢神賜之弓，乘賈人舶入海。混填晨起詣廟，於神樹下得弓，便乘舶入海，至扶南外邑。柳葉人衆見舶至，欲劫取之，混填張弓射其舶，穿度一面，矢及侍者，柳葉懼，舉衆降，混填遂君其國，納柳葉爲妻。其後王盤盤以國事委其大將范蔓，盤盤死，國人共舉蔓爲王。蔓姊子旃篡蔓自立，旃大將范尋又代立。吳時，遣中郎康泰、宣化從事朱應使於尋國，國人猶裸，唯婦人著貫頭。泰、應謂曰：國中實佳，但人褻露可怪耳。尋始令男子著橫幅。橫幅，今干漫也。大家乃截錦爲之，貧者乃用布。又中天竺傳：吳時扶南王范旃遣親人蘇勿使其國，從扶南發投拘利口，循海大灣中正西北入，歷灣邊數國，可一年餘到天竺江口，逆水行七千里，乃至焉。天竺王驚曰：海濱極遠，猶有此人乎？即令觀視國內，仍差陳、宋等二人以月支馬四匹報旃，勿積四年方至。其時吳遣中郎康泰使扶南，及見陳、宋等，具問天竺土俗，云佛道所興國也。」一統志：「真臘本扶南屬國，亦名占臘，其後并扶南而有之。隋大業中，始通中國。」

〔四〕漢末廬江郡治舒，舒縣今安徽廬州府廬江縣西，見孫堅傳。胡三省曰：「春秋之故國也。時在吳、魏境上，棄而不耕，去皖口甚近。」

〔五〕吳廬江郡治皖，皖縣今安徽安慶府懷寧縣治，見孫堅傳。柴桑，今江西九江府德化縣西南，見前黄初二年。晉書宣帝紀：「正始四年九月，帝督諸軍擊諸葛恪軍，次於舒。恪焚燒積聚，棄城而遁。」本志諸葛恪傳：「魏司馬宣王謀欲攻恪，權方發兵應之，望氣者以爲不利，於是徙恪屯於柴桑。」弼按：恪由今安慶而退屯今九江，望氣之說，諱敗之飾詞耳。

七年春正月，以上大將軍陸遜爲丞相。秋，宛陵言嘉禾生。〔一〕是歲，步騭、朱然等各上疏云：「自蜀還者，咸言欲背盟與魏交通，多作舟船，繕治城郭。又蔣琬守漢中，聞司馬懿南向，不出兵乘虛以掎角之，反委漢中，還近成都。事已彰灼，無所復疑，宜爲之備。」權揆其不然，曰：「吾待蜀不薄，聘享盟誓，無所負之，何以致此？又司馬懿前來入舒，旬日便退，蜀在萬里，何知緩急而便出兵乎？昔魏欲入漢川，〔二〕此閒始嚴，亦未擧動，〔三〕會聞魏還而止，蜀寧可復以此有疑邪？又人家治國，舟船城郭，何得不護？〔四〕今此閒治軍，寧復欲以禦蜀邪？人言苦不可信，〔五〕朕爲諸君破家保之！」〔六〕蜀竟自無謀，如權所籌。〔七〕

江表傳載權詔曰：〔八〕「督將亡叛，而殺其妻子，是使妻去夫，子棄父，甚傷義教，自今勿殺也。」

〔一〕丹陽郡治宛陵，今安徽寧國府宣城縣治，見孫策傳。

〔二〕胡三省曰：「曹真欲入漢中，在明帝太和四年。」

〔三〕胡三省曰：「謂嚴兵而未發也。」

〔四〕各本「護」均作「獲」。李龍官曰：「按文義當作護，即指上多作舟船繕治城郭而言，謂此不過爲保護境土之常，非有他意也。」

〔五〕毛本「苦」作「若」，誤。

〔六〕沈家本曰：「御覽作券。案破家非權所肯言，當從御覽作破券爲長。」

〔七〕或曰：「孫權所言，可謂恕己而亮人。人能每事即己以平觀，自然不至有忿悁，而人世亦可以無怨尤矣。」

〔八〕毛本「詔」作「傳」，誤。

八年春二月，丞相陸遜卒。〔一〕夏，雷霆犯宮門柱，又擊南津大橋楹。〔二〕茶陵縣鴻水溢出，〔三〕流漂居民二百餘家。秋七月，將軍馬茂等圖逆，夷三族。

吳歷曰：茂本淮南鍾離長，〔四〕而爲王淩所失，叛歸吳，吳以爲征西將軍、九江太守、〔五〕外部督，〔六〕封侯，領千兵。權數出苑中，與公卿諸將射。茂與兼符節令朱貞、〔七〕無難督虞欽、牙門將朱志等〔八〕合計，伺權在苑中，〔九〕公卿諸將在門未入，令貞持節稱詔，悉收縛之。茂引兵入苑擊權，分據宮中及石頭塢，遣人報魏。事覺，皆族之。

八月，大赦。遣校尉陳勳將屯田及作士三萬人鑿句容中道，自小其至雲陽西城，通會市，作邸閣。〔一〇〕

〔一〕遜傳：「遜上疏陳太子正統，宜有磐石之固，魯王藩臣，當使寵秩有差。書三四上，權累遣中使責讓遜，遜憤恚致卒。」

〔二〕趙一清曰：「方輿紀要卷二十：今聚寶門内鎮淮橋即孫吳之南津橋，晉之朱雀桁也。胡氏曰，橋在孫吳建業宮城朱雀門南，跨秦淮水南北岸，以渡行人，亦謂之南航，以在臺城南也；亦謂之大航，以秦淮諸航此爲最也。」

〔三〕毛本「溢」作「益」。郡國志：「荆州長沙郡茶陵。」三國吳改屬湘東郡。一統志：「故城今湖南長沙府茶陵州東五十里。」

〔四〕郡國志：「揚州九江郡鍾離，侯國。」沈志晉武帝太康二年復立鍾離縣，是鍾離縣三國時已廢。洪亮吉曰：「據吳歷所云，則縣蓋自魏中葉始廢。」一統志：「故城今安徽鳳陽府臨淮縣東。」謝鍾英曰：「在鳳陽府臨淮鄉司。」

〔五〕趙一清曰：「宋書州郡志：淮南太守，秦立爲九江郡，兼得廬江、豫章。漢高帝四年，更名淮南國，分立豫章郡。文帝又分爲廬江郡。武帝元狩元年復爲九江郡，治壽春縣。後漢徙治陰陵縣，魏復曰淮南，徙治壽春。晉武帝太康元年，復立歷陽、當塗、逡遒諸縣，二年復立鍾離縣，並二漢舊縣也。三國時，江、淮爲戰爭之地，其間不居者各數百里，此諸縣並在江北、淮南，虛其地無復民戶。吳平，民各還本，故復立焉。晉書地理志吳揚州統十四郡，江西廬江、九江之地，自合肥之北至壽春，悉屬魏，然則此九江郡亦虛號耳，故晉志不數也。」弼按：九江即淮南，魏已據有淮南，故吳復漢九江郡之名，晉志已列淮南郡，非不數九江也，趙說誤。

〔六〕洪飴孫曰：「吳於瀕江要地置都督，權輕者但稱督。」弼按：下文無難督同。

〔七〕符節令見魏志杜襲傳。

〔八〕牙門將見魏志齊王紀嘉平五年。

〔九〕毛本「中」作「守」，誤。

〔一〇〕郡國志：「揚州丹陽郡句容。」一統志：「句容故城，今江蘇江寧府句容縣治。」雲陽即曲阿，今江蘇鎮江府丹陽縣治，見孫策傳。胡三省曰：「沈約曰：句容，漢舊縣，屬丹陽郡，今在建康府南九十里，有茅山，亦謂之句曲山。班固曰：會稽曲阿縣，本秦雲陽縣也。後漢屬吳郡。沈約曰：曲阿本曰雲陽，秦始皇改曰曲阿，吳嘉禾三年復曰雲陽。今相傳秦時或言其地有天子氣，始皇鑿坑以敗其勢，截直道使阿曲，故謂之曲阿。劉昫曰：潤州金壇縣本曲阿縣地。會市者，作市以會商旅。句如字。」何焯曰：「今道當是孫氏所鑿，雲陽即今丹陽（見官本考證）。」趙一清曰：「何云：宋本作鑿句容中道山直至雲陽西城。方輿紀要卷二十五：曲阿古曰雲陽，今丹陽縣治。陳勳蓋鑿茅山之麓以通道也。破岡瀆在丹陽縣西南。輿地志：延陵有東雲陽、西雲陽二瀆，相去七里，與句容縣接境。吳赤烏中所鑿，自延陵以至江寧，上下各七埭。長岡埭在縣西南，即破岡瀆中七埭之一。又紀要卷二十：方山埭在江寧府東南四十五里。建康實録：吳赤烏八年，使校尉陳勳發屯兵於方山南絶淮立埭是也。運瀆在上元縣治西北，赤烏八年發兵鑿句容中道至雲陽西城，以通吳會船艦，號破岡瀆。又使郗儉鑿城西南，自秦淮北抵倉城以達吳越運船，蓋引破岡瀆由方山埭接於秦淮，以避大江之險，又自秦淮而東北達於苑倉也。舊有六橋跨其上。又潮溝在上元縣西四里，赤烏中所鑿，引江潮抵青溪接秦淮水，西通運瀆，北連後河。」謝鍾英曰：「方輿紀要：破岡瀆在句容縣東南二十五里，至丹陽縣西南，六朝時轉輸運道也。吳赤烏八年，鑿句容中道至雲陽西城，以通吳會舡艦，上下凡一十四埭。鍾英按，此鑿茅山之麓以通運道也，今亦名運河。王鳴盛曰：太平御覽引吳志：岑昬鑿丹徒至雲陽，杜野、小辛閒，皆斬絶陵襲，施力艱辛。杜野屬丹陽，小辛屬曲阿，今水道自常州府城外經奔牛、吕城以至鎮江府丹陽縣城外，自此再西北行至府治丹徒縣城外入江，大約即孫權所鑿。至今此道舟行，望兩岸高如山，正所云斬絶陵襲者。小其當作小辛，傳寫誤也。鍾英按，孫權傳明言自句容至雲陽，不云自雲陽至丹徒。岑昬鑿丹徒至雲陽，或別一事，與陳勳所鑿無涉。王氏因小其、小辛牽合爲一，以丹陽至鎮江運河當之，誤甚。」又云：「小其自句容縣至丹陽縣之運河。」

九年春二月，車騎將軍朱然征魏相中，〔一〕斬獲千餘。夏四月，武昌言甘露降。秋九月，以驃騎將軍步騭爲丞相，車騎朱然爲左大司馬，衛將軍全琮爲右大司馬，鎮南吕岱爲上大將軍，〔二〕威北將軍諸葛恪爲大將軍。〔三〕

江表傳曰：是歲，權詔曰：「謝宏往日陳鑄大錢，云以廣貨，故聽之。今聞民意不以爲便，其省息之，鑄爲器物，官勿復出也。私家有者，敕以輸藏，計畀其直，勿有所枉也。」

〔一〕祖中距襄陽城一百五十里，南漳縣東南六十里，見魏志齊王紀正始二年。胡三省曰：「祖，讀如祖。楊正衡側瓜翻。」

〔二〕錢大昭曰：「此篇雖爲列傳，當從本紀之例，不可不謹嚴齊整。驃騎、車騎、鎮南下皆當有將軍二字。又三嗣主傳太平元年驃騎呂據、車騎劉纂、鎮南朱異，永安七年鎮軍陸抗、撫軍步協，亦不應省將軍二字。」弼按：通鑑有「將軍」二字。

〔三〕呂岱傳：「權分武昌爲兩部，岱督右部，自武昌上至蒲圻，遷上大將軍。」通鑑：「吳主分荊州爲二部，以呂岱督右部，諸葛恪督左部，代陸遜鎮武昌。」趙一清曰：「方輿紀要卷七十六：赤烏九年，分武昌爲兩部，自武昌至蒲圻爲右部，始置蒲圻縣。以湖畔多蒲，故名也。」

十年春正月，右大司馬全琮卒。〔一〕

江表傳曰：是歲，權遣諸葛壹僞叛以誘諸葛誕，誕以步騎一萬迎壹於高山。權出涂中，遂至高山，潛軍以待之。誕覺而退。〔二〕

二月，權適南宮。三月，改作太初宮，〔三〕諸將及州郡皆義作。〔四〕

江表傳載權詔曰：「建業宮乃朕從京來〔五〕所作將軍府寺耳，材柱率細，皆以腐朽，常恐損壞。今未復西，可徙武昌宮材瓦，更繕治之。」有司奏言曰：「武昌宮已二十八歲，〔六〕恐不堪用，宜下所在，通更伐致。」〔七〕權曰：「大禹以卑宮爲美，今軍事未已，所在多賦，若更通伐，妨損農桑。徙武昌材瓦，〔八〕自可用也。」〔九〕

夏五月，丞相步騭卒。〔一〇〕冬十月，赦死罪。

〔一〕琮傳云琮十二年卒，此云十年卒，未知孰是。

〔二〕趙一清曰：「滁州高山，惟州西北二十二里清流山最爲險峻，南唐於此置清流關，今行旅猶稱關山，疑是史所謂涂中高山也。」吴增僅曰：「高山今地未詳，當近東城，今滁州定遠閒也。」謝鍾英曰：「高山在今盱眙、來安閒。」弼按：涂中見後十三年涂塘注。涂水今六合縣瓦梁堰，見魏志王淩傳。當時魏、吴進兵，在今六合、滁州之閒，自以趙説爲是。謝云在盱眙、來安閒，吴兵或未至此也。

〔三〕胡三省曰：「晉太康地記曰：吴有太初宫，方三百丈。」杭世駿曰：「建康宫闕傳云：赤烏殿在縣東北五里，吴昭明宫内。制度上應星宿，求所以永安也。又曰：太初宫中有神龍殿，去縣三里。左太沖吴都賦云：抗神龍之華殿，施榮楯而捷獵。」

〔四〕胡三省曰：「以下奉上，義當助作宫室。」趙一清曰：「方輿紀要卷二十：南宫在秦淮上，吴太子宫也。吴大帝遷都建業，徙武昌宫室材瓦繕太初宫，其正殿曰神龍，中門曰公車，中門之東曰昇賢，又東曰左掖，中門之西曰明揚，又西曰右掖。又東面門曰蒼龍，西面門曰白虎，北面門曰玄武。繼又於宫中作臨海、赤烏等殿，彎碕、臨硎等門。左思吴都賦云：抗神龍之華殿，施榮楯而捷獵，崇臨海之崔嵬，飾赤烏之韡曄。東西膠葛，南北峥嵘，房櫳對櫎，連閣相經。閽闥譎詭，異出奇名，左稱彎碕，右號臨硎。」

〔五〕京即京城，今江蘇鎮江府丹徒縣治，見孫策傳。

〔六〕胡三省曰：「吴以漢獻帝建安二十四年都武昌，至是已二十八年。」朱邦衡曰：「權於黃武元年前一年自公安都鄂，至是凡二十七年。宋本二作一，誤。」

〔七〕胡三省曰：「伐致，謂伐材木而致之；通者，凡吴境内悉然也。」

〔八〕毛本「徙」作「徒」，誤。

〔九〕或曰：「權老而無遠志，然不妄費，亦治小之宜。」

〔一〇〕隲傳作十一年卒。

十一年春正月，朱然城江陵。二月，地仍震。〔一〕

江表傳載權詔曰：「朕以寡德，過奉先祀，莅事不聰，獲譴靈祇，夙夜祗戒，若不終日。羣僚其各屬精，思朕過失，勿有所諱。」

三月，宮成。〔二〕夏四月，雨雹，雲陽言黄龍見。〔三〕五月，鄱陽言白虎仁。〔四〕

瑞應圖曰：〔五〕白虎仁者，王者不暴虐，則仁虎不害也。

詔曰：「古者聖王積行累善，修身行道，以有天下，故符瑞應之，所以表德也。朕以不明，何以臻兹？書云『雖休勿休』，〔六〕公卿百司，其勉修所職，以匡不逮。」

〔一〕趙一清曰：「晉書五行志：二月，江東地仍震。是時權聽讒，尋出朱據，廢太子。又天文志：二月白虹貫日，權發詔戒懼。」弼按：出朱據，廢太子和皆赤烏十三年事，與赤烏十一年之地震何涉？趙氏屢引天文、五行、符瑞諸志，無當也。

〔二〕太初宮成也。

〔三〕雲陽即曲阿，今江蘇鎮江府丹陽縣治，見孫策傳。趙一清曰：「宋書符瑞志：黄龍又見武陵吴壽，光色炫燿。」

〔四〕鄱陽見前建安八年。梁章鉅曰：「仁疑當作見，恐因注中有白虎仁字而誤。」周壽昌曰：「赤烏六年書新都白虎見，無注；此書白虎仁而注引瑞應圖，以釋仁之爲瑞，下詔又云云，亦以明白虎仁爲瑞之故，是此書不誤也。」

〔五〕隋志子部五行類：「瑞應圖二卷。」

〔六〕尚書吕刑之辭。孔傳云：「雖見美，勿自謂有德美。」

十二年〔一〕春三月，左大司馬朱然卒。四月，有兩烏銜鵲墮東館。丙寅，驃騎將軍朱據領丞相，燎鵲以祭。〔二〕

吳録曰：六月戊戌，寶鼎出臨平湖。〔三〕八月癸丑，白鳩見於章安。〔四〕

〔一〕魏嘉平元年。

〔二〕梁章鉅曰：「晉書五行志中云：是時權意溢德衰，信讒好殺，二子將危，將相俱殆，覩妖不悟，加之以燎，昧道之甚。明年太子和廢，魯王霸賜死，朱據左遷，陸議憂卒，是其應也。」

〔三〕洪亮吉曰：「鹽官縣有臨平湖，吳録：湖自漢末草穢塞壅，至吳天璽元年復開，俄而晉平吳。」謝鍾英曰：「孫晧傳：天璽元年，吳郡臨平湖開。水經注：浙江又東合臨平湖，湖水上通浦陽江，下注浙江，名曰東江。寰宇記：鹽官縣西五十里。」胡三省曰：「今臨安府仁和縣界有臨平鎮，在臨安府城西北四十八里。」方輿紀要：「臨平山在杭州府東北六十里，臨平湖在山東南五里。」通志：「湖在仁和縣東長樂鄉，僅存小河，今上塘河是也。」

〔四〕章安，今浙江台州府臨海縣東一百十五里；章安市見前黃武四年。趙一清曰：「宋書符瑞志：寶鼎又出東郡鄮縣。又云：孫權時，靈龜出會稽章安。」

十三年夏五月，日至，熒惑入南斗；〔一〕秋七月，犯魁第二星而東。八月，丹陽、句容及故鄣、寧國諸山崩，鴻水溢。〔二〕詔原逋責，給貸種食。廢太子和，處故鄣；魯王霸賜死。〔三〕冬十月，魏將文欽僞叛以誘朱異，權遣呂據就異以迎欽。異等持重，欽不敢進。十一月，立子亮爲太子。遣軍十萬作堂邑涂塘，以淹北道。〔四〕十二月，魏大將軍王昶圍南郡，〔五〕荆州刺史王基攻西陵，〔六〕遣將軍戴烈、陸凱往拒之，〔七〕皆引還。〔八〕

庚闡揚都賦注曰：〔九〕烽火以炬置孤山頭，皆緣江相望，或百里，或五十、三十里，〔一〇〕寇至則舉以相告，一夕可行萬里。孫權時，合暮舉火於西陵，鼓三竟，達吳郡南沙。〔一一〕

是歲，神人授書，告以改年、立后。〔一二〕

〔一〕魏志王淩傳作「熒惑守南斗」，又見宋書天文志。趙一清曰：「晉書天文志：案占：熒惑入南斗，三月吳王死。一曰：熒惑逆行，其地有死君。太元二年權薨，是其應也。」

〔二〕丹陽今安徽太平府當塗縣東少北五十里，見孫策傳。句容今江蘇江寧府句容縣治，見前赤烏八年。郡國志：「揚州丹陽郡故鄣。」劉昭注：「秦鄣郡所治。」師古曰：「鄣音章。」王先謙曰：「三國吳改屬吳興郡。」謝鍾英曰：「朱治封故鄣侯，治傳云丹陽故鄣人，係仍舊言之。」一統志：「故鄣故城，今浙江湖州府安吉縣西北十五里。」宋書州郡志：「宣城太守寧國令，吳立。」方輿紀要：「今安徽寧國府寧國縣治。」趙一清曰：「晉書五行志：劉歆以爲國主山川，山崩川竭，亡之徵也。後二年而權薨，又二十六年而吳亡。」

〔三〕詳見孫和、孫霸傳。裴松之云：「孫權立和而復寵霸，坐生亂階，自搆家禍，方之袁紹、劉表，昏悖甚矣。」

〔四〕郡國志：「廣陵郡堂邑，故屬臨淮，有鐵，春秋時曰堂。」一統志：「堂邑故城，今江蘇江寧府六合縣北。」胡三省曰：「堂邑縣，前漢屬臨淮郡，後漢屬廣陵郡，魏、吳在兩界之閒爲棄地。」李賢曰：「堂邑，今揚州六合縣。」杜佑曰：「揚州六合縣，春秋楚之棠邑，漢爲堂邑。」淹北道以絶魏兵之窺建業，吳主老矣，良將多死，爲自保之規摹而已。」魏志王淩傳：「嘉平三年春，吳賊塞涂水。」胡三省曰：「涂水即堂邑涂塘。涂，讀曰滁。」謝鍾英曰：「元和志：滁州即滁中，滁水在全椒縣南六十里，源出廬州梁縣，東流經滁州六合縣至瓜步入大江。王厚齋曰：涂塘即六合縣瓦梁堰，水曰涂河。鍾英按，六合縣西五十五里，西距滁州八十五里。」吳增僅曰：「寰宇記云：慎縣東北六十四里有滁陽城，吳赤烏十三年，孫權遣兵斷涂作堰，以淹北道，遂築此城爲守備。考慎縣今廬州府東北，堂邑今六合，相距太遠，不合事實。且吳不能有合肥，豈能越境築此城乎？惟今滁州東有滁陽驛，當即吳滁陽城，其地近出古磚，有赤烏字，亦可證也。」趙一清曰：「方輿紀要卷二十：六合縣春秋時楚之棠邑，三國時爲吳、魏分界處，有瓦梁壘在縣西五十五里，亦曰瓦梁堰，即涂塘也。堰上有瓦梁城，即孫權屯兵處。一清案，棠、堂古通；涂，音除。」

〔五〕是時王昶爲征南將軍，非大將軍也。魏志齊王紀及昶傳可證。

〔六〕西陵即夷陵，今湖北宜昌府東湖縣，東吳改曰西陵，屬宜都郡，見魏志文紀黃初三年。

〔七〕趙一清曰：「晉書戴若思傳：若思，廣陵人。祖烈，吳左將軍。」

〔八〕是役爲王昶所破，見魏志齊王紀嘉平二年及昶傳。

〔九〕晉書文苑傳：「庾闡字仲初，潁川鄢陵人。闡好學，九歲能屬文，拜給事中，領著作，作揚都賦，爲世所重。」隋志：「晉給事中庾闡集九卷，梁十卷，録一卷。」世説文學篇曰：「庾闡始作揚都賦，道温、庾云：『温挺義之標，庾作民之望，方響則金聲，比德則玉亮。』庾公聞賦成，求看，兼贈貺之。闡更改望爲儁，以亮爲潤云。」注中興書曰：「爲揚都賦，邈絶當時。」文學篇又曰：「庾仲初作揚都賦成，以呈庾亮，亮以親族之懷，大爲其名價云可三二京、四三都。於是人人競寫，都下紙爲之貴。」吳志孫權傳注、水經沔水注、世説文學篇注、文選月賦注、書鈔、類聚、初學記、御覽均引揚都賦。晉書曹毗傳：「毗著揚都賦，亞於庾闡。」藝文類聚六十一引庾闡揚都賦注，嚴可均曰：「庾闡揚都賦注，未審他人爲之注，抑闡自注也。」

〔一〇〕類聚、御覽作「或五十里，或三十里」。

〔一一〕宋書州郡志：「晉陵太守、南沙令，本吳縣，司鹽都尉署。」隋書地理志：「吳郡領常熟縣，舊曰南沙。」一統志：「南沙廢縣，在今江蘇蘇州府常熟縣西北。」

〔一二〕顧千里曰：「此等矯誣之事，宜詳著其實，否則不書可也。」

太元元年〔一〕夏五月，立皇后潘氏，大赦，改年。初，臨海羅陽縣有神，〔二〕自稱王表。

吴録曰：羅陽，今安固縣。

周旋民閒，語言飲食，與人無異，然不見其形。又有一婢，名紡績。是月，遣中書郎李崇齎輔國將軍羅陽王印綬迎表，表隨崇俱出，與崇及所在郡守令長談論。崇等無以易。所歷山川，輒遣婢與其神相聞。秋七月，崇與表至，權於蒼龍門外爲立第舍，〔三〕數使近臣齎酒食往。表説水旱小事，往往有驗。〔四〕

孫盛曰：盛聞國將興，聽於民；國將亡，聽於神。權年老志衰，讒臣在側，廢適立庶，以妾爲妻，可謂多涼德矣。而僞設符命，求福妖邪，將亡之兆，不亦顯乎！

秋八月朔，大風，江海涌溢，平地深八尺，吴高陵松柏斯拔，〔五〕郡城南門飛落。〔六〕冬十一月，大赦。權祭南郊〔七〕還，寢疾。

吴録曰：權得風疾。

十二月，驛徵大將軍恪，拜爲太子太傅。〔八〕詔省繇役，減征賦，除民所患苦。

〔一〕魏嘉平三年，權年七十。梁章鉅曰：「藝文類聚卷九十九祥瑞部引吴歷云：吴王爲神王表立廟蒼龍門外，有兩足烏銜一鵲置神座前，或得神書説改號之意，乃改赤烏爲大元。」弼按：改元在五月，迎王表在七月，吴歷誤。

〔二〕臨海郡治章安，見前黄武四年。趙一清曰：「宋書州郡志：臨海太守，本會稽東部都尉，孫亮太平二年立。此云臨海羅陽縣，蓋史家追書之。又永嘉太守，領縣五。安固令，吴立曰羅陽，孫晧改曰安陽。晉太康元年更名。」謝鍾英曰：「臨海郡立於孫亮太平二年，而太元元年稱臨海羅陽，係史家駁文，不得因是疑臨海爲孫權所置郡。羅陽，晉改安固。寰宇記瑞安縣也。方輿紀要：今浙江温州府瑞安縣治。」

〔三〕蒼龍門，吳建業宮之東門也。

〔四〕周壽昌曰：「蜀之亡也，因黄晧信鬼巫邪説，不肯設備；魏明帝之將崩也，則有壽春農民妻自言爲天神所下，飲水治疾，卒以治帝無驗，殺之。不踰年帝崩。今吳復有王表一事，踰年而大帝崩，吳亦隨以亡矣。國將亡，聽於神，古語真不可易。足見桓王之殺于吉，不媿一代英雄。」

〔五〕孫堅墓曰高陵。侯康曰：「晉書五行志上：權時信納僭訴，雖陸遜勳重，子和儲貳，猶不得其終，與漢安帝聽讒免楊震、廢太子同事也。且赤烏中無年不用兵，百姓愁怨，八年秋，將軍馬茂等又圖逆，此其應矣。」趙一清曰：「宋書五行志：拔高陵樹二株，石碑蹉動。案華覈對，役繁賦重，區瞀不叡之罰也。明年，權薨。」

〔六〕吳郡城也。

〔七〕侯康曰：「宋書禮志一：孫權始都武昌及建業，不立郊兆，至末年太元元年十一月，祭南郊，其地今秣陵縣南十餘里郊中是也。又禮志三：何承天曰：權建號繼天，而郊享有闕，固非也。末年雖一南郊，而遂無北郊之禮。案環氏吳紀：權思崇嚴父配天之義，追上父堅尊號爲吳始祖。如此説，則權末年所郊，堅配天也。」周壽昌曰：「通典四十二禮二注：孫權初稱尊號於武昌，祭南郊，告天用玄牡。後自以非土中不修設。末年南郊，追上父堅尊號爲吳始祖以配天。則宋書禮志所引環氏吳紀之語，當在此年。」

〔八〕詳見恪傳。

二年〔一〕春正月，立故太子和爲南陽王，居長沙；子奮爲齊王，居武昌；子休爲琅邪王，居虎林。〔二〕二月，大赦，改元爲神鳳。皇后潘氏薨。〔三〕諸將吏數詣王表請福，表亡去。夏四月，權薨，〔四〕時年七十一，〔五〕謚曰大皇帝。〔六〕秋七月，葬蔣陵。〔七〕

傅子曰：孫策爲人，明果獨斷，勇蓋天下。以父堅戰死，少而合其兵將以報讎。轉鬬千里，盡有江南之地，誅其名豪，威行鄰國。及權繼其業，有張子布以爲腹心，有陸遜、諸葛瑾、步騭以爲股肱，有呂範、朱然以爲爪牙，分任授職，乘間伺隙，兵不妄動，故戰少敗而江南安。

〔一〕沈家本曰：「是年既改元爲神鳳，則此文二年當改書神鳳元年。乃仍承太元稱二年，似於史例不合。」

〔二〕胡三省曰：「虎林濱大江，吴置督守之。其後孫綝遣朱異自虎林襲夏口，兵至武昌，而夏口督孫壹奔魏，則虎林又在武昌之下。」弼按：虎林督朱熊，見孫綝傳。一統志：「武林城在今安徽池州府貴池縣西六十五里。吴孫休居虎林，諸葛恪不欲諸王在濱江兵馬之地，徙休於丹陽。其後陸胤、何遜並爲虎林督。」弼按：遜當作邈，互見妃嬪傳何姬傳。

〔三〕詳見妃嬪傳。

〔四〕錢大昕曰：「蜀志稱先主、後主而不名，吴主權、亮、休、晧皆斥其名；蜀先主稱殂，而吴主稱薨，此承祚書法之別也。」

〔五〕權疾困，召諸葛恪、孫弘、滕胤、呂據、孫峻屬以後事，見諸葛恪傳。

〔六〕沈約曰：「謚大，謚法所不載。」

〔七〕趙一清曰：「寰宇記卷九十：陵在上元縣東北蔣山八里。丹陽記：蔣陵因山爲名，蔣山古曰金陵山，亦曰鍾山。吴大帝時，有蔣子文發神異於此，封子文爲蔣侯，改曰蔣山，子文事見搜神記及幽明録。」梁章鉅曰：「藝文類聚卷七引山謙之丹陽記云：京師南北並有連嶺，而蔣山獨隆崛峻異，其形象龍，實揚都之鎮也。孫權葬山南，因山爲名，號曰蔣陵。」潘眉說同。弼按：一統志：「吴大帝蔣陵在江寧府上元縣東北十五里鍾山南麓，鍾山在上元縣東北朝陽門外。諸葛亮曾使建業，謂孫權曰：鍾山龍蟠。其後權避祖諱，改名蔣山。」

評曰：孫權屈身忍辱，任才尚計，有句踐之奇，〔一〕英人之傑矣。故能自擅江表，成鼎峙

之業。〔二〕然性多嫌忌，果於殺戮，暨臻末年，彌以滋甚。至于讒説殄行，胤嗣廢斃，

馬融注尚書曰：殄，絶也，絶君子之行。

豈所謂貽厥孫謀以燕翼子者哉！〔三〕其後葉陵遲，遂至覆國，未必不由此也。

臣松之以爲孫權横廢無罪之子，雖爲兆亂，然國之傾覆，自由暴晧。若權不廢和，晧爲世適，終至滅亡，有何異哉！此則喪國由於昏虐，不在於廢黜也。設使亮保國祚，休不早死，則晧不得立；晧不得立，則吴不亡矣。〔四〕

〔一〕唐庚曰：「吴之受爵，乃由與蜀相攻，恐魏議其後耳。陳壽乃以句踐比之，句踐未嘗受吴封爵也。」弼按：史記越王句踐世家：句踐使大夫種行成於吴，膝行頓首曰：句踐請爲臣，妻爲妾。又按吴越春秋云：越王句踐五年五月與大夫種、范蠡入臣於吴，於是入吴見夫差，稽首再拜稱臣。此與受封爵何異？竊謂有句踐之志則可，無句踐之志則終爲奴虜而已。南宋其已事也。仲謀操縱其閒，以江東而抗衡大國。承祚方之句踐，其信然矣。

〔二〕王鳴盛曰：「孫權稱臣事魏已久，及黄武元年春，大破蜀，劉備奔走，勢愈强盛，則魏欲與盟而不受。九月，魏兵來征，又卑辭上書，求自改悔，乞寄命交州，乃隨又改年，臨江拒守，彼此互有殺傷，不分勝負。十二月，又通聘於蜀，乃既和於蜀，又不絶於魏，且業已改元，而仍稱吴王。五年令曰，北虜縮竄，方外無事，乃益務農畝。稱帝之舉，直隱忍以至魏明帝太和三年而後發。反覆傾危，惟利是視，用柔勝剛，陰謀狡猾，史評以句踐相比，非虚語也。」

〔三〕何焯曰：「總上嫌忌殺戮言之，承祚蓋謂晧之昏虐，此其貽謀也。」

〔四〕郝經曰：「東漢之衰，孫權承父兄之烈，尊禮英賢，撫納豪右，誅黄祖，走曹操，襲關侯，遂奄有荆、揚。今年出濡須，明年戰合肥，巋然勢常北嚮，而以守爲攻，稱臣于魏，結援于漢，始忍句踐之辱，終爲熊通之譖，保據江淮，奄征南海，卒與漢、魏鼎峙而立，先起而後亡，非惟智勇足抗衡，亦國勢便利然也。」

吴書三

三嗣主傳第三

孫亮字子明，權少子也。權春秋高，而亮最少，故尤留意。姊全公主嘗譖太子和子母，心自不安，〔一〕因倚權意，欲豫自結，數稱述全尚女，勸爲亮納。〔二〕赤烏十三年，和廢，權遂立亮爲太子，以全氏爲妃。

〔一〕宋本作「心不自安」。

〔二〕官本考證曰：「御覽作勸權爲亮納爲妃。」弼按：從本傳爲是，觀上下文自知。

太元元年夏，亮母潘氏立爲皇后。冬，權寢疾，徵大將軍諸葛恪爲太子太傅，會稽太守滕胤爲太常，並受詔輔太子。明年四月，權薨，太子即尊號，〔一〕大赦，改元。是歲，於魏嘉平四年也。

〔一〕何焯校改「號」作「位」。胡三省曰：「即位時年十歲。」

閏月，〔一〕以恪爲帝太傅，胤爲衛將軍領尚書事，上大將軍吕岱爲大司馬，諸文武在位皆進爵班賞，宂官加等。冬十月，太傅恪率軍遏巢湖，〔二〕城東興，〔三〕使將軍全端守西城，都尉留略守東城。〔四〕十二月朔丙申，大風雷電，魏使將軍諸葛誕、胡遵等步騎七萬圍東興，將軍王昶攻南郡，毌丘儉向武昌。甲寅，恪以大兵赴敵。戊午，兵及東興，交戰，大破魏軍，殺將軍韓綜、桓嘉等。〔五〕是月，雷雨，天災武昌端門；改作端門，又災内殿。〔六〕

臣松之案：孫權赤烏十年，詔徙武昌宫材瓦，以繕治建康宫，而此猶有端門、内殿。

吴録云：〔七〕諸葛恪有遷都意，更起武昌宫，今所災者，恪所新作。

〔一〕何焯曰：「改元下脱建興二字。以後永安元年例之，則閏月上脱建興元年，或尚有他文，未可知也。」錢大昕説同。李龍官曰：「未有嗣君改元而不書其紀元之理。」潘眉曰：「是年改元爲建興。諸葛恪以建興元年作東興隄，陸抗以建興元年拜奮威將軍，即此年也。御覽一百十八引吴志：大赦，改元建興元年。然則宋本有建興元年四字，今本譌脱耳。」沈家本曰：「大赦，改元，應在閏月之上。御覽删是歲一句，故與改元相接。」趙一清曰：「晉書五行志：建興元年九月，桃李華。鼎録云：孫亮建興元年於武昌鑄一鼎，其文曰鎮山鼎，小篆書，三足。」杭世駿曰：「中華古今注云：孫亮作金螭屏風，鏤作瑞應圖，一百二十種之祥物也。」

〔二〕原注：「巢，音祖了反。」巢湖在今安徽廬州府巢縣西十里，詳見魏志武紀建安二十二年及明紀青龍二年。潘眉曰：「郡縣志：巢湖在巢縣西五十里，周迴五百里，南出於東關口合肥界，東南有石渠，鑿山通水，是名關口，一號東興。其地高峻險狹，實守阨之所，天下有事，是必爭之地。」

〔三〕東興今安徽和州含山縣西南七十里，濡須塢之北，與廬州府巢縣接界，詳見魏志齊王紀嘉平四年。

〔四〕胡三省曰：「留，姓也。漢功臣表有彊圉侯留(盼)〔肦〕。姓譜曰：衞大夫留封人之後，漢末避地會稽，遂居東陽，爲郡豪族。」

〔五〕此所謂東關之役也，互見魏志齊王紀嘉平四年及注引漢晉春秋，又詳見本志諸葛恪傳。韓綜事見孫權傳黃武六年，又見韓當傳。

〔六〕侯康曰：「晉書五行志上云：門者，號令所出；殿者，聽政之所。是時諸葛恪執政，而矜慢放肆，孫峻總禁旅而險害終著。武昌，孫氏尊號所始，天戒若曰，宜除其貴要之首者。恪果喪衆殄人，峻授政於綝，綝廢亮也。或曰：孫權毀徹武昌，以增太初宮，諸葛恪有遷都意，更起門殿，事非時宜，故見災也。」

〔七〕元本、馮本「吴」作「實」，誤。

二年〔一〕春正月丙寅，立皇后全氏，大赦。庚午，王昶等皆退。二月，軍還自東興，大行封賞。三月，恪率軍伐魏；夏四月，圍新城，〔二〕大疫，兵卒死者大半。〔三〕秋八月，恪引軍還。〔四〕冬十月，大饗。武衞將軍孫峻伏兵殺恪於殿堂。大赦。以峻爲丞相，封富春侯。〔五〕十一月，有大鳥五，見于春申，〔六〕明年，改元。〔七〕

〔一〕趙一清曰：「刀劍録：孫亮以建興二年鑄一劍，文曰流光，小篆書。寰宇記卷一百十二：鳳棲山在鄂州武昌縣西北二百二十五里，吴建興年中，鳳皇降此山，因名。山有石鼓，鳴則雨。」

〔二〕合肥新城也。

〔三〕宋本、毛本「大」作「太」。

〔四〕詳見恪傳。

〔五〕富春見孫堅傳。

〔六〕趙一清曰：「史記春申君傳：考烈王元年，以黄歇爲相，封春申君，賜淮北地十二縣。後歇請封於江東，因城故吴墟，以爲都邑。一清案，春申本以蕲春、申息得名，至徙江東城故吴墟，則今蘇州也。松江之黄浦，一名春申浦，蓋亦以歇得名。」

〔七〕陳景雲曰：「黄龍二年，會稽言嘉禾生，改明年元。孫晧建衡三年，西苑言鳳皇集，改明年元。此亦當作改明年元。」

五鳳元年〔一〕夏，大水。〔二〕秋，吴侯英謀殺峻，覺，英自殺。〔三〕冬十一月，星茀于斗、牛。〔四〕

江表傳曰：是歲交阯稗草化爲稻。〔五〕

〔一〕魏正元元年。

〔二〕趙一清曰：「晉書五行志：夏大水。亮即位四年，乃立權廟，又終吴之世，不上祖宗之號，不修嚴父之禮，昭穆之數有闕。亮及休、晧又並廢二郊，不秩羣神，此簡宗廟不祭祀之罰也。又是時孫峻專政，陰勝陽之應乎！」

〔三〕英爲太子登次子，封吴侯，見登傳。司馬桓慮謀殺峻立英，事覺，見殺，見登傳注引吴歷。

〔四〕趙一清曰：「此即王肅所指蚩尤之旗也。占驗在魏正元元年。」

〔五〕趙一清曰：「晉書五行志：是六月占曰：昔三苗將亡，五穀變種，此草妖也。其後亮廢。」

二年春正月，魏鎮東將軍毌丘儉、前將軍文欽以淮南之衆西入，戰于樂嘉。〔一〕閏月壬辰，峻及驃騎將軍吕據、左將軍留贊率兵襲壽春，〔二〕軍及東興，聞欽等敗。壬寅，兵進于槖皋，〔三〕欽詣峻降，淮南餘衆數萬口來奔。魏諸葛誕入壽春，峻引軍還。二月，及魏將軍曹珍遇于高亭，〔四〕交戰，珍敗績。留贊爲誕别將蔣班所敗於菰陂，〔五〕贊及將軍孫楞、蔣修等皆遇害。三月，使鎮南將軍朱異襲安豐，〔六〕不克。秋七月，將軍孫儀、張怡、林恂等謀殺峻，〔七〕發覺，儀自殺，恂等伏辜。陽羨離里山大石自立。〔八〕使衛尉馮朝城廣陵，〔九〕拜將軍吴穰爲廣陵太守，留略爲東海太守。〔一〇〕是歲，大旱。十二月，作太廟。〔一一〕以馮朝爲監軍使者，督徐州諸軍事，民饑，軍士怨畔。

〔一〕樂嘉在今河南陳州府商水縣東北四十里，見魏志高貴鄉公紀正元二年。

〔二〕壽春今安徽鳳陽府壽州治。

〔三〕胡三省曰：「橐皋在廬江居巢縣。春秋會吴于橐皋，即其地。今曰柘皋，在濡須北。余按班志，橐皋縣屬九江郡。孟康音拓姑。杜預曰：橐皋在淮南逡遒縣東南。陸德明云：橐，章夜翻，又音託。」一統志：「橐皋故城今安徽廬州府巢縣西北。」方輿紀要：「今巢縣西北六十里拓皋鎮。」謝鍾英曰：「縣，漢末所立，魏、吴境上爲隙地。」

〔四〕謝鍾英曰：「高亭當與橐皋相近。」

〔五〕元本、馮本脱去「贊爲」二字，誤。留贊事見孫峻傳注引吴書，又見魏志諸葛誕傳。

〔六〕安豐在今安徽潁州府霍丘縣西南，見魏志齊王紀嘉平五年及王基傳、毌丘儉傳。

〔七〕何焯校改「張」作「孫」，弼按：通鑑作張怡。

〔八〕陽羨離里山見孫權傳卷首，又見孫晧傳天璽元年。潘眉曰：「離里當爲離墨，古仙人名也。離墨山一名國山。張壽昌曰：明統志：國山本名離墨山，有九岑相連，亦名陞山。沈敕荆溪外紀云：孫亮五鳳二年，離墨山大石自立。慎蒙名山紀勝云：離墨山石，無故自立。並作離墨。」趙一清曰：「宋書五行志引京房易傳云：庶士爲天子之祥也。其説曰：石立於山，同姓，平地異姓。干寶以爲孫晧承廢故之家得位，其應也。或曰孫休見立之祥也。」

〔九〕馮朝子純，見妃嬪傳何姬傳注引江表傳。胡三省曰：「魏之廣陵郡，治淮陰，漢之廣陵廢而不治。」趙一清曰：「孫峻傳云：「峻欲城廣陵，朝臣知其不可城，而畏之莫敢言，惟滕胤諫止不從，而功竟不就。」一清案：廣陵城在揚州府城東北，秦置縣，漢因之。吳王濞都此。劉昭曰：「濞築廣陵城周十四里半，後江都國及廣陵國皆治焉。」後漢爲廣陵郡治，三國魏移郡治淮陰，而以故城爲邊邑，後入於吳。晉滅吳，廣陵郡仍治淮陰。宋書州郡志：「臨淮太守屬縣廣陵令，前漢屬泗水，後漢屬廣陵。三國時廢，太康二年又立，屬廣陵。」然則吳時始終不得居其城邑，吳穰爲太守，亦虛有其號耳。」

〔一〇〕趙一清曰：「孫晧傳是南海太守，且東海郡屬徐州，吳時亦不得有其地，此東海是南海之誤。」弼按：孫晧傳作劉略。

〔一一〕通鑑：「初，吳大帝不立太廟，以武烈嘗爲長沙太守，立廟於臨湘，使太守奉祠而已。冬十二月，始作太廟於建業，尊大帝爲太祖。」胡注：「吳大帝謚其父堅曰武烈皇帝，長沙郡治臨湘縣。」

太平元年〔一〕春

吳歷曰：正月，爲權立廟，〔二〕稱太祖廟。〔三〕

二月朔，建業火。峻用征北大將軍文欽計，將征魏。八月，先遣欽及驃騎呂據、車騎劉纂、鎮南朱異、前將軍唐咨軍自江都入淮、泗。〔四〕九月丁亥，峻卒，以從弟偏將軍綝爲侍中、武衛將軍，領中外諸軍事，召還據等。聞綝代峻，大怒。〔五〕己丑，大司馬呂岱卒。壬辰，太白犯南斗。據、欽、咨等表薦衛將軍滕胤爲丞相，綝不聽。癸卯，更以胤爲大司馬，代呂岱駐武昌。據引兵還，欲討綝。綝遣使以詔書告喻欽、咨等，使取據。〔六〕冬十月丁未，遣孫憲及丁奉、施寬等以舟兵逆據於江都，〔七〕遣將軍劉丞督步騎攻胤，胤兵敗夷滅。己酉，大赦，改年。〔八〕辛亥，獲呂據於新州。〔九〕十一月，以綝爲大將軍，假節，封永康侯。〔一〇〕孫憲與將軍王惇謀殺綝，事覺，

綝殺惇，迫憲令自殺。十二月，使五官中郎將刁玄告亂于蜀。〔一一〕

〔一〕魏甘露元年。

〔二〕元本、馮本「權」作「鍾」。

〔三〕何焯曰：「吴歷作爲鍾立廟。孫堅父名鍾，見宋書志。然北宋諸本皆作權字。」弼按：孫堅傳注引吴録云：「尊堅廟曰始祖。」既尊堅爲始祖，自不得稱堅父鍾爲太祖也。周壽昌曰：「宋書禮志：正月，於宫東立權廟。既不在宫南，又無昭穆之序。案吴歷在此年，宋書則云亮即位之明年。」

〔四〕江都今江蘇揚州府江都縣西南，見孫策傳。胡三省曰：「江都縣屬廣陵郡，此自邗溝入淮，自淮入泗也。」

〔五〕陳浩曰：「按文義似應作召還據等，據等聞綝代峻，大怒。應重書據等二字。」趙一清曰：「聞字上落一據字。蓋不服者惟一吕據，故綝遣告欽、咨取之，而據獨受其敗也。」弼按：趙説是。通鑑作「召吕據等還」。

〔六〕馮本「喻」作「諭」。

〔七〕康發祥曰：「孫綝傳云：遣從兄慮將兵逆據於江都。逆據事一而人不同。且孫慮於嘉禾元年已卒，豈慮即憲字之訛邪？」弼按：當作憲，説見孫綝傳。

〔八〕或校改作「改元」，按後多稱「改年」。

〔九〕趙一清曰：「方輿紀要卷二十：新州今之珠金沙也，在江寧府北四十里，一云在京口西大江中。一清案，吕據及孫綝傳皆有逆據江都之文，則謂在京口西者近是。」沈家本曰：「據傳云據自殺，與此異。」弼按：或先獲據，而據後自殺。

〔一〇〕潘眉曰：「永康侯當依本傳作永寧侯，時張布封永康侯。永康，吴新立；永寧，漢舊縣，吴屬臨海。」

〔一一〕刁玄事見孫晧傳建衡三年。胡三省曰：「姓譜：刁姓，齊大夫豎刁之後。予按豎刁安得有後？漢書貨殖傳有刁間。」

二年〔一〕春二月甲寅，大雨，震電；乙卯，雪，大寒。〔二〕以長沙東部爲湘東郡，西部爲衡陽郡，〔三〕會稽東部爲臨海郡，〔四〕豫章東部爲臨川郡。〔五〕夏四月，亮臨正殿，大赦，始親政事。綝所表奏，多見難問，又科兵子弟年十八已下、十五已上，得三千餘人，〔六〕選大將子弟年少有勇力者爲之將帥。亮曰：「吾立此軍，欲與之俱長。」日於苑中習焉。

吳歷曰：亮數出中書，視孫權舊事，問左右侍臣：「先帝數有特制，〔七〕今大將軍問事，〔八〕但令我書可邪！」〔九〕亮後出西苑，方食生梅，〔一〇〕使黃門至中藏取蜜漬梅，〔一一〕蜜中有鼠矢，召問藏吏，藏吏叩頭。〔一二〕亮問吏曰：「黃門從汝求蜜邪？」吏曰：「向求，〔一三〕實不敢與。」黃門不服。侍中刁玄、張邠啓：「黃門、藏吏辭語不同，請付獄推盡。」亮曰：「此易知耳。」令破鼠矢，矢裏燥。〔一四〕亮大笑，謂玄、邠曰：「若矢先在蜜中，中外當俱溼，今外溼裏燥，必是黃門所爲。」黃門首服，左右莫不驚悚。

江表傳曰：亮使黃門以銀椀并蓋就中藏吏取交州所獻甘蔗餳。〔一五〕黃門先恨藏吏，以鼠矢投餳中，啓言藏吏不謹。亮呼吏持餳器入，問曰：「此器既蓋之，且有掩覆，無緣有此，黃門將有恨於汝邪？」吏叩頭曰：「嘗從某求宮中莞席，宮席有數，不敢與。」亮曰：「必是此也。」覆問黃門，具首伏。即於目前加髡鞭，斥付外署。

臣松之以爲鼠矢新者，亦表裏皆溼。黃門取新矢，則無以得其奸也。緣遇燥矢，故成亮之慧。〔一六〕然猶謂吳歷此言，不如江表傳爲實也。〔一七〕

〔一〕元本、馮本誤作「三年」，又誤不提行。

〔二〕侯康曰：「晉書五行志云：天戒若曰，爲君失時，賊臣將起。先震電而後雪者，陰見間隙，起而勝陽，逆弒之禍將成也。亮不悟，尋見廢。此與春秋魯隱同。」

〔三〕長沙郡治臨湘，見孫堅傳。晉書地理志：「湘東郡治酃。」宋書州郡志：「湘東太守，吳孫亮太平二年分長沙東部都尉立；衡陽內史，分長沙西部都尉立。」水經湘水注：「承水至湘東臨承縣北，東注于湘，謂之承口；臨承，即故酃縣也。縣即湘東郡治也。郡舊治在湘水東，故以名郡。」又云：「湘水又東北逕湘南縣東衡陽郡治，吳孫亮分長沙西部立治。晉湘南太守何承天徙治湘西矣。」一統志：「酃縣故城，今湖南衡州府清泉縣東十二里；湘南故城，今湖南長沙府湘潭縣西六十里。」

〔四〕會稽郡，治山陰，見孫堅傳。臨海郡，治章安，見孫權傳黃武四年、太元元年。

〔五〕豫章郡，治南昌，見孫策傳。宋書州郡志：「臨川內史，吳孫亮太平二年分豫章東部都尉立。」洪亮吉曰：「記纂淵海：吳臨川郡治南城。」一統志：「南城故城，今江西建昌府南城縣東南。」吳增僅曰：「此與朱然傳、周魴傳之臨川同名異地。詳見朱然傳、周魴傳。」

〔六〕胡三省曰：「科，程也。程其長短小大也。或曰科當作料，音聊；量度也。」

〔七〕胡三省曰：「特制，謂特出上意，以手詔宣行也。」

〔八〕胡三省曰：「問事，猶言奏事；不言奏者，自卑挹之意。」

〔九〕胡三省曰：「書可，畫可也。」

〔一〇〕通鑑「方」作「嘗」。

〔一一〕胡三省曰：「中藏，中藏府也，掌幣帛金銀諸貨物。蜜，蜂糖也。藏，徂浪翻。」

〔一二〕宋本、馮本、毛本「叩」作「扣」，誤。

〔一三〕胡三省曰：「謂向者嘗求蜜也。」

〔一四〕通鑑「裹」作「中」。

〔一五〕宋本、馮本、毛本「錫」作「鍚」，誤。何焯曰：「此時已有甘蔗餳，而言唐時始自蜀僧作之，何其謬也。」

〔一六〕宋本、馮本「慧」作「惠」。官本考證曰：「今從毛本作慧。然晉、宋以下史，慧、惠多通用。」

〔一七〕梁章鉅曰：「此注傳聞異辭，而裴松之以爲鼠矢新者亦表裏皆溼，緣遇燥矢，故成亮之慧，則未見其必然也。」顧千里曰：「亮辨鼠矢燥溼，黄門本不料及此，况新矢豈倉卒可覓？松之此論苛矣。」

五月，魏征東大將軍諸葛誕以淮南之衆保壽春城，遣將軍朱成稱臣上疏，又遣子靚、長史吴綱諸牙門子弟爲質。〔一〕六月，使文欽、唐咨、全端等步騎三萬救誕。〔二〕朱異自虎林率衆襲夏口，〔三〕夏口督孫壹奔魏。秋七月，綝率衆救壽春，次于鑊里。〔四〕朱異至自夏口，綝使異爲前部督，與丁奉等將介士五萬解圍。八月，會稽南部反，殺都尉。鄱陽、新都民爲亂，〔五〕廷尉丁密、步兵校尉鄭胄、〔六〕將軍鍾離牧率軍討之。〔七〕朱異以軍士乏食引還，綝大怒，九月朔己巳，殺異於鑊里。辛未，綝自鑊里還建業。〔八〕甲申，大赦。十一月，全緒子禕、儀以其母奔魏。〔九〕十二月，全端、懌等自壽春城詣司馬文王。

〔一〕胡三省曰：「牙門諸將之子弟也。」

〔二〕馮本「三」作「二」，誤。

〔三〕虎林今安徽池州府貴池縣西，見孫權傳太元二年。夏口，今漢口，見魏志武紀建安十三年。

〔四〕胡三省曰：「後吴主責孫綝以留湖中，不上岸一步，則鑊里當在巢縣界。」方輿紀要：「今巢縣西北，瀕焦湖。」謝鍾英曰：「今拓皐東南，濱巢湖。」吴熙載曰：「今安徽廬州府巢縣。」

〔五〕鄱陽郡治鄱陽，見孫權傳建安八年；新都郡治始新，始新見孫權傳建安十三年及赤烏六年。新都郡在鄱陽郡之東，二郡連界。謝鍾英謂新都爲鄱陽屬縣，又云地缺，均誤。鍾離牧傳云「會建安、鄱陽、新都三郡山民作亂」，可證其爲郡，非縣也。

〔六〕毛本「步」誤作「部」，監本、官本「胄」誤作「曹」。鄭胄事見孫權傳赤烏二年注引文士傳。

〔七〕互見牧傳。

〔八〕胡三省曰：「壽春之圍已固，雖使周瑜、吕蒙、陸遜復生，不能解也。若孫綝能舉荆、揚之衆，出襄陽以向宛、洛，壽春城下之兵，必分歸以自救，諸葛誕、文欽等於此時決圍力戰，猶庶幾焉。」弼按：綝傳亦云「綝既不能拔出誕，而喪敗士衆，自戮名將，莫不怨之」。

〔九〕互見魏志鍾會傳。

三年春正月，諸葛誕殺文欽。三月，司馬文王克壽春，誕及左右戰死，將吏以下皆降。秋七月，封故齊王奮爲章安侯。〔一〕詔州郡伐宫材。〔二〕自八月沈陰不雨四十餘日。亮以綝專恣，與太常全尚、將軍劉丞〔三〕謀誅綝。九月戊午，綝以兵取尚，遣弟恩攻殺丞於蒼龍門外，召大臣會宫門，黜亮爲會稽王，時年十六。〔四〕

〔一〕章安見孫權傳黄武四年。

〔二〕馮本、毛本「宫」作「官」。

〔三〕孫綝傳作「劉承」，通鑑作「丞」。

〔四〕詳見孫綝傳。亮在位七年，即位時年僅十歲，孫權立此幼子當國，可謂老耄昏憒矣。亮爲會稽王二年，廢爲侯官侯，自殺。死時年十八。如不立爲帝，或不至速死，可哀也。

孫休字子烈，權第六子。〔一〕年十三，從中書郎射慈、郎中盛沖受學。〔二〕太元二年正月，封琅邪王，居虎林。〔三〕四月，權薨，休弟亮承統，諸葛恪秉政，不欲諸王在濱江兵馬之地，徙休於丹陽郡。太守李衡數以事侵休，休上書乞徙他郡，詔徙會稽。居數歲，夢乘龍上天，顧不見尾，覺而異之。孫亮廢，己未，孫綝使宗正孫楷與中書郎董朝迎休。〔四〕休初聞問，意疑，楷、朝具述綝等所以奉迎本意，留一日二夜，遂發。十月戊寅，行至曲阿，〔五〕有老公干休叩頭曰：〔六〕「事久變生，天下喁喁，〔七〕願陛下速行。」休善之。〔八〕是日，進及布塞亭。〔九〕武衛將軍恩行丞相事，率百僚以乘輿法駕迎於永昌亭，〔一〇〕築宮，以武帳爲便殿，設御坐。己卯，休至，望便殿止住，使孫楷先見恩。楷還，休乘輦進，羣臣再拜稱臣。休升便殿，謙不即御坐，止東廂。户曹尚書前即階下讚奏，丞相奉璽符。休三讓，羣臣三請，休曰：「將相諸侯咸推寡人，寡人敢不承受璽符。」羣臣以次奉引，休就乘輿，百官陪位。綝以兵千人迎於半野，〔一一〕拜於道側，休下車答拜。即日，御正殿，大赦，改元。是歲，於魏甘露三年也。〔一二〕

〔一〕孫權七子，登、慮、和、霸、奮、休、亮。南陽王夫人生休。

〔二〕陳景雲曰：「射慈疑謝慈，見孫奮傳裴注。慈爲碩儒，故休從受學。」錢大昭曰：「孫奮傳傅相謝慈，疑即此射慈也。射、謝古字通用。」李慈銘曰：「經典釋文序録：射慈字孝宗，彭城人，吴中書侍郎、齊王傅，著禮記音一卷。而孫奮傳云：傅相謝慈等諫奮，奮殺之。注云：慈字孝宗，彭城人，見禮論，撰喪服圖及變除行於世。奮初封齊王，是射慈、謝慈爲一人矣。陳氏景雲謂射氏系出北地，當孫吴之世，不聞有并、涼舊姓仕於江東者，當依孫奮傳作謝慈爲是。然陸氏何以亦作射慈，此當闕疑。」姚振宗曰：「廣韻射字注：射又姓。三輔決録曰：漢末，大鴻臚射咸本姓謝名服，天子以爲出征，姓謝名服不祥，改之爲射氏，名咸。今按吴志一作射慈，一作謝慈，自來傳寫莫衷一是。而射出於謝，從可知矣。」弼按：改謝爲射，見蜀志先主傳建安二十四年注，互見孫奮傳注。孫休死於永安七年，年三十，當生於嘉禾四年；年十三受學時，爲赤烏十年；太元二年封琅邪王時，年十八；即位時，年二十四。

〔三〕虎林見孫權傳。

〔四〕胡三省曰：「楷以吴同姓爲宗正，中書郎即晉中書侍郎之職。」

〔五〕曲阿，吴曰雲陽，今江蘇鎮江府丹陽縣治，見孫策傳。

〔六〕馮本、毛本「干」作「于」，誤。康發祥曰：「今人以閹人之老者爲老公，其本於此乎？」

〔七〕胡三省曰：「喁，魚容翻。師古曰：喁喁，衆口向上也。又相應和聲。」

〔八〕孫綝曰「初廢少主時，多勸吾自爲之者」。見綝傳。綝欲入宫，圖爲不軌，見虞翻傳注。所謂事久變生也。

〔九〕吴熙載曰：「（宜）〔亭〕在江蘇江寧府句容縣。」

〔一〇〕方輿紀要：「在江寧府東。」吴熙載曰：「在上元縣東。」

〔一一〕趙一清曰：「太平寰宇記卷九十云：土山在昇州上元縣南三十里，山無巖石，有林木臺觀娛游之所，即半野也。」

〔一二〕蜀景耀元年。

永安元年〔一〕冬十月壬午，詔曰：「夫褒德賞功，古今通義。其以大將軍綝爲丞相、荆州牧，增食五縣。〔二〕武衛將軍恩爲御史大夫、〔三〕衛將軍、中軍督，封縣侯。威遠將軍授〔四〕爲右將軍、縣侯。偏將軍幹雜號將軍、亭侯。〔五〕長水校尉張布輔導勤勞，以布爲輔義將軍，封永康侯。〔六〕董朝親迎，封爲鄉侯。」又詔曰：「丹陽太守李衡，以往事之嫌，自拘有司。夫射鉤斬袪，在君爲君，〔七〕遣衡還郡，勿令自疑。」〔八〕

襄陽記曰：衡字叔平，本襄陽卒家子也。漢末入吴，爲武昌庶民。聞羊衜有人物之鑒，〔九〕往干之。衜曰：「多事之世，尚書劇曹郎才也。」是時校事呂壹〔一〇〕操弄權柄，大臣畏偪，莫有敢言。衜曰：「非李衡無能困之者。」遂共薦爲郎。權引見，衡口陳壹奸短數千言，權有愧色。數月，壹被誅，而衡大見顯擢。後常爲諸葛恪司馬，幹恪府事。恪被誅，求爲丹陽太守。時孫休在郡治，衡數以法繩之。妻習氏每諫衡，〔一一〕衡不從。會休立，衡憂懼，謂妻曰：「不用卿言，以至於此。」遂欲奔魏。妻曰：「不可。君本庶民耳，先帝相拔過重，既數作無禮，而復逆自猜嫌，逃叛求活，以此北歸，何面見中國人乎！」衡曰：「計何以出？」妻曰：「琅邪王素好善慕名，方欲自顯於天下，終不以私嫌殺君明矣。可自囚詣獄，表列前失，顯求受罪。如此，乃當逆見優饒，〔一二〕非但直活而已。」衡從之，果得無患，又加威遠將軍，授以棨戟。〔一三〕衡每欲治家，妻輒不聽。後密遣客十人於武陵龍陽汎洲上作宅，種甘橘千株。〔一四〕臨死，勑兒曰：「汝母惡吾治家，故窮如是。然吾州里有千頭木奴，〔一五〕不責汝衣食，歲上一匹絹，亦可足用耳。」衡亡後二十餘日，〔一六〕兒以白母，母曰：「此當是種甘橘也。汝家失十户客來七八年，必汝父遣爲宅。汝父恆稱太史公言『江陵千樹橘，當封君家』。〔一七〕吾答曰：且人患無德義，不患不富；若貴而能貧，方好耳。用此何爲！」吴末，衡甘橘成，歲得絹數千匹，家道殷足。〔一八〕晉咸康中，其宅址枯樹猶在。〔一九〕

己丑，封孫皓爲烏程侯，〔二〇〕皓弟德錢唐侯，謙永安侯。〔二一〕

江表傳曰：羣臣奏立皇后、太子。詔曰：「朕以寡德，奉承洪業，蒞事日淺，恩澤未敷。加后妃之號，〔二二〕嗣子之位，非所急也。」有司又固請，休謙虚不許。

〔一〕周壽昌曰：「蜀昭烈帝崩於永安宮，而吳孫休即位，以永安紀元，蓋以敵國事祕，未得聞之也。」

〔二〕孫綝傳載詔語，較此爲詳。胡三省曰：「綝遷大將軍，封永寧侯。今休以援立之功，增其封邑。」

〔三〕錢大昭曰：「大帝時未見有御史大夫之職，孫休時蓋特置，以寵異孫恩耳。至五年，又以廷尉丁密、光禄勳孟宗爲左、右御史大夫。」

〔四〕按孫綝傳，「授」當作「據」。

〔五〕孫綝兄弟五人，綝、恩、據、幹、闓，一門五侯，皆典禁兵，見綝傳。

〔六〕沈志：「東陽太守，永康令，赤烏八年分烏傷上浦立。」方輿紀要：「今浙江金華府永康縣治。」

〔七〕齊桓公與公子糾爭國，管仲射桓公，中帶鉤。子糾死，桓公以管仲爲相，遂霸諸侯。晉獻公使寺人披伐蒲，公子重耳踰垣而走，披斬其袪。及重耳反國，與披謀國事，「發呂郤之謀，薦趙衰守原」。

〔八〕王應麟曰：「孫休之遺李衡，有高帝之風度，吳之賢君也。」

〔九〕羊衜事見孫權傳赤烏二年。

〔一〇〕監本、官本作「校事郎」，「郎」字衍。

〔一一〕胡三省曰：「習，姓。按風俗通漢有外黄令習一。」弼按：習氏爲襄陽巨族。侯康曰：「御覽四百四十四引襄陽耆舊記稱羊衜勸衡筮仕，以女配之。則衡妻乃羊氏也。習氏豈再娶邪？」

〔一二〕胡三省曰：「逆，迎也。言將優加其官以饒益之。」

〔一三〕續漢志輿服志：「公以下至二千石，騎吏四人，千石以下至三百石，縣長二人，皆帶劍，持棨戟爲前列。」范書郭躬傳：「躬曰：漢制，棨戟即爲斧鉞。」杜詩傳：「世祖召見，賜以棨戟。」章懷注：「漢雜事曰：漢制，假棨戟以代斧鉞。崔豹古今注曰：棨戟，前驅之器也，以木爲之。後代刻僞，無復典刑，以赤油韜之，亦謂之油戟，亦曰棨戟。王公以下，通用之以前驅也。」胡三省曰：「果如習氏所料。」

〔一四〕武陵郡見孫策傳。龍陽，吴立，屬武陵，見沈志。趙一清曰：「汎洲，水經注作氾洲，是也。顧祖禹曰：常德府龍陽縣，後漢爲漢壽縣地，吴析置，屬武陵郡。氾洲在縣西五十里，長二十里，吴李衡種橘其上，因名橘洲，亦謂之柑洲。」

〔一五〕武陵、襄陽同屬荆州，故曰州里。

〔一六〕宋本無「餘」字。

〔一七〕此史記貨殖傳語，謂其人與千户侯等。

〔一八〕李安溪曰：「食母之賢，資父之橘。」

〔一九〕韓慕廬曰：「橘奴何在？妻言哲矣。」

〔二〇〕杭世駿曰：「萬曆湖州府志：烏程侯井在府西，吴孫晧爲侯時所鑿。」趙一清曰：「寰宇記卷九十四引括地志云：烏程東北有孫晧井一所，口圓徑一丈六尺。」

〔二一〕烏程、錢唐均見孫堅傳。沈志：「永安，吴分烏程、餘杭二縣立。」謝鍾英曰：「吴興記：興平二年，太守許貢奏分烏程爲永安。寰宇記：分烏程之餘不鄉立，即武康縣。方輿紀要：今浙江湖州府武康縣治。」

〔二二〕通鑑無「加」字。

十一月甲午，風四轉五復，〔一〕蒙霧連日。綝一門五侯，皆典禁兵，權傾人主，有所陳述，敬而不違，於是益恣。休恐其有變，數加賞賜。丙申，詔曰：「大將軍忠款内發，〔二〕首建大計，以安社稷。卿士内外，咸贊其議，並有勳勞。昔霍光定計，百僚同心，無復是過。亟案前日與議定策告廟人名，依故事應加爵位者，促施行之。」戊戌，詔曰：「大將軍掌中外諸軍事，事統煩多，其加衛將軍御史大夫恩侍中，與大將軍分省諸事。」〔三〕壬子，詔曰：「諸吏家有五人三人兼重爲役，父兄在都，子弟給郡縣吏，既出限米，軍出又從，至於家事無經護者，朕甚愍之。其有五人三人爲役，聽其父兄所欲留，爲留一人；除其米限，軍出不從。」〔四〕又曰：「諸將吏奉迎陪位在永昌亭者，皆加位一級。」〔五〕頃之，休聞綝逆謀，陰與張布圖計。〔六〕十二月戊辰臘，百僚朝賀，公卿升殿，詔武士縛綝，即日伏誅。〔七〕己巳，詔以左將軍張布討姦臣，加布爲中軍督，封布弟惇爲都亭侯，給兵三百人，惇弟恂爲校尉。

〔一〕周壽昌曰：「四轉五復，殆即今之所謂旋風也。」
〔二〕馮本「款」作「敬」。
〔三〕胡三省曰：「分綝之權也。」
〔四〕藉收人心。
〔五〕安綝之心。
〔六〕康發祥曰：「據丁奉傳，誅綝謀成於奉，不應稱布而遺奉。」
〔七〕互見孫綝傳。王應麟曰：「孫休之討孫綝，有叔孫昭子之斷。」趙一清曰：「晉書五行志：十二月丁卯夜，有大風發木揚沙，明日綝誅。」

詔曰：「古者建國，教學爲先，所以道世治性，爲時養器也。自建興以來，〔一〕時事多故，吏民頗以目前趨務，去本就末，不循古道。夫所尚不惇，則傷化敗俗，其案古置學官，立五經博士，核取應選，加其寵禄，科見吏之中及將吏子弟有志好者，各令就業。一歲課試，差其品第，加以位賞。使見之者樂其榮，聞之者羨其譽。以敦王化，以隆風俗。」

〔一〕孫亮即位，改元建興，見前。

二年春正月，震電。三月，備九卿官。詔曰：「朕以不德，託于王公之上，夙夜戰戰，忘寢與食。今欲偃武修文，以崇大化。推此之道，當由士民之贍，必須農桑。管子有言：『倉廩實，知禮節；衣食足，知榮辱。』夫一夫不耕，有受其饑；一婦不織，有受其寒；饑寒並至而民不爲非者，未之有也。自頃年以來，州郡吏民及諸營兵，多違此業，皆浮船長江，賈作上下，良田漸廢，見穀日少，欲求大定，豈可得哉？亦由租入過重，農人利薄，使之然乎！今欲廣開田業，輕其賦稅，差科彊羸，〔一〕課其田畝，務令優均，官私得所，使家給戶贍，足相供養，則愛身重命，不犯科法，然後刑罰不用，風俗可整。以羣僚之忠賢，若盡心於時，雖太古盛化，未可卒致，漢文升平，庶幾可及。及之，則臣主俱榮；不及，則損削侵辱。何可從容俯仰而已！諸卿尚書，可共咨度，務取便佳。田桑已至，不可後時；事定施行，稱朕意焉。」〔二〕

〔一〕「科」，疑作「料」。

〔二〕或曰：「此詔甚得務本之意，權稱尊之後，何以不聞有此？」

三年春三月，西陵言赤烏見。〔一〕秋，用都尉嚴密議，作浦里塘。〔二〕會稽郡謠言王亮當還爲天子，而亮宮人告亮使巫禱祠，有惡言。有司以聞，黜爲候官侯，〔三〕遣之國。道自殺，衛送者伏罪。

吴録曰：或云休鴆殺之。至晉太康中，吴故少府丹陽戴顒迎亮喪，葬之賴鄉。〔四〕

以會稽南部爲建安郡，〔五〕分宜都置建平郡。〔六〕

吴歷曰：是歲，得大鼎於建德縣。〔七〕

〔一〕西陵即夷陵，吴改曰西陵，見魏志文紀黄初三年。晉書五行志中云：「孫休永安三年，將守質子，羣聚嬉戲，有異小兒忽來言曰：三公鉏，司馬如。又曰：我非人，熒惑星也。言畢上昇，仰視若曳一匹練，有頃没。干寶曰：後四年而蜀亡，六年而魏廢，二十一年而吴平。於是九服歸晉，魏與吴、蜀並戰國，三公鉏，司馬如之謂也。」互見孫晧傳末注引搜神記。

〔二〕胡三省曰：「據范書方術傳，浦里塘在丹陽郡宛陵縣界。陳志濮陽興傳亦云，嚴密建丹陽湖田作浦里塘。」弼按：范書方術傳李南傳：「使者曰：向度宛陵浦里㐀。」章懷云：「宛陵縣屬丹陽郡。」此即胡注所據。又按：作浦里塘事，見濮陽興傳。謝鍾英曰：「在今江蘇江寧府高淳縣西之丹陽湖。」吴熙載曰：「疑今安徽寧國府宣城縣之灣址潁也。」

〔三〕侯官見魏志王朗傳東冶注。胡三省曰：「吴置建安郡，以侯官縣屬焉。」謝鍾英曰：「今福建福州府城西北三十里。」

〔四〕趙一清曰：「賴鄉在尋陽界。晉書武帝紀：太康元年，王渾克吴尋陽賴鄉。是也。」弼按：此賴鄉當在今江寧府西南。尋陽之賴鄉，一作瀨鄉。

〔五〕南部，各本皆作南郡，誤。會稽南部見孫亮傳太平二年，建安郡見孫權傳赤烏二年注引文士傳。

〔六〕宜都郡見蜀志先主傳章武二年注，建平郡治巫。水經江水注：「巫縣，故楚之巫郡也。秦省郡立縣，以隸南郡。吴孫休分爲建平郡，治巫城。」巫縣見蜀志先主傳章武元年，建平互見孫晧傳天紀四年注引干寶晉紀。

〔七〕宋書州郡志：「吴郡太守建德令，吴分富春立。」晉書地理志：「吴郡建德。」元和志：「建德本漢富春縣地，吴黄武四年分置建德縣。」謝鍾英曰：「孫韶傳：權爲吴王，韶封建德侯。洪氏謂建德爲黄武四年立者，非也。」弼按：洪説本元和志，黄武四年正權爲吴王之時，元和志不誤，謝説失之。方輿紀要：「建德，今浙江嚴州府建德縣治。」

四年夏五月，大雨水，泉涌溢。〔一〕秋八月，遣光禄大夫周奕、石偉巡行風俗，察將吏清濁，民所疾苦，爲黜陟之詔。

楚國先賢傳曰：石偉字公操，南郡人。少好學，修節不怠，介然獨立，有不可奪之志。舉茂才、賢良方正，皆不就。孫休即位，特徵偉，累遷至光禄勳。及晧即位，朝政昏亂，偉(方)〔乃〕辭老耄痼疾乞身，就拜光禄大夫。吴平，建威將軍王戎親詣偉。太康二年，詔曰：「吴故光禄大夫石偉，秉志清白，皓首不渝，雖處危亂，廉節可紀。年已過邁，不堪遠涉，其以偉爲議郎，加二千石秩，以終厥世。」偉遂陽狂及盲，不受晉爵。年八十三，太熙元年卒。〔二〕

九月，布山言白龍見。〔三〕是歲，安吴民陳焦死，〔四〕埋之，六日更生，穿土中出。〔五〕

〔一〕趙一清曰：「宋書五行志云：昔歲作浦里塘，功費無數，而田不可成。士卒死叛，或自賊殺，百姓愁怨，陰氣盛也。」

弼按：作浦里塘與大雨水、泉涌溢截然兩事，趙氏屢引五行志以爲休咎之徵，前已辨之。

〔二〕或曰：「如偉志操，而不見録，尚謂史可信乎！」

〔三〕鬱林郡，治布山，見孫權傳赤烏二年。

〔四〕宋書州郡志：「宣城太守，晉武帝太康元年分丹陽立，領安吴令，吴立。」洪亮吉曰：「丹陽郡安吴，吴立。程普傳：討宣城、涇、安吴、陵陽、春穀諸賊，皆破之。事在孫桓王時，則此縣吴王過江時即分置也。」謝鍾英曰：「輿地廣記：

吴分宛陵立。舊志：故城在寧國府涇縣西南五十里，藍山南，今有安吴市。」

〔五〕周壽昌曰：「續漢志五行志：獻帝初平中，長沙有桓姓死，棺殮月餘復生。占者謂至陰爲陽，下人爲上。其後，曹操由庶士起。予謂此占者就事以驗占，非能預占以料事也。如吴此事，又作何驗？總之沴氣非常，爲國家之咎徵，則斷可信耳。予又案再生事，後世常有之，不關災祥。如塔寺記載後魏時發墓得一人，名崔涵，死十二年復活。時太后與孝明帝在華林堂，以爲妖異，問黄門郎徐紇。紇曰：昔魏時發冢，得霍光女壻范明友家奴，説漢朝廢立，於史書相符。（此事亦見博物志。）其他如搜神記、通幽記、酉陽雜俎、法苑珠林諸書所載，指不勝僂。至於秦穆公、趙簡子夢七日而醒，幾於死後再生，史家紀其夢語，述爲美談。晉殺秦諜，六日而蘇，明載經典，無所爲異。五行志之占語，不足信也。」

五年春二月，白虎門北樓災。〔一〕秋七月，始新言黄龍見。〔二〕八月壬午，大雨震電，水泉涌溢。乙酉，立皇后朱氏。〔三〕戊子，立子𩅦爲太子。〔四〕

吴録載休詔曰：「人之有名，以相紀別，長爲作字，憚其名耳。禮，名子欲令難犯易避，五十稱伯仲，古或一字。今人競作好名好字，又令相配，所行不副，此瞽字伯明者也，孤常哂之。或師友父兄所作，或自己爲；師友尚可，父兄猶非，自爲最不謙。孤今爲四男作名字，太子名𩅦，𩅦音如湖水灣澳之灣；字莔，莔音如迄今之迄。〔五〕次子名𩃙，𩃙音如兕觥之觥；字㒍，㒍音如玄礥首之礥。〔六〕次子名壾，壾音如草莽之莽；〔七〕字𥁕，𥁕音如舉物之舉。〔八〕次子名𡨭，𡨭音如褒衣下寬大之褒；字𥏿，𥏿音如有所擁持之擁。〔九〕此都不與世所用者同，故鈔舊文會合作之。夫書八體損益，因事而生，今造此名字，既不相配，又字但一，庶易棄避，其普告天下，使咸聞知。」

臣松之以爲傳稱「名以制義，義以出禮，禮以體政，政以治民。〔一〇〕是以政成而民則，〔一一〕易則生亂」。〔一二〕斯言之作，豈虛也哉！然欲令難犯，〔一三〕何患無名，而乃造無況之字，制不典之音，違明詁於前修，垂嗤駭於後代，不亦異乎！是以墳土未乾，而妻子夷滅，師服之言，於是乎徵矣。〔一四〕

冬十月，以衛將軍濮陽興爲丞相，〔一五〕廷尉丁密、〔一六〕光祿勳孟宗〔一七〕爲左右御史大夫。〔一八〕休以丞相興及左將軍張布有舊恩，委之以事，布典宮省，興關軍國。〔一九〕休銳意於典籍，欲畢覽百家之言，〔二〇〕尤好射雉，春夏之閒，常晨出夜還，唯此時舍書。〔二一〕休欲與博士祭酒韋曜、〔二二〕博士盛沖講論道藝。曜、沖素皆切直，布恐入侍，發其陰失，令己不得專，因妄飾說以拒遏之。休答曰：「孤之涉學，羣書略徧，所見不少也。其明君闇主，奸臣賊子，古今賢愚成敗之事，無不覽也。今曜等入，但欲與論講書耳，不爲從曜等始更受學也。縱復如此，亦何所損？君特當以曜等恐道臣下奸變之事，以此不欲令入耳。如此之事，孤已自備之，不須曜等然後乃解也。此都無所損，君意特有所忌故耳。」布得詔陳謝，重自序述，又言懼妨政事。休答曰：「書籍之事，患人不好，好之無傷也。此無所爲非，而君以爲不宜，是以孤有所及耳。政務學業，〔二三〕其流各異，不相妨也。不圖君今日在事，更行此於孤也，良所不取！」〔二四〕布拜表叩頭，〔二五〕休答曰：「聊相開悟耳，何至叩頭乎！如君之忠誠，遠近所知；往者所以相感今日之巍巍也。〔二六〕詩云：『靡不有初，鮮克有終。』〔二七〕終之實難，君其終之！」初休爲王時，布爲左右將督，〔二八〕素見信愛。及至踐阼，厚加寵待，專擅國勢，多行無禮，自嫌瑕短，懼曜、沖言之，故尤患忌。休雖解此旨，心不能悅，更恐其疑懼，竟如布意，廢

其講業，不復使沖等入。〔二九〕是歲，使察戰到交阯調孔爵、大豬。〔三〇〕

臣松之案：察戰，吴官名號，今揚都有察戰巷。〔三一〕

〔一〕趙一清曰：「晉書五行志：白虎門，城西門也。」

〔二〕始新見孫權傳建安十三年。趙一清曰：「方輿紀要卷九十：始新城在嚴州府淳安縣西六十里威平鎮，吴賀齊本置縣於此，隋徙置雉山下。雉山在縣治西南隔江，形如蹲雉，隋以此名縣。又有靈巖山，在縣東北六里，吴永安中有黄龍見，名曰龍山。唐元和中改今名，與雉山對峙。」

〔三〕朱氏，朱公主之女也。

〔四〕宋本「太子」下有「大赦」二字。胡三省曰：「𩅦，烏關翻。據吴志，吴主休爲四子作名字，非先有此音也。」

〔五〕馮本、毛本莔作酋。何焯曰：「小名録作𦳝，宋本作莔。」潘眉曰：「廣韻九迄莔字註云，吴王孫休長子字。知宋本作莔，明本譌爲酋也。然莔字見爾雅釋艸，張衡西征賦、蔡邕述行賦多用之。吴主詔曰皆用新造字，不應仍用舊字，知莔字亦非也。向嘗以此字問嘉定錢同人，錢云：小名録作𦳝，今當以𦳝字爲正。眉按，𦳝字字書所無，俗本小名録謬誤甚多，不可爲典要。使果字𦳝，何廣韻不别收𦳝字？亦未敢定也。今姑從廣韻校改莔字，猶爲與宋板書同耳。」

〔六〕何焯曰：「𢍰，宋本作舜，廣韻作𢍰，在先韻。」潘眉曰：「𩂊見廣韻十二庚，𢍰見一先，俱不誤。」

〔七〕馮本壾、壾作相同，誤；毛本壾作柜。潘眉曰：「廣韻三十七蕩有壾字，注云：吴王孫休子名。當以壾字爲正。」

〔八〕宋本「𥁋」作「𥁕」。潘眉曰：「𥁕、𥁋亦舊字。廣韻𥁕字注不云吴王孫休子字，惟司馬温公類篇皿部𥁕字又云苟許切，吴王孫休子字。别無辨證，姑從之。」

〔九〕潘眉曰：「𩅦字見廣韻六豪。𩂊字見集韻，云委勇切，音𦡆，吴王孫休子字。然則四子名字共八字，當作𩅦、莔、𩂊、畀、鉅、昷、䆿、㷀爲正。」

〔一〇〕宋本「治」作「正」。

〔一一〕宋本「則」作「聽」。

〔一二〕此晉大夫師服之言，見左傳。杜注云：「反易禮義，則亂生也。」

〔一三〕宋本「然」作「休」。

〔一四〕左傳桓公二年：「晉穆侯之夫人姜氏，以條之役生太子，命之曰仇；其弟以千畝之戰生，命之曰成師。師服曰：異哉，君之名子也！夫名以制義，義以出禮，禮以體政，政以正民。是以政成而民聽，易則生亂。嘉耦曰妃，怨耦曰仇，古之命也。今君命太子曰仇，弟曰成師，始兆亂矣，兄其替乎！」杜注：「師服，晉大夫。」

〔一五〕胡三省曰：「濮陽以邑爲姓。陳留風俗傳：漢有長沙太守濮陽逸。吳主休居會稽時，興爲太守，深與相結。及即位，遂與張布並見信用。」

〔一六〕丁密見孫亮傳太平二年，又見孫晧傳元興元年注引吳歷，又見虞翻傳注引會稽典録。

〔一七〕孟宗事見孫權傳嘉禾六年，又見孫晧傳建衡三年注引吳録。

〔一八〕胡三省曰：「漢成帝綏和元年，罷御史大夫，置大司空。世祖中興，因之。獻帝建安十三年，罷司空，復置御史大夫，未嘗分左右也。蓋吳分之。」弼按：孫休傳：永安元年，以孫恩爲御史大夫。至是乃分左右。孫晧傳：建衡三年，以左右御史大夫丁固、孟仁爲司徒、司空。固即密，仁即宗也。

〔一九〕濮陽興傳：「興遷爲丞相，與休寵臣張布共相表裏，邦内失望。」

〔二〇〕何焯曰：「齊、梁以下，人主都類此。蓋未知所學之要也。」

〔二一〕杭世駿曰：「世説云：孫休好射雉，至其時則晨去夕反，羣臣莫不止諫：此爲小物，何足甚耽。休曰：雖爲小物，耿介過人，朕所以好之。劉峻注條列吳事云：休在位烝烝，無有遺事，唯射雉可譏。」

〔二二〕韋曜見魏志武紀興平元年，本志有傳。通鑑作韋昭。續百官志：「博士祭酒一人，六百石，本僕射，中興轉爲祭酒。」胡廣曰：「官名祭酒，皆一位之元長者也。古禮，賓客得主人饌，則老者一人舉酒以祭於地，舊説以爲示有先。」

〔二三〕宋本「政」作「王」，通鑑同。胡注：「王務，猶言王事也。」

〔二四〕宋本「所」作「其」，誤。通鑑作「甚」。

〔二五〕胡三省曰：「據陳壽志，自孤之涉學已下，皆詔答之語。布得詔惶恐，以表陳謝，重自序述。吴主又面答之，自王務學業已下，皆面答之語也。所謂今日在事，更行此於孤，蓋比之孫綝，以綝擅權之時，不使吴主親近儒生也。於是布拜叩頭，未嘗再上表也。此表字衍。在事者，在官任事也。」

〔二六〕通鑑作「吾今日之巍巍，皆君之功也」。

〔二七〕詩大雅蕩之辭。

〔二八〕通鑑作「左右督將」。

〔二九〕沖應作曜。韋曜傳：「孫休欲延曜侍講，而左將軍張布近習寵幸，行事多玷，憚曜侍講儒士，又性精确，懼以古今警戒休意，固爭不可，休深恨布。」

〔三〇〕察戰、交阯均詳見魏志陳留王紀咸熙元年。王鳴盛曰：「沈約宋書作蔡戰，或遂疑爲人姓名。但孫奮傳注引江表傳：孫晧遣察戰齎藥賜奮死。未必察戰一人至晧時又受此使，宋書特傳寫誤耳。」潘眉曰：「是年所使察戰，其人爲鄧荀也，見晉書陶璜傳。調孔雀三千頭，荀在交阯爲吕興所殺。」汪繼熊曰：「吴之察戰，中使也。觀孫奮傳注及晉書五行志所載，當是以奄官爲之。」弼按：通鑑作「察戰鄧荀」，蓋亦以察戰爲官名也。胡注：「調，徒弔翻。」

〔三一〕康發祥曰：「俗誤呼爲夾翦巷。」

六年夏四月，泉陵言黄龍見。〔一〕五月，交阯郡吏吕興等反，殺太守孫諝。〔二〕諝先是科郡上手工千餘人送建業，而察戰至，恐復見取，故興等因此扇動兵民，招誘諸夷也。冬十月，蜀以魏見伐來告。癸未，建業石頭小城火，燒西南百八十丈。〔三〕甲申，使大將軍丁奉督諸軍向魏壽春，將軍留平別詣施績於南郡，議兵所向，將軍丁封、孫異如沔中，皆救蜀。〔四〕蜀主劉禪降魏，問至，然後罷。〔五〕呂興既殺孫諝，使使如魏請太守及兵。〔六〕丞相興建取屯田萬人以爲兵，分武陵爲天門郡。〔七〕

吴歷曰：是歲，青龍見於長沙，白燕見於慈湖，〔八〕赤雀見於豫章。

〔一〕零陵郡治泉陵，見蜀志先主傳建安十三年。

〔二〕呂興事見魏志陳留王紀咸熙元年。梁章鉅曰：「晉書陶璜傳亦作諝，華陽國志作孫靖。」弼按：通鑑作孫諝。

〔三〕侯康曰：「晉五行志上云：是時嬖人張布專擅國勢，多行無禮，而韋曜、盛沖終斥不用，兼遣察戰等爲內史，驚擾州郡，致使交阯反亂，是其咎也。」

〔四〕胡三省曰：「沔中時爲魏境，吴兵未能至也，擬其所向耳。吴之巫、秭歸等縣，皆在江北，與魏之新城接境，自此行兵，亦可以達沔中。然亦猶激西江之水，以救涸轍之魚耳。」

〔五〕華覈傳：「蜀爲魏所并，覈詣宮門上表。」

〔六〕梁章鉅曰：「晉書陶璜傳：晉文帝即拜呂興爲安南將軍、交阯太守。」弼按：興爲下人所殺，見魏志陳留王紀咸熙元年。是年武陵太守鍾離牧平五谿，見牧傳。

〔七〕武陵郡見蜀志先主傳建安十三年。晉書地理志：「孫休分武陵立天門郡，統縣五：零陽、漊中、充、臨澧、澧陽。」宋書州郡志：「天門太守，吴孫休永安六年分武陵立。充縣有松梁山，山有石，石開處數十丈，其高以弩仰射不至。其上名天門，因此名郡。充縣後省。」水經澧水注：「澧水又東逕澧陽縣南，南臨澧水。晉太康四年立天門郡治也。」

吳永安六年，武陵郡嵩梁山高峯孤竦，素壁千尋，望之若亭，有似香爐。其山洞開，玄朗如門，高三百丈，廣二百丈，門角上各生一竹，倒垂下拂，謂之天箒。孫休以爲嘉祥，分武陵置天門郡。」輿地廣記：「吳天門郡，治零陽。」一統志：「天門故城，今湖南澧州石門縣治。吳置天門郡，晉置澧陽縣，爲郡治。零陽故城，今澧州慈利縣東。天門山在澧州安福縣西，即古松梁山，一名嵩梁山。」弼按：據沈志所云，吳孫休立天門郡實因充縣有松梁山，其上名天門，因以名郡。據此，則天門郡治似應在充縣。又據水經澧水注，充縣廢省，臨澧即其地，縣即充縣之故治。充縣在今澧州永定縣西，（鄒漢勛曰：「充縣，今酉陽州。」鄒安鬯曰：「今桑植縣界。」）天門山即在永定縣南，似吳天門郡治在充縣，即臨澧縣，晉天門郡治移澧陽。一統志謂充縣及天門山皆在安福縣西者，蓋誤以晉天門郡治爲吳天門郡治也。

〔八〕馮本、官本「湖」作「胡」。趙一清曰：「方輿紀要卷二十七：慈湖水在太平府北六十五里。江行記：自建康泝江而上，過白土磯入慈湖夾。是也。吳將笮融嘗屯兵於此。又紀要卷九十四：浙江温州府永嘉縣南二十五里，亦有慈湖，然其名不著。」梁章鉅曰：「慈胡當作慈湖。元和志：慈湖在宣州當塗縣北六十五里。」

七年春正月，大赦。二月，鎮軍陸抗、撫軍步協、〔一〕征西將軍留平、〔二〕建平太守盛曼，〔三〕率衆圍蜀巴東守將羅憲。〔四〕夏四月，魏將新附督王稚〔五〕浮海入句章，〔六〕略長吏（賞林）〔貲財〕及男女二百餘口。將軍孫越徼得一船，獲三十人。秋七月，海賊破海鹽，〔七〕殺司鹽校尉駱秀。〔八〕使中書郎劉川發兵廬陵。豫章民張節等爲亂，衆萬餘人。魏使將軍胡烈步騎二萬侵西陵，〔九〕以救羅憲，陸抗等引軍退。復分交州置廣州。〔一〇〕壬午，大赦。癸未，休薨。

江表傳曰：休寢疾，口不能言，〔一一〕乃手書呼丞相濮陽興入，令子𩅦出拜之。休把興臂，而指𩅦以託之。〔一二〕

時年三十，謚曰景皇帝。

葛洪抱朴子曰：〔一三〕吴景帝時，戍將於廣陵〔一四〕掘諸冢，取版以治城，所壞甚多。復發一大冢，内有重閣，〔一五〕户扇皆樞轉可開閉，四周爲徼道通車，其高可以乘馬。又鑄銅爲人數十枚，長五尺，皆大冠朱衣，執劒列侍靈座，皆刻銅人背後石壁，言殿中將軍，或言侍郎、常侍，似王公之冢。破其棺，棺中有人，髮已班白，衣冠鮮明，面體如生人。棺中雲母厚尺許，以白玉璧三十枚藉尸。兵人輩共舉出死人，以倚冢壁。有一玉長一尺許，形似冬瓜，從死人懷中透出墮地。兩耳及鼻孔中，皆有黄金如棗許大。此則骸骨有假物而不朽之効也。〔一六〕

〔一〕鎮軍即鎮軍將軍，撫軍即撫軍將軍。陸抗傳：「永安二年，拜鎮軍將軍，都督西陵。」步騭傳：「赤烏十一年，子協加撫軍將軍。」

〔二〕平事又見王蕃傳。

〔三〕建平郡見前永安三年。

〔四〕羅憲事詳見蜀志霍峻傳注引襄陽記。

〔五〕胡三省曰：「新附督，蓋以吴人新附者别爲一部，置督以領之。」

〔六〕句章，今浙江寧波府慈谿縣西南，見孫堅傳。

〔七〕海鹽見孫權傳赤烏五年。

〔八〕洪飴孫曰：「司鹽校尉一人，吴所置，治海鹽。」

〔九〕西陵見魏志文紀黄初三年。

〔一〇〕孫權傳：「黄武五年，分交州置廣州。俄復舊。」此時又復分也。胡三省曰：「漢武帝元鼎六年，開百越，置交趾州，刺史治龍編。獻帝建安八年，改曰交州，治蒼梧廣信縣。十六年，徙治南海番禺縣。至是分爲二州：廣州治番禺，交州還治龍編。」

〔一一〕宋本「口」作「日」，誤。

〔一二〕曹叡把司馬懿之(背)〔臂〕，雖政柄潛移，而齊王尚享國十餘年。孫休把濮陽興之(背)〔臂〕，而子霣竟不克踐阼。甚矣，託孤之難，此諸葛之所以稱賢相也。

〔一三〕晉書葛洪傳：「洪字稚川，丹楊句容人。洪少好學，家貧，躬自伐薪以貿紙筆。夜輒寫書誦習，遂以儒學知名。元帝爲丞相，辟爲掾，以平賊功，賜爵關内侯。干寶薦洪才堪國史，選爲散騎常侍，領大著作。洪固辭不就，以年老欲鍊丹，求爲句屚令，止羅浮山鍊丹，著述不輟。其自序曰：予所著子言黄白之事，名曰内篇；其餘駁難通釋名曰外篇；大凡内外一百一十六篇。自號抱朴子，因以名書。」嚴可均鐵橋漫稿代繼蓮龕爲抱朴子敘曰：「隋志道家：抱朴子内篇二十一卷，音一卷，雜家：抱朴子外篇三十篇，梁有五十一卷；舊唐志：内篇二十卷，外篇五十卷；新唐志：内篇十卷，外篇二十卷；意林：内篇二十卷，外篇二十卷；崇文總目：内篇二十卷，外篇二十卷；郡齋讀書志：内篇二十卷，外篇十卷；直齋書録解題：内篇二十卷，無外篇；引館閣書目有外篇五十卷；天一閣書目：内篇二十卷，外篇十卷；(刊本)世善堂書目亦内篇二十卷，外篇十卷。今世見存抱朴子以道藏本爲差善，起疲字號六，訖志字號七，内篇十四册，凡二十篇，爲二十卷；外篇十九册，凡五十二篇，爲五十卷。徧問收藏家，都無宋刊本。孫觀察星衍收得舊人校本，係照天一閣所藏刊本，用硃筆塗改者。驗與道藏本大同。嘉慶十七年，余駐江寧，顧秀才廣圻與孫觀察適校定内篇，而方督部維甸復校再過，余爲之付梓，而外篇未曾校也。余復取是書讀之，内篇神仙家言，應驗與否，所未敢知；外篇駁難通釋，稽古正今，于持身接物之宜，言當而理濟，又頗通達治體，爲政者當置座右。刻内篇而不刻外篇，猶登山者未涉其巔也。乃始據盧舜治本，以道藏本及照天一閣藏本、及顧秀才所藏舊寫本，并意林、羣書治要手自改正，删補千餘字。又據北堂書鈔補足酒誡篇三十四字，更取外篇并往年所刻之内篇重校之。廣搜羣書所引見，攷覈異同，擇其精善，別爲校勘記一卷。尚多不可通者，闕疑未敢臆定。是書久殘缺，以隋志視梁七録，則外篇少二十一卷；以新唐志視隋志，則内篇少十一卷，外篇少十卷；以郡齋讀書志視新唐志，則外篇復少十卷。今本僅内篇之十五六，外篇之十三四耳。晉書本傳載洪自敘，大凡内外一百一十六篇。今本内外七十二篇，往往有短篇，僅二三百字，或百數十字，亦篇各爲卷。又于洪自敘删去内外一百一十六篇之語，以泯其迹。蓋由官爲購募，一卷一二縑，遂虛張卷第，以取賞耳。即以外篇驗之，意林從剌驕以後，重言以前，連引三十二事，今本皆無。則視馬總所據，明少一二十篇，無論梁、隋本矣。乃剌取羣書引見，而今本所無者，并複重得百四十五條，爲内篇佚文、外篇佚文各一卷，略存隋、唐梗槩焉。」四庫提要曰：「其書内篇論神仙吐納、符籙尅治之術，純爲道家之言。外篇則論時政得失、人事臧否，詞旨辨博，饒有名理。而究其大旨，亦以黄、老爲宗，故併入之道家焉。」

〔一四〕一作江陵。

〔一五〕宋本、馮本「閤」作「閣」，是。

〔一六〕何焯曰：「不知注家何所取，而濫載于此。」弼按：裴注蓋以其爲吴景帝時事，此則廣異聞之過也。

孫晧〔一〕字元宗，權孫、和子也。〔二〕一名彭祖，字晧宗。孫休立，封晧爲烏程侯，〔三〕遣就國。西湖民景養相晧當大貴，〔四〕晧陰喜，而不敢泄。休薨，是時蜀初亡，而交阯攜叛，〔五〕國内震懼，貪得長君。〔六〕左典軍萬彧〔七〕昔爲烏程令，與晧相善，稱晧才識明斷，是長沙桓王之疇也；〔八〕又加之好學，奉遵法度，屢言之於丞相濮陽興、左將軍張布。興、布説休妃太后朱，欲以晧爲嗣。朱曰：「我寡婦人，安知社稷之慮，苟吴國無隕，宗廟有賴可矣。」〔九〕於是遂迎立晧，時年二十三。〔一〇〕改元，大赦。是歲，於魏咸熙元年也。

〔一〕宋本「晧」作「皓」。

〔二〕孫和傳見五十九卷。趙一清曰：「鄭康成弟子亦有孫晧，與吳歸命侯同姓名，而詩七月正義遂云：吳志孫晧問月令季夏火星中。不知此出鄭小同所作鄭志，而妄因孫晧字改云吳志耳，康成不與歸命同時也。春秋正義亦因康成答弟子孫晧問此事，王深寧困學紀聞辨正之。」

〔三〕見孫休傳永安元年。

〔四〕趙一清曰：「寰宇記卷九十四：西湖在湖州長興縣西五里，一名吳城湖，周迴七十里。昔吳王闔閭築城葺土於此，浸而爲湖。闔閭弟夫概王因而創之，湖中出佳蓴。」

〔五〕胡三省曰：「謂呂興反也。」

〔六〕通鑑「震」作「恐」，「貪」作「欲」。

〔七〕吳置中、左、右三典軍。張休平三典軍事，見張昭傳。

〔八〕胡三省曰：「孫策謚長沙桓王。」

〔九〕胡三省曰：「賴，恃也，利也。」

〔一〇〕潘眉曰：「二十三當爲二十五。考是年魏咸熙元年甲申，至晉太康元年庚子，凡十七年。晧以是歲死于洛陽，年四十二，則此作二十五方合。」弼按：據吳録，晧以太康四年死，時年四十二。據本傳，晧於太康五年死，是即位時年二十三，不誤。潘氏蓋誤以太康四年爲太康元年也。

元興元年八月，以上大將軍施績、大將軍丁奉爲左右大司馬，張布爲驃騎將軍，加侍中。諸增位班賞，一皆如舊。九月，貶太后爲景皇后，〔一一〕追謚父和曰文皇帝，尊母何爲太后。〔一二〕

十月，封休太子𩅦爲豫章王，次子汝南王，次子梁王，次子陳王。〔三〕立皇后滕氏。

江表傳曰：皓初立，發優詔恤士民，開倉廩振貧乏，科出宮女〔四〕以配無妻。禽獸擾於苑者，皆放之。當時翕然，稱爲明主。

皓既得志，麤暴驕盈，多忌諱，好酒色，大小失望，興、布竊悔之。或以譖皓，十一月，誅興、布。〔五〕十二月，孫休葬定陵。〔六〕封后父滕牧爲高密侯，〔七〕

吳歷曰：牧本名密，避丁密，改名牧；丁密避牧，改名爲固。〔八〕

舅何洪等三人皆列侯。〔九〕是歲，魏置交阯太守，之郡。〔一〇〕晉文帝爲魏相國，遣昔吳壽春城降將徐紹、孫彧銜命齎書，陳事勢利害，以申喻皓。〔一一〕

漢晉春秋載晉文王與皓書曰：「聖人稱有君臣，然後有上下禮義，是故大必字小，小必事大，然後上下安服，羣生獲所。逮至末塗，純德既毀，勦民之命，以爭彊於天下，違禮順之至理，則仁者弗由也。方今主上聖明，覆幬無外，僕備位宰輔，屬當國重。唯華夏乖殊，方隅圮裂，六十餘載，金革亟動，無年不戰，暴骸喪元，困悴罔定，每用悼心，坐以待旦。將欲止戈興仁，爲百姓請命，故分命偏師，平定蜀漢，役未經年，全軍獨克。于時猛將謀夫，朝臣庶士，咸以奉天時之宜，就既征之軍，藉吞敵之勢，宜遂回旗東指，以臨吳境。舟師泛江，順流而下，陸軍南轅，取徑四郡，兼成都之械，〔一二〕漕巴漢之粟，然後以中軍整旅，二方雲會，〔一三〕未及浹辰，可使江表底平，南夏順軌。然國朝深惟伐蜀之舉，雖有靜難之功，亦悼蜀民獨罹其害。戰於緜竹者，自元帥以下，並受斬戮，伏尸蔽地，血流丹野。一之於前，猶追恨不忍；況重之於後乎？是故旋師按甲，思與南邦共全百姓之命。夫料力忖勢，度資量險，遠考古昔廢興之理，近鑒西蜀安危之効，隆德保祚，去危即順，屈己以寧四海者，仁哲之高致也；履危偷安，隕德覆祚，而不稱於後世者，非智者之所居也。今朝廷遣徐紹、孫彧獻書喻懷，若書御於前，必少留意，回慮革算，結歡弭兵，共爲一家，惠矜吴會，施及中土，豈不泰哉！此昭心之大願也，敢不承受。若不獲命，則普天率土，期於大同，雖重干戈，固不獲已也。」〔一四〕

〔一〕胡三省曰：「貶其號從夫，而自父其父、母其母。」何焯曰：「貶太后而興、布不爭，其死宜矣。皓蓋又甚于明世宗也。」

〔二〕孫和嫡妃張氏，張承女也。孫和徙居新都，賜死，張妃自殺，何姬生皓，見妃嬪傳。吴録曰：「皓初尊和爲昭獻皇帝，俄改曰文皇帝。」弼按：孫皓止尊生母，嫡母張妃死難，不聞追謚。

〔三〕錢大昭曰：「班史於諸王書立，書薨，紀其年月日，且作表以經緯之，最爲盡善。後之作史者，所當法也。吴志内諸王，惟赤烏五年書立子霸爲魯王，太元二年立故太子和爲南陽王，子奮爲齊王，休爲琅邪王，皆書名。自是而後，或地而不名，或名地俱缺。此條太子以下三人，即𩅦、𩇯、䨲也，並不書名。外如建衡元年立子瑾爲太子及淮陽、東平王，鳳凰二年改封淮陽爲魯，東平爲齊，又封陳留、章陵等九王，天紀二年立成紀、宣威等十一王，四年立中山、代等十一王，皆是也。而于蜀漢則章武元年以子永爲魯王，理爲梁王；建興八年徙魯王永爲甘陵王，梁王理爲安平王；延熙元年立子瑶爲安定王，十五年立子琮爲西河王，十九年立子瓚爲新平王；景耀二年立子諶爲北地王，恂爲新興王，虔爲上黨王，皆備書之，而西河王琮并書其卒。何詳略之不均也？若云抑吴而不書，則霸、奮等又何以書？若云闕疑而不書，則承祚作志時，又未至文獻無徵也。」

〔四〕胡三省曰：「科，條也。」

〔五〕皓既誅布，復以布女爲美人，見妃嬪傳何姬傳注引江表傳。

〔六〕朱彝尊曰：「吴志不言定陵所在。順治中，海寧邵灣山居民穴地，得隧道，行數百步，道窮，有碑，乃孫休陵也。冶銅爲門，門有獸鐶，兩狻猊夾門左右，堅不可入。未發而爲怨家所首，亟以土掩之。此地志所不載也。」

〔七〕牧，胤之族人也。胤爲孫綝所殺。

〔八〕梁章鉅曰：「虞翻傳注引會稽典録亦云：丁覽子固字子賤，本名密，避滕密，改作固。二人何以如此互避？或滕牧之名因封高密而改；丁固乃避滕而改耳。」沈家本曰：「據此説，則避丁密當作避高密。然古未有因封爵而改名者。」

〔九〕何氏驕僭，見何姬傳。

〔一〇〕晉書陶璜傳：「孫晧時，交阯太守孫諝貪暴，郡吏吕興殺諝，以郡内附。武帝拜興交阯太守，尋爲其功曹李統所殺，帝更以建寧爨谷爲交阯太守。谷又死，更遣巴西馬融代之。融病卒，南中監軍霍弋又遣犍爲楊稷代融。自蜀出交阯，破吴軍於古城。」華陽國志四云：「霍弋表遣爨谷爲交阯太守，泰始元年，谷徑至郡，撫和初附。無幾，谷卒，晉更用馬忠子融代谷。融卒，遣犍爲楊稷代之。」弼按：據二書所載，本傳所云是歲魏置交阯太守之郡，當爲爨谷，蓋由蜀中徑往交阯也。

〔一一〕詳見魏志陳留王紀咸熙元年。

〔一二〕潘眉曰：「械，謂器械。時新并蜀軍，故云兼成都之械。」

〔一三〕宋本「二」作「三」。

〔一四〕潘眉曰：「孫楚傳載文王與晧書，與此不同。又云劭等至吴，不敢爲通。然則文王令楚所作之書，至吴未通，其所通者，又是一篇，此漢晉春秋所載者是也。此書不知何人所作。」弼按：孫楚傳將軍石苞令楚作書遺孫晧，是孫楚爲石苞作，非爲晉文王作。文選載孫子荆爲石仲容與孫晧書，是也。潘説誤。又按荀勖傳，時發使聘吴，並遣當時文士作書與孫晧，帝用勖所作，晧既報命和親，帝謂勖曰：君前作書，使吴思順，勝十萬之衆也。是此書爲荀勖所作，潘説又誤。又按是書措詞和婉，又爲司馬昭之書，使者將命，不敢不達，若孫楚代石苞之書，語極憤激，易致僨事，紹等不敢爲通，或以此歟？

甘露元年〔一〕三月，晧遣使隨紹、彧報書曰：「知以高世之才，處宰輔之任，漸導之功，勤亦至矣。孤以不德，階承統緒，思與賢良共濟世道，而以壅隔未有所緣，嘉意允著，深用依依。今遣光禄大夫紀陟、五官中郎將弘璆，宣明至懷。」〔二〕

江表傳曰：晧書兩頭言白，稱名言而不著姓。

吳録曰：陟字子上，丹陽人。初爲中書郎，孫峻使詰南陽王和，令其引分。〔三〕陟密使令正辭自理，峻怒。陟懼，閉門不出。孫休時，〔四〕父亮爲尚書令，〔五〕而陟爲中書令。〔六〕每朝會，詔以屏風隔其座。出爲豫章太守。

干寶晉紀曰：陟、璆奉使如魏，入境而問諱，入國而問俗。壽春將王布示之馬射，既而問之曰：「吳之君子，亦能斯乎？」陟曰：「此軍人騎士肄業所及，士大夫君子未有爲之者矣。」〔七〕布大慙。既至魏，帝見之，使儐問曰：「來時吳主何如？」陟對曰：「來時皇帝臨軒，百寮陪位，御膳無恙。」晉文王饗之，百寮畢會，使儐者告曰：「某者，安樂公也；某者，匈奴單于也。」陟曰：「西主失土，〔八〕爲君王所禮，位同三代，莫不感義。匈奴邊塞難羈之國，君王懷之，親在坐席，此誠威恩遠著。」又問：「吳之戍備幾何？」對曰：「自西陵以至江都，五千七百里。」〔九〕又問曰：「道里甚遠，難爲堅固？」對曰：「疆界雖遠，而其險要必爭之地，不過數四；猶人雖有八尺之軀，靡不受患，其護風寒，亦數處耳。」文王善之，厚爲之禮。臣松之以爲人有八尺之體，靡不受患，防護風寒，豈唯數處？取譬若此，未足稱能。若曰譬如金城萬雉，所急防者四門而已。方陟此對，不猶愈乎！

吴録曰：晧以諸父與和相連及者，家屬皆徙東冶，〔一〇〕唯陟以有密旨，特封子孚都亭侯。孚弟瞻，字思遠，入仕晉驃騎將軍。弘璆，曲阿人，〔一一〕弘咨之孫，權外甥也。〔一二〕璆後至中書令、太子少傅。

紹行到濡須，〔一三〕召還殺之，徙其家屬建安，〔一四〕始有白紹稱美中國者故也。夏四月，蔣陵言甘露降，〔一五〕於是改年、大赦。秋七月，晧逼殺景后朱氏，亡不在正殿，於苑中小屋治喪，衆知其非疾病，莫不痛切。又送休四子於吴小城，〔一六〕尋復追殺大者二人。九月，從西陵督步闡表，徙都武昌，〔一七〕御史大夫丁固、〔一八〕右將軍諸葛靚〔一九〕鎮建業。陟、璆至洛，遇晉文帝崩，十一月，乃遣還。晧至武昌，又大赦。以零陵南部爲始安郡，桂陽南部爲始興郡。〔二〇〕十二月，晉受禪。

〔一〕魏高貴鄉公以甘露紀元，吴豈不知邪？

〔二〕魏志陳留王紀：「咸熙二年夏四月，吴遣使紀陟、弘璆請和。」晉書文帝紀：「孫晧使紀陟來聘，且獻方物。」弼按：魏志云「請和」，晉書云「獻方物」，參以本傳報書之辭，孫晧已漸屈服矣。迨晉方受禪，不暇治邊，丁忠使還，言北方無備，弋陽可取，晧遂與晉相絶矣。

〔三〕引分，引決也；引決，自殺也。史記：「不能引決自裁。」漢書王嘉傳：「君侯宜引決。」師古曰：「令自殺也。」文選寡婦賦「甘捐生而自引」。李善注：「自引，自殺也。」

〔四〕官本攷證曰：「孫休時，御覽作景皇時。」

〔五〕梁章鉅曰：「是時陟父安得猶名亮？可疑。」

〔六〕趙一清曰：「隋書經籍志有吳中書令紀騭集三卷，騭疑即陟也。」

〔七〕周禮地官保氏：「掌養國子，教之六藝，一曰五禮，二曰六樂，三曰五射，四曰五馭，五曰六書，六曰九數。」禮記射義篇詳載天子、諸侯、卿、大夫、士之射禮，故曰射者，所以觀盛德也。惟賁軍之將，亡國之大夫，不爲人所齒者，不得與射。蓋古者尚武精神，寓於揖讓周旋進退之中。吳處東南，習於文弱，紀陟乃謂此軍人騎士肄業所及，真不知古義，可謂行人失辭矣。此可以覘風尚所趨，亦爲國家積弱之原，學者通經致用，不可不辨。

〔八〕毛本「主」作「王」，誤。

〔九〕齊召南水道提綱江水篇云：「江自夔府始東南流，至岳州巴陵凡一千二百里；自岳州巴陵東北流，至武昌徑五百數十里；自武昌東南流，至江西湖口計六百餘里。大江至此，其勢遂向東北。自江西湖口東北流，至江都徑一千二百里。」弼按：據齊氏所推算，自夔府至江都，按江流曲折（非由鳥道），計三千六百里，而夔府尚在西陵之上數百里，是自西陵至江都不過三千里。此云五千七百里，似言大而夸。

〔一〇〕東冶見魏志王朗傳。

〔一一〕曲阿見孫策傳。

〔一二〕諸葛瑾傳：「孫權姊壻，曲阿弘咨。」趙一清曰：「璆若是權外甥，當是咨之子。」弼按：外甥應作外孫。

〔一三〕濡須見魏志武紀建安十八年。

〔一四〕建安見孫權傳赤烏二年。

〔一五〕趙一清曰：「方輿紀要卷十九：鍾山在應天府城東北朝陽門外，諸葛武侯所云鍾山龍蟠者也。一名蔣山，吳大帝祖諱鍾，因改曰蔣。以漢末秣陵尉蔣子文逐賊有功，因葬於此也，因名。晉咸和三年，蘇峻反於歷陽，自橫江濟，從南道出蔣陵。胡氏曰：蔣山之陵阜也。」弼按：吳大帝葬蔣陵，蔣陵詳見孫權傳太元二年，趙說少誤。

〔一六〕趙一清曰：「方輿紀要卷二十四：史記春申君城吳故墟，以自爲都邑。孔氏曰：今蘇州也。又於城內小城西北，別築城以居云。」

〔一七〕闡，騭之子，後有傳。孫權時，騭爲西陵督，闡累世在西陵。胡三省曰：「西陵即夷陵，吴主權黄武元年改夷陵曰西陵，宜都郡治焉。」

〔一八〕丁固即丁密，注見前。

〔一九〕靚，諸葛誕小子。誕遣至吴請救，見魏志誕傳。干寶晉紀云靚字仲思，吴平還晉，詳見誕傳注。

〔二〇〕零陵、桂陽均見蜀志先主傳建安十三年，始安郡治始安。謝鍾英曰：「沈志：吴始安屬廣州，晉志謂吴屬荆州。今考始安，零陵之分，宜與零陵並屬荆州。」一統志：「始安故城，今廣西桂林府治；始興郡治曲江，屬荆州。」水經溱水注：「瀧水又南逕曲江縣東，始興郡治也。魏文帝咸熙二年，（弼按：文帝應作陳留王。）孫晧分桂陽南部立。」一統志：「曲江故城，今廣東韶州府曲江縣西。」

寶鼎元年正月，遣大鴻臚張儼、〔一〕五官中郎將丁忠弔祭晉文帝。及還，儼道病死。〔二〕吴録曰：儼字子節，吴人也。弱冠知名，歷顯位，〔三〕以博聞多識，拜大鴻臚。使於晉，晧謂儼曰：「今南北通好，以君爲有出境之才，故相屈行。」對曰：「皇皇者華，蒙其榮耀，無古人延譽之美，〔四〕磨厲鋒鍔，思不辱命。」既至，車騎將軍賈充、尚書令裴秀、侍中荀勖等，欲傲以所不知，而不能屈。尚書僕射羊祜、尚書何楨〔五〕並結縞帶之好。〔六〕

忠説晧曰：「北方守戰之具不設，弋陽可襲而取。」〔七〕晧訪羣臣，鎮西大將軍陸凱曰：「夫兵不得已而用之耳，且三國鼎立已來，更相侵伐，無歲寧居。今彊敵新并巴蜀，有兼土之實，而遣使求親，欲息兵役，不可謂其求援於我。今敵形勢方彊，而欲徼幸求勝，未見其利也。」車騎將軍劉纂曰：「天生五才，誰能去兵？〔八〕譎詐相雄，有自來矣。若其有闕，庸可棄乎！宜遣閒諜，以觀其勢。」皓陰納纂言，且以蜀新平，故不行，然遂自絕。八月，所在言得大鼎，於是改年，大赦。以陸凱爲左丞相，常侍萬彧爲右丞相。冬十月，永安山賊施但等聚衆數千人，〔九〕

吳録曰：永安，今武康縣也。〔一〇〕

劫皓庶弟永安侯謙出烏程，〔一一〕取孫和陵上鼓吹曲蓋。〔一二〕比至建業，衆萬餘人。丁固、諸葛靚逆之於牛屯，〔一三〕大戰，但等敗走。獲謙，謙自殺。〔一四〕

漢晉春秋曰：初，望氣者云：「荊州有王氣，破揚州而建業宮不利。」故皓徙武昌，遣使者發民掘荊州界大臣名家冢與山岡連者以厭之。既聞但反，自以爲徙土得計也。〔一五〕使數百人鼓譟入建業，殺但妻子，云「天子使荊州兵來破揚州賊」，以厭前氣。〔一六〕

分會稽爲東陽郡，〔一七〕分吳、丹陽爲吳興郡，〔一八〕

皓詔曰：「古者分土建國，所以褒賞賢能，廣樹藩屏。秦毀五等爲三十六郡，漢室初興，闓立乃至百五。〔一九〕因事制宜，蓋無常數也。今吳郡陽羨、〔二〇〕永安、〔二一〕餘杭、〔二二〕臨水〔二三〕及丹陽故鄣、〔二四〕安吉、〔二五〕原鄉、〔二六〕於潛〔二七〕諸縣，地勢水流之便，悉注烏程，既宜立郡，以鎮山越，且以藩衞明陵，〔二八〕奉承大祭，不亦可乎！其亟分此九縣爲吳興郡，治烏程。」

以零陵北部爲邵陵郡。〔二九〕十二月，皓還都建業，衞將軍滕牧留鎮武昌。

〔一〕張儼事見蜀志諸葛亮傳注。

〔二〕趙一清曰：「晉書武帝紀：泰始二年三月戊戌，吴人來弔祭，有司奏爲答詔。帝曰：昔漢文、光武懷撫尉佗、公孫述，皆未正君臣之儀，所以羈縻未賓也。晧遣使之始，未知國慶，但以書答之。隋經籍志：張儼集一卷，梁二卷。又撰嘿記三卷。一清案，諸葛武侯建興六年十一月表，蓋出此書。」弼按：丁忠使晉還，孫晧大會羣臣，王蕃沈醉，晧斬之，見蕃傳。

〔三〕何焯曰：「御覽歷上有早字。」

〔四〕何焯曰：「御覽蒙上有臣字，耀作懼。」

〔五〕宋本「楨」作「禎」。趙一清曰：「魏志胡昭傳注引文士傳云何楨字元幹，當從木作楨。」弼按：何楨見齊王紀嘉平六年注，又見晉書文帝紀甘露二年。

〔六〕左傳襄公二十九年：「吴公子札聘於鄭，見子產如舊相識，與之縞帶，子產獻紵衣焉。」杜注：「大帶也。吴地貴縞，鄭地貴紵，故各獻己所貴，示損己而不爲彼貨利。」陸德明音義：「縞，古老反，繒也；紵，直呂反。」孔穎達正義曰：「玉藻說大帶之制，大夫以素爲帶，居士錦帶，弟子縞帶。季札，吴卿也，而以縞帶與子產者，是其當時之所有耳。吴始通上國，未必服章依禮也。杜以縞是中國所有，紵是南邊之物，非土所有，各是其貴，知其示損己耳，不爲彼貨利也。鄭玄禮記注曰：白經赤緯曰縞，黑經白緯曰纖。」

〔七〕弋陽見魏志楚王彪傳。胡三省曰：「弋陽縣，漢屬汝南郡，魏文帝分立弋陽郡。」

〔八〕宋本無「誰」字，誤。

〔九〕永安見孫休傳永安元年。

〔一〇〕沈志：「晉武帝太康元年，更名武康，屬吴興郡。」宋白曰：「永安縣本漢烏程縣之餘不鄉。」

〔一一〕烏程見孫堅傳。

〔一二〕古今注：「曲蓋，太公所作。武王伐紂，大風折蓋，太公因折蓋之形，而成曲蓋焉。」

〔一三〕胡三省曰：「據吴歷，牛屯去建業城二十一里。」方輿紀要：「今江寧府東南。」趙一清曰：「固、靚前到九里，蓋牛屯之别稱也。」

〔一四〕互見孫和傳注引吴歷。

〔一五〕宋本「土」作「上」。

〔一六〕直等兒戲。

〔一七〕會稽郡見孫堅傳。沈志：「東陽太守，本會稽西部都尉。吴孫晧寶鼎元年立東陽郡，治長山。」劉昭注引英雄交爭記云：「初平三年，分烏傷縣南鄉爲長山縣。」水經注：「穀水又東逕長山縣南，與永康溪水合。縣即東陽郡治，城居山之陽。」輿地廣記：「東陽郡治長山。」一統志：「今浙江金華府城。」

〔一八〕吴、丹陽、吴興俱見孫堅傳。

〔一九〕闓，未詳。馮本「五」作「王」。

〔二〇〕馮本「陽」作「楊」，誤。陽羨見孫權傳卷首周處風土記，本名荆溪。寰宇記：「故城在宜興縣南，一名蝦虎城。」

〔二一〕見孫休傳。永安元年，孫謙自殺，國除。

〔二二〕餘杭見孫策傳。

〔二三〕本志賀齊傳：「建安十六年，齊表言分餘杭爲臨水。」吴録曰：「晉改爲臨安。」沈志：「吴分餘杭爲臨水，晉武帝太康元年，更名臨安。」謝鍾英曰：「今杭州府臨安縣治。」

〔二四〕見孫權傳赤烏十三年。

〔二五〕沈志：「吴興太守安吉令，漢靈帝中平二年，分故鄣立。」郡國志劉昭注引吴興記曰：「中平年分故鄣縣南置安吉縣，光和末，張角亂，此鄉守險助國，漢嘉之，故立縣。中平二年，又分立原鄉縣。」謝鍾英曰：「今湖州府安吉縣西南。」

〔二六〕沈志：「原鄉令，漢中平二年分故鄣立。」方輿紀要：「今湖州府孝豐縣東，以縣在山中高原而名。」

〔二七〕郡國志：「丹陽郡於潛。」王先謙曰：「前漢縣，潛作朁，音潛。三國吴改屬吴興郡。洪亮吉曰：吴録舊朁字無水，至隋始加。一統志：今杭州府於潛縣治。」

〔二八〕孫和改葬明陵。

〔二九〕晉志：「孫晧分零陵立邵陵郡，治邵陵。」沈志：「邵陵太守，吴孫晧寶鼎元年分零陵北部都尉立。」郡國志：「長沙郡昭陵。」王先謙曰：「三國吴置昭陵郡，治此。水經：資水東北過邵陵縣之北。注：孫晧分零陵北部立邵陵郡于邵陵縣，縣故昭陵也。沈志邵陵太守下云：邵陵，何志屬長沙。按二漢無，吴録屬邵陵。今按晉世避諱，改昭爲邵。沈約録邵陵，竟忘二漢之昭陵矣。吴增僅云：以昭爲邵，係晉武時避諱而改，如零陵郡之昭陽，改曰邵陽，建安郡之昭武，改曰邵武之類，是也。昭陵本漢縣，吴既因之立郡，無緣改昭爲邵。吴志孫晧傳：分零陵北部置邵陵。承祚由後言之，故作邵陵，如晉改吴新興爲新昌，而晧傳已作新昌，是其例也。輿地廣記云：昭陵，晉改曰邵陵。縣名爲晉改，則郡名亦晉改無疑矣。一統志：故城今湖南寶慶府邵陽縣治。」

二年春，大赦。右丞相萬彧上鎮巴丘。〔一〕夏六月，起顯明宮，

太康三年地記曰：〔二〕吴有太初宮，方三百丈，權所起也。昭明宮方五百丈，晧所作也。避晉諱，故曰顯明。

吴歷云：顯明在太初之東。

江表傳曰：（起）〔晧〕營新宮，二千石以下皆自入山督攝伐木。〔三〕又破壞諸營，大開園囿，〔四〕起土山樓觀，窮極伎巧，工役之費以億萬計。陸凱固諫，不從。〔五〕

冬十二月，晧移居之。是歲，分豫章、廬陵、長沙爲安成郡。〔六〕

〔一〕巴丘見魏志武紀建安十三年。

〔二〕裴注引是書，已見魏志陳羣傳注，畢沅有輯本，序云：「晉太康地志，不著撰人。舊唐書五卷，云太康三年撰；新唐書十卷。其稱太康三年地志者，一見於宋書州郡志會稽郡始寧令下，一見裴松之三國志注孫晧起顯明宮下。晉初，輿地之學最著者，裴司空秀，繼之以京相璠、摯虞，是書或成於數君之手。同時杜預注經，晉灼注史，其精核皆有所不及。沈約止稱爲地志，酈道元稱爲地記，司馬貞、張守節稱爲地理記，新唐書稱爲土地記，其實一也。」黄奭漢學堂叢書亦有輯本。

〔三〕通鑑無「攝」字。

〔四〕通鑑「園」作「苑」。

〔五〕華覈上疏，亦不聽，見覈傳。

〔六〕晉志：「孫晧分長沙立安成郡，治平都。」沈志：「安成太守，孫晧寶鼎二年分豫章、廬陵、長沙立，治平都。」通典：「吴安成郡，治平都。」水經贛水注：「十三州志稱廬水西出長沙安成縣，吴寶鼎中立以爲安成郡。」楊氏沿革圖：「安成郡，治安成。」一統志：「平都故城，今江西吉安府安福縣東南；安成故城，今安福縣西。」弼按：平都與廬陵郡治高昌相距極近，安成較遠，當日分設郡治，應在安成，酈注較爲有據，當從之。趙一清曰：「寰宇記卷一百九：吴分豫章之新喻、宜春，廬陵之平都、永新，長沙之安城、萍鄉六縣爲安城郡。宋書州郡志：安城太守領縣，有新喻、永新、萍鄉，俱吴立。」

三年春二月，以左右御史大夫丁固、孟仁爲司徒、司空。〔一〕

吴書曰：初，固爲尚書，夢松樹生其腹上。謂人曰：「松字，十八公也。後十八歲，吾其爲公乎！」卒如夢焉。

秋九月，晧出東關，〔二〕丁奉至合肥。〔三〕是歲，遣交州刺史劉俊、前部督修則等〔四〕入擊交阯，爲晉將毛炅等所破，皆死；兵散還合浦。〔五〕

〔一〕丁固、孟仁事見孫休傳永安五年。

〔二〕東關見魏志齊王紀嘉平四年。

〔三〕晉書武帝紀：「泰始四年十一月，吴將丁奉等出芍陂，安東將軍汝陰王駿與義陽王望擊走之。」晉書校文曰：「是役晉救未至，而奉退，見望傳。擊走失實。」弼按：丁奉傳：奉與晉大將石苞書，搆而間之，苞以徵還。

〔四〕通鑑作「大都督修則」。胡注：「姓譜元冥之佐有修氏，漢有屯騎校尉修炳。」

〔五〕合浦見魏志陳留王紀咸熙元年。趙一清曰：「晉書武帝紀：吴將顧容寇鬱林，太守毛炅大破之，斬其交州刺史劉俊、將軍修則。顧和傳：和曾祖容，吴荆州刺史。讀史舉正曰：按陶璜傳，交阯太守楊稷與將軍毛炅等出交趾，破吴軍於古城，斬修則、劉俊。通鑑亦云：劉俊、修則、顧容三攻交趾，稷拒破之，鬱林、九真皆附於稷。稷遣毛炅、董元攻合浦，戰於古城，殺修則，稷表炅爲鬱林太守，元爲九真太守。然則修死於合浦，非鬱林。容之攻鬱林，非此時，毛炅時亦未爲太守也。」弼按：通鑑本華陽國志，當時晉、吴尚各分立，故紀載各殊也。晉書武帝紀：「泰始四年冬十月，吴將施績入江夏，萬彧寇襄陽，遣太尉義陽王望屯龍陂，荆州刺史胡烈擊敗彧。」吴志未書。

建衡元年〔一〕春正月，立子瑾爲太子，及淮陽、東平王。冬十月，改年，大赦。十一月，左丞相陸凱卒。〔二〕遣監軍虞汜、〔三〕威南將軍薛珝、〔四〕蒼梧太守陶璜〔五〕由荆州，監軍李勖、督軍徐存從建安海道，〔六〕皆就合浦擊交阯。

〔一〕杭世駿曰：「古今刀劍録云：孫皓以建衡元年鑄一劍，文曰皇帝吴王，小篆書。」

〔二〕陸凱傳：「凱乃心公家，忠懇内發。皓嘗銜凱數犯顔忤旨，竟徙凱家於建安。」

〔三〕汜，虞翻第四子，見翻傳及注引會稽典録。胡三省曰：「汜，音祀。」

〔四〕洪飴孫曰：「威南將軍一人，吴所置。」胡三省曰：「珝，況羽翻。」

〔五〕蒼梧郡見陶謙傳。趙一清曰：「郡國志：蒼梧郡領十一城，吴時析爲臨賀郡，惟有廣信、高要、端谿、猛陵、鄣平五縣。其臨賀、謝沐、馮乘、富川屬臨賀，以荔浦屬始安，而以合浦之臨允來屬。宋志又云：蒼梧太守領建陵、寧新，吴立。蓋增二縣也。」王先謙曰：「三國吴蒼梧郡領漢舊縣五，分置豐城、建寧、元溪、武城，入合浦之臨允爲十城。」

〔六〕建安詳見孫權傳赤烏二年注引文士傳。胡三省曰：「從荆州道踰嶺而入交、廣也，從建安道汎海而南也。」

二年春，〔一〕萬彧還建業。〔二〕李勖以建安道不通利，殺導將馮斐，引軍還。三月，天火燒萬餘家，死者七百人。〔三〕夏四月，左大司馬施績卒。〔四〕殿中列將何定〔五〕白：「少府李勖〔六〕枉殺馮斐，擅徹軍退還。」勖及徐存家屬皆伏誅。秋九月，何定將兵五千人上夏口獵，都督孫秀奔晉。〔七〕是歲，大赦。

〔一〕趙一清曰：「寰宇記卷一百十二：神人山在鄂州武昌縣西，水路一百八十一里。歷代帝紀云：吴建衡二年，有神人騎白鹿從此山出。晉書武帝紀：太始六年春正月，吴將丁奉入渦口，揚州刺史牽宏擊走之。晉書校文曰：丁奉傳是年無伐晉事，孫皓傳同。惟前年奉曾攻晉穀陽，當即其事，而誤列於是年也。」弼按：通鑑考異曰：吴志丁奉傳建衡元年攻晉穀陽，晉帝紀不載，奉傳不言入渦口，疑是一事。

〔二〕自巴丘還也。

〔三〕侯康曰：「晉書五行志上云：時皓制令詭暴，蕩棄法度，勞臣名士，誅斥甚衆。後宮萬餘，女謁數行，其中隆寵佩皇后璽綬者多矣。故有火災。或曰：天火曰災，人火曰火。此天火疑大火之誤。」

〔四〕陸抗傳：「施績卒，以抗都督信陵、西陵、夷道、樂鄉、公安諸軍事。」

〔五〕何定事見後鳳凰元年注。

〔六〕馮本「白」作「曰」，誤。

〔七〕秀，孫權弟匡之孫，事見匡傳。

三年春三月晦，皓舉大衆出華里，〔一〕皓母及妃妾皆行。東觀令華覈等固爭，乃還。〔二〕

江表傳曰：初，丹陽刁玄使蜀，〔三〕得司馬徽與劉廙論運命歷數事。玄詐增其文，以誑國人曰：「黄旗紫蓋見於東南，終有天下者，荆、揚之君乎！」〔四〕又得國中降人，〔五〕言壽春下有童謠曰：「吴天子當上。」皓聞之，喜曰：「此天命也！」即載其母妻子及後宫數千人，從牛渚陸道西上，〔六〕云「青蓋入洛陽，以順天命」。行遇大雪，道塗陷壞，兵士被甲持仗，百人共引一車，寒凍殆死。兵人不堪，皆曰：「若遇敵，便當倒戈耳！」〔七〕皓聞之，乃還。

是歲，汜、璜破交阯，禽殺晉所置守將，〔八〕九真、日南皆還屬。〔九〕

漢晉春秋曰：初，霍弋遣楊稷、毛炅等戍，與之誓曰：「若賊圍城未百日而降者，家屬誅；若過百日而城没者，刺史受其罪。」稷等日未滿而糧盡，乞降於璜，璜不許，而給糧使守。吴人並諫，璜曰：「霍弋已死，無能來者。可須其糧盡，然後乃受，使彼來無罪，而我取有義。内訓吾民，外懷隣國，不亦可乎！」稷、炅糧盡，救不至，乃納之。〔一〇〕

華陽國志曰：稷，犍爲人；〔一一〕炅，建寧人。〔一二〕稷等城中食盡，死亡者半。將軍王約反降，吴人得入城，獲稷、炅，皆囚之。孫晧使送稷下都，稷至合浦，歐血死。晉追贈交州刺史。初，毛炅與吴軍戰，殺前部督修則，陶璜等以炅壯勇，欲赦之，而則子允固求殺炅，炅亦不爲璜等屈。璜等怒，面縛炅詰之，曰：「晉兵賊！」〔一三〕炅厲聲曰：「吴狗！何等爲賊？」吴人生剖其腹，允割其心肝，罵曰：「庸復作賊！」炅猶罵不止，曰：「尚欲斬汝孫晧，汝父何死狗也！」乃斬之。晉武帝聞而哀矜，即詔使炅長子襲爵，餘三子皆關内侯。此與漢晉春秋所説不同。〔一四〕

大赦，分交阯爲新昌郡。〔一五〕諸將破扶嚴，〔一六〕置武平郡。〔一七〕以武昌督范慎爲太尉。〔一八〕右大司馬丁奉、司空孟仁卒。〔一九〕

吴録曰：仁字恭武，江夏人也。〔二〇〕本名宗，避晧字易焉。〔二一〕少從南陽李肅學，〔二二〕其母爲作厚蓐大被。〔二三〕或問其故，母曰：「小兒無德致客，學者多貧，故爲廣被，庶可得與氣類接也。」其讀書夙夜不懈，肅奇之，曰：「卿宰相器也。」初爲驃騎將軍朱據軍吏，將母在營。既不得志，又夜雨屋漏，因起涕泣，以謝其母。母曰：「但當勉之，何足泣也？」據亦稍知之，除爲鹽池司馬。〔二四〕自能結網，手以捕魚，作鮓寄母。母因以還之，曰：「汝爲魚官，而以鮓寄我，非避嫌也。」遷吴令。時皆不得將家之官，每得時物，來以寄母，常不先食。及聞母亡，犯禁委官，語在權傳。特爲減死一等，復使爲官，蓋優之也。〔二五〕

楚國先賢傳曰：宗母嗜筍，冬節將至，時筍尚未生。宗入竹林哀歎，而筍爲之出，得以供母，皆以爲至孝之所致感。累遷光禄勳，遂至公矣。〔二六〕

西苑言鳳皇集，改明年元。

〔一〕胡三省曰：「華里在建業西。」趙一清曰：「方輿紀要卷二十：華里在江寧府西南。晉書武帝紀：太始七年三月，孫皓率衆趨壽陽，遣大司馬望屯淮北以距之。三月，孫秀部將何崇帥衆五千人來降。」

〔二〕胡三省曰：「東觀令典校圖書及記述。觀，古玩翻；華，户化翻；覈，户革翻。」弼按：通鑑作「華覈等固諫，不聽」。

〔三〕刁玄使蜀，見孫亮傳太平元年，玄事又見孫登傳。

〔四〕姚範曰：「黄旗紫蓋之語，合以前卷注中陳化之對，魏文及晉、宋後禪授，似亦不得以此爲誣。」宋書符瑞志：「漢世術士言黄旗紫蓋見於斗牛之間，江東有天子氣。」弼按：陳化對魏文語，見孫權傳黄武四年注引吴書。陳化據舊説以答魏文，刁玄詐增讖文以誑國人，何足爲據？姚説失之。

〔五〕宋本「國中」作「中國」。

〔六〕牛渚詳見孫策傳注引江表傳。

〔七〕胡三省曰：「紂發兵與周武王會戰於牧野，前徒倒戈，攻其後以北。」

〔八〕晉書武帝紀：「泰始七年夏四月，九真太守董元爲吴將虞汜所攻，軍敗，死之。」通鑑：「夏四月，吴交州刺史陶璜襲九真太守董元殺之，楊稷以其將王素代之。」通鑑考異曰：「璜傳云：出其不意，徑至交阯。按元乃九真太守，非交阯也。華陽國志云：元病亡，楊稷更以王素代之。按武帝紀，四月，九真太守董元爲吴將虞汜所攻，軍敗，死之。則元非病亡。蓋稷雖以素代元，未至郡而元死也。」趙一清曰：「晉書陶璜傳：璜字世英，丹陽秣陵人也。父基，吴交州刺史。璜仕吴，歷顯位。孫皓時，交阯太守孫諝貪暴，爲百姓所患。會察戰鄧荀至，擅調孔雀三千頭，遣送秣陵。既苦遠役，咸思爲亂。郡吏呂興殺諝及荀，以郡内附，武帝拜興安南將軍、交阯太守。尋爲其功曹李統所殺，帝更以建寧爨谷爲交阯太守。谷又死，更遣巴西馬融代之。融病卒，南中監軍霍弋又遣犍爲楊稷代融，與將軍毛炅、九真太守董元、牙門孟幹、孟通、李松、王業、爨能等自蜀出交阯，破吴軍於古城，斬大都督修則、交州刺史劉俊。吴遣虞汜爲監軍，薛珝爲威南將軍，大都督璜爲蒼梧太守，距稷。戰於分水，璜敗，退保合浦，亡其二將。珝怒，謂璜曰：若自表討賊，而喪二帥，其責安在！璜曰：下官不得行意，諸軍不相順，故致敗耳。珝怒，欲引軍還，璜夜以數百兵襲董元，獲其寶物，船載而歸。珝乃謝之，以璜領交州，爲前部督。璜從海道出於不意，徑至交阯。元距之，諸將將戰，璜疑斷牆內有伏兵，列長戟於其後。兵纔接，元僞退，璜追之，伏兵果出，長戟逆之，大破元等。以前所得寶船上錦物數千匹遺扶嚴賊帥梁奇，奇將萬餘人助璜。元有勇將解系同在城內，璜誘其弟象使爲書與系，又使象乘璜軺車鼓吹導從而行。元等曰：象尚若此，系必有去志。乃就殺之。珝、璜遂陷交阯，吳因用璜爲交州刺史。璜子威，威弟淑，子綏後並爲交州，自基至綏，四世爲交州者五人。一清案，遣察戰調孔雀，乃孫休，非晧也，傳誤。又晉書解系傳：系字少連，濟南著人。此別是一人，非董元所殺者。又寰宇記卷一百七十一引交州記云：陶璜築城，於土穴中得一物，白色，形如蠶蛹，無頭，長數丈，大十圍，蝡蝡動，割腹肉如豬脂，遂以爲臛，香美。璜啖一杯，於是三軍皆食焉。」潘眉曰：「禽殺晉守將，謂殺毛炅，禽楊稷、孟幹、爨能、李松等也。」弼按：孟幹逃返洛陽，潘説誤。

〔九〕九真、日南均見魏志陳留王紀咸熙元年。趙一清曰：「寰宇記一百七十一：驩州，秦屬象郡，漢屬九真郡。吳置九德郡，治九德縣。宋州郡志：九德太守，故屬九真，吳分立，領縣有陽城、九德、越常，皆吳立。日南太守，秦象郡，漢帝更名，吳省，晉太康三年復置。一清案，傳中明有日南郡之名，似吳未嘗廢省也。蓋以屬國都尉領之，不別置太守爾。水經温水注：晉太康三年，省日南郡屬國都尉，以其所統盧容縣置日南郡及象林縣之故治。宋書百官志：郡守，秦官。漢末，三國多以諸部都尉爲郡。可知日南省置之義矣。」王先謙曰：「洪亮吉云：沈志日南太守吳省，晉太康三年復置。按孫晧傳建衡三年，虞汜、陶璜破交阯，九真、日南還屬。華覈傳云：日南孤危。魏少帝紀：九真、日南郡聞呂興去逆效順。晉志：吳黄武五年，以交阯、日南、九真、合浦四郡爲交州。則吳時有日南郡。沈志云吳省，蓋誤。案温水注由門浦至古戰灣，吳赤烏十一年，魏正始九年，交州與林邑于灣大戰，初失區粟也。區粟即日南郡城。據此，似吳時失此郡，水經注與沈志合，吳志所云日南，疑虛領其土耳。」

〔一〇〕通鑑考異曰：「漢晉春秋所云如是。華陽國志則云：稷等破，被囚，稷歐血死，炅罵賊死。二者相戾，不可得合。

而晉陶璜傳兼載之。按孫皓猜暴，恐璜不敢以糧資敵，今從華陽國志。」

〔一一〕馮本「犍」作「揵」，誤。犍爲見蜀志劉焉傳。

〔一二〕馮本「建」作「揵」，誤。建寧見蜀志後主傳建興三年。

〔一三〕趙一清曰：「兵字衍。」弼按：陶璜傳無「兵」字。

〔一四〕今本華陽國志所載，與此少異。兹録於下：「泰始七年春，吴王孫皓遣大都督薛珝、交州刺史陶璜帥二十萬軍，興扶嚴惡夷，合十萬，伐交阯。稷遣炅及將軍建寧孟岳等禦之，戰于封溪，衆寡不敵，炅等敗績，僅以身免，還交阯，固城自守。破敗之後，衆才千人，并新附可有四千，男女萬餘口。陶璜圍之，杜塞蹊徑，救援不至，雖班糧約食，猶不供繼，至秋七月，城中食盡，病餓死者大半。交阯人廣野將軍王約反應陶璜，以梯援外，吴人遂得入城，得稷等，皆囚之。即斬稷長史張登、將軍孟通及炅并交阯人邵暉等二千餘人。受皓詔，傳稷秣陵。故梏稷及孟幹、爨熊、李松四人於吴，通四遠消息。稷至合浦，發病，歐血死。傳首秣陵，棄其屍喪於海。幹、松、熊至吴，將加斬刑。或説皓宥免幹等，可以勸邊將。皓原之，欲徙付臨海郡。初，稷等私誓，不能死節，困辱虜手，若蒙未死，必當思求北歸。稷既路死，幹等恐北路轉遠，以吴人愛蜀側竹弓弩，言能作之。皓轉付部爲弓工。九年，幹自吴逃返洛陽，松、熊爲皓所殺。初，晉武帝以稷爲交州刺史，大封半道，稷城陷，或傳降，故不録。幹至，表狀，乃追贈交州刺史，封松、熊後嗣侯焉。」吴士鑑曰：「陶璜傳云：稷等糧盡，救兵不至，乃納之，是降於吴也。故華陽國志言將軍王約反降，吴人得入城。稷、炅既降，修則之子允欲復父讎，乃剖割炅之腹心，既久斬之。迨送稷等至合浦，炅已前死，此事前後甚明。裴注謂華陽國志與漢晉春秋所説不同，殆未深攷。」何焯曰：「華陽國志欲見蜀士之多耳，當從習氏。」趙一清曰：「修則又有子曰湛，晉新昌太守迎之，主交州事，陶侃誘湛詣交州刺史王諒，爲諒所殺，見晉書忠義傳。」弼按：修允爲合浦、桂林太守，見後天紀三年。

〔一五〕晉書地理志：「交州新昌郡，吴置，統縣六，治麋泠。」郡國志：「交趾郡麊泠。」惠棟曰：「麊，説文作䊳，從米，尼聲。小顔音麋零。」王先謙曰：「吴改屬新昌郡。」謝鍾英曰：「薛綜傳稱交阯巻泠，時未置新昌，故云。」鄒代鈞曰：「今越南太原道境。洪志、吴表從通典，謂吴置新興郡，非也。」

〔一六〕潘眉曰：「時梁奇爲扶嚴賊帥，見陶璜傳。」

〔一七〕晉書地理志：「交州武平郡，吴置，統縣七，治武寧。」洪亮吉曰：「武寧，沈志：吴立。通典：安南府屬有武平，注：舊縣，疑當時復有武平縣，或晉省也。」謝鍾英曰：「輿地廣記：武平縣本東漢封溪縣地，吴置武寧縣。及立武平郡，晉以後因之。鍾英按，武寧係武平之譌。晉志武平郡武寧，輿地廣記吴置武寧縣，並當作平。作寧者，傳寫之誤。今地缺。」吴增僅曰：「晉志交阯、武平二郡各有武寧縣，二郡界連，未應無別。沈志云：武寧，吴立。何志：武帝立。太康地志無此縣，而交阯有。輿地廣記：吴立武寧縣及武平郡。以是參考，疑吴初立武寧，屬交阯，後又移屬武平也。洪志疑誤據。」楊守敬曰：「沈志武寧屬九真，不屬武平。據其言，則晉時交阯郡有武寧，武平郡無武寧，此晉志之誤，不用調停。輿地廣記即本晉志，不足據。」弼按：晉志交阯、武平二郡，宋志交阯、九真二郡，俱有武寧，必有一誤。謝、吴、楊所疑皆是。晉書陶璜傳：「孫晧以璜爲使持節、都督交州諸軍事、前將軍、交州牧。武平、九德、新昌土地阻險，夷獠勁悍，歷世不賓。璜征討，開置三郡及九真屬國三十餘縣。」據璜傳所云，其開置南服之功，謀略遠著。吴增僅歷舉璜所置三十餘縣，文繁不備録。

〔一八〕范慎事見孫登傳及注引吴録。吴録作武昌左部督。吴於瀕江要地，皆置都督。

〔一九〕通鑑：「九月，吴司空孟仁卒。十二月，右將軍司馬丁奉卒。」胡三省曰：「據丁奉傳，當書右大司馬左軍師。」

〔二〇〕江夏見魏志文聘傳。

〔二一〕錢大昭曰：「古者避名不避字，晧字元宗，似無可避。然吴録載休詔云：今造此名字，既不相配，又字但一，庶易棄避。則孫吴時似有避字之説矣。」

〔二二〕李肅事見步騭傳及注引吴書。

〔二三〕馮本「蓐」作「褥」。

〔二四〕馮本「鹽」作「監」。趙一清曰：「作監是也。孟宗時爲雷池監司馬。方輿紀要卷二十六：雷池在南直安慶府望江縣東三十里，源出宿松縣界，東流二百餘里，經縣東南，積而爲池。又東十五里入江，亦曰雷港，亦曰雷江口，亦曰大雷江。」

〔二五〕趙一清曰：「世説注引孟嘉别傳曰：宗葬武昌，子孫家焉。御覽卷四百十三引孟宗别傳曰：宗事母至孝，母亦能訓之以禮。宗初爲雷池監，奉魚於母，母還其所寄，遂絶不復食魚。後宗典和糧穀，乃表陳曰：臣昔爲雷池監，母三年不食魚，臣若典糧穀，臣母不可以三年不食米，臣敢以死守之。又卷二百六十二引宗别傳曰：宗爲豫章太守，人思其惠，路有行歌，故時人生子，以孟爲名。又卷二百二十九引别傳曰：宗爲光禄勳，大會。宗先少飲酒，後有彊之飲者，一杯便吐。傳詔司察，宗吐麥飯，察者以聞。詔問麥飯意，答言：臣家足有米，麥飯愚臣所安，是以食之。上乃歎息曰：至德清純如此！」

〔二六〕趙一清曰：「寰宇記卷一百二十五：孟宗宅在舒州望江縣北一里，即哭竹生筍之處。方輿紀要卷九十一：嘉興府東南有孟宗堰，蓋宗爲吴令時所築也。」

鳳皇元年秋八月，徵西陵督步闡，闡不應，據城降晉。〔一〕遣樂鄉都督陸抗圍取闡，〔二〕闡衆悉降。〔三〕闡及同計數十人〔四〕皆夷三族。〔五〕大赦。是歲，右丞相萬彧被譴，憂死；〔六〕徙其子弟於廬陵。〔七〕

江表傳曰：初，晧游華里，〔八〕彧與丁奉、留平密謀曰：「此行不急，若至華里不歸，社稷事重，不得不自還。」〔九〕此語頗泄。晧聞知，以彧等舊臣，且以計忍而陰銜之。後因會，以毒酒飲彧，傳酒人私減之。又飲留平，平覺之，服他藥以解，得不死。彧自殺；平憂懣〔一〇〕月餘，亦死。〔一一〕

何定奸穢發聞，〔一二〕伏誅。皓以其惡似張布，追改定名爲布。

江表傳曰：定，汝南人，本孫權給使也，後出補吏。定佞邪僭媚，自表先帝舊人，求還內侍。皓以爲樓下都尉，〔一三〕典知酤糴事，專爲威福。而皓信任，委以衆事。定爲子求少府李勖女，不許；定挾忿譖勖於皓，皓尺口誅之，焚其尸。〔一四〕定又使諸將各上好犬，〔一五〕皆千里遠求，一犬至直數千匹；〔一六〕御犬率具纓，〔一七〕直錢一萬。一犬一兵，養以捕兔供廚，所獲無幾。吳人皆歸罪於定，而皓以爲忠勤，賜爵列侯。〔一八〕

吳歷曰：中書郎奚熙譖宛陵令賀惠。〔一九〕惠，邵弟也。〔二〇〕遣使者徐粲訊治，熙又譖粲顧護不即決斷。皓遣使就宛陵斬粲，收惠付獄。會赦，得免。〔二一〕

〔一〕夷陵，吳改曰西陵，屬宜都郡，見魏志文紀黃初三年。本志步闡傳：「鳳皇元年，召闡爲繞帳督。闡累世在西陵，卒被徵命，自以失職，又懼有讒禍，於是據城降晉。」水經江水注：「江水出峽東南流，逕故城洲，洲附北岸，洲頭曰郭洲，長二里，廣一里，上有步闡故城，方圓稱洲，周迴略滿。故城洲上城周五里，吳西陵督步騭所築也。孫皓鳳皇元年，騭息闡復爲西陵督。據此城降晉，晉遣太傅羊祜接援，未至，爲陸抗所陷也。江水又東逕故城北，所謂陸抗城也。城即山爲墉，四面天險。」

〔二〕陸抗傳：「建衡二年，拜抗都督信陵、西陵、夷道、樂鄉、公安諸軍事，治樂鄉。」水經江水注：「江水又逕南平郡孱陵縣之樂鄉城北，吳陸抗所築。後王濬攻之，獲吳水軍督陸景於此渚也。江水又東，右合油口，又東逕公安縣北。」晉書杜預傳：「太康元年，杜預遣奇兵八百，夜渡襲樂鄉，多張旗幟，起火巴山。吳樂鄉督孫歆與江陵督任延書曰：北來諸軍，乃飛渡江也。」宋白曰：「樂鄉者，春秋鄀國之地，其城陸抗所築，在松滋縣界。」胡三省曰：「樂鄉城在松滋縣東。樂鄉城北江中有沙磧，對岸踏淺可渡，江津要害之地也。」方輿紀要：「樂鄉城今松滋縣東七十里，三國吳所築，朱然嘗鎮此。陸抗改築，屯兵於此。」弼按：春秋鄀國地，兩漢爲南郡鄀縣，（前漢作「若」。）在今湖北襄陽府宜城縣東南。宋白指爲樂鄉，殆因括地志故鄀城在樂鄉東北，元和志春秋鄀國城在樂鄉縣北而誤。此唐之樂鄉縣，非三國吴之樂鄉也。趙一清引方輿紀要云樂鄉在荆門州北者，其誤亦同。

〔三〕抗破闡事詳見抗傳。

〔四〕馮本「計」作「討」，誤。

〔五〕陸抗之克步闡，晧意張大，乃使尚廣筮并天下，見本傳末注引干寶晉紀。

〔六〕潘眉曰：「自鳳皇二年至天紀二年，不書何人爲丞相。攷吴禪國山碑有丞相沇，時在天璽元年，然則鳳皇後天紀前有名沇者爲丞相，史闕不書，碑又不詳其姓，不可攷矣。又按真誥注引許長史世譜云：吴丞相許晏，字孝然，長史四世族祖也。攷許晏仕吴，官至執金吾，未爲丞相。嘉禾二年使遼東，爲公孫淵所斬，時則顧雍方爲丞相也。」

〔七〕廬陵見孫策傳。

〔八〕華里見上年。

〔九〕趙一清曰：「陸凱傳注引吴録言平與奉有隙，故所謀不行。江表傳之言，未得爲實。」弼按：據吴録所云，爲寶鼎元年孫晧謁廟時事，據江表傳所云，爲建衡三年孫晧游華里時事。前爲陸凱主謀，後爲萬彧主謀，與謀者皆爲丁奉、留平。通鑑考異謂陸凱盡忠執義，必不爲此事。況晧殘酷猜忌，留平庸人，若聞凱謀，必不能不泄，殆虚語耳云云，其説誠爲近理。惟從陸凱家於建安，徙萬彧子弟於廬陵，其事相同，或爲一再密謀之因。趙説似指爲一事，誤。又按：留平諫殺王蕃，實非庸人，通鑑考異似失之。

〔一〇〕懣，音悶，又音滿。

〔一一〕沈家本曰：「獨不及丁奉者，蓋奉已先卒。奉傳：建衡三年，或有毁之者，晧追以前出軍事，徙奉家於臨川。傳不言所毁何語，殆即華里之謀歟！」

〔一二〕胡三省曰：「聞，音問。」

〔一三〕洪飴孫曰：「樓下都尉一人，吴置。」

〔一四〕殺李勖事見前建衡二年。

〔一五〕通鑑「好」作「御」。

〔一六〕通鑑「直」下有「縑」字。

〔一七〕通鑑「纓」下有「紲」字。胡注：「紲，私列翻，係也。」

〔一八〕陸凱面責何定，見凱傳；賀邵上疏，言何定恃寵放恣，見邵傳。

〔一九〕丹陽郡治宛陵，見孫策傳。

〔二〇〕邵有傳。

〔二一〕趙一清曰：「此注當在三年殺奚熙下，錯簡於此。」弼按：三年，奚熙爲臨海太守。吴歷云爲中書郎，其事或在是年，非錯簡也。熙事又見孫和何姬傳注引江表傳。

二年春三月，以陸抗爲大司馬。司徒丁固卒。〔一〕秋九月，〔二〕改封淮陽爲魯，東平爲齊，又封陳留、章陵等九王，凡十一王，〔三〕王給三千兵。大赦。皓愛妾或使人至市劫奪百姓財物，司市中郎將陳聲，〔四〕素皓幸臣也，恃皓寵遇，繩之以法。妾以愬皓，〔五〕皓大怒，假他事燒鋸斷聲頭，投其身於四望之下。〔六〕是歲，太尉范慎卒。

〔一〕趙一清曰：「世説注引會稽後賢記：丁潭字世康，山陰人，吴司徒固曾孫。沈婉有雅望，少與孔愉齊名，仕至光禄大夫。晉陽秋曰：孔敬康、丁世康、張偉康俱著名，時謂會稽三康。寰宇記卷九十四：丁固墓在湖州武康縣東十五里。」

〔二〕趙一清曰：「晉書武帝紀：太始九年七月，吳將魯淑圍弋陽，征虜將軍王渾擊敗之。王渾傳曰：渾假節、領豫州刺史。吳將薛瑩、魯淑衆號十萬，淑向弋陽，瑩向新息，時州兵並放休息，衆裁一旅。浮淮潛濟，出其不意，擊破之。」

〔三〕胡三省曰：「十一王，史逸其名。」

〔四〕洪飴孫曰：「司市中郎將一人，吳置。」

〔五〕胡三省曰：「愬與訴同。」

〔六〕胡三省曰：「據晉書温嶠傳，嶠討蘇峻於石頭，結壘於四望磯。又據南史，石頭有四望山，蓋山下有磯也。」趙一清曰：「寰宇記卷九十：四望山在昇州上元縣西北十五里，高十七丈，可望四方，以爲名。」梁章鉅曰：「四望，山名。元和志：四望山在上元縣西北八里。」

三年，會稽妖言章安侯奮當爲天子。〔一〕臨海太守奚熙〔二〕與會稽太守郭誕書，非論國政。誕但白熙書，不白妖言，送付建安作船。〔三〕

會稽邵氏家傳曰：〔四〕邵疇字温伯，時爲誕功曹。誕被收，惶遽無以自明。疇進曰：「疇今自在，疇之事，明府何憂？」遂詣吏自列，云〔五〕不白妖言，事由於己，非府君罪。吏上疇辭，晧怒猶盛。疇慮誕卒不免，遂自殺以證之。臨亡，置辭曰：「疇生長邊陲，不閑教道，得以門資，廁身本郡。踰越儕類，位極朝右，〔六〕不能贊揚盛化，養之以福。今妖訛横興，干國亂紀，疇以噂沓之語，〔七〕本非事實，雖家誦人詠，不足有慮。天下重器，而匹夫横議，疾其醜聲，不忍聞見。欲含垢藏疾，〔八〕不彰之翰筆，〔九〕鎮躁歸靜，使之自息。愚心勤勤，每執斯旨，故誕屈其所是，默以見從。〔一〇〕此之爲愆，實由於疇。謹不敢逃死，歸罪有司，唯乞天鑒，特垂清察！」吏收疇喪，〔一一〕得辭以聞。晧乃免誕大刑，送付建安作船。疇亡時，年四十。晧嘉疇節義，詔郡縣圖形廟堂。

遣三郡督何植收熙,〔一二〕熙發兵自衛,〔一三〕斷絶海道。熙部曲殺熙,送首建業,夷三族。〔一四〕秋七月,〔一五〕遣使者二十五人,分至州郡,科出亡叛。大司馬陸抗卒。自改年及是歲,〔一六〕連大疫。分鬱林爲桂林郡。〔一七〕

〔一〕太平三年,封故齊王奮爲章安侯,見孫亮傳;章安見孫權傳黄武四年。奮,孫權第五子。

〔二〕臨海郡治章安,見孫權傳太元元年。

〔三〕建安見孫權傳赤烏二年。宋白曰:「吴分侯官之地立建安縣,又立曲郍都尉,主謫徙之人作舟船。」趙一清曰:「宋書州郡志:晋安太守,晋武帝分建安立,領縣有原豐令,太康三年,省建安典船校尉立。温麻令,太康四年以温麻船屯立。又永嘉太守領縣有横陽令,太康四年以横藇船屯爲始陽,後更名此,又一作船處也。方輿紀要卷九十四作横嶴,與嶼字同。」

〔四〕沈家本曰:「隋志不著録,二唐志十卷,不題會稽,亦無撰人。書鈔設官部、御覽職官部、人事部、文部、方術部、火部並引邵氏家傳。」

〔五〕胡三省曰:「自列,猶自陳也。」

〔六〕胡三省曰:「郡功曹,位居郡曹之右。」

〔七〕胡三省曰:「噂,祖本翻;喈,達合翻。噂喈,聚語也。」

〔八〕左傳曰:「川澤納汙,山藪藏疾,國君含垢。」

〔九〕通鑑「筆」作「墨」。

〔一〇〕胡三省曰:「謂誕從嶹之説,默而不白妖言也。」

〔一一〕監本「吏」作「更」,誤。

〔一二〕胡三省曰：「江表傳作備海督，蓋督臨海、建安、會稽三郡也。」

〔一三〕通鑑「衛」作「守」。

〔一四〕孫奮傳：「誅奮及其五子，國除。」孫和何姬傳注引江表傳云：「晧舅子何都，顔狀似晧，云都代立。臨海太守奚熙信譌言，舉兵欲還誅都，都叔父信時爲備海督，擊殺熙，夷三族」云云。案：江表傳所云奚熙舉兵事，與此互異，彼作何信，此作何植，亦異。錢大昕曰：「孫奮被誅，并及其五子，當書於晧傳。」

〔一五〕趙一清曰：「晉書武帝紀：泰始十年秋七月壬午，吴平虜將軍孟泰、偏將軍王嗣等率衆降。九月癸亥，以大將軍陳騫爲太尉，攻拔吴枳里城，獲吴立信校尉莊祐。吴將孫遵、李承帥衆寇江夏，太守嵇喜擊破之。十二月，吴威北將軍嚴聰、揚威將軍嚴整、偏將軍朱買來降。一清案：朱買下史落臣字。」弼按：朱買臣爲漢人，朱買爲吴人，趙説誤。

〔一六〕鳳皇元年至三年。

〔一七〕鬱林見孫權傳赤烏二年。宋書州郡志：「桂林太守，本縣名，屬鬱林。吴孫晧鳳皇三年分鬱林，治武熙。武熙令，本曰武安，應是吴立。晉武帝太康元年更名。」晉志：「桂林郡治潭中。」洪亮吉曰：「蓋平吴後移治潭中。」一統志：「武安故城，今廣西柳州府象州境。」

天册元年，〔一〕吴郡言掘地得銀，長一尺，廣三分，刻上有年月字，於是大赦，改年。〔二〕

〔一〕陳本提行，各本均未提行，誤。沈家本曰：「鳳皇三年甲午，天册元年乙未。梁章鉅謂鳳皇三年即天册元年，亦誤。」弼按：天册元年即晉武帝咸寧元年。

〔二〕晉書武帝紀：「咸寧元年六月，吴人寇江夏。」

天璽元年，吴郡言臨平湖〔一〕自漢末草穢壅塞，今更開通。長老相傳，此湖塞，天下亂；

此湖開，天下平。〔二〕又於湖邊得石函，中有小石，〔三〕青白色，長四寸，廣二寸餘，刻上作「皇帝」字，於是改年，大赦。會稽太守車浚、〔四〕湘東太守張詠〔五〕不出算緡，就在所斬之，徇首諸郡。

江表傳曰：浚在公清忠，值郡荒旱，民無資糧，表求振貸。晧謂浚欲樹私恩，遣人梟首。又尚書熊睦〔六〕見晧酷虐，微有所諫，晧使人以刀環撞殺之，身無完肌。〔七〕

秋八月，京下督孫楷降晉。〔八〕鄱陽言歷陽山石文理成字，凡二十，云「楚九州渚，吳九州都。揚州士，作天子；四世治，太平始。」〔九〕

江表傳曰：歷陽縣有石山臨水，〔一〇〕高百丈，其三十丈所，有七穿駢羅，〔一一〕穿中色黃赤，不與本體相似，俗相傳謂之石印。又云「石印發封，天下當太平」。下有祠屋，巫祝言石印神有三郎。時歷陽長表上言石印發，晧遣使以太牢祭歷山。〔一二〕巫言石印三郎說〔一三〕「天下方太平」。使者作高梯，上看印文，詐以朱書石作二十字，還以啓晧。晧大喜，曰：「吳當爲九州作都、渚乎！〔一四〕從大皇帝逮孤四世矣，太平之主，非孤復誰！」重遣使，以印綬拜三郎爲王，又刻石立銘，褒贊靈德，以答休祥。

又吳興陽羨山有空石，〔一五〕長十餘丈，名曰石室，在所表爲大瑞。〔一六〕乃遣兼司徒董朝、兼太常周處至陽羨縣，封禪國山。〔一七〕明年，改元，大赦，以協石文。〔一八〕

〔一〕臨平湖見孫權傳赤烏十二年注引吳録。

〔二〕趙一清曰：「晉書藝術傳：陳訓字道元，歷陽人。少好祕學，孫晧以爲奉禁都尉，使其占候。晧政嚴酷，訓知其必敗，而不敢言。時錢唐湖開，或言天下當太平，青蓋入洛陽。晧以問訓，訓曰：臣止能望氣，不能達湖之開塞。退而告其友曰：青蓋入洛，將有輿櫬銜璧之事，非吉祥也。尋而吳亡。」訓隨例内徙，拜諫議大夫。」一清案：續漢志輿服志曰：皇太子、皇子皆安車，朱班輪，青蓋，金華蚤，黑櫄文，畫轓文輈，金塗五末。皇子爲王，錫以乘之，故曰王青蓋車。吳既建號爲帝，而有青蓋入洛之謡，非降黜而何？」

〔三〕潘眉曰：「按禪國山碑云：旃蒙協洽之歲，受上天玉璽，文曰『吳真皇帝』。乃以柔兆涒灘之歲，紀號天璽，用彰明命。是得璽在天璽前一年，今書得函在本年者非。」

〔四〕胡三省曰：「車姓出於田千秋。車，昌遮翻。」趙一清曰：「劉氏小説云：陸遜聞車浚令名，請與相見。謂曰：早欽風彩，何乃龍蟠鳳峙，不肯降顧邪？答曰：誠知公侯敦公旦之博納，同尼父之善誘。然蜥蜴不能假重雲以升舉，鶡雀不能從激風以飛揚，是以無因。爾時坐上賓客，多是吳人，皆相顧謂曰：武陵蠻夷郡，乃有此彦人也。浚曰：吳太伯端委之化，以改被髮文身之俗，今乃上挺聖主，下生賢佐，亦何常之有！遜歎曰：國其昌也，乃有斯人。」

〔五〕湘東郡見孫亮傳太平二年。

〔六〕胡三省曰：「黄帝有熊氏。姓譜：楚鬻熊之後，此以名爲氏者也。」

〔七〕胡三省曰：「史詳言吳主之昏虐。撞，直江翻。」

〔八〕楷事見孫韶傳。晉書武帝紀楷降在六月。胡三省曰：「京下督，鎮京口。楷，孫韶之子。」

〔九〕鄱陽見孫權傳建安八年，歷陽見孫策傳。胡三省曰：「晉志鄱陽郡無歷陽縣，有歷陵縣，陽當作陵，今饒州。圖經亦載鄱陽歷陵縣有石印山。」趙一清曰：「方輿紀要卷八十五：鄱陽山在饒州府西北百十五里，鄱陽湖中。初名力士山，又名石印山。三國志孫晧天璽元年鄱陽歷陵有山石文理成字，即鄱陽山也。歷陵今九江府德安縣，孫吳時山蓋當二縣之閒。」一清案：陽字以寰宇記校當作陵，歷陽今和州也，不屬鄱陽。士即土字，古通。」梁章鉅曰：「輿地紀勝云：歷陽山在和州西北四十里，即孫晧所祭之石印山。案沈志，晉武帝太康元年，復立歷陽，是吳、魏時爲戰爭之地，其縣已廢，亦不爲吳有，且亦不屬鄱陽。」沈欽韓曰：「歷陵今九江府德安縣，陽字蓋陵字之誤。」謝鍾英曰：「寰宇記：石印山在鄱陽縣北。」沈家本曰：「按文歷陽乃歷陵之誤。歷陵縣兩漢並屬豫章（兩漢志）。建安十五年，孫權分豫章立鄱陽郡（吳主傳），故歷陵屬鄱陽。晉志歷陵屬鄱陽郡，此其確證也。梁氏以和州歷陽山當之，故妄自生疑，而不得其實。」弼按：呂範傳亦誤以歷陵爲歷陽，其誤與此同。吳增僅有説，詳見呂範傳。

〔一〇〕沈欽韓曰：「石下當脱印字。」潘眉曰：「石山當作歷山。下云祭歷山是也。」弼按：沈説是，潘説非。

〔一一〕官本攷證曰：「宋本七作土。」

〔一二〕沈欽韓曰：「歷下脱陵字。」

〔一三〕或曰：「石印三郎與羅陽王表可謂祖武孫繩。」弼按：羅陽王表見孫權傳太元元年。

〔一四〕官本攷證曰：「宋本無爲字。」

〔一五〕吳興見孫堅傳，陽羨見孫權傳卷首。

〔一六〕馮本「大」作「人」。

〔一七〕國山見孫權傳陽羨注，又見孫亮傳五鳳二年。

〔一八〕集古録曰：「吳國山碑，孫晧天册元年（弼按：當作天璽元年。）禪於國山，改元天璽，（弼按：當作改元天紀。）因紀其所獲瑞物，刊石於山陰。是歲，晉咸寧元年。（弼按：當作二年。）後五年，晉遂滅吳矣。（弼按：當作後四年。）」金石録曰：「國山碑敘孫晧即位以後郡國祥瑞，凡千餘言。」雲麓漫鈔曰：「國山封禪碑，土人目爲囤碑，以其石圓八出，如米廩云。字畫奇古，歲久多磨滅，訪得舊刻，以今文寫之。碑中大概言符瑞，初無可取，姑備録之，以見晧之亡有自矣。」盧熊跋曰：「按碑云旃蒙協洽之歲，月次陬訾，日惟重光大淵獻，遂受玉璽，文曰『吳真皇帝』，乃天册元年乙未正月辛亥。又云柔兆涒灘之歲，月正革元，郊天祭地，紀號天璽，先行禪禮，紀勒天命，則歲丙申矣。太尉璆即弘璆，曲阿人，祖咨，孫權外甥。璆官至中書令、太子少傅、大司空。朝，史稱兼司徒董朝。國史瑩、覈，即光禄勳薛瑩、東觀令華覈。熊參攷傳記，蓋以吳郡掘銀而改天册，海鹽玉璽有文曰『吳真皇帝』而改天璽，歴陽山石文字而改天紀。碑云湖澤開通，即臨平湖開之事。石室山石開發，即海鹽、陽羨之事。當時海鹽亦屬吴郡，舊有六里山石篆刻，其略曰：旃蒙協洽之歲，得玉璽，文曰『吴真皇帝』，與此碑合。疑陳壽所書石函小石刻皇帝字，誤合臨平湖開之文。史云於歴陽刻銘，今世亦不見有此文字。如嚴山神讖，海鹽玉璽，國山刻文，史家不能備載，此文歐、趙二家皆有著論矣。其字畫形勢，絶與神讖相似，第石質堅頑，土人就其上鐫刻，故行款廣狹長短，微有不同。宋黄伯思謂皇象書，字勢雄偉。殊不審皇象在孫權時，與嚴範、鄭姥等號八絶，則神讖碑亦蘇建無疑也。東漢碑碣多尚隸書，獨此二篆有周、秦遺意。神讖險勁峻拔，國山純古秀茂，可與崔子玉書張平子碑相頡頏。若永建麟鳳贊魏石經中篆文，弗足論也。」兩漢金石記曰：「是碑侈陳符瑞，詞多誣誕，即後人或取以考核史志，前後年月，究無確據，皆無關於著録之大者。惟篆勢遒勁，爲三國孫吴時之蹟，是爲古物可翫耳。是碑玉皆書作王，一皆書作弌，四或作亖，七皆作桼，皆古體之僅存者。桼字則洪氏嘗説之矣。廿卅字則古本左傳已然，惟筵字篆勢不甚可解，而又極分明，姑從諸家録作筵耳。」吴騫國山碑考曰：「碑形微圜而楕，東西二面廣，南北狹四之一，字徑二寸，文起東北而南、而西，訖于西北，凡千餘言。碑首上鋭而微窪，石色紺碧，風雨剥蝕，東與北二面文字尤多漫滅。南面下方石碎，脱去十餘字，而西面上截泐紋尤深，更歴歳月，當折一角矣。按吴志所紀，合之碑文，頗多疑義。志於臨平湖得函改元大赦下，歴陽山石成字，又云改元大赦，兩言改元，蓋上所云乃改本年爲天璽元年，下所云明年改元，則改次年爲天紀元年也。據碑旃蒙協洽乙未之歳得玉璽，文曰『吴真□帝』，以柔兆涒灘之歳改元天璽，是以海鹽六里山得石璽在天册元年，而改次年爲天璽元年，非因臨平石函而改本年爲天璽元年。臨平湖事碑中故有之，第言湖澤闓通，却未因之以改年也。兼司徒董朝，碑作大司空兼太常，五字疑亦羨文。蓋當日實秪遣董朝一人至陽羨封禪國山，觀碑後列諸臣名，而處獨不預。可見處素剛正，必不藉此以阿其主。既見泛舟録、毘陵志等所説多同，其諸家辨説中盧公武跋攷覈較詳，第謂此碑字畫絶與神讖相似，則仍踵長睿之論，所不解也。至若碑所列諸臣名，自弘璆至華覈諸人外，如執金吾修，當即滕循，循與脩古通。故三國志晧傳作滕循，而呂岱傳注及晉書並作滕脩。隷釋謂二字止爭一畫，恐非。餘若丞相沇、大司徒燮、城門校尉歆、尚書直、晃、昌，俱未見於國志，惟晉書杜預傳有吴都督孫歆，甘卓傳：父昌，吴太子太傅。此城門校尉歆、尚書昌，豈即其人乎？俟更考之。」王昶曰：「神讖、國山刻碑之事，不載吴志，惟裴松之注於孫皓傳歷陽山石文理成字之下，採江表傳有刻石立銘語。其碑今已不見，甚矣金石之與史相表裏也。然續漢志祭祀志注引陽羨封禪碑云：神魚吐書，白鯉騰船者二；靈絮神蠶，彌被原野者三。梁書許懋傳亦論及國山封禪事，則唐以前此碑甚顯，而陳志裴注皆遺之，何哉？志紀當時符瑞，止吴郡得銀，臨平湖得石函，歷陽山石諸異，而碑中所敘者，至一千二百八十有一。蓋皓淫酗殘虐，大命將墜，天出反常者以戒之，而侈然自喜，妄意爲太平之兆，于是羣臣百姓，造作奇詭，爭相獻媚，以至繁夥不可勝數，理必然矣。國山距宜興西南五十里，此碑實在其上。太平寰宇記述陳暄記云：土人相傳，碣下埋金函玉璧，銀龍銅馬之屬，皓疑有王氣，故以此物鎮之，俗呼爲董山，以董朝所封故耳。吴志稱封禪之役，朝與周處奉使，宋周必大、史能之諸人並以碑無處名，斷史之誤。近海鹽吴君騫著國山碑攷，因謂處素剛正，必不藉此阿主，且謂史有羨文，誤矣。昶少時嘗至碑所，審其方位，前十四行文爲碑起處，即周所謂碑字東面剥裂模糊者也。今拓文前半雖多缺蝕，而雲麓漫鈔載丞相沇下有兼太常處奉迎之文，則處名自見前幅。後不再署者，或緣事中返，或未與議禮，因而從略，不得于此致疑也。」趙一清曰：「此即孫亮傳之離里山大石也。太平寰宇記卷九十二：國山在常州宜興縣西南五十里，輿地志云：本名離里山，山有九峯相連，亦名九斗山，亦名升山。吴五鳳二年，其山墮大石自立，高九尺三寸，大十三圍三寸，歸命侯又封禪爲中岳，改名國山，改元以叶石文，石今見存。」王鳴盛曰：「吴禪國山碑見趙氏金石録，其文久漫滅，趙跋約舉其文，僅百許字。吴攟金石存云：此碑篆書甚巨，今存者止二十行，行九字，而皆不可辨識。惟趙彦衛雲麓漫鈔載之頗詳，約八九百字。前歷言諸祥瑞，後云旃蒙協洽之歲，月次陬訾之舍，日惟重光大淵獻，受上天玉璽，文曰『吴真皇帝』，乃以柔兆涒灘之歲，欽若上天，月正革元，郊天祭地，紀號天璽，實彰明命。于是丞相沇、太尉璆、大司徒燮、大司空朝、執金吾修、城門校尉歆、屯騎校尉悌、尚書令忠、尚書暋、直、晃、昌、國史瑩等僉以爲衆瑞畢至，宜行禪禮，遂于吴興國山之陰，告祭刊石云云。考旃蒙協洽爲乙未，陬訾之舍爲亥月，據碑則得石文本是天册元年十月事，是年歲在乙未，故于明年改元天璽；柔兆涒灘是丙申，月正革元是正月也。其年八月行禪禮，故明年改元天紀也。大司空朝即兼司徒董朝，而碑無周處。晉書處傳言處仕吴爲東觀左丞，孫晧末爲無難督，則是武臣，而此乃云兼太常，蓋其所兼之虚銜耳。」潘眉曰：「碑稱大司空董朝，考建衡三年司空孟仁卒，朝當以是年爲司空。鳳凰二年司徒丁固卒，朝當以司空兼司徒，故碑稱大司空，而史稱兼司徒也。」

天紀元年，〔一〕夏，夏口督孫慎出江夏、汝南，燒略居民。〔二〕初，騶子張俶〔三〕多所譖白，累遷爲司直中郎將，〔四〕封侯，甚見寵愛。是歲，奸情發聞，伏誅。

江表傳曰：俶父，會稽山陰縣卒也。知俶不良，上表云：「若用俶爲司直，有罪乞不從坐。」晧許之。俶表立彈曲二十人，〔五〕專糾司不法；於是愛惡相攻，互相謗告。彈曲承言，收繫囹圄，〔六〕聽訟失理，獄以賄成，人民窮困，無所措手足。俶奢淫無厭，取小妻三十餘人，〔七〕擅殺無辜，衆奸並發，父子俱見車裂。

〔一〕晉咸寧三年。

〔二〕孫慎事見孫桓傳注引吴書。晉書武帝紀：「是年夏五月，吴將邵凱、夏祥帥衆七千餘人來降。十二月，吴將孫慎入江夏、汝南，略千餘家而去。」通鑑同。胡注：「江夏郡屬荆州，汝南郡屬豫州，相去甚遠。沈約宋志江夏太守治汝南縣，本沙羨地，晉末汝南郡民流寓夏口，因立爲汝南，則此時江夏郡未有汝南縣也。無亦史追書乎？」晉書羊祜傳：「吴人寇弋陽、江夏，略户口，詔詰祜不追討之意。祜曰：江夏去襄陽八百里，比知賊問，賊去已經多日矣。步軍方往，安能救之哉！」

〔三〕局本「張」作「孫」，誤。

〔四〕洪飴孫曰：「司直中郎將一人，吳置，主彈劾非法。」

〔五〕宋本「立」作「正」，通鑑作「置」。

〔六〕官本攷證曰：「監本訛收累，今改正。」

〔七〕宋本「三十」作「二十」，小妻解見魏志文德郭后傳。

二年秋七月，立成紀、宣威等十一王，王給三千兵。大赦。〔一〕

〔一〕晉書武帝紀：「咸寧四年十一月，吳昭武將軍劉翻、厲武將軍祖始來降。」通鑑：「吳人大佃皖城，欲謀入寇。都督揚州諸軍事王渾遣揚州刺史應綽攻破之，斬首五千級，焚其積穀百八十餘萬斛，踐稻田四千餘頃，毀船六百餘艘。是年，羊祜以病求入朝，面陳伐吳之計。祜疾篤，舉杜預自代。祜卒，預至鎮，襲吳西陵督張政，大破之。」

三年夏，郭馬反。馬本合浦太守修允部曲督，〔二〕允轉桂林太守，疾病，住廣州，〔三〕先遣馬將五百兵至郡，安撫諸夷。允死，兵當分給，馬等累世舊軍，不樂離別。皓時又科實廣州户口，〔四〕馬與部曲將何典、王族、吳述、殷興等因此恐動兵民，合聚人衆，攻殺廣州督虞授。〔五〕馬自號都督交廣二州諸軍事、安南將軍，興廣州刺史，述南海太守。典攻蒼梧，族攻始興。〔六〕

漢晉春秋曰：先是吳有說讖者曰：〔七〕「吳之敗，兵起南裔，亡吳者公孫也。」〔八〕皓聞之，文武職位至于卒伍有姓公孫者，皆徙於廣州，不令停江邊。及聞馬反，大懼曰：「此天亡也！」

八月，以軍師張悌爲丞相，牛渚都督何植爲司徒。〔九〕執金吾滕循爲司空，〔一〇〕未拜，轉鎮南將軍，假節，領廣州牧，率萬人從東道討馬、興、族，〔一一〕遇於始興，未得前。馬殺南海太守劉略，〔一二〕逐廣州刺史徐旗。皓又遣徐陵督陶濬將七千人〔一三〕從西道，命交州牧陶璜部伍所領及合浦、鬱林諸郡兵，〔一四〕當與東西軍共擊馬。

〔一〕合浦郡見魏志陳留王紀咸熙元年，修允事見前建衡三年注，部曲督見魏志明紀太和二年。

〔二〕桂林郡見前鳳皇三年。

〔三〕廣州見孫休傳永安七年。

〔四〕通鑑「科」作「料」。

〔五〕吴於要地置督。

〔六〕郡國志：「南海郡，治番禺。」一統志：「故城今廣州府南海縣治。」互見蜀志劉焉傳交阯牧，蒼梧見魏志陶謙傳，始興見前甘露元年。王蕃家屬蕃二弟不爲馬用，見害，見蕃傳。

〔七〕監本「先」作「下」，誤。

〔八〕監本、官本「亡」作「世」，誤。

〔九〕牛渚見孫策傳。

〔一〇〕趙一清曰：「循當作脩。晉書列傳：滕脩字顯先，南陽西鄂人。仕吴爲將帥，封西鄂侯。孫皓時，代熊睦爲廣州刺史，甚有威惠，徵爲執金吾。廣州部曲督郭馬等爲亂，皓以脩爲嶺表所伏，以爲使持節、都督廣州軍事、鎮南將軍、廣州牧以討之。未尅，而王師伐吴，脩率衆赴難，至巴丘而皓已降，乃縞素流涕而還，與廣州刺史閭豐、蒼梧太守王毅各送印綬。詔以（修）〔脩〕爲安南將軍，廣州牧、持節、都督如故，封武當侯，加鼓吹，委以南方事。在南積年，爲邊夷所附。太康九年卒，謚曰聲。子並上表訴，賜謚曰忠。」吴士鑑曰：「吕岱傳注引王隱交廣記作滕脩，禪國山碑亦作滕循。脩與循字形相近易譌。如後漢書袁紹傳吴循，魏志袁紹傳作吴脩，魏志三少帝紀注引魏書、蜀志張嶷傳皆有郭脩，而費禕傳作郭循，皆是。」弼按：通鑑作滕脩。

〔一一〕局本「興」作「與」，誤。

〔一二〕趙一清曰：「劉略即留贊子，見前孫亮傳。」弼按：孫亮傳「五鳳二年，留略爲東海太守」，趙氏謂東海應作南海，是也。留贊二子略、平並爲大將，見孫峻傳注引吴書，留平事見前鳳皇元年注引江表傳，又見王蕃傳，然俱不云留略爲太守也。略名雖同而姓則異，趙氏謂劉略即留贊子，似不能無疑。又案：晉書武帝紀太康元年殺吴西陵都督留憲，杜預傳作劉憲，王濬傳作留憲，當時留、劉頗易相混。廣韻十八尤云：留亦姓，出會稽，本自衛大夫留封人之後。後漢末避地會稽，遂居東陽，爲郡豪族。據此，則留贊爲會稽人，自以作留爲是。

〔一三〕徐陵見孫權傳黄武元年。

〔一四〕鬱林見孫權傳赤烏二年。

有鬼目菜生工人黄耇家，依緣棗樹，長丈餘，莖廣四寸，厚三分。又有買菜生工人吴平家，高四尺，厚三分，如枇杷形；上廣尺八寸，下莖廣五寸，兩邊生葉，〔一〕緑色。〔二〕東觀案圖，〔三〕名鬼目作芝草，買菜作平慮草，〔四〕遂以耇爲侍芝郎，平爲平慮郎，皆銀印青綬。〔五〕

〔一〕馮本「葉」作「菜」，誤。

〔二〕晉、宋五行志「黄耇」作「黄狗」，引干寶説曰：「黄狗者，吴以土運承漢，故初有黄龍之瑞，及其季年而有鬼目之妖託黄狗之家。黄稱不改，而貴賤大殊，天道精微之應也。」潘眉曰：「干寶以黄狗對黄龍，故曰貴賤大殊。」又曰：「鬼目見爾雅。郭璞云：子如耳環，赤色叢生，神農本草謂之羊蹄。陶隱居云：今人呼爲禿菜，蓋無長丈餘者。蕒菜即苦蕒菜，通藝録云：苦蕒菜八九月生，葉皆從根出，不生莖，亦無高至四尺者。今鬼目長丈餘，苦蕒長四尺，如枇杷形，此皆所以爲妖也。」

〔三〕通鑑作「東觀案圖書」。胡三省曰：「吴有東觀令。觀，古玩翻。」

〔四〕潘眉曰：「揚雄甘泉賦注如淳曰：并閭其葉隨時改，政平則平，政不平則傾。顔師古曰：如氏所説，自是平慮耳。今東觀以蕢菜爲平慮，亦以生于吴平家，因附會爲瑞稱耳。然黄狗固土德之衰微，而吴平亦歸命之惡讖也。」

〔五〕胡三省曰：「以漢制言之，銀印青綬，中二千石服之。」

冬，晉命鎮東大將軍司馬伷向涂中，〔一〕安東將軍王渾、〔二〕揚州刺史周浚〔三〕向牛渚，〔四〕建威將軍王戎〔五〕向武昌，平南將軍胡奮〔六〕向夏口，〔七〕鎮南將軍杜預〔八〕向江陵，龍驤將軍王濬、〔九〕廣武將軍唐彬〔一〇〕浮江東下，〔一一〕太尉賈充爲大都督，〔一二〕量宜處要，盡軍勢之中。〔一三〕陶濬至武昌，聞北軍大出，停駐不前。

〔一〕胡三省曰：「伷音胄。吴主權作堂邑、涂唐，即其地。」弼按：堂邑、涂塘見孫權傳赤烏十三年，伷事見魏志高貴鄉公紀甘露五年注引漢晉春秋。晉書琅邪王伷傳：「伷字子將，出爲鎮東大將軍，封琅邪王。平吴之役，率衆數萬出涂中，孫皓奉箋送璽綬，詣伷請降。」

〔二〕渾事見魏志王昶傳及注。

〔三〕晉書周浚傳：「浚字開林，汝南安成人。隨王渾伐吴，攻破江西屯戍，與孫皓中軍大戰，斬僞丞相張悌等首級數千，俘馘萬計。進軍屯于横江，時聞龍驤將軍王濬既破上方，别駕何惲説浚，宜速渡江。浚使白渾，渾曰：受詔但令江北抗衡吴軍，且令龍驤受我節度。惲曰：龍驤剋萬里之寇，來受節度，未之聞也。居無何，濬至，渾召不來，孫皓遂降於濬，渾深恨之，欲與濬爭功。浚諫止渾，渾不能納。」

〔四〕晉武紀作「出江西」，通鑑同。胡注：「今和州横江渡路。」

〔五〕戎事見魏志崔林傳注。

〔六〕奮事見魏志鍾會傳注引晉諸公贊。晉書奮傳：「累遷征南將軍。」

〔七〕夏口見魏志武紀建安十三年。

〔八〕預事見魏志杜畿傳及注引杜氏新書。晉書本傳作鎮南大將軍。

〔九〕宋書百官志：「龍驤將軍，晉武帝始以王濬居之。」晉書王濬傳：「濬字士治，弘農湖人，家世二千石。濬博涉墳典，美姿貌，恢廓有大志，燕國徐邈妻以女。參征南軍事，遷益州刺史，除大司農，車騎將軍。羊祜雅知濬有奇略，密表留濬，重拜益州刺史。武帝謀伐吳，詔濬修舟艦。濬乃作大船連舫，方百二十步，受二千餘人，以木爲城，起樓櫓，開四出門，其上皆能馳馬來往。又畫鷁首怪獸於船首，以懼江神。舟楫之盛，自古未有。尋以謡言拜濬爲龍驤將軍，監梁、益諸軍事。時朝議咸諫伐吳，濬上疏曰：孫晧荒淫凶逆，宜速征伐；令晧卒死，更立賢主，則强敵也。臣作船七年，日有朽敗；臣年已七十，死亡無日；三者一乖，則難圖也。帝深納焉。」梁章鉅曰：「宋書五行志云：孫晧天紀中童謡曰：阿童復阿童，銜刀游渡江，不畏岸上虎，但畏水中龍。武帝聞之，加王濬龍驤將軍。及征吳，江西衆軍無過者，而王濬先定秣陵。晉書羊祜傳云：祜聞童謡云，此必水軍有功，但當思應其名者耳。濬小字阿童，因表留濬監益州諸軍事。」

〔一〇〕宋志：「廣武將軍，魏置。」晉書唐彬傳：「彬字儒宗，魯國鄒人。益州東接吳寇，監軍位缺，朝議用彬監巴東諸軍事，加廣武將軍，上征吳之策，甚合帝意。後與王濬共伐吳，彬屯據衝要，爲衆軍前驅。」

〔一一〕通鑑作「下巴蜀」。

〔一二〕充事見魏志賈逵傳及注。宋志：「魏明帝太和四年，晉宣帝征蜀，加號大都督。」晉書武帝紀：「以行冠軍將軍楊濟爲副，總統衆軍。」

〔一三〕文館詞林六百六十二載晉伐吳詔，文繁未録。

初，皓每宴會，羣臣無不咸令沈醉。置黄門郎十人，特不與酒，侍立終日，爲司過之吏。宴罷之後，各奏其闕失，迕視之咎，謬言之愆，罔有不舉。大者即加威刑，小者輒以爲罪。〔一〕後宫數千，而采擇無已。又激水入宫，宫人有不合意者，輒殺流之。或剥人之面，或鑿人之眼。〔二〕岑昏險諛貴幸，致位九列，〔三〕好興功役，衆所患苦。〔四〕是以上下離心，莫爲皓盡力，蓋積惡已極，不復堪命故也。

吴平後，晉侍中庾峻等問皓侍中李仁曰：〔五〕「聞吴主披人面，刖人足，有諸乎？」仁曰：「以告者過也。〔六〕君子惡居下流，〔七〕天下之惡皆歸焉。〔八〕蓋此事也，若信有之，亦不足能怪。〔九〕昔唐、虞五刑，三代七辟，肉刑之制，未爲酷虐。皓爲一國之主，秉殺生之柄，罪人陷法，加之以懲，何足多罪！夫受堯誅者，不能無怨，〔一〇〕受桀賞者，不能無慕，此人情也。」又問曰：「云歸命侯乃惡人横睛逆視，皆鑿其眼，有諸乎？」仁曰：「亦無此事，傳之者謬耳。曲禮曰：視天子由袷以下，視諸侯由頤以下，視大夫由衡，〔一一〕視士則平面，得游目五步之内；視上於衡則傲，下於帶則憂，旁則邪。〔一二〕以禮視瞻，高下不可不慎，況人君乎哉！視人君相迕，是乃禮所謂傲慢，傲慢則無禮，無禮則不臣，不臣則犯罪，犯罪則陷不測矣。正使有之，將有何失！」凡仁所答，峻等皆善之，文多不悉載。

〔一〕通鑑作「小者記録爲罪」。御覽「輒」作「咸」。

〔二〕通鑑：「賈充謂孫皓曰：聞君在南方，鑿人目，剥人面皮，此何等刑也？皓曰：人臣有弒其君及姦回不忠者，則加此刑耳。」胡注：「斥充世受魏恩，而姦回附晉，弒高貴鄉公也。」杭世駿曰：「語林云：賈充問孫皓何以好剥人之面，皓曰：憎其顔之厚。」趙一清曰：「晉書王濟傳：帝嘗與濟奕棊，而孫皓在側。謂皓曰：何以好剥人面皮？皓曰：見無禮於君者，則剥之。濟時伸腳局下，而晧譏焉。」

〔三〕胡三省曰：「九列，九卿也。」

〔四〕周壽昌曰：「初學記居處部引環濟吴紀：天紀二年，衛尉岑氏表修百府。」

〔五〕庾峻事見魏志高貴鄉公紀甘露元年，又見管寧傳注引庾氏譜。

〔六〕馮本「也」作「此」，誤。

〔七〕毛本「惡」作「是」，誤。

〔八〕此論語子貢之辭。

〔九〕陳本無「能」字。

〔一〇〕毛本「怨」作「爲」，誤。

〔一一〕局本「由」作「出」，誤。

〔一二〕今本禮記曲禮篇云：「天子視不上於袷，不下於帶，國君綏視，大夫衡視，士視五步。凡視上於面則敖，下於帶則憂，傾則姦。」鄭注：「袷，交領也。天子至尊，臣視之，目不過此。視國君彌高。綏，讀爲妥；妥視，謂視上於袷。視大夫又彌高。衡，平也；平視，謂視面也。士視得旁游目五步之中也。視大夫以上，上下游目，不得旁。敖則仰，憂則低。辟頭旁視，心不正也。傾或爲側。」

四年〔一〕春，立中山、代等十一王，大赦。濬、彬所至，則土崩瓦解，靡有禦者。〔二〕預又斬江陵督伍延，〔三〕渾復斬丞相張悌、丹陽太守沈瑩等，所在戰克。〔四〕

干寶晉紀曰：吴丞相軍師張悌、護軍孫震、丹陽太守沈瑩帥衆三萬濟江，圍城陽都尉張喬於楊荷橋，〔五〕衆才七千，閉柵自守，舉白接告降。〔六〕吴副軍師諸葛靚欲屠之，〔七〕悌曰：「彊敵在前，不宜先事其小；且殺降不祥。」靚曰：「此等以救兵未至而力少，故且僞降以緩我，非來伏也。〔八〕因其無戰心而盡阬之，可以成三軍之氣。若舍之而前，必爲後患。」悌不從，撫之而進。與討吳護軍張翰、〔九〕揚州刺史周浚成陣相對。〔一〇〕沈瑩領丹陽鋭卒刀楯五千，號曰青巾兵，前後屢陷堅陣，於是以馳淮南軍，三衝不動，退引亂。薛勝、蔣班〔一一〕因其亂而乘之，吳軍以次土崩，將帥不能止，張喬又出其後，大敗吳軍于版橋，〔一二〕獲悌、震、瑩等。

襄陽記曰：悌字巨先，襄陽人。少有名理，孫休時爲屯騎校尉。魏伐蜀，吳人問悌曰：「司馬氏得政以來，大難屢作，〔一三〕智力雖豐，而百姓未服也。今又竭其資力，遠征巴蜀，兵勞民疲，而不知恤；敗於不暇，何以能濟？昔夫差伐齊，非不克勝，所以危亡，不憂其本也，〔一四〕況彼之爭地乎！」悌曰：「不然。曹操雖功蓋中夏，威震四海，崇詐杖術，征伐無已，民畏其威，而不懷其德也。丕、叡承之，繼以慘虐，内興宫室，外懼雄豪，東西驅馳，無歲獲安，彼之失民，爲日久矣。司馬懿父子，自握其柄，累有大功，除其煩苛，而布其平惠；爲之謀主，而救其疾；民心歸之，亦已久矣。故淮南三叛而腹心不擾，〔一五〕曹髦之死，四方不動，摧堅敵如折枯，蕩異同如反掌，任賢使能，各盡其心，非智勇兼人，孰能如之？其威武張矣，本根固矣，羣情服矣，奸計立矣。今蜀閹宦專朝，國無政令，而玩戎黷武，民勞卒弊，競于外利，不修守備。彼彊弱不同，智算亦勝，因危而伐，殆其克乎！若其不克，不過無功，終無退北之憂，覆軍之慮也。何爲不可哉！昔楚劍利而秦昭懼，〔一六〕孟明用而晉人憂，〔一七〕彼之得志，故我之大患也。」吳人笑其言，而蜀果降于魏。晉來伐吳，晧使悌督沈瑩、諸葛靚率衆三萬渡江逆之，至牛渚，沈瑩曰：「晉治水軍於蜀久矣，今傾國大舉，萬里齊力，必悉益州之衆，浮江而下。我上流諸軍，無有戒備，名將皆死，幼少當任，〔一八〕恐邊江諸城，盡莫能禦也。晉之水軍，必至於此矣！宜畜衆力，待來一戰，若勝之日，江西自清，〔一九〕上方雖壞，可還取之。〔二〇〕今渡江逆戰，勝不可保，若或摧喪，則大事去矣！」悌曰：「吴之將亡，賢愚所知，非今日也。吾恐蜀兵來至此，衆心必駭懼，不可復整。今宜渡江，可用決戰力爭。若其敗喪，則同死社稷，無所復恨；若其克勝，則北敵奔走，兵勢萬倍，便當乘威南上，逆之中道，不憂不破也。若如子計，恐行散盡，相與坐待敵到，君臣俱降，無復一人死難者，不亦辱乎！」〔二一〕遂渡江戰，吴軍大敗。諸葛靚與五六百人退走，使過迎悌，悌不肯去。靚自往牽之，謂曰：「且夫天下存亡有大數，〔二二〕豈卿一人所知，如何故自取死爲！」〔二三〕悌垂涕曰：「仲思，〔二四〕今日是我死日也！且我作兒童時，便爲卿家丞相所拔，〔二五〕常恐不得其死，負名賢知顧。〔二六〕今以身徇社稷，復何遁邪？〔二七〕莫牽曳之如是。」靚流涕放之，去百餘步，已見爲晉軍所殺。

吴録曰：悌少知名，及處大任，希合時趣，將護左右，清論譏之。

搜神記曰：臨海松陽人柳榮〔二八〕從悌至楊府，〔二九〕榮病死船中二日，時軍已上岸，無有埋之者。忽然大呼，言：「人縛軍師！人縛軍師！」聲激揚，遂活。人問之，榮曰：「上天北斗門下卒見人縛張悌，意中大愕，不覺大呼，言何以縛張軍師！門下人怒榮，叱逐使去。榮便去，怖懼，口餘聲發揚耳。」其日，悌戰死。榮至晉元帝時猶在。

〔一〕晉太康元年。

〔二〕晉書王濬傳：「太康元年正月，濬發自成都，率巴東監軍廣武將軍唐彬攻吴丹陽，剋之，（胡三省曰：丹陽城在秭歸縣東八里。）擒其丹陽監盛紀。吴人於江險磧要害之處，並以鐵鎖橫截之。又作鐵錐長丈餘，暗置江中，以逆距船。

先是羊祜獲吴閒諜，具知情狀。濬乃作大筏數十，亦方百餘步，縛草爲人，被甲持杖，令善水者以筏先行，筏遇鐵錐，錐輒著筏去。又作火炬長十餘丈，大數十圍，灌以麻油，在船前，遇鏁然炬燒之。須臾，融液斷絶，於是船無所礙。二月庚申，克吴西陵，獲其鎮南將軍留憲、征南將軍成據、宜都太守虞忠。壬戌，克荆門、夷道二城，獲監軍陸晏。乙丑，克樂鄉，獲水軍督陸景，平西將軍施洪等來降。乙亥，詔進濬爲平東將軍，假節，都督益、梁諸軍事。濬自發蜀，兵不血刃，攻無堅城，夏口、武昌，無相支抗。於是順流鼓棹，徑造三山。皓遣游擊將軍張象率舟軍萬人禦濬，象軍望旗而降。皓聞濬軍旌旗器甲屬天滿江，威勢甚盛，莫不破膽。」

〔三〕晉書杜預傳：「預以太康元年陳兵於江陵，遣參軍樊顯、尹林、鄧圭、襄陽太守周奇等率衆循江西上，授以節度，旬日之閒，累克城邑，皆如預策焉。又遣牙門管定、周旨、伍巢等率奇兵八百，泛舟夜渡，以襲樂鄉，多張旗幟，起火巴山，出於要害之地，以奪賊心。吴都督孫歆震恐，與伍延書曰：北來諸軍，乃飛渡江也。吴之男女降者萬餘口。旨、巢等伏兵樂鄉城外，歆遣軍出距王濬，大敗而還。旨等發伏兵隨歆軍而入，歆不覺，直至帳下，虜歆而還。故軍中爲之謡曰：以計代戰一當萬。於是進逼江陵，吴督將伍延僞請降，而列兵登陴，預攻克之。既平上流，於是沅、湘以南，至於交、廣，吴之州郡皆望風歸命，奉送印綬。預仗節稱詔，而綏撫之。凡所斬及生獲吴都督、監軍十四，牙門、郡守百二十餘人。又因兵威，徙將士屯戍之家以實江北。南郡故地，各樹之長吏，荆土肅然，吴人赴之如歸矣。王濬先列上得孫歆頭，預後生送歆，洛中以爲大笑。時衆軍會議，或曰：百年之寇，未可盡克，今向暑，水潦方降，疾疫將起，宜俟來冬，更爲大舉。預曰：昔樂毅藉濟西一戰以并强齊，今兵威已振，譬如破竹，數節之後，皆迎刃而解，無復著手處也。遂指授羣帥，徑造秣陵，所過城邑，莫不束手。議者乃以書謝之。」

〔四〕晉書王渾傳：「吴丞相張悌、大將軍孫震等率衆數萬指城陽，渾遣司馬孫疇、揚州刺史周浚擊破之，臨陣斬二將，及首虜七千八百級，吴人大震。孫皓司徒何植、建威將軍孫晏送印節詣渾降。」晉書武帝紀：「王渾、周浚與吴丞相戰于版橋，大破之，斬悌及其將孫震、沈瑩，傳首洛陽。」

〔五〕局本「荷」作「倚」，誤。城陽見魏志武紀建安三年。胡三省曰：「張喬蓋以渾部將領青州之城陽都尉也。」趙一清曰：「方輿紀要卷二十九：楊荷橋在和州東南二十里。」

〔六〕通鑑作「喬衆纔七千，閉栅請降」。

〔七〕局本「靚」作「覩」，誤。靚事見魏志諸葛誕傳注引干寶晉紀。

〔八〕胡三省曰：「伏，屈伏也。或曰伏當作服。」

〔九〕何焯曰：「此又一張翰，非季鷹也。」

〔一〇〕通鑑：「成」作「結」。

〔一一〕蔣班見魏志諸葛誕傳。

〔一二〕趙一清曰：「方輿紀要卷二十：板橋浦在江寧府西南三十里。」吴熙載曰：「板橋疑在今和州。」弼按：是時晉軍尚未渡江，吴軍仍在江北，以在今和州爲是，趙説誤。謝鍾英曰：「晉略：王渾斬張悌於滁口板橋。鍾英按：據此，板橋當在今含山縣北，滁河口；楊荷橋當在含山縣東。當日軍行由采石渡江，歷和州至含山境，地均屬吴。」弼按：謝説是。含山在和州之西。又按晉武紀王渾克吴尋陽賴鄉諸城，王渾傳渾遣參軍陳慎、都尉張喬攻尋陽瀨鄉，皆破之。尋陽屬蘄春郡，在江北。

〔一三〕胡三省曰：「謂王淩、毌丘儉、諸葛誕舉兵也。」

〔一四〕史記吴太伯世家：「吴王夫差聞齊景公死，乃興師北伐齊。子胥諫曰：越王句踐不死，必爲吴患。今越在腹心疾，而王不先而務齊，不亦謬乎！吴王不聽，遂北伐齊，敗齊師於艾陵。」

〔一五〕胡三省曰：「邵陵厲公嘉平元年，王淩叛；高貴鄉公正元元年，毌丘儉叛；甘露二年，諸葛誕叛。」

〔一六〕史記范(睢)〔雎〕傳：「秦昭王臨朝歎息曰：吾聞楚之鐵劍利，而倡優拙。夫鐵劍利則士勇，倡優拙則思慮遠。夫以遠思而御勇士，吾恐楚之圖秦也。」

〔一七〕左傳文公二年：「秦伯猶用孟明，孟明增修國政，重施於民。趙成子言於諸大夫曰：秦師又至，將必辟之，懼而增德，不可當也。」

〔一八〕胡三省曰：「謂陸晏、陸景、留憲、孫歆等。」

〔一九〕胡三省曰：「大江北流，自建業言之，歷陽、皖城皆爲江西。」

〔二〇〕何焯曰：「宋王權還師保江，而金亮卒敗退。瑩計不爲非，但孫皓已在必亡，故張悌勉强一戰耳。」

〔二一〕胡三省曰：「如悌之言，吴人至此，爲計窮矣。然悌之志節，亦可憐也。」

〔二二〕陳景雲曰：「且夫二字，當作巨先。」盧明楷曰：「且夫二字疑衍，或爲巨先之譌。巨先，張悌字也。下文悌曰：仲思，今日是我死日也。明爲彼此相字。」

〔二三〕通鑑作「存亡自有大數，非卿一人所支，柰何故自取死」。

〔二四〕諸葛靚字仲思。

〔二五〕通鑑「拔」上有「識」字。胡注：「丞相，謂諸葛亮也。或曰謂諸葛瑾。余謂張悌襄陽人，蓋亮在荆州識之於童幼也。」弼按：諸葛瑾未爲丞相，張悌指武侯無疑。

〔二六〕何焯曰：「孔明一顧，使人自厲如此。」

〔二七〕通鑑「遁」作「道」。胡注：「道，言也。」

〔二八〕臨海郡見孫權傳太元元年。謝鍾英曰：「松楊，沈志：吴立，屬永嘉。吴録：取松楊木爲名。寰宇記：本章安縣之南鄉，漢獻帝建安八年，吴立爲縣，今白龍縣是。賀齊傳有松楊長丁蕃，即此。方輿紀要：松楊，縣也。龍泉、青田皆是其地。一統志：今處州府松楊縣西二十里古紫荆村，故址猶存，民多聚居於此。」

〔二九〕楊府，一本校改作揚州。弼按：張悌經行之地，皆揚州也，恐非楊府，未詳。

三月丙寅，殿中親近數百人叩頭請皓殺岑昏，皓惶憒從之。〔一〕

干寶晉紀曰：皓殿中親近數百人叩頭謂皓曰：〔一〕「北軍日近，而兵不舉刃，陛下將如之何？」皓曰：「何故？」對曰：「坐岑昬。」皓獨言：「若爾，當以奴謝百姓。」衆因曰：「唯！」遂並起收昬。皓駱驛追止，已屠之也。〔三〕

〔一〕或曰：「馬嵬請誅國忠，幾於相似。」

〔二〕宋本「謂」作「請」。

〔三〕胡三省曰：「獨言，謂其言止此耳。唯，諾也。駱驛，言相繼遣人不絕也。」

戊辰，陶濬從武昌還，即引見，問水軍消息。對曰：「蜀船皆小，〔一〕今得二萬兵，乘大戰船，自足擊之。」於是合衆，授濬節鉞。明日當發，其夜衆悉逃走。而王濬順流將至，司馬伷、王渾皆臨近境。皓用光祿勳薛瑩、中書令胡沖等計，分遣使奉書於濬、伷、渾曰：〔二〕「昔漢室失統，九州分裂，先人因時，略有江南，遂分阻山川，與魏乖隔。今大晉龍興，德覆四海，闇劣偷安，未喻天命。至於今者，猥煩六軍，衡蓋路次，遠臨江渚，舉國震惶，假息漏刻。敢緣天朝含弘光大，謹遣私署太常張夔等奉所佩印綬，委質請命，惟垂信納，以濟元元！」〔三〕

江表傳載皓將敗，與舅何植書曰：「昔大皇帝以神武之略，〔四〕奮三千之卒，割據江南，席卷交、廣，開拓洪基，欲祚之萬世。至孤末德，嗣守成緒，不能懷集黎元，多爲咎闕，以違天度。闇昧之變，反謂之祥，致使南蠻逆亂，征討未克。聞晉大衆，遠來臨江，庶竭勞瘁，衆皆摧退；而張悌不反，喪軍過半，孤甚愧悵，于今無聊。得陶濬表云，武昌以西，並復不守。不守者，非糧不足，非城不固，兵將背戰耳。兵之背戰，豈怨兵邪？孤之罪也。天文縣變於上，士民憤歎於下，觀此事勢，危如累卵，吴祚終訖，何其局哉！天匪亡吴，孤所招也。瞑目黄壤，當復何顔見四帝乎！〔五〕公其勖勉奇謀，〔六〕飛筆以聞。」皓又遣羣臣書曰：「孤以不德，忝繼先軌，處位歷年，政教凶悖，遂令百姓久困塗炭，至使一朝歸命有道，社稷傾覆，宗廟無主，慙愧山積，没有餘罪。自惟空薄，過偷尊號，才瑣質穢，任重王公，故周易有折鼎之誡，〔七〕詩人有彼其之譏。〔八〕自居宫室，仍抱篤疾，計有不足，思慮失中，多所荒替。邊側小人，因生酷虐，虐毒横流，忠順被害。闇昧不覺，尋其壅蔽，孤負諸君，事已難圖，覆水不可收也。今大晉平治四海，勞心務於擢賢，誠是英俊展節之秋也。管仲極讐，桓公用之；良、平去楚，入爲漢臣；舍亂就理，非不忠也。莫以移朝改朔，用損厥志；嘉勖休尚，愛敬動静；夫復何言，投筆而已！」

〔一〕胡三省曰：「陶濬蓋以尋常蜀船言之，諜候不明，亦可見矣。」弼按：王濬造船七年，連舫木城，馳馬來往，舟楫之盛，自古未有。乃謂蜀船皆小，吴之君臣，可謂皆憒憒矣。

〔二〕晉書王濬傳作「降文於濬曰」，下有「吴郡孫晧，叩頭死罪」二語。

〔三〕濬傳「失統」作「失御」，「分裂」作「幅裂」，「路次」作「露次」。

〔四〕孫權謚曰大皇帝。

〔五〕孫堅謚曰武烈皇帝，權謚曰大皇帝，亮廢爲侯官侯，休謚曰景皇帝，不得稱四帝也。或以晧父和追尊爲文皇帝，故稱四帝乎？

〔六〕亡國降人，有何奇謀？

〔七〕易曰：「鼎折足，覆公餗，其形渥，凶。」王弼注曰：「知小謀大，不堪其任，受其至辱，災及其身。」

〔八〕詩曹風候人篇：「彼其之子，不稱其服。」鄭箋云：「不稱者，言德薄而服尊。」

壬申，王濬最先到，〔一〕於是受皓之降，解縛焚櫬，延請相見。〔二〕

晉陽秋曰：濬收其圖籍，領州四，〔三〕郡四十二，〔四〕縣三百一十三，〔五〕戶五十二萬三千，〔六〕吏三萬二千，兵二十三萬，男女口二百三十萬，米穀二百八十萬斛，舟船五千餘艘，後宮五千餘人。〔七〕

伷以皓致印綬於己，遣使送皓。〔八〕皓舉家西遷，〔九〕以太康元年五月丁亥集于京邑。〔一〇〕四月甲申，詔曰：「孫皓窮迫歸降，前詔待之以不死，今皓垂至，意猶愍之，其賜號爲歸命侯，進給衣服車乘，田三十頃，歲給穀五千斛，錢五十萬，絹五百匹，緜五百斤。」皓太子瑾拜中郎，諸子爲王者，拜郎中。〔一一〕

搜神記曰：吳以草創之國，信不堅固，邊屯守將，皆質其妻子，名曰保質。童子少年，以類相與嬉遊者，日有十數。永安二年三月，有一異兒，長四尺餘，年可六七歲，衣青衣，來從羣兒戲，諸兒莫之識也。皆問曰：「爾誰家小兒，今日忽來？」答曰：「見爾羣戲樂，故來耳。」詳而視之，眼有光芒，爚爚外射。諸兒畏之，重問其故。兒乃答曰：「爾惡我乎？我非人也，乃熒惑星也。將有以告爾：三公鉏，司馬如。」〔一二〕諸兒大驚，或走告大人，大人馳往觀之，兒曰：「舍爾去乎！」竦身而躍，即以化矣。仰而視之，若引一匹練以登天。大人來者，猶及見焉，飄飄漸高，有頃而沒。時吳政峻急，莫敢宣也。後五年而蜀亡，六年而晉興，至是而吳滅，司馬如矣。

干寶晉紀曰：王濬治船於蜀，吾彥取其流柹〔一三〕以呈孫皓，曰：「晉必有攻吳之計，宜增建平兵。〔一四〕建平不下，終不敢渡江。」皓弗從。陸抗之克步闡，皓意張大，乃使尚廣筮并天下，〔一五〕遇同人之頤，〔一六〕對曰：「吉。庚子歲，青蓋當入洛陽。」〔一七〕故皓不修其政，而恆有窺上國之志。是歲也，實在庚子。

五年，皓死于洛陽。〔一八〕

吴録曰：皓以四年十二月死，時年四十二，〔一九〕葬河南縣界。〔二〇〕

〔一〕五字爲定讞。渾、濬之爭，是非判然。

〔二〕晉書武帝紀：「孫皓窮蹙請降，送璽綬於琅邪王伷。三月壬申，王濬以舟師至于建業之石頭，孫皓大懼，面縛輿櫬，降于軍門。濬杖節解縛焚櫬，送于京都。」王濬傳：「壬寅，濬入於石頭，皓乃備亡國之禮，素車白馬，肉袒面縛，銜璧牽羊，大夫衰服，士輿櫬，率其僞太子瑾、瑾弟魯王虔等二十一人，造于壘門。濬躬解其縛，受璧焚櫬，送于京師。收其圖籍，封其府庫，軍無私焉。帝遣使者犒濬軍。初，詔書使濬下建平，受杜預節度，至秣陵，受王渾節度。預至江陵，謂諸將帥曰：若濬得下建平，則順流長驅，威名已著，不宜令受制於我；若不能剋，則無緣得施節度。濬至西陵，預與之書曰：足下既摧其西藩，便當徑取秣陵，討累世之逋寇，釋吴人於塗炭，自江入淮，逾于泗、汴，泝河而上，振旅還都，亦曠世一事也。濬大悦，表呈預書。及濬將至秣陵，王渾遣信要令暫過論事。濬舉帆直指，報曰：風利，不得泊也。」寰宇記一百二十四曰：「當利浦在鄂州東十二里，本名揚浦。晉王濬平吴，水軍揚帆，順流於此而下，王渾以旗招，不往。濬報云：風利，不得泊。遂先入石頭。後因以當利爲名。」潘眉曰：「推是年三月戊子朔，無丙寅、戊辰、壬申，此三日皆誤也。晉書王濬傳：壬寅，濬入于石頭。後上書云：十四日至牛渚，去秣陵二百里。又云：臣以十五日至秣陵。今以三月朔戊子推之，十五日恰得壬寅。此傳壬申當依濬傳作壬寅爲確。三日事在一時，丙寅是丙申，戊辰是戊戌。」

〔三〕潘眉曰：「荆、揚、交、廣也。通典云：吴置交、廣、荆、郢、揚五州。周瑜傳云：走曹仁於郢都。是有郢也。魏文帝紀：黄初三年，復郢州爲荆州。蓋黄初中廢。」弼按：魏志文紀：黄初三年五月，以荆、揚江表八郡爲荆州，孫權領牧故也；荆州江北諸郡爲郢州。九月，孫權復叛，復郢州爲荆州。是郢州爲魏置，置數月旋廢。至周瑜傳走曹仁於郢都，是時曹仁守江陵，郢都指江陵，非謂吴時有郢州也。晉書武帝紀云：克州四。宋書州郡志序云：三國鼎跱，吴得揚、荆、交三州，又分交爲廣。是四州也。潘説誤。

〔四〕宋本作「郡四十三」，御覽作「郡三十三」，誤。晉書武帝紀云「郡四十三」。地理志云：「吴主大皇帝初置郡五，臨賀、武昌、珠崖、新安、廬陵南部。少帝、景帝各四，少，臨川、臨海、衡陽、湘東；景，天門、建安、建平、合浦北部。歸命侯亦置十有二郡，始安、始興、邵陵、安成、新昌、武平、九德、吴興、東陽、桂林、滎陽（弼按：滎陽當作營陽。）、宜都，得漢郡者十有八焉。」潘眉曰：「初學記八引括地志云，平吴得郡四十三。」謝鍾英曰：「今考諸書，得四十五郡。」

〔五〕吴增僅曰：「就余所輯之數，縣三百三十一。」謝鍾英曰：「今考諸書，得三百五十二縣。」又曰：「孫策渡江，奄有揚州。權并荆收交，亮略取廣陵，踰江而北，以漢郡大，代有分置。訖晧之末，州四、郡四十五、都尉治二、屬國一、縣三百五十有二。吴疆域全有漢交州，荆州惟零陵、桂陽、武陵、長沙四郡，北割江夏、南郡之半，揚州惟丹陽、會稽、吴、豫章四郡，北割廬江、九江之半，徐州僅有廣陵濱江數縣。」

〔六〕趙一清曰：「劉昭補志注云：正始五年，揚威將軍朱照日所上吴之所領兵、户九十三萬二千，推其民數，不能多蜀矣。蓋蜀亡領户九十四萬三千四百二十三，口五百三十七萬二千八百九十一人也。魏正始五年，吴赤烏七年。」

〔七〕胡三省曰：「吴有荆、揚、交、廣四州，漢獻帝興平二年，孫策始取江東，魏文帝黄初三年，吴王孫權始稱帝，傳四主，五十七年而亡。」弼按：孫權稱帝在吴黄龍元年，爲魏太和三年。胡云魏黄初三年孫權稱帝，誤。

〔八〕據晉書武紀及王濬傳，皆云濬送晧京都。

〔九〕所謂青蓋入洛陽者，竟如是。

〔一〇〕五月丁亥集于京邑，應在四月甲申詔之下。曰京邑不曰京師者，避晉諱也。

〔一一〕官本考證曰：「御覽作皆拜郎中。」晉書武帝紀：「五月辛亥，封孫晧爲歸命侯，拜其太子爲中郎，諸子爲郎中。吴之舊望，隨才擢敘；孫氏大將戰亡之家，徙於壽陽；將吏渡江者，復十年；百姓及百工，復二十年。」通鑑：「五月丁亥朔，皓至，與其太子瑾等泥首面縛，詣東陽門。詔遣謁者解其縛，賜給甚厚。庚寅，引見皓，皓登殿稽顙。帝謂皓曰：朕設此座，以待卿久矣。皓曰：臣於南方，亦設此座，以待陛下。」胡注：「武王伐紂，斬其首懸於太白之旗。如孫皓之凶暴，斬之以謝吴人可也。」世説排調篇曰：「晉武帝問孫皓，聞南人好作爾汝歌，頗能爲否？皓正飲酒，因舉觴勸帝而言曰：昔與汝爲鄰，今與汝爲臣，上汝一杯酒，令汝壽萬春。帝悔之。」通鑑考異詳述孫皓傳、晉武紀、王濬傳、三十國春秋、晉春秋（即晉陽秋）月日之互異，不合長曆，文繁未録。

〔一二〕互見孫休傳永安三年注。錢大昕曰：「鉏、如二字難解。搜神記云三公歸于司馬，語意較明白。或曰三公指三國之君。」

〔一三〕晉書吾彦傳：「彦字士則，吴郡吴人，有文武才幹。陸抗奇其勇，乃擢用焉。稍遷建平太守。時王濬將伐吴，造船於蜀，彦覺之，請增兵爲備，皓不從。彦乃輒爲鐵鎖，横斷江路。及師臨境，緣江諸城皆望風降附，或見攻而拔，唯彦堅守。大衆攻之，不能剋，乃退舍禮之。吴亡，彦始歸降，武帝以爲金城太守。帝嘗從容問薛瑩曰：孫皓所以亡國者，何也？瑩對曰：歸命侯臣皓之君吴，昵近小人，刑罰妄加，大臣大將，無所親信，人人憂恐，各不自安，敗亡之釁，由此而作矣。其後帝又問彦，對曰：吴主英俊，宰輔賢明。帝笑曰：君明臣賢，何爲亡國？彦曰：天禄永終，歷數有屬，所以爲陛下擒。此蓋天時，豈人事也！」胡三省曰：「姓譜：吾本己姓，夏昆吾氏之後。柹，芳廢翻。説文：削木札樸也。」

〔一四〕建平見孫休傳永安三年。胡三省曰：「建平郡，漢南郡之巫縣，吴主權分置宜都郡，孫休分宜都立建平郡。杜佑曰：建平今巴東郡，吴置建平郡於秭歸。」謝鍾英曰：「吴夾江置守，上游要害，尤重建平。」

〔一五〕胡三省曰：「姓譜：尚姓，師尚父之後。後漢有高士尚子平。」

〔一六〕李光地曰：「乾爲天君，離者南面，皆尊象也。艮，山岳，公侯之兆。震于易亦占建侯。此明君降爲臣位矣。同人者，主天下大同也。頤者，養也，示爲晉并吞而得寄食偷生之意。筮之告皓亦顯矣。」

〔一七〕胡三省曰：「其後吴亡，皓入洛，歲在庚子。」

〔一八〕趙一清曰：「姜云：皓已降矣，誰爲五年乎？當書晉年號爲得。」潘眉曰：「吴亡於天紀四年三月，安得更有五年？況皓即以是年死，此五年字當衍。」弼按：此五年即晉太康五年，承上文太康元年而言也。吴已亡矣，安得復紀年乎？趙、潘二氏皆未細審上文也。潘氏於本傳首年二十三作二十五，其誤與此同。惟據吴録，皓實死於太康四年，通鑑亦於太康四年末書歸命侯孫皓卒也。李清植曰：「蜀志於安樂公書曰：公太始七年薨於洛陽。而皓則書名，書死，亦見史法。」

〔一九〕潘眉曰：「蕭常續漢書考異引世紀：皓以赤烏五年壬戌生，太康四年癸卯死，如是則於登位年二十三亦合。蓋吴録之所謂四年者，晉太康年也。」

〔二〇〕趙一清曰：「寰宇記卷三：芒山在河南縣北十里，吴後主、蜀後主皆有家在此。鼎録：孫皓鑄一鼎於蔣山，紀吴之歷數，八分書。韋續書九品曰下中，孫皓行隸。」

評曰：孫亮童孺而無賢輔，其替位不終，必然之勢也。休以舊愛宿恩，任用興、布，不能拔進良才，改絃易張，雖志善好學，何益救亂乎！又使既廢之亮不得其死，友于之義薄矣。皓之淫刑所濫，隕斃流黜者，蓋不可勝數。是以羣下人人惴恐，皆日日以冀，朝不謀夕。其熒惑巫祝，交致祥瑞，以爲至急。昔舜、禹躬稼，至聖之德，〔一〕猶或矢誓衆臣，予違女弼；〔二〕或拜昌言，〔三〕常若不及。況皓凶頑，肆行殘暴，忠諫者誅，讒諛者進，虐用其民，窮淫極侈，宜腰首分離，以謝百姓。既蒙不死之詔，復加歸命之寵，豈非曠蕩之恩，過厚之澤也哉！

孫盛曰：夫古之立君，所以司牧羣黎，故必仰協乾坤，覆燾萬物。若乃淫虐是縱，酷彼羣生，則天人殛之，〔四〕勦絶其祚，奪其南面之尊，加其獨夫之戮。是故湯、武抗鉞，不犯不順之譏；漢高奮劍，而無失節之議。何者？誠四海之酷讐，而人神之所擯故也。況皓罪爲逋寇，虐過辛、癸，〔五〕梟首素旗，〔六〕猶不足以謝寃魂，洿室荐社，〔七〕未足以紀暴迹，而乃優以顯命，寵錫仍加，豈龔行天罰，伐罪弔民之義乎！是以知僭逆之不懲，而凶酷之莫戒。詩云：「取彼譖人，投畀豺虎。」〔八〕聊譖猶然，矧僭虐乎？〔九〕且神旗電埽，兵臨僞窟，理窮勢迫，然後請命，不赦之罪既彰，三驅之義又塞，〔一〇〕極之權道，亦無取焉。

陸機著辨亡論，言吴之所以亡。〔一一〕其上篇曰：「昔漢氏失御，奸臣竊命，〔一二〕禍基京畿，毒徧宇内，皇綱弛紊，〔一三〕王室遂卑。於是羣雄蜂駭，〔一四〕義兵四合。吴武烈皇帝慷慨下國，電發荆南，〔一五〕權略紛紜，忠勇伯世。威稜則夷羿震蕩，兵交則醜虜授馘，〔一六〕遂埽清宗祊，〔一七〕蒸禋皇祖。〔一八〕於是雲興之將帶州，飇起之師跨邑，〔一九〕哮闞之羣風驅，熊羆之族霧集。〔二〇〕雖兵以義合，〔二一〕同盟勠力，〔二二〕然皆包藏禍心，阻兵怙亂，〔二三〕或師無謀律，喪威稔寇。〔二四〕忠規武節，未有若此其著者也。武烈既没，長沙桓王〔二五〕逸才命世，弱冠秀發，招擥遺老，與之述業。神兵東驅，奮寡犯衆，攻無堅城之將，戰無交鋒之虜。誅叛柔服而江外底定，飾法修師〔二六〕而威德翕赫。賓禮名賢，而張昭爲之雄；交御豪俊，而周瑜爲之傑。彼二君子，皆弘敏而多奇，雅達而聰哲，故同方者以類附，等契者以氣集，而江東蓋多士矣。將北伐諸華，誅鉏干紀，〔二七〕旋皇輿於夷庚，〔二八〕反帝座於紫闥，挾天子以令諸侯，清天步而歸舊物。戎車既次，羣凶側目，大業未就，中世而隕。用集我大皇帝，〔二九〕以奇蹤襲於逸軌，叡心發乎令圖，從政咨於故實，播憲稽乎遺風。而加之以篤固，〔三〇〕申之以節儉，疇咨俊茂，好謀善斷，束帛旅於丘園，旌命交於塗巷。故豪彦尋聲而響臻，志士希光而影騖，異人輻湊，〔三一〕猛士如林。於是張昭爲師傅，周瑜、陸公、魯肅、吕蒙之疇，〔三二〕入爲腹心，出作股肱；甘寧、淩統、程普、賀齊、朱桓、朱然之徒〔三三〕奮其威，韓當、潘璋、黄蓋、蔣欽、周泰之屬宣其力；風雅則諸葛瑾、張承、步騭以聲名光國，政事則顧雍、潘濬、吕範、吕岱以器任幹職，奇偉則虞翻、陸績、張温、張惇以諷議舉正，〔三四〕奉使則趙咨、沈珩以敏達延譽，〔三五〕術數則吴範、趙達以機祥協德；〔三六〕董襲、陳武殺身以衛主，駱統、劉基强諫以補過。謀無遺算，〔三七〕舉不失策。故遂割據山川，跨制荆吴，而與天下争衡矣。〔三八〕魏氏嘗藉戰勝之威，率百萬之師，浮鄧塞之舟，〔三九〕下漢陰之衆，〔四〇〕羽楫萬計，龍躍順流，鋭騎千旅，〔四一〕虎步原隰，〔四二〕謀臣盈室，武將連衡，〔四三〕喟然有吞江滸之志，〔四四〕一宇宙之氣。而周瑜驅我偏師，黜之赤壁，喪旗亂轍，僅而獲免，收迹遠遁。漢王亦馮帝王之號，〔四五〕率巴、漢之民，乘危騁變，結壘千里，志報關羽之敗，圖收湘西之地。而我陸公亦挫之西陵，覆師敗績，困而後濟，絶命永安。績以濡須之寇，臨川摧鋭；〔四六〕蓬籠之戰，子輪不返。〔四七〕由是二邦之將，喪氣摧鋒，〔四八〕勢衄財匱，而吴藐然〔四九〕坐乘其弊，故魏人請好，漢氏乞盟，遂躋天號，鼎峙而立。〔五〇〕西屠庸蜀之郊，〔五一〕北裂淮漢之涘，東苞百越之地，南括羣蠻之表。〔五二〕於是講八代之禮，蒐三王之樂，〔五三〕告類上帝，拱揖羣后。〔五四〕虎臣毅卒，循江而守；長戟勁鎩，〔五五〕望飈而奮。〔五六〕庶尹盡規於上，四民展業於下，化協殊裔，風衍遐圻。〔五七〕乃俾一介行人，〔五八〕撫循外域，巨象逸駿，擾於外閑，〔五九〕明珠瑋寶，輝於内府，珍瑰重跡而至，奇玩應響而赴，輶軒騁於南荒，衝輣息於朔野，〔六〇〕齊民免干戈之患，〔六一〕戎馬無晨服之虞，〔六二〕而帝業固矣。大皇既殁，幼主莅朝，〔六三〕奸回肆虐。景皇聿興，〔六四〕虔修遺憲，政無大闕，守文之良主也。降及歸命之初，典刑未滅，故老猶存。大司馬陸公〔六五〕以文武熙朝，左丞相陸凱以謇諤盡規，而施績、范慎以威重顯，丁奉、鍾離斐以武毅稱；〔六六〕孟宗、丁固之徒爲公卿，樓玄、賀劭之屬掌機事，元首雖病，股肱猶良。〔六七〕爰及末葉，〔六八〕羣公既喪，然後黔首有瓦解之志，皇家有土崩之釁，歷命應化而微，王師躡運而發，〔六九〕卒散於陣，民奔于邑，城池無藩籬之固，山川無溝阜之勢，非有工輸雲梯之械，〔七〇〕智伯灌激之害，楚子築室之圍，燕人濟西之隊，〔七一〕軍未浹辰而社稷夷矣。〔七二〕雖忠臣孤憤，烈士死節，將奚救哉！夫曹、劉之將非一世之選，向時之師無曩日之衆，〔七三〕戰守之道抑有前符，〔七四〕險阻之利俄然未改，而成敗貿理，〔七五〕古今詭趣，〔七六〕何哉？彼此之化殊，授任之才異也。」〔七七〕

其下篇曰：「昔三方之王也，魏人據中夏，漢氏有岷、益，吴制荆、揚而有交、廣。曹氏雖功濟諸華，虐亦深矣，其民怨矣。劉翁因險飾智，〔七八〕功已薄矣，其俗陋矣。吴桓王基之以武，太祖成之以德，〔七九〕聰明睿達，懿度深遠矣。其求賢如不及，恤民如稚子，接士盡盛德之容，親仁罄丹府之愛。〔八〇〕拔呂蒙於戎行，識潘濬於係虜。〔八一〕推誠信士，不恤人之我欺；量能授器，不患權之我逼。執鞭鞠躬，以重陸公之威；悉委武衛，以濟周瑜之師。卑宫菲食，以豐功臣之賞；披懷虚己，以納謨士之算。故魯肅一面而自託，士燮蒙險而效命。高張公之德，〔八二〕而省游田之娱；賢諸葛之言，而割情欲之歡；〔八三〕感陸公之規，〔八四〕而除刑政之煩；奇劉基之議，而作三爵之誓。屏氣跼蹐，以伺子明之疾；分滋損甘，以育淩統之孤；登壇慷慨，歸魯肅之功；削投惡言，〔八五〕信子瑜之節。〔八六〕是以忠臣競盡其謀，志士咸得肆力，〔八七〕洪規遠略，固不厭夫區區者也。〔八八〕故百官苟合，庶務未遑。初都建業，羣臣請備禮秩，天子辭而不許，曰：『天下其謂朕何！』宫室輿服，蓋慊如也。爰及中葉，天人之分既定，百度之缺麤修，〔八九〕

雖醲化懿綱，〔九〇〕未齒乎上代，抑其體國經民之具，亦足以爲政矣。地方幾萬里，帶甲將百萬，其野沃，其民練，其財豐，其器利，東負滄海，西阻險塞，長江制其區宇，峻山帶其封域，國家之利，未見有弘於茲者矣。借使中才守之以道，善人御之有術，敦率遺憲，勤民謹政，循定策，守常險，則可以長世永年，未有危亡之患。〔九一〕或曰：吴、蜀脣齒之國，蜀滅則吴亡，理則然矣。夫蜀蓋藩援之與國，〔九二〕而非吴人之存亡也。何則？其郊境之接，重山積險，陸無長轂之徑；〔九三〕川阨流迅，水有驚波之艱。雖有鋭師百萬，啓行不過千夫；舳艫千里，前驅不過百艦。故劉氏之伐，陸公喻之長蛇，其勢然也。昔蜀之初亡，朝臣異謀，或欲積石以險其流，或欲機械以御其變。天子總羣議而諮之大司馬陸公，陸公以四瀆天地之所以節宣其氣，固無可遏之理；而機械則彼我之所共，彼若棄長伎以就所屈，即荆、揚而爭舟楫之用，是天贊我也，將謹守峽口以待禽耳。逮步闡之亂，憑保城以延彊寇，〔九四〕重資幣以誘羣蠻。〔九五〕于時大邦之衆，〔九六〕雲翔電發，縣旌江介，〔九七〕築壘遵渚，〔九八〕襟帶要害，以止吴人之西；而巴漢舟師，沿江東下。陸公以偏師三萬，北據東坑，〔九九〕深溝高壘，案甲養威。反虜踠跡待戮，〔一〇〇〕而不敢北闚生路，彊寇敗績宵遁，〔一〇一〕喪師大半，〔一〇二〕分命鋭師三千，〔一〇三〕西禦水軍，東西同捷，獻俘萬計。信哉！賢人之謀，豈欺我哉！〔一〇四〕自是烽燧罕警，封域寡虞。陸公没而潛謀兆，吴釁深而六師駭。夫太康之役，衆未盛乎曩日之師，廣州之亂，禍有愈乎向時之難，而邦家顛覆，宗廟爲墟。嗚呼！人之云亡，邦國殄瘁，不其然與！〔一〇五〕易曰『湯、武革命順乎天』，〔一〇六〕或曰『亂不極則治不形』，〔一〇七〕言帝王之因天時也。古人有言曰『天時不如地利』，易曰『王侯設險以守其國』，言爲國之恃險也。〔一〇八〕又曰『地利不如人和』，『在德不在險』，言守險之由人也。吴之興也，參而由焉，孫卿所謂合其參者也。〔一〇九〕及其亡也，〔一一〇〕恃險而已，又孫卿所謂舍其參者也。夫四州之氓，非無衆也；大江之南，非乏俊也；山川之險，易守也；勁利之器，易用也；先政之業，易循也。〔一一一〕功不興而禍遘者，〔一一二〕何哉？所以用之者失也。〔一一三〕故先王達經國之長規，審存亡之至數，恭己以安百姓，敦惠以致人和，寬沖以誘俊乂之謀，慈和以結士民之愛。是以其安也，則黎元與之同慶；及其危也，則兆庶與之同患。安與衆同慶，則其危不可得也；危與下同患，〔一一四〕則其難不足恤也。夫然，故能保其社稷而固其土宇，麥秀無悲殷之思，黍離無愍周之感矣！」〔一一五〕

〔一〕官本考證曰：「稼字疑衍。」弼按：論語憲問篇：「禹、稷躬稼，而有天下。」蓋謂身親稼穡之事也。此評昔舜、禹躬稼爲句，至聖之德爲句，官本沿陳本之誤，以舜、禹躬稼至聖之德爲句，故疑稼字爲衍也。

〔二〕尚書益稷篇：「予違汝弼，汝無面從，退有後言。」孔傳云：「我違道，汝當以義輔正我，無面從我違，而退後有言我不可弼。」

〔三〕尚書皐陶謨：「禹拜昌言曰：俞。」孔傳云：「以皐陶言爲當，故拜受而然之。」

〔四〕宋本無「人」字。

〔五〕史記殷本紀：「子辛立，是爲帝辛，天下謂之紂。」夏本紀：「子帝履癸立，是爲桀。」

〔六〕史記殷本紀：「周武王斬紂頭，縣之白旗。」

〔七〕禮記檀弓下：「殺其人，壞其室，洿其宮而豬焉。」鄭注：「明其大逆，不欲人復處之。」尚書：「用命賞於祖，不用命戮於社。」

〔八〕詩小雅巷伯篇之辭。

〔九〕毛本「僭」作「譖」。趙一清曰：「當作僭。」

〔一〇〕易比卦：「王用三驅，失前禽。」王弼注：「夫三驅之禮，禽來趣己，則舍之；背己而走，則赦之。愛於來而惡於去也。故其所施，常失前禽也。」

〔一一〕晉書陸機傳：「機字士衡，吳郡人。祖遜，吳丞相；父抗，吳大司馬。機身長七尺，其聲如鐘。少有異才，文章冠世。年二十而吳滅，以孫氏在吳，祖、父世爲將相，有大勳於江表，深慨孫皓舉而棄之，乃論權所以得，皓所以亡，又欲述其祖、父功業，遂作辨亡論二篇。」李善曰：「孫盛云，陸機著辯亡論，辯吳之所以亡。」弼按：此二語乃裴注，非孫盛之言，李注殆因上文孫盛曰而誤。李周翰曰：「辨亡者，所以辨吳興亡之事也。」

〔一二〕劉良曰：「御，理也。」李善曰：「奸臣，謂董卓也。」

〔一三〕晉書陸機傳作「弛頓」。呂延濟曰：「弛，廢；紊，亂也。」

〔一四〕晉書、文選六臣注本「蜂」均作「鋒」。廣雅云：「駭，起也。」

〔一五〕張銑曰：「慷慨，壯志也；下國，諸侯之國也。電發，言威如雷電也。孫堅起兵於荆州，故云荆南也。權即皇帝位，追謚爲武烈皇帝。」

〔一六〕李善曰：「李奇云：神靈之威曰棱。左傳：魏莊子謂晉侯曰：寒浞，伯明氏之讒子弟也。夷羿收之，以爲己相。杜注：夷，氏也。羿，善射。毛詩云：仍執醜虜。箋云：馘，所格者之左耳也。」

〔一七〕馮本、監本「祊」誤作「枋」。

〔一八〕李善曰：「毛詩：祝祭于祊。毛傳云：祊，廟門内之祭也。爾雅：冬祭曰蒸。尚書孔傳云：精意以饗謂之禋。皇祖，謂漢祖也。吳書云：堅入洛，埽除漢宗廟，祠以太牢。」

〔一九〕各本「飈」作「飈」，誤。或曰：「師，宋本作帥爲是。機在入洛後作此，固宜避晉諱。」弼按：下文張昭爲之雄，晉書機傳作張公，似亦因避晉諱。然上文之權略紛紜，下文之師無謀律，懿度深遠，何以均不避？蓋論史事與章奏有別，不似後世忌諱之深也。

〔二〇〕宋本「闞」作「嚙」，文選「族」作「衆」，晉書「集」作「合」。李善曰：「毛詩：闞如虓虎。」李周翰曰：「哮嚙，虎振聲也。」梁章鉅曰：「説文虎部：虓，虎鳴也。口部：唬，虎聲也，讀若蒿。哮，豕驚聲也。玉篇：哮，唬同，呼交切。一切經音義二引通俗文曰：虎聲謂之哮唬。風俗通正失篇引詩，已作闞如哮虎。」

〔二一〕晉書「合」作「動」。

〔二二〕賈逵曰：「戮力，并力也。」

〔二三〕左傳：「州吁阻兵而安忍。」杜預曰：「阻，恃也。」

〔二四〕杜預曰：「稔，熟也。」

〔二五〕孫策謚長沙桓王。

〔二六〕晉書「飾」作「飭」。文選考異曰：「飾當作飭。李善注引周易曰：先王明罰勑法，則飾字非矣。」

〔二七〕毛本「干」作「于」，誤。左傳：「無或如臧孫，干國之紀。」

〔二八〕左傳成公十八年：「披其地以塞夷庚。」杜注：「披猶分也。夷庚，吴、晉往來之要道。」孔疏云：「夷，平也。詩序云：由庚，萬物得由其道，是以庚爲道也。」李善注：「繁欽辨惑曰：吴人以船楫爲輿馬，以巨海爲夷庚。臧榮緒晉書曰：司徒王謐議曰，夷庚未入，乘輿旋館。然夷庚者，藏車之所。」

〔二九〕孫權謚曰大皇帝。

〔三〇〕晉書「固」作「敬」。

〔三一〕晉書「溱」作「轃」。

〔三二〕李周翰曰：「陸公，謂陸遜也。爲丞相，機之祖也，故不言名。疇，類也。」

〔三三〕毛本「桓」作「恆」，誤。

〔三四〕上列諸人，本志各有傳，不注。下同。惟張惇見顧邵傳及注引吴録，惇作敦。「諷議舉正」，晉書作「風義舉正」。李善注引吳録曰：「張惇字叔方，吳郡人。德量淵懿，清虛淡泊，又善文辭。孫權以爲車騎將軍，出補海昏令。」弼按：吳録云：敦善文辭，孫權爲車騎將軍，辟西曹掾，轉主簿，出補海昏令云云。蓋權爲車騎時辟爲掾，李注誤加以字，又略去辟西曹掾二語，遂不可通矣。豈有官至車騎而外出補令者乎？一字之誤如此。

〔三五〕趙咨、沈珩均見孫權傳黄初二年及注引吳書。

〔三六〕李善注：「吕忱字林曰：機，祅祥也，居衣切。吕氏春秋曰：荆人鬼而越人機，今之巫祝禱祀之比也。晉灼曰：機，音珠璣之璣。」

〔三七〕晉書「算」作「計」，文選作「諝」。廣雅曰：「諝，智也。」

〔三八〕鄭玄周禮注曰：「稱上曰衡。」李善曰：「爭衡，謂角其輕重也。」李周翰曰：「衡，平也。」

〔三九〕鄧塞在今湖北襄陽府鄧城鎮東南，詳見孫堅傳樊、鄧之閒注。魏志張既傳注引魏略云：「正始二年，朱然圍樊城，夏侯儒進屯鄧塞，以兵少不敢進，去然六七里，翱翔而還。」水經淯水注：「淯水右合濁水，濁水東逕鄧塞北，即鄧城東南小山也，方俗名之爲鄧塞。昔孫文臺破黄祖于其下。濁水東流注于淯，淯水又南經鄧塞東。」李善注引孔安國尚書傳曰：「順流曰浮。」

〔四〇〕李善注：「漢陰，漢水之南也。莊子曰：子貢南游於楚，過漢陰。」

〔四一〕晉書「騎」作「師」。

〔四二〕爾雅：「廣平曰原，下溼曰隰。」

〔四三〕李善曰：「包咸論語注：衡，軛也。戎車，武將所駕，故以連衡喻多也。」

〔四四〕毛傳曰：「水涯曰滸。」

〔四五〕局本「漢王」作「漢主」，誤。晉書、文選「馮」作「憑」，本一字。

〔四六〕李善注引吳歷曰：「曹公出濡須，作油船夜渡洲上。權以水軍圍取，得三千餘人，其沈溺者數千人。」

〔四七〕蓬籠，今安慶城之集賢關，見魏志臧霸傳，作逢龍。李善曰：「楚辭：登蓬籠而下隕兮。王逸曰：蓬籠，山名也。」

〔四八〕晉書、文選「摧」作「挫」。

〔四九〕宋本、馮本「藐」作「莧」，晉書、文選作「莞」，論語釋文作「莧」。文選考異曰：「吳志注作藐，即莧之誤。」

〔五〇〕宋本「峙」作「峙」，晉書、文選作「跱」。

〔五一〕晉書作「西界庸益之郊」。梁章鉅曰：「屠作界，恐誤。西屠與北裂爲偶句也。」弼按：李善注引王逸楚辭注：「屠，裂也。」

〔五二〕賈誼過秦論曰：「南取百越之地。」薛君韓詩章句曰：「括，約束也。」李周翰曰：「括，通也；表，外也。」梁章鉅曰：「史記東越列傳：閩越王無諸及越東海王搖者，其先皆越王句踐之後也。蓋閩越即今閩地，東越即今永嘉等縣。顧氏祖禹曰：臨海郡，吳太平二年分會稽東部都尉置。建安郡，吳永安三年分會稽南部都尉置。東陽郡，吳寶鼎中分會稽郡置。洪氏亮吉曰：吳會稽郡領縣十，臨海郡領縣七，建安郡領縣九，東陽郡領縣九，大約皆百越之境。晉志云：吳黃初二年分交州之南海、蒼梧、鬱林、高涼四郡立爲廣州，俄復舊。永安七年復分交州置廣州云。」

〔五三〕李善注：「八代，三皇五帝也。杜預曰：蒐，閲也。蒐與搜，古字通。三王，夏、殷、周也。」

〔五四〕尚書：「肆類于上帝。」呂向曰：「告類，祭祀也。帝，天也。拱揖羣后，謂拱手以揖諸侯，示無事也。」

〔五五〕文選「戟」作「棘」。爾雅：「棘，戟也。」説文：「鍛，鈹有鐔也。亦曰長刃，矛刀之類也。」山列切，音殺。

〔五六〕李周翰曰：「飈，風也；奮，振動也。望風而奮者，勇於鬭也。」飈，必遥切。

〔五七〕杜預曰：「一圻方千里。圻，界也。」

〔五八〕俾，使也。

〔五九〕擾，順也。周禮：「天子十有二閑。」鄭玄曰：「每廄爲一閑。」

〔六〇〕衝輣，兵車也。蒲萌切。

〔六一〕如淳曰：「齊，等。無有貴賤曰齊民。」

〔六二〕呂向曰：「晨服，晨朝裝整戎服，以備不虞。」汪師韓曰：「晨服猶云夙駕也。」

〔六三〕幼主，孫亮也。亮爲權少子。

〔六四〕孫休謚曰景帝。聿，遂也。

〔六五〕呂延濟曰：「陸公，謂陸抗也。機之父，故不言名。」

〔六六〕鍾離斐，文選作離斐。李善注：「魏將諸葛誕據壽春降，魏人圍之，使奉與黎斐解圍。奉爲先登，黎斐力戰有功，拜左將軍。黎與離音相近，是一人，但字不同。」弼按：本志丁奉傳奉爲先登，屯於黎漿，力戰有功，拜左將軍云云。是黎漿爲地名。力戰有功、拜左將軍者，丁奉也。李注以黎漿爲黎斐，誤。何焯曰：「李注所見之本，必可徵信。但此斐字恐牧字之訛。鍾離牧爲武陵太守，以少衆討五谿事，在蜀并於魏之後，作牧爲得也。」（陳浩説本此。）潘眉曰：「此即丁奉傳之黎斐也。孫綝傳亦云丁奉、黎斐。史記：秦後有終黎氏，世本作終離氏，黎、離古字通。」弼按：何、潘二説均可通。晉書亦作鍾離斐。此文非衍鍾字，即誤斐字也。

〔六七〕文選「良」作「存」。

〔六八〕晉書「及」作「逮」。

〔六九〕李善注：「歷命，歷數天命也；王師，謂晉師也。」

〔七〇〕何焯校改「工」作「公」。

〔七一〕李善注：「墨子曰：公輸班爲雲梯，必取宋。史記曰：晉智伯攻晉陽，歲餘，引汾水灌其城，不没者三版。左傳：楚子圍宋，將去之。申叔時曰：築室反耕者，宋必聽命。宋人乃懼，遂與楚平。史記曰：燕昭王使樂毅爲上將軍，伐齊，破之濟西。」

〔七二〕杜預曰：「浹辰，十二日也。浹，相牒切。夷，滅也。」

〔七三〕李善注：「向時，謂太康之役也。曩日，謂昔日之曹、劉也。」

〔七四〕符，法也。

〔七五〕廣雅曰：「貿，易也。」

〔七六〕說文曰：「詭，變也。」

〔七七〕全篇摹擬賈誼過秦論。

〔七八〕文選「翁」作「公」。

〔七九〕吕向曰：「太祖，謂孫權也。」

〔八〇〕劉良曰：「丹府，謂赤心也。」

〔八一〕毛本「濬」作「璿」，誤。

〔八二〕孫志祖曰：「上篇兩稱張昭，此竟與其祖遜、父抗一例者，吴志注引江表傳曰：孫權於羣臣多呼其字，惟呼張昭曰張公。士衡之稱，或即因此。」梁章鉅曰：「上篇兩昭字，晉書皆作公，此仍是避晉諱，後人追改未盡者耳。」

〔八三〕李善曰：「諸葛瑾事未詳。」

〔八四〕陸公謂遜也。

〔八五〕金甡曰：「左傳：宋左師請賞，公與之邑六十，以示子罕，子罕削而投之。」

〔八六〕以上諸人事，均各見本傳。

〔八七〕肆，陳也。

〔八八〕李善注：「言其規略宏遠，不安兹小國也。方言曰：厭，安也。」

〔八九〕宋本「修」作「精」。

〔九〇〕文選「綱」作「網」。

〔九一〕晉書、文選「患」下有「也」字。

〔九二〕如淳曰：「相與友善爲與國。」

〔九三〕范寧曰：「長轂，兵車也。」

〔九四〕晉書、文選「保」作「寶」。胡克家曰：「保城，與資幣偶句。蓋保即今之堡字，保是寶非也。」

〔九五〕晉書作「資重幣」。

〔九六〕呂向曰：「大邦，謂晉也。」

〔九七〕晉書、文選「旌」作「旍」。

〔九八〕毛詩曰：「鴻飛遵渚。」毛傳曰：「遵，循也。」

〔九九〕李善注：「東坑在西陵步闡城東北，長十餘里。陸抗所築之城在東坑上，而當步闡城之北，其迹並存。」弼按：步闡城見前鳳皇元年注引水經江水注。趙一清曰：「東坑，顧承、陳武傳俱作章坑。」弼按：章坑別爲一地，趙説誤。謝鍾英曰：「東坑即陸抗城。荆州圖記：夷陵縣南岸有陸抗故城，周迴十里三百四十步。方輿紀要：夷陵城東五里。鍾英按：今宜昌府東湖縣東五里。」

〔一〇〇〕呂延濟曰：「踠跡，謂俯伏也。」

〔一〇一〕顧炎武日知録曰：「陸機辨亡論，其稱晉軍，上篇謂之王師，下篇謂之彊寇，此古文未正之隱。」

〔一〇二〕晉書、文選「大」作「太」。

〔一〇三〕宋本「三」作「五」，文選、晉書同。

〔一〇四〕何焯曰：「士衡欲誇祖、父之有功於吳，故著辨亡二論，上篇爲國紀，下篇爲家乘。」

〔一〇五〕詩大雅之辭。

〔二〇六〕周易革卦之辭。

〔二〇七〕文選「或」作「玄」。李善注引太玄經曰：「陰不極則陽不生，亂不極則治不形。」潘眉曰：「當依文選作玄。」梁章鉅曰：「上引易，下引玄，正一例也。晉書亦誤。」

〔二〇八〕周易坎卦之辭。

〔二〇九〕李善注：「孫卿子曰：天有其時，地有其財，人有其治，夫是之謂能參。合所以參，而顛覆所參則惑矣。」李周翰曰：「言吳之興也，天時、地利、人和三者並用也。參，三也；由，用也。合其三者，謂道合於天、地、人。」

〔二一〇〕局本「及」作「又」，誤。

〔二一一〕文選「政」作「攻」，「業」作「策」，晉書「循」作「脩」。

〔二一二〕遘，及也。

〔二一三〕毛本「失」作「夫」，誤。

〔二一四〕宋本「同」作「共」。

〔二一五〕李善注：「尚書大傳曰：微子將朝周，過殷之故墟，見麥秀之蔪蔪，曰：此父母之國，宗廟社稷之所立也。志動心悲，欲哭則朝周，俯泣則婦人，推而廣之，作雅聲。毛詩序曰：黍離，閔宗周也。周大夫行役，過故宗廟，宮室盡爲禾黍，故爲黍離之詩。」

三國志四十九

吳書四

劉繇太史慈士燮傳第四〔一〕

〔一〕毛本、局本無「第」字，誤。康發祥曰：「劉繇、太史慈、士燮三傳，若從魏志董卓、袁紹之例，亦應列在嬪妃傳之後，不應列之於前。且劉繇爲劉岱之弟，與袁術、陶謙等一時並見，當載在魏志公孫瓚、陶謙之下，不入吳志可也。太史慈、士燮皆臣於吳，即與張昭、顧雍等同傳可也。三人同傳而列於嬪妃之上，是所不解。」劉咸炘曰：「梁章鉅云：魏志於三少帝後即繼以后妃，蜀志亦於後主後即列二主妃、子，而吳志於嗣主後獨爲劉、太史、士三傳，然後述妃嬪、宗室，不知於例若何也。尚曰：慈、燮皆仕吳，自當入吳志，繇則不可；且列於妃嬪之前，尤爲非禮。案：二說皆非也。斷代書必先書所因，劉繇、士燮之於孫氏，猶袁、劉之於曹氏，焉、璋之於季漢也。太史慈則以繇將連書，後此諸傳，皆本孫氏之臣僚，惟慈本敵人，故附此耳。魏志后妃用王朝例，故不在董、袁後；吳志則變以示降，若蜀之二牧，則全境授昭烈，又與紹、表、繇、燮殊，故列於首。雖其用意未善，要非隨手無例也。凡一代所因，先驅之人，例不在后妃、皇子之後，馬、班本然。然自后妃立紀，始在所因前耳。或曰：三人或爲之驅除，或委質未純，故傳列妃嬪之先。」

劉繇字正禮，東萊牟平人也。〔二〕齊孝王少子封牟平侯，子孫家焉。繇伯父寵，爲漢

太尉。〔一〕

續漢書曰：繇祖父本，師受經傳，博學羣書，號爲通儒。〔三〕舉賢良方正，爲般長，〔四〕卒官。寵字祖榮，〔五〕受父業，以經明行修舉孝廉，光禄大夫察四行，〔六〕除東平陵令。〔七〕視事數年，以母病棄官，〔八〕百姓士民攀輿拒輪，充塞道路，車不得前；乃止亭，輕服潛遁，歸修供養。後辟大將軍府，稍遷會稽太守，〔九〕正身率下，郡中大治。徵入爲將作大匠，山陰縣民去治數十里，〔一〇〕有若邪中在山谷閒，〔一一〕五六老翁年皆七八十，聞寵遷，相率共送寵，人齎百錢。寵見，勞來曰：「父老何乃自苦遠來！」皆對曰：「山谷鄙老，生未嘗至郡縣。〔一二〕他時吏發求不去，民閒或夜不絶犬吠，〔一三〕竟夕民不得安。〔一四〕自明府下車以來，狗不夜吠，吏稀至民閒，年老遭值聖化，〔一五〕今聞當見棄去，故戮力來送。」〔一六〕寵謝之，爲選受一大錢。〔一七〕故會稽號寵爲取一錢太守，其清如是。寵前後歷二郡，入居九列，〔一八〕四登三事。〔一九〕家不藏賄，〔二〇〕無重寶器，恆菲飯食，〔二一〕薄衣服，弊車羸馬，號爲窶陋。三去相位，輒歸本土。往來京師，常下道脱驂過，人莫知焉。寵嘗欲止亭，亭吏止之曰：「整頓傳舍，以待劉公，不可得止。」寵因過去。其廉儉皆此類也。以老病卒於家。〔二二〕

繇兄岱，字公山，歷位侍中、兖州刺史。〔二三〕

續漢書曰：繇父輿，一名方，山陽太守。岱、繇皆有俊才。英雄記稱岱孝悌仁恕，以虚己受人。

〔一〕郡國志：「青州東萊郡牟平。」一統志：「牟平故城，在今山東登州府黄縣東南十五里馬嶺山。又云在蓬萊縣東南者，爲魏以前之故城；在黄縣馬嶺山者，爲北齊以後之故城。」沈欽韓曰：「登州府志：牟平城在府城東南九十里，漢縣。北齊天保元年移縣於黄縣東南馬嶺山，此城遂廢。」互見魏志何夔傳。

〔二〕范書劉寵傳：「寵字祖榮，東萊牟平人，齊悼惠王之後也。悼惠王子孝王將閭，將閭少子封牟平侯，子孫家焉。」章懷注：「悼惠王肥，高祖子也。」沈家本曰：「漢表：牟平共侯渫，齊孝王子。」

〔三〕范書劉寵傳：「父丕博學，號爲通儒。」梁章鉅曰：「本、丕字形相近，不能斷其孰是。」周壽昌曰：「作本字者，避曹丕諱也，與吉平事同。」

〔四〕郡國志：「青州平原郡般。」一統志：「般縣故城，今山東濟南府德平縣東北。」互見魏志公孫瓚傳槃河注，又見荀彧傳注引禰衡傳注。

〔五〕范書作榮祖。

〔六〕沈家本曰：「大夫二字，疑衍。」弼按：沈説是。宋書百官志上云：「漢東京三署郎有行應四科者，歲舉茂才二人，四行二人。及三署郎罷省，光禄勳猶依舊舉四行，衣冠子弟充之。三署者，五官署、左署、右署也。各置中郎將以司之。郡舉孝廉，以補三署郎。」

〔七〕濟南郡治東平陵，詳見魏志武紀卷首。

〔八〕惠棟曰：「續漢書云：是時民俗奢泰，寵到官躬儉，訓民以禮，上下有序，都鄙有章。視事數年，以母病棄官歸。」

〔九〕范書寵傳：「四遷爲豫章太守，又三遷拜會稽太守。」

〔一〇〕馮本、毛本「民」作「氏」，誤。

〔一一〕范書寵傳：「山陰縣有五六老叟，尨眉皓髮，自若邪山谷間出。」章懷注：「若邪在今越州會稽縣東南也。」一統志：「若邪山在浙江紹興府會稽縣南四十四里，若耶溪在會稽縣東南二十八里若耶山下，北流入鏡湖。」寰宇記：「若邪溪，古歐冶子鑄劍之所。」趙一清曰：「中字疑衍」。

〔一二〕范書作「山谷鄙生，未嘗識郡朝」。通鑑同。

〔一三〕宋本、馮本、官本「犬」作「狗」。

〔一四〕范書作「他守時，吏發求民間，至夜不絶；或狗吠竟夕，民不得安」。通鑑同。

〔一五〕范書「化」作「明」，通鑑同。

〔一六〕范書作「故自扶奉送」，通鑑同。

〔一七〕胡三省曰：「今越州城西四十五里錢清鎮，即父老送寵處。」一統志：「錢清鎮在今浙江紹興府山陰縣西五十里。」

〔一八〕宋本「入」作「八」。九列，九卿也。范書寵傳：「徵爲將作大匠，轉爲宗正、大鴻臚，又拜將作大匠，復爲宗正。」又云：「累登卿相。」

〔一九〕三事，三公也。范書寵傳：「延熹四年，代黄瓊爲司空；建寧元年，代王暢爲司空；頻遷司徒、太尉。」

〔二〇〕范書作「家無貨積」。

〔二一〕宋本「飯」作「飲」。菲，薄也。

〔二二〕范書寵傳：「弟方，官至山陽太守。方有二子，岱字公山，繇字正禮，兄弟齊名稱。」

〔二三〕岱事見魏志武紀初平元年、三年。

繇年十九，〔一〕從父韙爲賊所劫質，繇篡取以歸，由是顯名。舉孝廉，爲郎中，除下邑長。〔二〕時郡守以貴戚託之，遂棄官去。州辟部濟南，〔三〕濟南相中常侍子，貪穢不循，〔四〕繇奏免之。平原陶丘洪薦繇，〔五〕欲令舉茂才。刺史曰：「前年舉公山，奈何復舉正禮乎？」洪曰：「若明使君用公山於前，擢正禮於後，所謂御二龍於長塗，騁騏驥於千里，不亦可乎！」會辟司空掾，除侍御史，不就，避亂淮浦。詔書以爲揚州刺史。時袁術在淮南，繇畏憚，不敢之州。欲南渡江，吴景、孫賁迎置曲阿。〔六〕術圖爲僭逆，攻没諸郡縣，繇遣樊能、張英屯江邊以拒之，以景、賁術所授用，乃迫逐使去。於是術乃自置揚州刺史，與景、賁並力攻英、能等，歲餘不下。〔七〕漢命加繇爲牧，振武將軍，〔八〕衆萬餘人。〔九〕孫策東渡，破英、能等，〔一〇〕繇奔丹徒。〔一一〕

袁宏漢紀曰：劉繇將奔會稽，〔一二〕許子將曰：〔一三〕「會稽富實，策之所貪，且窮在海隅，不可往也。〔一四〕不如豫章，〔一五〕北連豫壤，西接荊州，若收合吏民，遣使貢獻，與曹兗州相聞，雖有袁公路隔在其間，其人豺狼，不能久也。〔一六〕足下受王命，孟德、景升必相救濟。」繇從之。

遂泝江南保豫章，駐彭澤。〔一七〕笮融先至，殺太守朱皓，〔一八〕

笮，音壯力反。〔一九〕獻帝春秋曰：是歲，繇屯彭澤，又使融助皓討劉表所用太守諸葛玄。〔二〇〕許子將謂繇曰：「笮融出軍，不顧命名義者也。〔二一〕朱文明善推誠以信人，〔二二〕宜使密防之。」融到，果詐殺皓，代領郡事。〔二三〕

入居郡中。繇進討融，爲融所破，更復招合屬縣，攻破融。融敗走入山，爲民所殺。繇尋病卒，時年四十二。〔二四〕

〔一〕宋本無「年」字。

〔二〕下邑見魏志臧洪傳：「時選三署郎補縣長。琅邪趙昱爲莒長，東萊劉繇下邑長，東海王朗菑丘長，臧洪即丘長。」

〔三〕續百官志「諸郡常以八月巡行所部郡國，皆有從事史」，所謂部郡國從事也。此蓋青州刺史所辟。蜀志費詩傳：「左遷部永昌從事。」胡三省曰：「爲益州刺史部從事，部永昌郡。」此云州辟部濟南者，蓋青州刺史部從事，部濟南也。

〔四〕官本攷證曰：「册府循作脩。」弼按：作循亦可通。沈均瑲曰：「郝書作貪穢不法，通志循下有法字。」

〔五〕陶丘洪事見魏志荀攸傳注引漢末名士録，又見華歆傳。

〔六〕曲阿見孫策傳。

〔七〕孫策傳：「先是劉繇爲揚州刺史，州舊治壽春，壽春術已據之，繇乃渡江治曲阿。時吴景尚在丹陽，孫策從兄賁又爲丹陽都尉，繇至皆迫逐之。繇遣樊能、張英等拒術，術自用故吏琅邪惠衢爲揚州刺史，更以景、賁擊英等，連年不克。」此事通鑑編入漢獻帝興平元年。

〔八〕范書劉寵傳：「興平中，繇爲揚州牧，振威將軍。時袁術據淮南，繇乃移居曲阿。值中國喪亂，士友多南奔，繇攜接收養，與同優劇，甚得名稱。袁術遣孫策攻破繇，因奔豫章，病卒。」魏志荀彧傳：「興平二年，太祖欲取徐州，彧曰：先破吕布，然後南結揚州，共討袁術。」胡三省曰：「謂南結劉繇也。」

〔九〕宋本作「衆數萬人」。

〔一〇〕孫策傳注引江表傳曰：「策渡江攻劉繇牛渚營，盡得邸閣糧穀戰具。是歲，興平二年也。時彭城相薛禮、下邳相笮融依繇爲盟主。禮據秣陵城，融屯縣南，策皆擊破之。」

〔一一〕丹徒見孫策傳。趙一清曰：「方輿紀要卷二十五：丹陽縣治西南有故城址曰劉繇城，相傳繇所築也。」

〔一二〕會稽見孫堅傳。

〔一三〕許劭事見魏志武紀卷首注引世語，又見和洽傳注引汝南先賢傳。范書許劭傳：「劭字子將，汝南平輿人。少峻名節，好人倫，多所賞識，若沛國樊子昭、和陽士者，並顯名於世。避地到廣陵，徐州刺史陶謙禮之甚厚。劭不自安，復投揚州刺史劉繇於曲阿。及孫策平吴，劭與繇南奔豫章而卒，時年四十六。」

〔一四〕馮本「往」作「生」，誤。

〔一五〕豫章見孫策傳。

〔一六〕胡三省曰：「豫章在大江東南，豫、兗之壤在淮北。袁術時據九江、廬江之閒，故云隔在其中。」

〔一七〕郡國志：「揚州豫章郡彭澤。」一統志：「彭澤故城，今江西九江府湖口縣東南三十里。」洪亮吉曰：「呂範傳：範爲彭澤太守，屯柴桑。蓋權宜所立。後範領丹陽太守，此郡即省。」趙一清曰：「寰宇記卷一百六云：劉繇城在南昌縣東北三十八里，孫策略地於曲阿，攻劉繇，敗奔豫章，築城自保，今人號爲劉繇城。」

〔一八〕笮融事見孫策傳注引江表傳。范書朱儁傳：「儁子晧，亦有才行，官至豫章太守。」

〔一九〕李賢曰：「笮，音側格反。」

〔二〇〕諸葛玄事見蜀志諸葛亮傳及注引獻帝春秋。

〔二一〕官本攷證曰：「册府無命字。」弼按：通鑑亦無命字。

〔二二〕胡三省曰：「朱晧字文明。」惠棟曰：「晧字文淵，見獻帝春秋。」

〔二三〕代領豫章郡事也。豫章太守更迭始末，詳見孫策傳注。

〔二四〕趙一清曰：「水經沔水注：毗陵縣，舊會稽之屬縣也。丹徒縣北二百步，有故城，本毗陵郡治，舊去江三里，岸稍毁，遂至城下。城北有劉繇墓，淪於江，江即北江也。」

笮融者，丹陽人。初聚衆數百，往依徐州牧陶謙。謙使督廣陵、彭城運漕，〔一〕遂放縱擅殺，坐斷三郡委輸以自入。〔二〕乃大起浮圖祠，〔三〕以銅爲人，黄金塗身，衣以錦采，垂銅槃九重，下爲重樓閣道，可容三千餘人，悉課讀佛經，令界内及旁郡人有好佛者聽受道，復其他役以招致之，由此遠近前後至者五千餘人户。〔四〕每浴佛，〔五〕多設酒飯，布席於路，經數十里，民人來觀及就食且萬人，費以巨億計。〔六〕曹公攻陶謙，徐土搔動，〔七〕融將男女萬口，馬三千匹，走廣陵，廣陵太守趙昱〔八〕待以賓禮。先是彭城相薛禮爲陶謙所偪，屯秣陵。融利廣陵之衆，

因酒酣殺昱，〔九〕放兵大略，因載而去。〔一〇〕過殺禮，然後殺晧。〔一一〕

〔一〕范書陶謙傳作「謙使督廣陵、下邳、彭城運糧」。通鑑同。

〔二〕三郡，廣陵、下邳、彭城也。陳景雲曰：「上言廣陵、彭城，下言三郡，殊不相應。後漢書廣陵下有下邳二字，疑此脱。」胡三省曰：「斷讀曰短，流所聚曰委。毛晃曰：凡以物送之曰輸，則音平聲；指所送之物曰輸，則音去聲。委輸之委，亦音去聲。」

〔三〕范書「祠」作「寺」。章懷注：「浮屠，佛也。」范書西域傳：「天竺國修浮圖道，不殺伐，遂以成俗。」趙一清曰：「晉書佛圖澄傳：石季龍著作郎王度曰：佛，外國之神，非諸華所應祠奉。漢代初傳其道，惟聽西域人得立寺都邑，以奉其神，漢人皆不出家。魏承漢制，亦循前軌。」

〔四〕人户二字，必有一衍。通鑑作「招致旁郡好佛者至五千餘户」。

〔五〕胡三省曰：「釋氏謂佛以四月八日生，事佛者以是日爲浴佛會。」

〔六〕胡三省曰：「巨億計，言以億億計也。」

〔七〕或曰：「騷，此書多作搔，古字通。」

〔八〕趙昱事見魏志陶謙傳。

〔九〕官本攷證曰：「監本誤作阻誅殺昱。」

〔一〇〕或曰：「因載疑困載之誤。」

〔一一〕或曰：「至殺晧而止，此以前接後法也。」

後策西伐江夏，〔一〕還過豫章，收載繇喪，善遇其家。王朗遺策書曰：「劉正禮昔初臨州，未能自達，實賴尊門爲之先後，用能濟江成治，有所處定。踐境之禮，感分結意，情在終始。

後以袁氏之嫌，稍更乖剌，〔二〕更以同盟，還爲讐敵。原其本心，實非所樂。康寧之後，常念渝平更成，復踐宿好。一爾分離，款意不昭，奄然殂隕，可爲傷恨！知敦以厲薄，德以報怨，收骨育孤，哀亡愍存，捐既往之猜，報六尺之託，誠深恩重分，美名厚實也。昔魯人雖有齊怨，不廢喪紀，春秋善之，謂之得禮。〔三〕誠良史之所宜藉，鄉校之所歎聞。正禮元子，致有志操，想必有以殊異。威盛刑行，施之以恩，不亦優哉！」

〔一〕監本誤作「路住江夏」。

〔二〕顧千里曰：「剌音辣，與刺字不同。」

〔三〕魯桓公爲齊所殺，桓公之喪至自齊，魯人葬桓公，事見左傳。

繇長子基，字敬輿，年十四，居繇喪盡禮，故吏餽餉，皆無所受。

吳書曰：基遭多難，嬰丁困苦，潛處味道，不以爲戚。與羣弟居，〔一〕常夜臥早起，妻妾希見其面。諸弟敬憚，事之猶父。不妄交游，門無雜賓。

姿容美好，孫權愛敬之。權爲驃騎將軍，辟東曹掾，拜輔義校尉、建忠中郎將。〔二〕權爲吳王，遷基大農。〔三〕權嘗宴飲，騎都尉虞翻醉酒犯忤，權欲殺之，威怒甚盛，由基諫爭，翻以得免。〔四〕權大暑時嘗於船中宴飲，於船樓上值雷雨，權以蓋自覆，又命覆基，餘人不得也。其見待如此。徙郎中令。權稱尊號，改爲光禄勳，分平尚書事。〔五〕年四十九卒。後權爲子霸納基女，賜第一區，四時寵賜，與全、張比。基二弟，鑠、尚，皆騎都尉。

〔一〕馮本「羣」作「詳」，誤。

〔二〕洪飴孫曰：「輔義校尉一人，建忠中郎將一人，均吴置。」

〔三〕錢大昭曰：「大下疑有司字。虞翻、張温傳並作大司農。」（梁章鉅説同。）近人某氏藏燉煌出土舊鈔吴志殘卷跋云：「大農劉基，舊鈔作大農，刊本皆誤作大司農。大農，漢官名；大司農，魏官名。吴承漢制，不沿魏稱云云。」弼按：建安十八年，魏國初置大農。（魏都賦注。）魏志文紀：黄初元年改爲大司農。是大司農爲魏官名誠然，然續百官志大司農卿一人，中二千石。應劭漢官儀云：「大司農，古官也。初，秦置治粟内史，掌穀貨，漢因之。景帝更名大農令，武帝更名大司農，王莽改曰羲和，又改爲納言。東漢復爲大司農。」是大司農實爲漢官名也。吴志劉繇傳遷劉基爲大農，虞翻、張温傳並作大司農，樓玄傳亦云入爲大司農。是吴官名亦實爲大司農也。是漢、魏、吴官名皆名曰大司農，不如某氏所云也。漢大司農見於范書紀、傳者極多，不可勝舉。某氏云漢官名大農，誤。

〔四〕詳見虞翻傳。

〔五〕或曰：「分平尚書事，若後之同平章事。」

太史慈〔一〕字子義，東萊黄人也。〔二〕少好學，仕郡奏曹史。〔三〕會郡與州有隙，〔四〕曲直未分，以先聞者爲善。時州章已去，郡守恐後之，求可使者。慈年二十一，以選行，晨夜取道，到洛陽，詣公車門，〔五〕見州吏始欲求通。慈問曰：〔六〕「君欲通章邪？」吏曰：「然。」問：「章安在？」曰：「車上。」慈曰：「章題署得無誤邪？〔七〕取來視之。」吏殊不知其東萊人也，因爲取章。慈已先懷刀，便截敗之。吏踊躍大呼，言：「人壞我章！」慈將至車閒，與語曰：「向使君不以章相與，吾亦無因得敗之，是爲吉凶禍福等耳，吾不獨受此罪。豈若默然俱出去，可以存易亡，無事俱就刑辟。」吏言：「君爲郡敗吾章，已得如意，欲復亡爲？」慈答曰：「初受郡遣，但來視章通與未耳。吾用意太過，乃相敗章。今還，亦恐以此見譴怒，故俱欲去爾。」吏然慈言，即日俱去。慈既與出城，因遯還通郡章。州家聞之，更遣吏通章，〔八〕有司以格章之故，不復見理，州受其短。由是知名，而爲州家所疾。恐受其禍，乃避之遼東。

〔一〕胡三省曰：「太史以官爲氏。」

〔二〕東萊郡治黃，今山東登州府黃縣東南，見魏志臧洪傳。趙一清曰：「方輿紀要三十六：故黃縣在登州府黃縣東十五里，一名東黃城，即古萊子國都也。後漢爲東萊郡治。」

〔三〕續百官志：「郡置諸曹掾史，諸曹略如公府曹。」弼按：公府者，三公府也。三公有奏曹，主奏議事。

〔四〕東萊郡守與青州刺史也。

〔五〕續百官志：「公車司馬令一人，掌宮闕南門凡吏民上章，四方貢獻及徵詣公車者。」

〔六〕馮本「慈」作「態」。孫志祖曰：「言其狀始欲求通也。」弼按：以作慈爲是。

〔七〕沈欽韓曰：「蔡邕獨斷：凡羣臣上書於天子者，有四名，一曰章，需頭稱稽首上書、謝恩陳事詣闕通者也。凡章表皆啓封，其言密事得皁囊盛。」又曰：「釋名：書文書檢曰署。（檢，禁也。禁閉諸物、不得開露也。）署，予也，題所予者官號也。」

〔八〕馮本「通」作「有」，誤。

北海相孔融聞而奇之，數遣人訊問其母，並致餉遺。時融以黃巾寇暴，出屯都昌，〔一〕爲賊管亥所圍。慈從遼東還，母謂慈曰：「汝與孔北海未嘗相見，至汝行後，贍恤殷勤，過於故舊。今爲賊所圍，汝宜赴之。」慈留三日，單步徑至都昌。〔二〕時圍尚未密，夜伺閒隙，得入見融，因求兵出斫賊。融不聽，欲待外救，外救未有至者，〔三〕而圍日偪。融欲告急平原相劉備，城中人無由得出，慈自請求行。融曰：「今賊圍甚密，衆人皆言不可，卿意雖壯，無乃實難乎？」慈對曰：「昔府君傾意於老母，老母感遇，遣慈赴府君之急，固以慈有可取，而來必有益也。今衆人言不可，慈亦言不可，豈府君愛顧之義，老母遣慈之意邪！事已急矣，願府君無疑。」融乃然之。於是嚴行蓐食，須明，便帶鞬攝弓上馬，〔四〕將兩騎自隨，各作一的持之，開門直出。外圍下左右人並驚駭，兵馬互出。慈引馬至城下塹内，植所持的各一，出射之，射之畢，徑入門。明晨復如此，圍下人或起或臥，慈復植的射之。畢，復入門。明晨復出如此，無復起者。於是下鞭馬直突圍中馳去。〔五〕比賊覺知，慈行已過，又射殺數人，皆應弦而倒，故無敢追者。遂到平原，說備曰：「慈，東萊之鄙人也。與孔北海親非骨肉，比非鄉黨，〔六〕特以名志相好，有分災共患之義。今管亥暴亂，北海被圍，孤窮無援，危在旦夕。以君有仁義之名，能救人之急，故北海區區，延頸恃仰，使慈冒白刃，突重圍，從萬死之中，自託於君，惟君所以存之。」備斂容答曰：「孔北海知世閒有劉備邪！」即遣精兵三千人隨慈。〔七〕賊聞兵至，解圍散走。融既得濟，益奇貴慈，曰：「卿，吾之少友也。」〔八〕事畢，還啓其母，母曰：「我喜汝有以報孔北海也。」〔九〕

〔一〕北海國治劇，今山東青州府昌樂縣西五十五里，見魏志武紀建安三年。孔融蓋移屯都昌。郡國志：「青州北海國都昌。」一統志：「都昌故城，今山東萊州府昌邑縣西二里。」范書孔融傳：「時黄巾復來侵暴，融乃出屯都昌。」章懷注：「都昌縣屬北海郡，故城在今青州臨朐縣東北。」王先謙曰：「今萊州府昌邑縣西二里，漢青州北海國都昌縣也。若青州臨朐縣東北之都昌，乃後魏青州北海郡屬，章懷蓋誤。」謝鍾英曰：「都昌，郡國志北海郡治。水經注：濰水又東北逕都昌故城東，又東北入於海。鍾英案：沈志云北海都昌寄治州下。蓋劉宋時寄治，非魏制也。」弼按：郡國志青州北海國治劇，謝云治都昌，或因沈志北海太守都昌而誤。趙一清曰：「方輿紀要卷三十六：都昌城在萊州府昌邑縣西，漢縣，屬北海郡。今城南五里有大營城，北五里有小營城，俗爲大營、小營二村，相傳即孔融與黄巾相拒處。」

〔二〕自黄縣至都昌，約三百六十里。

〔三〕陳本無下「外救」二字，誤。

〔四〕左傳僖公二十三年：「右屬櫜鞬。」杜注：「鞬以受弓。」

〔五〕康發祥曰：「此段序事中著徑入門句，又著復入門句，又兩（着）〔著〕明晨復如此句，以故圍者不疑。時或起或臥，旋無復起者，而慈得以鞭馬突圍馳去也。慈固妙人，而承祚叙事，亦復有雕起鶻落之觀，洵是妙文。」或曰：「此所謂未起意先改也，無人態妙爲寫出，或起或臥，妙盡情理。」

〔六〕比，近鄰之稱也。周禮地官：「五家爲比，使之相保；五比爲閭，使之相受。」

〔七〕范書孔融傳：「融逼急，乃遣東萊太史慈求救於平原相劉備。備驚曰：孔北海乃復知天下有劉備邪！即遣兵三千救之。」弼按：蜀志先主傳：先主領平原相，自有兵千餘人，及幽州烏丸雜胡騎，又略得飢民數千人。據先主傳所云，安得有精兵三千，救北海之圍？或張大其詞耳。

〔八〕劉家立曰：「少疑作小。」

〔九〕或曰：「東漢名士風流，如是如是，子義尤傑出者，不在李元禮之下，若許子將輩，瞠乎後矣。」

揚州刺史劉繇與慈同郡，〔一〕慈自遼東還，〔二〕未與相見，暫渡江到曲阿見繇。未去，會孫策至。或勸繇可以慈爲大將軍，〔三〕繇曰：「我若用子義，許子將不當笑我邪？」〔四〕但使慈偵視輕重。〔五〕時獨與一騎，〔六〕卒遇策，〔七〕策從騎十三，〔八〕皆韓當、宋謙、黄蓋輩也。〔九〕慈便前鬭，正與策對。策刺慈馬，而擥得慈項上手戟，〔一〇〕慈亦得策兜鍪。〔一一〕會兩家兵騎並各來赴，於是解散。〔一二〕

〔一〕同爲東萊人。

〔二〕慈自遼東歸，邴原以劉政付慈，見邴原傳。

〔三〕「大」字疑衍，或衍「軍」字。通鑑作「或勸繇可以慈爲大將」。

〔四〕胡三省曰：「以其覈論人品也。」或曰：「徇名用人，醜習可嗤，濁流之投，亦是千古快事。」

〔五〕胡三省曰：「偵，丑正翻，候視也。」

〔六〕官本「一」作「二」，誤。各本皆作「一」，通鑑同。

〔七〕通鑑作「卒遇策於神亭」。胡三省曰：「卒讀曰猝。」

〔八〕從，才用反。

〔九〕通鑑作「皆堅舊將遼西韓當、零陵黄蓋輩也」。

〔一〇〕胡三省曰：「刺，七亦翻，擥與攬同。」

〔一一〕廣雅：「兜鍪謂之冑。」説文：「冑，兜鍪首鎧也。」左傳：「邾人獲公冑。」杜注：「冑，兜鍪也。」御覽三百五十六引獻帝春秋曰：「孫策獲太史慈，謂曰：孤昔與卿神亭之役，若爲卿先，如何？慈謂曰：不敢面欺，若兜鍪帶不斷，未可量也。」又引吴志曰：「太史慈與孫策戰於神亭，策得慈兜鍪。」弼按：此引吴志，與本傳相反，疑誤。

〔一二〕胡三省曰：「若隆技擊，則慈、策適相當耳。然慈終困於策，何也？」

慈當與繇俱奔豫章，而遁於蕪湖，〔一〕亡入山中，稱丹陽太守。是時，策已平定宣城以東，惟涇以西六縣未服。〔二〕慈因進住涇縣，立屯府，大爲山越所附。〔三〕策躬自攻討，遂見囚執。策即解縛，捉其手曰：「寧識神亭時邪？〔四〕若卿爾時得我云何？」慈曰：「未可量也。」〔五〕策大笑曰：「今日之事，當與卿共之。」

吳歷云：慈於神亭戰敗，爲策所執。策素聞其名，即解縛請見，咨問進取之術。慈答曰：「破軍之將，不足與論事。」策曰：「昔韓信定計於廣武，〔六〕今策決疑於仁者，君何辭焉？」慈曰：「州軍新破，士卒離心，若儻分散，難復合聚，欲出宣恩安集，恐不合尊意。」策長跪答曰：「誠本心所望也。明日中，望君來還。」諸將皆疑，策曰：「太史子義，青州名士，以信義爲先，終不欺策。」明日，大請諸將，豫設酒食，立竿視影。日中而慈至，策大悅。常與參論諸軍事。

臣松之案：吳歷云「慈於神亭戰敗，爲策所得」。與本傳大異，疑爲謬誤。〔七〕

江表傳曰：策謂慈曰：「聞卿昔爲太守劫州章，赴文舉，請詣玄德，皆有烈義，天下智士也，但所託未得其人。〔八〕射鉤斬袪，〔九〕古人不嫌。孤是卿知己，勿憂不如意也。」出教曰：「龍欲騰翥，先階尺木者也。」〔一〇〕

即署門下督，〔一一〕還吳授兵，拜折衝中郎將。〔一二〕後劉繇亡於豫章，士衆萬餘人，未有所附，策命慈往撫安焉。〔一三〕

江表傳曰：策謂慈曰：「劉牧往責吾爲袁氏攻廬江，〔一四〕其意頗猥，理恕不足。何者？先君手下兵數千餘人，盡在公路許，孤志在立事，不得不屈意於公路，求索故兵，再往纔得千餘人耳。仍令孤攻廬江，爾時事勢，不得不爲行。但其後不遵臣節，〔一五〕自棄作邪僭事，諫之不從。丈夫義交，苟有大故，不得不離，孤交求公路及絶之本末如此。今劉繇喪亡，恨不及其生時，與共論辯。今兒子在豫章，不知華子魚待遇何如，其故部曲復依隨之否？卿則州人，〔一六〕昔又從事，寧能往視其兒子，並宣孤意於其部曲？部曲樂來者便與俱來，不樂來者且安慰之，並觀察子魚所以牧禦方規何似，〔一七〕視廬陵、鄱陽人民親附之否？卿手下兵，宜將多少，自由意。」〔一八〕慈對曰：「慈有不赦之罪，將軍量同桓、文，待遇過望。古人報主以死，〔一九〕期於盡節，没而後已。今並息兵，兵不宜多，將數十人，自足以往還也。」

左右皆曰：「慈必北去不還。」策曰：「子義捨我，當復與誰？」〔二〇〕餞送昌門，〔二一〕把腕別曰：「何時能還？」答曰：「不過六十日。」果如期而反。

江表傳曰：策初遣慈也，議者紛紜，謂慈未可信，或云與華子魚州里，〔二二〕恐留彼爲籌策，或疑慈西託黄祖，假路還北，多言遣之非計。策曰：「諸君語皆非也，孤斷之詳矣。太史子義雖氣勇有膽烈，然非縱横之人，其心有士謨，志經道義，貴重然諾，〔二三〕一以意許知己，死亡不相負，諸君勿復憂也。」慈從豫章還，議者乃始服。慈見策曰：「華子魚良德也，然非籌略才，無他方規，自守而已。又丹陽僮芝，〔二四〕自擅廬陵，〔二五〕詐言被詔書爲太守。鄱陽民帥別立宗部，阻兵守界，不受子魚所遣長吏，言我以別立郡，須漢遣真太守來，當迎之耳。子魚不但不能諧廬陵、鄱陽，近自海昏有上繚壁，有五六千家相結聚作宗伍，惟輸租布於郡耳。〔二六〕發召一人，遂不可得，子魚亦覩視之而已。」策拊掌大笑，〔二七〕仍有兼并之志矣。〔二八〕頃之，遂定豫章。

〔一〕「當」字疑誤。郡國志：「揚州丹陽郡蕪湖。」胡三省曰：「春秋吴鳩茲之地。宋白曰：以其地卑，畜水非深而生蕪藻，故曰蕪湖。」一統志：「蕪湖故城，今安徽太平府蕪湖縣東。」

〔二〕毛本「惟」作「推」，誤。宣城、涇均見孫策傳。胡三省曰：「蕪湖、涇縣皆屬丹陽郡，宣城縣前漢亦屬丹陽，後漢省。晉太康元年，分丹陽立宣城郡，復置縣屬焉。」

〔三〕胡三省曰：「山越，越民依阻山險而居者。」

〔四〕胡三省曰：「神亭在今鎮江府丹陽縣界。」沈欽韓曰：「古神亭在潤州延陵縣西北二十五里。元豐九域志：省延陵縣爲鎮，延陵鎮在丹陽縣南三十五里。」一統志：「在今鎮江府金壇縣西北。」

〔五〕胡三省曰：「量，音良。」

〔六〕史記淮陰侯傳：「成安君不用廣武君策，漢兵夾擊，大破虜趙軍，斬成安君。韓信令軍中毋殺廣武君，有縛廣武君而致戲下者，信解其縛，東鄉坐，西鄉對，師事之。」

〔七〕杭世駿曰：「戹林云：慈若於神亭見囚，則策方解縛，而遽云寧識神亭，何其倉卒不次；又當言今日得我云何，不宜言爾時也。按吕範傳，範從孫策攻太史慈於勇里，乃知神亭時慈獲策兜鍪，而勇里時策致慈縲絏也。裴蓋未之深核也。」弼按：神亭在今江蘇金壇，勇里在今安徽涇縣。神亭之役，劉繇尚在曲阿，勇里之戰，慈乃爲策所敗，裴注指吴歷之誤，誠是；戹林謂未深核，失之。

〔八〕宋本「人」下有「耳」字，通鑑同。

〔九〕齊管仲射桓公中鉤，晉寺人披斬文公之袪，俱見左傳。杜注：「袪，袂也。」

〔一〇〕元本、官本「木」作「水」。梁章鉅曰：「當作木。酉陽雜俎云：龍頭上有一木，如博山形，名尺木。龍無尺木不能升天。」

〔一一〕討逆將軍之門下督也。

〔一二〕洪飴孫曰：「折衝中郎將一人，吴置。」

〔一三〕通鑑：「會劉繇卒於豫章，士衆萬餘人，欲奉豫章太守華歆爲主。歆以爲因時擅命，非人臣所宜。衆守之連月，卒謝遣之。其衆未有所附，策命太史慈往撫安之。」劉咸炘曰：「遥接繇傳，此即合傳之故。」

〔一四〕胡三省曰：「劉繇奉王命牧揚州，故以稱之。」

〔一五〕宋本「達」作「遵」，通鑑同。

〔一六〕太史慈與劉繇同爲青州東萊人。

〔一七〕通鑑「禦」作「御」。

〔一八〕通鑑作「卿須幾兵，多少隨意」。

〔一九〕馮本「主」作「生」，誤。

〔二〇〕通鑑「與」作「從」。

〔二一〕胡三省曰：「孫權記注曰：吴西郭門曰閶門，夫差作，以天門通閶闔，故名之。後春申君改曰昌門。」

〔二二〕華歆，青州平原高唐人，與太史慈同州里。

〔二三〕胡三省曰：「然，是也，決辭也；諾，應也，許辭也。重，不輕也。」

〔二四〕胡三省曰：「僮，姓也。風俗通：漢有交阯刺史僮尹。一曰僮即童也。顓頊子老童之後，或從人。」

〔二五〕廬陵見孫策傳。

〔二六〕海昏、上繚均見孫策傳。胡三省曰：「宗部即所謂江南宗賊也。海昏縣屬豫章郡，時縣民數千家，自相結聚，作宗伍壁於上繚。水經注：繚水導源建昌縣，漢元帝永光二年分海昏立。(僚)〔繚〕水又東逕新吴縣，漢中平中立。(僚)〔繚〕水又逕海昏縣，謂之上(僚)〔繚〕水。繚，讀曰僚。」

〔二七〕馮本「拊」作「附」，誤。

〔二八〕通鑑「仍」作「遂」，冊府作「乃」。

劉表從子磐，驍勇，數爲寇於艾、西安諸縣。〔一〕策於是分海昏、建昌左右六縣，〔二〕以慈爲建昌都尉，治海昏，並督諸將拒磐。磐絶迹不復爲寇。

〔一〕郡國志：「揚州豫章郡艾。」劉昭注：「左傳哀公二十年：吴公子慶忌所居。」一統志：「艾縣故城，今江西南昌府義寧州西。新志在州西百里龍岡坪，故城猶存。」宋書州郡志：「豫章太守豫寧侯相，漢獻帝建安中立。吴曰要安。（弼按：「要」當作「西」。）晉武帝太康元年，更名。」水經贛水注：「循水出艾縣西，東北逕豫寧縣，故西安也。晉太康元年更從今名。」寰宇記：「後漢建安中，分海昏立西安縣，晉太康元年改爲豫寧。」一統志：「豫寧故城，今江西南昌府武寧縣西。」謝鍾英曰：「潘璋傳：璋遷豫章西安長。即此。」趙一清曰：「方輿紀要卷八十四：艾城在南昌府寧州西百里，地名龍岡坪。左傳：吴公子慶忌出居於艾。即此。西安今武寧縣，建安中分建昌縣置。又太史城在奉新縣西二十里，城周圍三里，西南有城角山，東南有盤山，北枕江水，其地險固，基址尚存。寰宇記卷一百六：幕浮山一名募阜山，在洪州分寧縣西一百九十里，高一千餘丈，周圍一百二十里。太史慈拒劉磐於此山，置營幕，乃以名焉。又方輿紀要：建昌縣東四里有鎮邊營，漢建安八年，太史慈築以拒劉磐。」謝鍾英曰：「浮幕山在南昌府義寧州西北百九十里，接湖北通城、湖南平江界，周圍數百里。」

〔二〕海昏見孫策傳，建昌見孫權傳黄武七年。郡國志：「豫章郡建昌，永元十六年，分海昏置。」王先謙曰：「寰宇記有太史城在奉新縣西四十里，太史慈刱置。周迴三里，西南有城角山，東南有盤山，北枕江水，其地險固，基阯尚存，蓋即建昌故城也。晉志因。一統志：故城今南昌府奉新縣西。鄒安鬯云：今奉新縣西百四十里。謝云：即太史城。」

慈長七尺七寸，美鬚髯，猨臂善射，弦不虚發。嘗從策討麻保賊，〔一〕賊於屯裏緣樓上行詈，以手持樓棼，〔二〕慈引弓射之，〔三〕矢貫手著棼，圍外萬人莫不稱善。其妙如此。曹公聞其名，遺慈書，以箧封之，發省無所道，而但貯當歸。〔四〕孫權統事，以慈能制磐，遂委南方之事。年四十一，建安十一年卒。

吴書曰：慈臨亡，歎息曰：「丈夫生世，當帶七尺之劍，以升天子之階。今所志未從，奈何而死乎！」〔五〕權甚悼惜之。

子亨，〔六〕官至越騎校尉。

吴書曰：亨字元復，歷尚書、吴郡太守。

〔一〕通鑑：「建安十一年，孫權擊山賊麻保二屯，平之。」胡三省曰：「水經注：江水過陸口而東，左得麻屯口，南直蒲圻洲水北入百有餘里，吴所屯也。」

〔二〕班固兩都賦：「虹霓回帶於棼楣。」章懷注：「説文曰：棼，棟也。爾雅曰：楣謂之梁。郭璞云：門户上横梁也。」蔣超伯曰：「棟謂之桴。何晏景福殿賦：雙枚既修，重桴乃飾。又謂之棼，廣韻：棼，複屋棟也。」潘眉曰：「許慎解棼，複屋棟也，徐鍇讀若曾參之參。」

〔三〕監本、官本「引」作「以」，誤。

〔四〕謂其當北歸青州也。韓菼曰：「子義故多知己，郡守知之，孔北海知之，孫郎知之，孟德亦知之，復何恨！」

〔五〕陳本無「乎」字，誤。

〔六〕馮本、監本「亨」作「享」，注同。

士燮〔一〕字威彦，蒼梧廣信人也。〔二〕其先本魯國汶陽人，〔三〕至王莽之亂，避地交州。六世至燮父賜，桓帝時爲日南太守。〔四〕燮少游學京師，事潁川劉子奇，〔五〕治左氏春秋。〔六〕察孝廉，補尚書郎，公事免官。父賜喪闋後，〔七〕舉茂才，除巫令，〔八〕遷交阯太守。〔九〕

〔一〕元本、馮本、吴本「燮」作「爕」，誤。

〔二〕交州蒼梧郡，治廣信，今廣西梧州府蒼梧縣治。見魏志陶謙傳注引吴書。趙一清曰：「方輿紀要卷一百八：梧州府蒼梧縣，漢置廣信縣，今府治東有廣信故城。」

〔三〕郡國志：「豫州魯國汶陽。」一統志：「汶陽故城，今山東兗州府寧陽縣東北。」

〔四〕交州日南郡，治西卷，今越南歸仁、富安、廣和、平順四道，見魏志陳留王紀咸熙元年。

〔五〕局本「川」作「州」，誤。范書劉陶傳：「陶字子奇，一名偉，潁川定陵人，濟北貞王勃之後。陶明尚書、春秋，爲之訓詁。推三家尚書及古文，是正文字三百餘事，名曰中文尚書。靈帝詔陶次第春秋條例。」

〔六〕釋文序録：「士燮注春秋經十一卷。」隋書經籍志：「春秋經十三卷，吴衛將軍士燮注。」唐經籍志：「春秋經十一卷，士燮撰。」唐藝文志：「士燮注春秋經十一卷。」侯康補三國藝文志引眉山李氏古經後序，謂士燮注春秋經，與公、穀卷數相同，疑爲注公、穀。姚振宗隋志攷證駁之，云士燮於桓、靈時師劉陶，治左氏春秋，本傳言之甚詳。釋文亦載是書於左氏傳家，其事本甚分明，勿庸疑惑。隋志十三卷，釋文、唐志、通志略皆十一卷，篇卷分合不一，故著録亦互有不同，斯常有之事，亦勿庸深究，不必疑此十一卷爲公、穀之經也。隋志：「梁有士燮集五卷，亡。」

〔七〕闋，音缺；終也，止也。

〔八〕巫縣今四川夔州府巫山縣東，詳見蜀志先主傳章武元年。

〔九〕交阯郡治龍編，今廣西太平府憑祥州南七百五十里，見魏志陳留王紀咸熙元年。

弟壹，初爲郡督郵。刺史丁宫徵還京都，〔一〕壹侍送勤恪，〔二〕宫感之，臨别謂曰：「刺史若待罪三事，〔三〕當相辟也。」後宮爲司徒，辟壹。比至，宮已免，黄琬代爲司徒，〔四〕甚禮遇壹。董卓作亂，壹亡歸鄉里。

吴書曰：琬與卓相害，〔五〕而壹盡心於琬，甚有聲稱。卓惡之，乃署教曰：「司徒掾士壹，不得除用。」故歷年不遷。會卓入闕，〔六〕壹乃亡歸。

交州刺史朱符爲夷賊所殺，〔七〕州郡擾亂。燮乃表壹領合浦太守，〔八〕次弟徐聞令䵋領九真太守，〔九〕

䵋，音於鄙反，〔一〇〕見字林。

䵋弟武，領南海太守。〔一一〕

〔一〕丁宫事見魏志董卓傳注引獻帝起居注。

〔二〕局本「侍」作「待」，誤。

〔三〕三事，三公也。

〔四〕范書靈帝紀：「中平四年，光禄勳沛國丁宫爲司空；五年，司空丁宫爲司徒；六年七月，司徒丁宫罷。九月，豫州牧黄琬爲司徒。」（見獻帝紀）

〔五〕范書黄琬傳：「卓議遷都長安，琬與司徒楊彪同諫，不從。琬退而駮議之，竟坐免。」

〔六〕宋本「闕」作「闗」。

〔七〕錢大昕曰：「薛綜傳：故刺史會稽朱符多以鄉人分作長吏，侵虐百姓，强賦於民，百姓怨叛，山賊並出，攻州突郡。符走入海，流離喪亡。不云爲賊所殺，兩傳蓋互見也。」

〔八〕合浦郡治合浦，今廣東廉州府合浦縣東北，見魏志陳留王紀咸熙元年。
〔九〕郡國志：「交州合浦郡徐聞。」三國吳改屬珠崖郡。一統志：「徐聞故城，今廣東雷州府海康縣治。」寰宇記：「故城在海康縣南二百四十里。」方輿紀要：「今徐聞縣西北。」九真郡治胥浦，見孫晧傳建衡三年。
〔一〇〕胡三省曰：「䵋，胡憮反。」
〔一一〕馮本、吳本、官本、毛本「南海」作「海南」，誤。通鑑作「南海」。南海郡治番禺，見孫晧傳天紀三年。潘眉曰：「交州無海南郡。」

燮體器寬厚，〔一〕謙虚下士，中國士人往依避難者以百數。〔二〕耽玩春秋，爲之注解。陳國袁徽〔三〕與尚書令荀彧書曰：「交阯士府君既學問優博，又達於從政，處大亂之中，保全一郡，二十餘年疆埸無事，民不失業，羈旅之徒，皆蒙其慶，雖竇融保河西，曷以加之。〔四〕官事小闋，輒玩習書傳，春秋左氏傳尤簡練精微，吾數以咨問傳中諸疑，皆有師說，意思甚密。又尚書兼通古今，大義詳備。聞京師古今之學，是非忿爭，今欲條左氏、尚書長義上之。」其見稱如此。

〔一〕局本「器」作「氣」，誤。
〔二〕蜀志許靖傳：「孫策東渡江，皆走交州以避其難。」魏志袁渙傳：「渙從弟徽以儒素稱，遭天下亂，避難交州。」本志薛綜傳：「少依族人，避地交州。」
〔三〕袁徽事見魏志袁渙傳，又見蜀志許靖傳。
〔四〕范書竇融傳：「融字周公，扶風平陵人。爲張掖屬國都尉，撫結雄傑，懷輯羌虜，河西翕然歸之。五郡共推融行河西五郡大將軍事。」

燮兄弟並爲列郡，雄長一州，偏在萬里，威尊無上。〔一〕出入鳴鍾磬，備具威儀，笳簫鼓吹，車騎滿道，胡人夾轂焚燒香者常有數十。妻妾乘輜軿，子弟從兵騎，當時貴重，震服百蠻，尉他不足踰也。〔二〕

葛洪神仙傳曰：燮嘗病死，已三日，仙人董奉以一丸藥與服，以水含之，捧其頭搖稍之。〔三〕食頃，即開目動手，顔色漸復，半日能起坐，四日復能語，遂復常。奉字君異，侯官人也。〔四〕

武先病没。

〔一〕胡三省曰：「天下殽亂，燮雄據偏州，人但知威尊，無復知有天子也。長，知兩翻。」弼按：似言威尊無出乎其上者。

〔二〕史記南越尉佗傳：「南越王尉佗者，真定人也，姓趙氏。佗，秦時用爲南海龍川令，至二世時，南海尉任囂病且死，佗行南海尉事。秦已破滅，佗自立爲南越武王，東西萬餘里，乘黄屋左纛，稱制與中國侔。」章懷注：「佗行南海尉，遂王有南越，故曰尉佗也。」或曰：「他、佗古雖通用，然尉佗佗字，不宜作他。」弼按：晉書地理志：任囂、趙他攻越，遂定南越，乃置南海尉以典之，所謂東南一尉也。亦作趙他，或説誤。

〔三〕李龍官曰：「搖稍二字不可解，稍疑作捎。廣韻：搖捎，動也。蓋謂捧其頭搖動之也。」李慈銘曰：「稍當作消，搖消即消搖也。」

〔四〕侯官詳見魏志王朗傳東治注。趙一清曰：「寰宇記卷一百二十八：杏山在濠州南六十里。神仙傳：董奉吴時居此山，爲人治病，惟令種杏五株。數年，杏至萬株，後服杏金丹得仙。」

朱符死後，漢遣張津爲交州刺史，〔一〕津後又爲其將區景所殺，〔二〕而荆州牧劉表遣零陵賴恭代津。〔三〕是時，蒼梧太守史璜死，表又遣吳巨代之，〔四〕與恭俱至。〔五〕漢聞張津死，賜燮璽書曰：「交州絶域，南帶江海，上恩不宣，下義壅隔，知逆賊劉表又遣賴恭闚看南土，今以燮爲綏南中郎將，董督七郡，〔六〕領交阯太守如故。」〔七〕後燮遣吏張旻奉貢詣京都，是時天下喪亂，道路斷絶，而燮不廢貢職，特復下詔拜安遠將軍，封龍度亭侯。

〔一〕交阯牧詳見蜀志劉焉傳。胡三省曰：「據史，自賈琮以前皆爲交阯刺史，未得爲交州。」侯康曰：「晉書地理志下：建安八年，張津爲交阯刺史，士燮爲交阯太守，共表立爲州，乃拜津爲交州牧。藝文類聚卷六引苗恭交廣記曰：建安二年，南陽張津爲交阯太守，士燮表言：伏見十二州皆稱曰州，而交獨爲交阯刺史，何天恩不平乎？若普天之下，可爲十二州者，獨不可爲十三州乎？詔報聽許，拜津爲交州牧，加以九錫，彤弓彤矢，禮樂征伐，威震南夏，與中州方伯齊同，自津始也。按二書所載事同，而一以爲建安八年，（沈約亦以爲八年。）一以爲二年。攷孫討逆傳注引王範交廣春秋，建安六年張津已爲交州牧，則云八年者，非也。又此傳上文稱交州刺史朱符，此是史臣追稱，符爲刺史時，實未名州也。楊雄有交州箴，此乃文人之詞，非當時實録。」沈家本曰：「晉、宋二志並以交州之名改自建安八年，然以兩漢志攷之，班氏於南海、鬱林、蒼梧、交阯、合浦、日南六郡，並注云屬交州，獨九真郡不言屬交州，蓋奪文也。班所據乃元始二年版籍，是元始時已名交州矣。楊子雲十二州箴有交州，姚姬傳以爲漢武帝元封五年初置刺史，部十三州。晉書地志以冀、幽、并、兖、徐、青、揚、荆、豫、益、涼及朔方、交阯是爲十三部。至平帝元始二年，始更十二州名，分界郡國所屬，其州名史亦不詳，獨賴子雲是箴而知之爾。蓋設雍州以易涼州，而朔方所部歸於并州，而交阯謂之交州。王莽奏改州名云：漢家十三州，州名及界，多不應經。此箴首必引禹貢，所謂應經也。平帝元始二年，黄支國獻犀牛，其交州箴内亦述及焉。然則其文必平帝時作，當時王莽既改州名，頗張其事，蓋使人定爲地理之書。今漢書地志所本者是也。故地理志書户口，獨舉元始二年，知其與州箴同時有也。由是言之，則侯氏以子雲之箴爲非實録，未免孟浪。而交州之名，實起西漢之末，固信而有徵也。司馬氏續志據順帝永和五年版籍，稱交州刺史部，疑東漢之初，已承用元始之制矣。是兩漢志與晉、宋志頗相牴牾，或順帝以後，交州之名，曾經改易，故復有建安之事乎？」周壽昌曰：「士燮請改交阯爲交州，本傳並無此語。且云燮先人因王莽之亂，避地交州，是西漢末已稱交州，即漢書地理志屢書屬交州，是班氏時久稱交州，皆建安以前事。」

〔二〕張津事見蜀志許靖傳及裴注。本志薛綜傳：「南陽張津與荆州牧劉表爲隙，兵弱敵强，歲歲興軍，諸將厭患，去留自在。津小檢攝，威武不足，爲所陵侮，遂至殺没。」又本志孫策傳注引江表傳：「孫策曰：昔南陽張津爲交州刺史，舍前聖典訓，廢漢家法律，常著絳帕頭，鼓琴燒香，讀邪俗道書，云以助化，卒爲南夷所殺。」胡三省曰：「區，烏侯翻，姓也。又虧于翻。」周壽昌曰：「江表傳云張津爲南夷所殺，此云爲其將所殺，蓋道阻兵亂，傳述有歧，載筆者各就所聞書之也。」

〔三〕零陵見蜀志先主傳建安十三年。胡三省曰：「姓譜：賴爲楚所滅，子孫以國爲氏。風俗通：漢有交阯太守賴先。」錢大昭曰：「賴恭爲先主鎮遠將軍，官至太常。」弼按：賴恭見先主傳、甘后傳及楊戲季漢輔臣贊王元泰注。

〔四〕錢大昭曰：「薛綜、步騭傳亦作吴巨，惟蜀先主傳注引江表傳作吴臣，疑誤。」

〔五〕薛綜傳：「零陵賴恭，先輩仁謹，不曉時事。劉表又遣長沙吴巨爲蒼梧太守，巨武夫輕悍，不爲恭服所取，相怨恨，逐出恭。」

〔六〕南海、蒼梧、鬱林、合浦、交趾、九真、日南，凡七郡。

〔七〕或曰：「下云道路斷絶，此璽書乃燮僞託以自重。」弼按：許靖傳亦云：交部驛使斷絶。惟此傳下文又云：燮遣張旻奉貢，特復下詔，是道路仍通也。趙一清曰：「續郡國志補注引王範交廣春秋曰：交州治羸𨻻縣，元封五年移治蒼梧廣信縣，建安十五年治番禺縣。詔書以州邊遠，使持節並七郡，皆受鼓吹，以重威鎮。一清案：此漢朝所命詔士燮，不詔步騭也。宋書州郡志：十六年，徙治番禺。與交廣春秋差越一年。又宋志：交阯太守領縣有吴興、軍平、武寧、武安，並吴立。」

後巨與恭相失，舉兵逐恭，恭走還零陵。建安十五年，孫權遣步騭爲交州刺史，騭到，燮率兄弟奉承節度，而吴巨懷異心，騭斬之。〔一〕權加燮爲左將軍。建安末年，燮遣子廞入質，權以爲武昌太守，燮、壹諸子在南者皆拜中郎將。燮又誘導益州豪姓雍闓等，率郡人民使遥東附，〔二〕權益嘉之，遷衛將軍，封龍編侯；弟壹偏將軍，都鄉侯。燮每遣使詣權，致雜香細葛，輒以千數；明珠、大貝、流離、翡翠、瑇瑁、犀、象之珍，〔三〕奇物異果，蕉、邪、龍眼之屬，〔四〕無歲不至。壹時貢馬凡數百匹，權輒爲書，厚加寵賜，〔五〕以答慰之。燮在郡四十餘歲，〔六〕黄武五年，年九十卒。

〔一〕步騭傳：「建安十五年，騭出領鄱陽太守，歲中，徙交州刺史。劉表所置蒼梧太守吴巨，外附内違，騭降意懷誘，請相見，因斬徇之。士燮兄弟相率供命，南土之賓，自此始也。」

〔二〕「摇」，宋本、元本、官本作「遥」，是。益州在西，故曰東附。步騭傳：「益州大姓雍闓等殺蜀所署太守正昂，與燮相聞，求欲内附。騭因承制遣使宣恩撫納。」

〔三〕潘眉曰：「流離即瑠璃，古字通。漢書西域傳珠璣、珊瑚、虎魄、碧流離。師古引魏略曰：大秦國出赤、白、黑、黄、青、緑、縹、紺、紅、紫十種流離。」弼按：餘均見魏志東夷傳注引魏略西戎傳。

〔四〕「邪」即「椰」。廣雅曰：「益智，龍眼也。」謝承後漢書曰：「交阯七郡獻龍眼。」廣志曰：「龍眼樹葉似荔枝，蔓延緣木生，子大如酸棗，色異，純甘無酸。」交州記曰：「龍眼樹高五六丈，似荔枝而小。」廣州記曰：「龍眼子似荔枝，七月熟。」

〔五〕局本「賜」作「錫」。

〔六〕燮蓋以靈帝中平時爲交阯太守。

權以交阯縣遠，乃分合浦以北爲廣州，呂岱爲刺史；交阯以南爲交州，戴良爲刺史。又遣陳時代燮爲交阯太守。〔一〕岱留南海，良與時俱前行到合浦，而燮子徽自署交阯太守，發宗兵拒良，〔二〕良留合浦。交阯桓鄰，燮舉吏也，叩頭諫徽，使迎良。徽怒，笞殺鄰。鄰兄治子發又合宗兵擊徽，徽閉門城守，治等攻之，數月不能下。乃約和親，各罷兵還。而呂岱被詔誅徽，自廣州將兵晝夜馳入，過合浦，與良俱前。壹子中郎將匡與岱有舊，岱署匡師友從事，〔三〕先移書交阯，告喻禍福，又遣匡見徽，説令服罪，雖失郡守，保無他憂。岱尋匡後至，徽兄祗，弟幹、頌等六人肉袒奉迎。岱謝令復服，前至郡下。明旦早施帳幔，請徽兄弟以次入，賓客滿坐。岱起，擁節讀詔書，數徽罪過，左右因反縛以出，即皆伏誅，傳首詣武昌。〔四〕

孫盛曰：夫柔遠能邇，莫善於信；保大定功，莫善於義。故齊桓創基，德彰於柯會；〔五〕晉文始伯，義顯於伐原。〔六〕故能九合一匡，世主夏盟，令問長世，貽範百王。呂岱師友士匡，使通信誓，徽兄弟肉袒，推心委命，岱因滅之，以要功利，〔七〕君子是以知孫權之不能遠略，而呂氏之祚不延者也。〔八〕

壹、䵋、匡後出，權原其罪，及燮質子廞，皆免爲庶人。數歲，壹、䵋坐法誅。廞病卒，無子，妻寡居，詔在所月給俸米，賜錢四十萬。〔九〕

〔一〕呂岱傳：「延康元年，岱代步騭爲交州刺史。交阯太守士燮卒，權以燮子徽爲安遠將軍，領九真太守，以校尉陳時代燮。岱表分海南三郡爲交州，以將軍戴良爲刺史，海東四郡爲廣州，岱自爲刺史。」

〔二〕胡三省曰：「自漢末之亂，南方之人，率宗黨相聚，爲兵以自衛。」

〔三〕師友從事，見蜀志周羣傳。胡三省曰：「師友從事者，署爲從事而待以師友之禮。」

〔四〕吕岱傳：「遣戴良與陳時南入，而徽不承命，舉兵戍海口，以拒良等。岱上疏請討徽罪，督兵三千人，晨夜浮海過合浦，與良俱進。徽率兄弟六人肉袒迎岱，岱皆斬送其首。」

〔五〕公羊傳莊公十三年：「公會齊侯盟於柯。曹子曰：願請汶陽之田。管子顧曰：君許諾。桓公曰：諾。曹子請盟，桓公下與之盟。已盟，曹子摽劍而去之。要盟可犯，而桓公不欺；曹子可讎，而桓公不怨。桓公之信，著乎天下，自柯之盟始焉。」杜預曰：「柯今濟北東阿。」

〔六〕左傳僖公二十五年：「晉侯圍原，命三日之糧，原不降，命去之。諜出曰：原將降矣。（原）〔軍〕吏曰：請待之。公曰：信，國之寶也，民之所庇也。得原失信，何以庇之？所亡滋多。退一舍而原降。」

〔七〕胡三省曰：「要讀曰邀。」

〔八〕胡三省曰：「吕岱子孫無聞。」

〔九〕趙一清曰：「隋書經籍志有交州雜事九卷，記士燮、陶璜事。」

評曰：劉繇藻厲名行，好尚臧否，至於擾攘之時，據萬里之土，非其長也。太史慈信義篤烈，有古人之分。士燮作守南越，優游終世，至子不慎，自貽凶咎，蓋庸才玩富貴而恃險，使之然也。〔一〕

〔一〕宋本「險」上有「阻」字。郝經曰：「士燮子弟，皆漢室牧守，權遣吕岱誘而滅之，則士氏忠於漢室，而罪在權矣。承祚譏之，非也。」

吴書五

妃嬪傳第五〔一〕

〔一〕劉咸炘曰："既貶稱夫人，何爲題曰妃嬪？是篇叙吴景、徐琨等事，仍馬、班外戚傳法。"

孫破虜吴夫人，吴主權母也。本吴人，徙錢唐。〔一〕早失父母，與弟景居。〔二〕孫堅聞其才貌，欲娶之。吴氏親戚嫌堅輕狡，將拒焉，堅甚以慙恨。夫人謂親戚曰："何愛一女以取禍乎？如有不遇，命也。"於是遂許爲婚，生四男一女。〔三〕

搜神記曰：初，夫人孕而夢月入其懷，既而生策。及權在孕，又夢日入其懷，以告堅曰："昔姙策，夢月入我懷；今也又夢日入我懷，何也？"堅曰："日月者，陰陽之精，極貴之象，吾子孫其興乎！"〔四〕

〔一〕吴、錢唐均見孫堅傳。

〔二〕趙一清曰："寰宇記卷九十一云：姑蘇山西北十二里，胥口東岸有漢奉車都尉衡州刺史吴煇墓。（弼按：寰宇記『衡』作『衢』，漢時無衡州，亦無衢州，二者均誤。）煇字光脩，丹陽太守吴景父也。"

〔三〕錢大昭曰：「諸葛瑾傳云：孫權姊婿曲阿弘咨，見而異之。疑即此一女之夫也。」弼按：孫堅傳：堅四子，策、權、翊、匡。潘濬傳注引吴書云：權以姊陳氏女妻潘祕。蜀志先主傳：權進妹固好。據此數傳，是吴夫人所生，不止一女也。或爲庶生之女乎？

〔四〕宋書符瑞志所載，與此同，已見孫權傳注。

景常隨堅征伐，有功，拜騎都尉。袁術上景領丹陽太守，〔一〕討故太守周昕，〔二〕遂據其郡。孫策與孫河、吕範依景，〔三〕合衆共討涇縣山賊祖郎，〔四〕郎敗走。會景爲劉繇所迫，〔五〕復北依術，術以爲督軍中郎將，與孫賁共討樊能、于麋於横江，又擊笮融、薛禮於秣陵。〔六〕時策被創牛渚，〔七〕降賊復反，景攻討，盡禽之。從討劉繇，繇奔豫章，〔八〕策遣景、賁到壽春報術。術方與劉備爭徐州，以景爲廣陵太守。術後僭號，策以書喻術，術不納，便絶江津，不與通。使人告景，景即委郡東歸，策復以景爲丹陽太守。漢遣議郎王誧〔九〕銜命南行，〔一〇〕表景爲揚武將軍，領郡如故。

〔一〕丹陽郡見孫策傳。

〔二〕周昕事見孫静傳，又見魏志武紀初平元年。

〔三〕孫河，孫堅族子，見孫韶傳注引吴書。孫策傳：「策舅吴景，時爲丹陽太守，策與吕範、孫河俱就景。」

〔四〕涇縣見孫策傳，祖郎事見孫策傳注引江表傳，又詳見孫輔傳注引江表傳。

〔五〕孫策傳：「劉繇爲揚州刺史，渡江治曲阿。時吴景尚在丹陽，策從兄賁又爲丹陽都尉，繇至皆迫逐之。」

〔六〕横江、秣陵俱見孫策傳，笮融、薛禮事見劉繇傳。

〔七〕牛渚見孫策傳。策攻牛渚，爲流矢所中，見策傳注引江表傳。

〔八〕豫章見孫策傳。

〔九〕原注：音普。

〔一〇〕王誧於建安二年南行，見孫策傳注引江表傳。

及權少年統業，夫人助治軍國，甚有補益。〔一〕

會稽典録曰：〔二〕策功曹魏騰，〔三〕以迕意見譴，將殺之；士大夫憂恐，計無所出。夫人乃倚大井而謂策曰：「汝新造江南，其事未集，方當優賢禮士，捨過録功。魏功曹在公盡規，〔四〕汝今日殺之，則明日人皆叛汝。吾不忍見禍之及，當先投此井中耳！」策大驚，遽釋騰。夫人智略權譎，類皆如此。

建安七年，臨薨，〔五〕引見張昭等，屬以後事。合葬高陵。〔六〕

志林曰：案會稽貢舉簿，建安十二年到十三年闕，無舉者，云府君遭憂。此則吴后以十二年薨也。八年、九年皆有貢舉，斯甚分明。

〔一〕周瑜傳注引江表傳曰：「曹公新破袁紹，建安七年，下書責孫權質任子。權召羣臣會議，不能決，乃獨將瑜詣母前定議。權母曰：公瑾議是也。遂不送質。」張紘傳注引吴書曰：「權初承統，太夫人以方外多難，深懷憂勞，數有優令辭謝，付屬以輔助之義。紘輒拜牋答謝。」張昭傳：「昭曰：昔太后、桓王以陛下屬老臣，是以思盡臣節，以報厚恩。」董襲傳：「權年少，初統事，太妃憂之，引見張昭及襲等，問江東可保安否？」據此數傳所云，皆爲夫人助治軍國之證。

〔二〕章宗源曰：「晉書虞預傳：預著會稽典録二十篇。史通採撰篇曰：郡國之記，譜諜之書，務欲矜其州里，誇其士族，如江東五儁，始自會稽典録，潁川八龍，出於荀氏家傳。苟不別加研覈，何以詳其是非？雜述篇曰：若圈稱陳留耆舊，周裴汝南先賢，陳壽益部耆舊，虞預會稽典録，此之謂郡書者也。愚案：吴志虞翻傳注引山陰朱育對太守濮陽興，述初平末年王府君問士於虞仲翔，仲翔具答。其言會稽人士最詳，至江東五儁，逸篇中未見徵引。」沈家本曰：「隋志會稽典録二十四卷，虞豫撰。二唐志卷同，豫作預。晉書本傳作預，傳云著會稽典録二十篇，與隋、唐志篇卷不同。」黄逢元曰：「國志注、世説各篇注、書鈔、初學記、御覽屢引此書。」弼按：虞預事見魏志王粲傳注引虞預晉書，會稽典録輯本見説郛及古今説部叢書。

〔三〕官本攷證曰：「御覽作魏勝。」盧明楷曰：吴範傳作魏滕，注引忤策幾殆，賴太妃救得免事，與此合。蓋騰與滕音同，勝則滕字之譌耳。」

〔四〕毛本「功」作「公」，誤。

〔五〕梁章鉅曰：「此書七年者，當因下文八年景卒官之文而誤。」弼按：孫權傳亦云七年薨。

〔六〕孫堅墓曰高陵，見堅傳注引吴録。

八年，景卒官；子奮，授兵爲將，封新亭侯，卒。

吴書曰：權征荆州，拜奮吴郡都督，以鎮東方。

子安嗣。安坐黨魯王霸死。奮弟祺嗣，

吴書曰：祺與張温、顧譚友善，權令關平辭訟事。

封都亭侯，卒。子纂嗣。纂妻，即滕胤女也。胤被誅，并遇害。

吴主權謝夫人，會稽山陰人也。〔一〕父煚，〔二〕漢尚書郎、徐令。〔三〕

㚖子承，撰後漢書，〔四〕稱㚖幼以仁孝爲行，明達有令才。㚖弟貞，履蹈法度，篤學尚義，舉孝廉，建昌長，〔五〕卒官。

權母吳，爲權聘以爲妃，愛幸有寵。後權納姑孫徐氏，欲令謝下之，〔六〕謝不肯，由是失志，早卒。〔七〕後十餘年，弟承拜五官郎中，稍遷長沙東部都尉、〔八〕武陵太守，〔九〕撰後漢書百餘卷。

會稽典録曰：承字偉平，博學洽聞，嘗所知見，終身不忘。〔一〇〕子崇，揚威將軍，崇弟勖，吳郡太守，並知名。

〔一〕會稽山陰見孫堅傳。

〔二〕官本「㚖」作「煚」。沈家本曰：「作煚是。廣韻二十八梗：煚，俱永切，火也。」何焯曰：「煚，音警。」

〔三〕郡國志：「徐州下邳國徐。」李兆洛曰：「今安徽泗州盱眙縣西北八十里。」

〔四〕謝承書詳見魏志武紀初平元年。趙一清曰：「困學紀聞云：謝承父煚，爲尚書郎。每讀高祖及光武之後將相名臣策文通訓條在南宮，祕於省閣，唯臺郎升複道取急，因得開覽。漢尚書作詔文，尚書郎乃今中書舍人。閻若璩曰：謝書一百三十卷，陽曲傅山謂永樂間揚州曾有刊本。一清案：傅徵君非妄言者，曾與莆田鄭王臣晤於京師，渠云閩中舊家有此書，彼親見來。記此以爲他日訪求之迹。」

〔五〕建昌見孫權傳黃武七年。

〔六〕何焯曰：「三國之君，皆不知正家，納再婚之女，而反使聘嫡下之，此權晚年所以繼嗣不定也。」

〔七〕孫霸傳：「霸二子基、壹，與祖母謝姬徙會稽烏傷。」據霸傳，則霸爲謝姬所生，然非此謝夫人也。

〔八〕孫亮傳：「太平二年，以長沙東部爲湘東郡。」

〔九〕武陵郡見蜀志先主傳建安十三年。

〔一〇〕隋志：「會稽先賢傳七卷，謝承撰。梁又有謝承集四卷，今亡。」

吴主權徐夫人，吴郡富春人也。〔一〕祖父真，與權父堅相親，堅以妹妻真，生琨。琨少仕州郡，漢末擾亂，去吏，隨堅征伐有功，拜偏將軍。堅薨，隨孫策討樊能、于麋等於横江，擊張英於當利口，〔二〕而船少，欲駐軍更求。琨母時在軍中，謂琨曰：「恐州家多發水軍來逆人，〔三〕則不利矣，如何可駐邪？宜伐蘆葦以爲泭，佐船渡軍。」〔四〕

泭，音敷。郭璞注方言曰：「泭，水中簰也。」〔五〕

琨具啓策，策即行之，衆悉俱濟，遂破英，擊走笮融、劉繇，事業克定。〔六〕策表琨領丹陽太守。會吴景委廣陵來東，復爲丹陽守。

江表傳曰：初，袁術遣從弟胤爲丹陽，〔七〕策令琨討而代之。會景還，以景前任仕丹陽，〔八〕寬仁得衆，吏民所思，而琨手下兵多，〔九〕策嫌其太重，且方攻伐，宜得琨衆，乃復用景，召琨還矣。〔一〇〕

琨以督軍中郎將領兵，從破廬江太守李術，〔一一〕封廣德侯，〔一二〕遷平虜將軍。〔一三〕後從討黄祖，中流矢卒。

〔一〕富春見孫堅傳。

〔二〕横江、當利口俱見孫策傳。

〔三〕劉繇爲揚州刺史，故稱爲州家。

〔四〕琨母即孫堅妹，亦可謂有諸兄風。

〔五〕今本方言：「泭謂之䉘，䉘謂之筏。筏，秦、晉之通語也。」今本無郭注此文。説文：「泭，編木以渡也。」釋言：「舫，泭也。」孫炎注云：「方木置水中爲泭筏也。」釋文：「泭字或作㳶，又作桴。」楚辭九章「乘氾泭以下流兮」王逸注云：「編竹木曰泭。」

〔六〕或曰：「此策渡江第一戰功，乃散見於不經意處。隆窪高下，因物施削，史家鴻鈞手然也。」

〔七〕袁胤事見孫策傳注引江表傳。

〔八〕宋本「任」作「在」，「仕」字當衍文。

〔九〕監本「手」作「下」，誤。

〔一〇〕宋本「矣」作「吴」。

〔一一〕李術事見孫權傳建安五年注引江表傳。

〔一二〕晉志：「揚州宣城郡廣德。」宋志：「宣城太守廣德令。何志云：漢舊縣，二漢志並無，疑是吴所立。」元和志：「後漢分故鄣置。」洪亮吉曰：「縣是漢末立，故二漢志未録，當以何承天志爲是。」謝鍾英曰：「呂蒙傳：孫權統事，蒙領廣德長，即此。方輿紀要：今安徽廣德州治。」

〔一三〕平虜將軍一人，第三品。

琨生夫人，初適同郡陸尚，尚卒，權爲討虜將軍在吴，聘以爲妃，使母養子登。後權遷移，以夫人妒忌，廢處吴。積十餘年，權爲吴王，及即尊號，登爲太子，羣臣請立夫人爲后，權意在步氏，卒不許。〔一〕後以疾卒。兄矯，嗣父琨侯，討平山越，拜偏將軍，先夫人卒，無子。弟祚襲封，亦以戰功至于蕪湖督、〔二〕平魏將軍。〔三〕

〔一〕孫登傳：「登所生庶賤，徐夫人少有母養之恩。後徐氏以妬廢，處吴。登將拜太子，辭曰：欲立太子，宜先立后。權曰：卿母安在？對曰：在吴。權默然。」

〔二〕官本攷證曰：「漢丹陽郡蕪湖縣，東晉始改名于湖，此于字疑衍。」錢儀吉曰：「漢丹陽郡有蕪湖，而于湖至晉太康二年始分丹陽縣立，此于字當衍。」謝鍾英曰：「丹陽郡有于湖城，沈志：于湖縣，三國吴爲督農校尉治。」弼按：蕪湖見太史慈傳。晉志丹陽郡有于湖、蕪湖二縣，吴於濱江要地置督，以作蕪湖督爲是。于湖非蕪湖所改，官本攷證誤。

〔三〕梁章鉅曰：「此所謂雜號將軍，惟吴置之，徐祚及朱績、鍾離牧三人。」

吴主權步夫人，臨淮淮陰人也，〔一〕與丞相騭同族。漢末，其母攜將徙廬江，廬江爲孫策所破，皆東渡江，以美麗得幸於權，寵冠後庭。〔二〕生二女，長曰魯班，字大虎，前配周瑜子循，後配全琮；少曰魯育，字小虎，前配朱據，後配劉纂。〔三〕

吴歷曰：纂先尚權中女，早卒，故又以小虎爲繼室。〔四〕

〔一〕臨淮淮陰見步騭傳。

〔二〕御覽「庭」作「宫」。

〔三〕梁章鉅曰：「以金枝玉葉之貴，同時再醮，恬不爲怪，當時之風尚可知矣。」侯康曰：「抱朴子譏惑篇云：吴之善書，則有皇象、劉纂、岑伯然、朱季平，皆一代之絕手也。」弼按：劉纂爲車騎，見孫峻傳；公主魯班與孫峻私通，孫峻殺公主魯育，亦見孫峻傳。

〔四〕左傳：「惠公元妃孟子，孟子卒，繼室以聲子。」杜注：「元妃死，次妃攝治内事，猶不得稱夫人，故謂之繼室。」何焯曰：「繼室之名，于時已謬，故委巷之書，君子所慎。」周壽昌曰：「三國時重左氏學，繼室二字，即本左氏，不得謂爲委巷。即晉胡沖吴麻亦古矣，何得謂爲委巷之書？」

夫人性不妒忌，〔一〕多所推進，故久見愛待。〔二〕權爲王及帝，意欲以爲后，而羣臣議在徐氏，權依違者十餘年，〔三〕然宫内皆稱皇后，親戚上疏，稱中宫。及薨，臣下緣權指，〔四〕請追正名號，乃贈印綬，策命曰：「惟赤烏元年閏月戊子，〔五〕皇帝曰：嗚呼皇后，惟后佐命，共承天地。虔恭夙夜，與朕均勞。内教脩整，禮義不愆；寬容慈惠，有淑懿之德。民臣縣望，遠近歸心。朕以世難未夷，大統未一，緣后雅志，每懷謙損。是以于時未授名號，亦必謂后降年有永，永與朕躬對揚天休。不寤奄忽，大命近止。朕恨本意不早昭顯，傷后殂逝，不終天禄。愍悼之至，痛于厥心。今使使持節丞相醴陵亭侯雍，〔六〕奉策授號，配食先后。魂而有靈，嘉其寵榮，嗚呼哀哉！」葬於蔣陵。〔七〕

〔一〕御覽「忌」作「嫉」。

〔二〕監本「待」作「侍」，誤。

〔三〕胡三省曰：「依違，不決也。」或曰：「權以晏昵之私，妃匹不正，以致嗣子不定，卒致顛覆，此孔子所以以二南教子也。」

〔四〕御覽「指」作「旨」。

〔五〕潘眉曰：「是年魏閏十一月，吴閏十月。蓋魏用景初曆，吴自用夏正。蜀與吴同時，魏景初二年也。」

〔六〕錢大昭曰：「顧雍傳：雍初封陽遂鄉侯，進封醴陵侯。子裕襲醴陵侯，蓋由鄉侯進封縣侯也。亭字衍。」

〔七〕杭世駿曰：「六朝事迹云：今蔣子文廟相對，向西有曰孫陵岡，是爲蔣陵。赤烏元年，追拜夫人步氏爲皇后，後合葬蔣陵。今蔣廟西南孫陵岡上有步夫人墩，墩之側有夫人冢，乃其地也。」

吴主權王夫人，琅邪人也。

吴書曰：夫人父名盧九。

夫人以選入宮，黄武中得幸，〔一〕生孫和，〔二〕寵次步氏。步氏薨後，和立爲太子，權將立夫人爲后，而全公主素憎夫人，稍稍譖毁。及權寢疾，言有喜色，由是權深責怒，以憂死。〔三〕和子晧立，追尊夫人曰大懿皇后，封三弟皆列侯。

〔一〕以孫和赤烏五年年十九推之，當生於黄武三年，夫人當於黄武二年前選入宮。

〔二〕「孫」字衍。

〔三〕孫和傳：「少以母王有寵見愛。赤烏五年，立爲太子，時年十九。是後王夫人與全公主有隙，全公主言王夫人見上寢疾，有喜色。權由是發怒，夫人憂死。」

吴主權王夫人，南陽人也。以選入宮，嘉禾中得幸，生孫休。〔一〕及和爲太子，和母貴重，諸姬有寵者，〔二〕皆出居外。〔三〕夫人出公安，卒，因葬焉。〔四〕休即位，遣使追尊曰敬懷皇后，〔五〕

改葬敬陵。王氏無後，封同母弟文雍爲亭侯。

〔一〕「孫」字衍。孫休死於永安七年，年三十，當生於嘉禾四年。

〔二〕御覽「姬」作「妃」。

〔三〕趙一清曰：「拾遺記：吳主趙夫人，丞相達之妹。善畫，巧妙無雙。能於指間以綵絲織雲霞龍蛇之錦，大則盈尺，小則方寸，宮中謂之機絶。孫權常歎魏、蜀未夷，軍旅之隙，思得善畫者，使圖山川地勢軍陣之像。達乃進其妹，權使寫九州江湖方嶽之勢。夫人曰：丹青之色，甚易歇滅，不可久寶。妾能刺繡作列國方帛之上，寫以五嶽河海、城邑行陣之形。既成，乃進於吳主，時人謂之針絶。雖棘刺木猴，雲梯飛鳶，無過此麗也。權居昭陽宮，倦暑，乃褰紫綃之帷。夫人曰：此不足貴也。權使夫人指其意思焉。答曰：妾欲窮慮盡思，能使下綃帷而清風自入，視外無有蔽礙，列侍者飄然自涼，若馭風而行也。權稱善，夫人乃折髮以神膠續之。神膠出鬱夷國，接弓弩之斷絃，百斷百續也。乃織爲羅縠，累月而成，裁爲幔，內外視之，飄飄如煙氣輕動，而房內自涼。時權常在軍旅，每以此幔自隨，以爲征幕。舒之則廣縱一丈，卷之則可內於枕中。時人謂之絲絶。故吳有三絶，四海無儔其妙。後有貪寵求媚者，言夫人幻耀於人主，因而致退黜。雖見疑墜，猶存録其巧工。吳亡，不知所在。」弼按：趙達未爲丞相，可證拾遺記之虛僞。

〔四〕公安見蜀志劉璋傳。

〔五〕御覽「懷」作「華」。

吳主權潘夫人，會稽句章人也。〔一〕父爲吏，坐法死。夫人與姊俱輸織室，〔二〕權見而異之，召充後宮，得幸，〔三〕有娠，〔四〕夢有似龍頭授己者，〔五〕己以蔽膝受之，遂生孫亮。〔六〕赤烏十三年，亮立爲太子，〔七〕請出嫁夫人之姊，權聽許之。明年，〔八〕立夫人爲皇后。性險妒容媚，自始至卒，譖害袁夫人等甚衆。

吴録曰：袁夫人者，袁術女也，〔九〕有節行而無子。權數以諸姬子與養之，輒不育。及步夫人薨，權欲立之，夫人自以無子，固辭不受。

權不豫，夫人使問中書令孫弘〔一〇〕呂后專制故事。侍疾疲勞，因以羸疾，諸宫人伺其昬卧，共縊殺之，託言中惡。〔一一〕後事泄，坐死者六七人。〔一二〕權尋薨，合葬蔣陵。孫亮即位，以夫人姊壻譚紹爲騎都尉，授兵。亮廢，紹與家屬送本郡廬陵。〔一三〕

〔一〕句章見孫堅傳。

〔二〕漢書五行志：「織室所以奉宗廟衣服。」

〔三〕趙一清曰：「拾遺記：吴主潘夫人，父坐法，夫人輸入織室。容態少儔，爲江東絶色。同幽者百餘人，謂夫人爲神女，敬而遠之。有司聞於吴主，使圖其容貌。夫人憂慼不食，減瘦改形，工人寫其真狀以進，吴主見而喜悦，以琥珀如意撫案即折，嗟曰：此神女也！愁容尚能感人，況在歡樂？乃命雕輪就織室，納於後宫，果以姿色見寵。每以夫人遊昭宣之臺，恣意幸適，既盡酣醉，唾於玉壺中，使侍婢瀉於臺下，得火齊指環，即挂石榴枝上，因其處起臺，名曰環榴臺。時有諫者云：今吴、蜀爭雄，『還劉』之名，將爲妖矣。權乃翻其名曰榴環臺。又與夫人遊釣臺，得大魚，吴主大喜。夫人曰：昔聞泣魚，今乃爲喜，有喜必有憂，以爲深戒。至末年，漸相譖毁，稍見離退。時人謂夫人知幾其神，釣臺基今尚存焉。」弼按：拾遺記所載，與本傳異。秦嘉生於隴西，與河洛隔絶，文獻無徵，事多附會，不足以參證史籍。四庫提要亦謂其言荒誕，證以史傳，皆不合也。

〔四〕御覽「娠」作「身」。

〔五〕元本、官本「似」作「以」。劉家立曰：「以、似古字通。」

〔六〕「孫」字衍。或曰：「亮不終，兆於初生，數有前定邪？抑後人傅會邪？」

〔七〕孫亮傳：「亮姊全公主譖太子和子母。赤烏十三年，和廢，權遂立亮爲太子。是時亮僅八歲，權已六十九矣。暮年倒行逆施，立此幼子，溺愛之私，一致如是。」

〔八〕太元元年。

〔九〕魏志袁術傳：「術女入孫權宮。」

〔一〇〕御覽孫弘作張昭，誤。弘爲會稽人，見張昭傳注引吳録。中書令孫弘附魯王霸，見孫和傳注引殷基通語。朱據傳：中書令孫弘譖潤據，權寢疾，弘爲詔書，追賜據死。弘後爲諸葛恪所殺，見恪傳。

〔一一〕胡三省曰：「中惡，暴病而死也。中，竹仲翻。」

〔一二〕胡三省曰：「斯事也，實吳用事之臣所爲也。潘后欲求稱制，左右小人，正當相與從臾爲之，安有不勝其虐而縊殺之之理？吳史緣飾，後人遂因而書之云爾。」

〔一三〕孫權尚有仲姬，見孫奮傳。

孫亮全夫人，全尚女也。〔一〕尚從祖母公主愛之，〔二〕每進見，輒與俱。及潘夫人母子有寵，公主自以與孫和母有隙，〔三〕乃勸權爲潘氏男亮納夫人，〔四〕亮遂爲嗣。夫人立爲皇后，〔五〕以尚爲城門校尉，〔六〕封都亭侯，代滕胤爲太常、衛將軍，〔七〕進封永平侯，〔八〕録尚書事。時全氏侯有五人，〔九〕並典兵馬，其餘爲侍郎、騎都尉，宿衛左右。自吳興，〔一〇〕外戚貴盛莫及。及魏大將諸葛誕以壽春來附，而全懌、全端、全禕、全儀等並因此際降魏，〔一一〕全熙謀泄見殺，由

是諸全衰弱。會孫綝廢亮爲會稽王，後又黜爲侯官侯，〔一二〕夫人隨之國，居侯官；尚將家屬徙零陵，〔一三〕迫見殺。〔一四〕

吴録曰：亮妻惠解有容色，居侯官，吴平乃歸，永寧中卒。〔一五〕

〔一〕全尚妻即孫峻姊，見朱夫人傳。孫綝傳：「亮妃，綝從姊女也。」通鑑：「會稽潘夫人有寵於吴主，生少子亮。吴主愛之。全公主既與太子和有隙，欲豫自結，數稱亮美，以其夫之兄子尚女妻之。」胡三省曰：「爲後孫綝殺尚廢亮、遷全公主張本。」

〔二〕此即謂全公主也。全公主爲全尚女之從祖母，此「尚」字衍。

〔三〕公主，宋、元本馮本作「全主」。

〔四〕全公主蓋以其夫家之姪孫女爲母家之弟婦。

〔五〕趙一清曰：「拾遺記：孫亮作琉璃屏風，甚薄而瑩澈，每於月下清夜舒之，常與愛姬四人，皆振古絶色，一名朝姝，二名麗居，三名洛珍，四名潔華，使坐屏風内，而外望之如無隔，唯香氣不通於外。爲四人合四氣香，殊方異國所出，凡經踐躡宴息之處，香氣沾衣，（瀝）〔歷〕年彌甚，百浣不歇，因名曰百濯香。或以人名香，故有朝姝香、麗居香、洛珍香、潔華香。亮每遊，此四人皆同輿席來侍，皆以香名前後爲次，不得亂之。所居室名爲思香媚寢。」蔣超伯曰：「釵小志：麗居，孫亮愛姬也。鬒髮香淨，一生不用洛成。洛成，乃梳篦别名。」

〔六〕當在建興初。

〔七〕當在太平元年。滕胤爲大司馬，在太平元年。

〔八〕宋書州郡志：「丹陽尹永世令。吴分溧陽爲永平縣，晉武帝太康元年更名。」方輿紀要：「今江蘇鎮江府溧陽縣南十五里。」

〔九〕全琮因功封錢唐侯，在尚主之前，不緣外戚。餘人封侯，史無明文。
〔一〇〕監本「興」作「典」，誤。
〔一一〕諸全降魏事，詳見魏志鍾會傳。
〔一二〕侯官見孫休傳永安三年。
〔一三〕零陵見蜀志先主傳建安十三年。
〔一四〕宋本「迫」作「追」，官本作「道」。
〔一五〕已至晉惠帝時矣。

孫休朱夫人，朱據女，休姊公主所生也。〔一〕

臣松之以爲休妻其甥，事同漢惠。〔二〕荀悦譏之已當，故不復廣言。〔三〕

赤烏末，權爲休納以爲妃。〔四〕休爲琅邪王，〔五〕隨居丹陽。〔六〕建興中，孫峻專政，公族皆患之。全尚妻即峻姊，故惟全主祐焉。初，孫和爲太子時，全主譖害王夫人，欲廢太子，立魯王，朱主不聽，由是有隙。五鳳中，孫儀謀殺峻，事覺，被誅。〔七〕全主因言朱主與儀同謀，峻枉殺朱主。〔八〕休懼，遣夫人還建業，執手泣別。既至，峻遣還休。太平中，〔九〕孫亮知朱主爲全主所害，問朱主死意；〔一〇〕全主懼曰：「我實不知，皆據二子熊、損所白。」亮殺熊、損。〔一一〕損妻是峻妹也，〔一二〕孫綝益忌亮，遂廢亮立休。永安五年，立夫人爲皇后。休卒，羣臣尊夫人爲皇太后。〔一三〕孫晧即位月餘，貶爲景皇后，稱安定宮。甘露元年七月，見逼，薨，〔一四〕合葬定陵。〔一五〕

搜神記曰：孫峻殺朱主，埋於石子岡。〔一六〕歸命即位，將欲改葬之，冢墓相亞，不可識別，而宫人頗識主亡時所著衣服，乃使兩巫各住一處以伺其靈，〔一七〕使察鑒之，不得相近。久時，二人俱白：見一女人，年可三十餘，上著青錦束頭，紫白袷裳，丹綈絲履，從石子岡上半岡，而以手抑膝長太息。小住須臾，進一冢便止，〔一八〕徘徊良久，奄然不見。二人之言，不謀而同，於是開冢，衣服如之。

〔一〕即朱公主魯育之女也。權納姑，孫休妻其甥。

〔二〕荀悦前漢紀：「惠帝四年，立皇后張氏，帝長姊魯元公主女也。太后欲爲重親，故配帝。」

〔三〕荀悦曰：「夫婦之際，人道之大倫也。詩稱刑於寡妻，至於兄弟，以御於家邦。易稱正家道，家道正而天下大定矣。姊子而爲后，昏於禮而黷於人情，非所以示天下、作民則也。羣臣莫諫，過哉！」

〔四〕時休年十六歲。

〔五〕孫權傳：「太和二年，立子休爲琅邪王，居虎林。」

〔六〕「隨」疑作「徙」。孫休傳：「諸葛恪不欲諸王在濱江兵馬之地，徙休於丹陽郡。」

〔七〕事見孫亮傳五鳳二年。

〔八〕是時朱據已死，魯育改適劉纂，何以尚稱朱主？孫峻傳：「將軍孫儀等欲因會殺峻，事泄，儀等自殺，死者數十人，並及公主魯育。」

〔九〕陳本「太」上有「後」字，誤。

〔一〇〕胡三省曰：「問公主見殺之意。」

〔一一〕朱據傳：「孫亮時，二子熊、損各復領兵，爲全公主所譖，皆死。」孫綝傳：「亮推魯育見殺本末，責怒虎林督朱熊、熊弟外部督朱損不匡正孫峻，乃令丁奉殺熊於虎林，殺損於建業。」

〔一二〕孫峻姊爲全尚妻，即全公主之姪婦；孫峻妹爲朱損妻，即朱公主之子婦。
〔一三〕孫休有太子，濮陽興、張布説休妃太后朱以孫皓爲嗣，見孫皓傳。
〔一四〕事見孫皓傳甘露元年。
〔一五〕孫休葬定陵，見孫皓傳元興元年。
〔一六〕諸葛恪傳：「建業南有長陵名曰石子岡，葬者依焉。孫峻殺恪，投其尸於此。」胡三省曰：「今高座寺後即石子岡，寺在建康城南門外。」寰宇記：「岡在江寧縣南十五里，周二十里。府志：今城南高座寺後，即石子岡之地。」
〔一七〕陳本「何」作「祠」。
〔一八〕宋本作「進一家上便住。」

孫和何姬，丹陽句容人也。〔一〕父遂，本騎士。孫權嘗游幸諸營，而姬觀於道中，〔二〕權望見異之，命宦者召入，以賜子和。生男，權喜，名之曰彭祖，即皓也。太子和既廢，後爲南陽王，居長沙。〔三〕孫亮即位，孫峻輔政。峻素媚事全主，全主與和母有隙，遂勸峻徙和居新都，遣使賜死，嫡妃張氏亦自殺。〔四〕何姬曰：「若皆從死，誰當養孤？」〔五〕遂拊育皓，及其三弟。〔六〕皓即位，尊和爲昭獻皇帝，

吴録曰：皓初尊和爲昭獻皇帝，俄改曰文皇帝。

何姬爲昭獻皇后，稱升平宮。〔七〕月餘，進爲皇太后。封弟洪永平侯，〔八〕蔣溧陽侯，〔九〕植宣成侯。〔一〇〕洪卒，子邈嗣，爲武陵監軍，〔一一〕爲晉所殺。植官至大司徒。〔一二〕吴末昏亂，何氏驕僭，

子弟橫放，百姓患之。故民謠言「皓久死，立者何氏子」云。〔一三〕

江表傳曰：皓以張布女爲美人，〔一四〕有寵。皓問曰：「汝父何在？」答曰：「賊以殺之。」皓大怒，棒殺之。後思其顏色，使巧工刻木作美人形象，恆置座側。問左右：「布復有女否？」答曰：「布大女適故衞尉馮朝子純。」〔一五〕即奪純妻入宮，大有寵，拜爲左夫人。晝夜與夫人房宴，不聽朝政。使尚方以金作華燧、步搖、假髻以千數，令宮人著以相撲，朝成夕敗，輒出更作。工匠因緣偷盜，府藏爲空。會夫人死，皓哀愍思念，葬於苑中，大作冢，使工匠刻柏作木人，內冢中以爲兵衞，以金銀珍玩之物送葬，不可稱計。已葬之後，皓治喪於內，半年不出。國人見葬大奢麗，皆謂皓已死，所葬者是也。〔一六〕皓舅子何都，顏狀似皓，云都代立。臨海太守奚熙信謠言，〔一七〕舉兵欲還誅都，〔一八〕都叔父信〔一九〕時爲備海督，〔二〇〕擊殺熙，夷三族。謠言乃息，而人心猶疑。〔二一〕

〔一〕句容見孫權傳赤烏八年。

〔二〕御覽「姬」上有「何」字。

〔三〕孫和傳：「太元二年，封和爲南陽王，遣居長沙。」

〔四〕張妃爲張昭之孫女，張承之女。孫權令和修敬於承，執子壻之禮，見張昭傳。孫和傳：「孫峻奪和璽綬，徙新都。又遣使者賜死，和與張妃辭別，張曰：吉凶當相隨，終不獨生活也。亦自殺。舉邦傷焉。」

〔五〕通鑑「養」作「字」。胡注：「說文曰：字，乳也，愛也。」

〔六〕通鑑「拊」作「撫」。時在建興二年，皓年十二歲。

〔七〕嚴凱爲升平少府，見嚴畯傳注引吳書。

〔八〕永平見全夫人傳。

〔九〕郡國志：「揚州丹陽郡溧陽。」晉志：「丹陽郡溧陽，溧水所出。」宋志：「丹陽尹溧陽令，漢舊縣，吳省爲屯田。晉武帝太康元年復立。」謝鍾英曰：「呂範傳範以溧陽爲奉邑，潘璋傳璋封溧陽侯，並在建安二十五年。妃嬪傳何蔣封溧陽侯在孫晧即位之後。據此，則吳有溧陽，沈説蓋非。今江寧府高淳縣東南固城鎮。」一統志：「故城今鎮江府溧陽縣西北四十五里。」

〔一〇〕宣城見孫策傳。錢大昕曰：「宣成當作宣城。」

〔一一〕武林應作虎林，見孫權傳太元二年。趙一清曰：「寰宇記卷一百五：武陵城在池州貴池縣東北二十五里，孫休爲琅邪王，鎮武林城，其後何邈爲武陵城都督，即此地。林、陵音同，通用。然邈爲監軍，樂記云都督，非也。」

〔一二〕見孫晧傳天紀三年。孫晧與舅何植書，見晧傳天紀四年注引江表傳。

〔一三〕何焯曰：「甲申南渡，福邸不君，民間亦訛言非朱氏子，立者福邸李伴讀云。」

〔一四〕張布爲孫晧所殺，見孫晧傳元興元年。

〔一五〕馮朝事見孫亮傳五鳳二年。

〔一六〕孫奮傳：「建衡二年，孫晧左夫人王氏卒，晧哀念過甚，朝夕哭臨，數月不出。由是民間或謂晧死。」

〔一七〕奚熙事見孫晧傳鳳皇三年。

〔一八〕宋本「還」下有「秣陵」二字。

〔一九〕宋本「信」作「植」。

〔二〇〕孫晧傳作「三郡督」。

〔二一〕林國贊曰：「本傳：晧母何族爲民患，故民謌言晧死，立者何氏子。此一説也。晧傳：鳳皇三年妖言孫奮當爲天子，奚熙坐夷三族。此一説也。孫奮傳：建衡二年，晧左夫人王氏卒，民間或傳晧死，奮當立，張俊坐夷三族。此又一説也。考本傳晧祇一滕夫人，晧傳建衡二年亦無此事。史稱晧內多寵姬，或別有王夫人。然一作鳳皇三年，一作建衡二年，本傳先已自戾。大約因都而傳皓死爲一事，因皓哀王夫人而傳皓死，又傳奮當立而熙、俊夷族又一事，特奮傳誤鳳皇三年爲建衡二年耳。本注既誤王夫人爲張夫人，復合都、熙爲一事，故膠葛如此。」

孫皓滕夫人，故太常胤之族女也。胤夷滅，夫人父牧以疏遠徙邊郡。孫休即位，大赦得還，以牧爲五官中郎。皓既封烏程侯，〔一〕聘牧女爲妃；〔二〕皓即位，立爲皇后，封牧高密侯，拜衛將軍，録尚書事。後朝士以牧尊戚，頗推令諫爭。〔三〕而夫人寵漸衰，皓滋不悦，皓母何恒左右之。又太史言，於運曆后不可易。皓信巫覡，〔四〕故得不廢。常供養升平宫。〔五〕牧見遣居蒼梧郡，雖爵位不奪，其實裔也，〔六〕遂道路憂死。長秋官僚，備員而已，受朝賀表疏如故。而皓内諸寵姬，佩皇后璽紱者多矣。

江表傳曰：皓又使黄門備行州郡，科取將吏家女。其二千石大臣子女，皆當歲歲言名，年十五六一簡閲，簡閲不中，乃得出嫁。後宫千數，而採擇無已。〔七〕

天紀四年，隨皓遷於洛陽。〔八〕

〔一〕局本「封」下有「爲」字，誤。

〔二〕宋本「聘」作「娉」。

〔三〕御覽「爭」作「諍」。

〔四〕胡三省曰：「在女曰巫，在男曰覡。覡，刑狄翻。」

〔五〕胡三省曰：「晧尊其母何太后宮曰升平宮。」

〔六〕「裔」疑作「謫」。

〔七〕晉書武帝紀：「太康二年三月，召選孫晧妓妾五千人入宮。」是不止千人也。

〔八〕吴公主之可紀者，孫權姊一適弘咨，一適陳氏；妹適劉備。長女前適周循，後適全琮；中女適劉纂；少女前適朱據，後適劉纂。又滕胤傳：弱冠尚公主，注引吴書云：權以胤故，增重公主之賜。則亦當爲權女也。朱據傳：據孫宣尚公主。不知爲何人之女。陸抗傳：抗子景尚公主，景妻，孫晧適妹。

評曰：易稱「正家而天下定」，〔一〕詩云：「刑於寡妻，至于兄弟，以御于家邦。」〔二〕誠哉，是言也！遠觀齊桓，近察孫權，皆有識士之明，傑人之志，而嫡庶不分，閨庭錯亂，遺笑古今，殃流後嗣。由是論之，惟以道義爲心、平一爲主者，然後克免斯累邪！

〔一〕易家人卦之辭。家人「女正位乎内，男正位乎外，男女正，天地之大義也。家人有嚴君焉，父母之謂也。父父、子子、兄兄、弟弟、夫夫、婦婦而家道正，正家而天下定矣。」

〔二〕詩大雅思齊篇之辭。毛傳云：「刑，法也；寡妻，適妻也；御，迎也。」鄭箋云：「寡妻，寡有之妻，言賢也。御，治也。文王以禮法接待其妻，至於宗族，以此又能爲政治於家邦也。」

三國志五十一

吳書六

宗室傳第六〔一〕

〔一〕劉咸炘曰：「諸曹尚不稱宗室，此何爲稱？當云諸孫，乃歸一例。」顧炎武曰：「今人以皇族爲宗室，考之於古不盡然。凡人之同宗者，即相謂曰宗室。左傳昭六年：宋華亥譖華合比而去之。左師曰：女喪而宗室，於人何有？北齊書邢卲傳：十歲便能屬文，族兄巒有人倫鑒，謂子弟曰：宗室中有此兒，非常人也。」

孫靜字幼臺，〔一〕堅季弟也。堅始舉事，靜糾合鄉曲及宗室五六百人，以爲保障，〔二〕衆咸附焉。策破劉繇，定諸縣，進攻會稽，遣人請靜，靜將家屬與策會於錢唐。〔三〕是時太守王朗拒策於固陵，〔四〕策數度水戰，〔五〕不能克。靜説策曰：「朗負阻城守，難可卒拔。查瀆南去此數十里，〔六〕而道之要徑也。宜從彼據其内，所謂攻其無備、出其不意者也。吾當自帥衆爲軍前隊，破之必矣！」策曰：「善。」乃詐令軍中曰：「頃連雨水濁，兵飲之多腹痛，令促具甖缶數百口澄水。」〔七〕至昏暮，四維然火誑朗，〔八〕便分軍夜投查瀆道，襲高遷屯。〔九〕

臣松之案：今永興縣有高遷橋。〔一〇〕查，音祖加反。

朗大驚，遣故丹陽太守周昕等帥兵前戰。〔一一〕策破昕等，斬之，遂定會稽。

會稽典録曰：昕字大明，少游京師，師事太傅陳蕃。博覽羣書，明於風角，善推災異。辟太尉府，舉高第，稍遷丹陽太守。曹公起義兵，昕前後遣兵萬餘人，助公征伐。袁術之在淮南也，昕惡其淫虐，絶不與通。

獻帝春秋曰：袁術遣吴景攻昕，未拔，景乃募百姓敢從周昕者、死不赦。昕曰：「我則不德，百姓何罪？」遂散兵還本郡。

表拜靜爲奮武校尉，欲授之重任。靜戀墳墓宗族，不樂出仕，求留鎮守，策從之。權統事，就遷昭義中郎將，〔一二〕終於家。有五子：暠、〔一三〕瑜、皎、奂、謙。〔一四〕暠三子：綽、超、恭。超爲偏將軍。恭生峻，綽生綝。〔一五〕

〔一〕馮本「幼」作「幼」，誤。

〔二〕劉家立曰：「宗室疑作宗族。」

〔三〕會稽、錢唐均見孫堅傳。

〔四〕水經漸江水注：「浙江又逕固陵城北。昔范蠡築城于浙江之濱，言可以固守，謂之固陵，今之西陵也。浙江又東逕相塘，謂之相瀆。昔太守王朗拒孫策，數戰不利。孫靜果説策曰：朗負阻城守，難可卒拔。相瀆去此數十里，是要道也。若從此攻其無備，破之必矣。策從之，破朗于固陵。」一統志：「固陵在今浙江紹興府蕭山縣西十二里。」

〔五〕宋本「度」作「渡」，通鑑同。

〔六〕查瀆，酈注作柤瀆，見上。方輿紀要卷九十二：「查瀆在蕭山縣西南九里。」謝鍾英曰：「據水經注，當在蕭山東南。」

〔七〕康發祥曰：「甖，音英，同罌。說文：缶也。廣雅：瓶也。師古曰：謂瓶之大腹小口者也。」顧炎武曰：「史記淮陰侯傳：從陽夏以木罌缻渡軍。服虔曰：以木押縛罌缻以渡是也。古文簡，不言縛爾。孫策詐令軍中促具罌缶數百口，分軍夜投查瀆，亦此法也。其狀圖於喻龍德兵衡，謂之甕筏。」

〔八〕宋本「四維」作「羅」，通鑑作「夜多然火爲疑兵。」

〔九〕胡三省曰：「蔡邕嘗經會稽高遷亭，取椽竹以爲笛，即其處也。」方輿紀要：「高遷屯在蕭山縣東北五十里，亦曰高遷亭，又名柯亭，東南去紹興府四十里。」

〔一〇〕宋書州郡志：「會稽太守永興令，漢舊餘暨縣，吳更名。」謝鍾英曰：「餘暨，兩漢志屬會稽。沈志：吳更名永興。水經注：漢末童謠云天子當興三餘之閒，故孫權改曰永興縣，濱浙江。方輿紀要：今紹興府蕭山縣治。一統志：今蕭山縣長興鄉。」

〔一一〕周昕事見魏志武紀初平元年及本志妃嬪傳。

〔一二〕奮武校尉、昭義中郎將各一人，皆吳置。

〔一三〕暠事見虞翻傳注引吳書。

〔一四〕此與孫晧之弟謙同名。

〔一五〕康發祥曰：「峻、綝皆靜之曾孫，怙侈滅義，因而不終。以視靜之戀墳墓宗族，不樂出仕，迴不相侔，豈不有忝厥祖邪？」

瑜字仲異，〔一〕以恭義校尉始領兵衆。〔二〕是時，賓客諸將多江西人，〔三〕瑜虛心綏撫，得其歡心。建安九年，領丹陽太守，〔四〕爲衆所附，至萬餘人。加綏遠將軍。〔五〕十一年，與周瑜共討麻、保二屯，破之。〔六〕後從權拒曹公於濡須，〔七〕權欲交戰，瑜説權持重，權不從，軍果無功。還奮威將軍，領郡如故，自溧陽徙屯牛渚。〔八〕瑜以永安人饒助爲襄安長，〔九〕無錫人顔連爲居巢長，〔一〇〕使招納廬江二郡，〔一一〕各得降附。濟陰人馬普篤學好古，瑜厚禮之，使二府將吏子弟數百人就受業，遂立學官，〔一二〕臨饗講肄。是時諸將皆以軍務爲事，而瑜好樂墳典，雖在戎旅，誦聲不絕。年三十九，建安二十年卒。瑜五子：彌、〔一三〕熙、燿、曼、紘。曼至將軍，封侯。

〔一〕錢大昭曰：「以下文孫皎、孫奐例之，瑜上當有孫字。」

〔二〕恭義校尉一人，吴置。

〔三〕江西解見魏志武紀初平四年。

〔四〕孫權弟丹陽太守翊爲左右所害，以瑜代之。

〔五〕綏遠將軍一人，吴置。胡三省曰：「沈約志：魏置將軍四十號，綏遠第十四。」

〔六〕水經江水注：「江水又東得白沙口，一名沙屯，即麻屯口也。本名蔑默口，江浦矣。南直蒲圻洲，水北入百餘里，吴所屯也。」方輿紀要卷七十六：「麻屯口在武昌嘉魚縣陸口東，保屯地蓋相近。」謝鍾英曰：「在今嘉魚縣江北沔陽州東。」弼按：建安十五年，瑜率水軍住夏口，見蜀志先主傳注引獻帝春秋。

〔七〕濡須見孫權傳建安十六年。

〔八〕溧陽見妃嬪傳何姬傳，牛渚見孫策傳。

〔九〕永安見孫休傳永安元年。郡國志：「揚州廬江郡襄安。」一統志：「故城今安徽無爲州南四十里襄安鎮。」

〔一〇〕郡國志：「揚州吴郡無錫。」一統志：「故城今江蘇常州府無錫縣治。」居巢見魏志武紀建安二十二年。

〔一一〕或曰：「二郡上疑有九江二字。」
〔一二〕何校本「官」作「宫」。朱邦衡曰：「漢時無學宫之稱，學官是。」
〔一三〕趙一清曰：「瑜子名彌，皎子亦名彌，二者必有一誤。」

孫皎字叔朗，始拜護軍校尉，〔一〕領衆二千餘人。是時曹公數出濡須，皎每赴拒，號爲精鋭。遷都護征虜將軍，〔二〕代程普督夏口。〔三〕黄蓋及兄瑜卒，又并其軍。賜沙羨、雲杜、南新市竟陵爲奉邑，〔四〕自置長吏。輕財能施，善於交結，與諸葛瑾至厚。委廬江劉靖以得失，〔五〕江夏李允以衆事，廣陵吴碩、河南張梁以軍旅，〔六〕而傾心親待，莫不自盡。皎嘗遣兵候，獲魏邊將吏美女以進皎，皎更其衣服，送還之。下令曰：「今所誅者曹氏，其百姓何罪？自今以往，不得擊其老弱。」由是江淮閒多歸附者。嘗以小故與甘寧忿爭，或以諫寧，寧曰：「臣子一例，征虜雖公子，何可專行侮人邪！吾值明主，但當輸效力命，以報所天，誠不能隨俗屈曲矣。」權聞之，以書讓皎曰：「自吾與北方爲敵，中閒十年，初時相持年小，今者且三十矣。〔七〕孔子言三十而立，非但謂五經也。授卿以精兵，委卿以大任，都護諸將於千里之外，欲使如楚任昭奚恤，揚威於北境，〔八〕非徒相使逞私志而已。近聞卿與甘興霸飲，〔九〕因酒發作，侵陵其人，其人求屬吕蒙督中。此人雖麤豪，有不如人意時，然其較略，大丈夫也。吾親之者，非私之也。吾親愛之，卿疎憎之，卿所爲每與吾違，其可久乎？〔一〇〕夫居敬而行簡，可以臨民，愛人多容，可以得衆。二者尚不能知，安可董督在遠，禦寇濟難乎！卿行長大，特受重任，上有遠方瞻望之視，〔一一〕下有部曲朝夕從事，何可恣意有盛怒邪！人誰無過，貴其能改，宜追前愆，深自咎責。今故煩諸葛子瑜重宣吾意，臨書摧愴，心悲淚下。」皎得書，上疏陳謝，遂與寧結厚。後呂蒙當襲南郡，權欲令皎與蒙爲左右部大督，蒙説權曰：「若至尊以征虜能，宜用之；以蒙能，宜用蒙。昔周瑜、程普爲左右部督，共攻江陵，雖事決於瑜，普自恃久將，且俱是督，遂共不睦，幾敗國事，此目前之戒也。」〔一二〕權寤，謝蒙曰：「以卿爲大督，命皎爲後繼。」禽關羽，定荆州，皎有力焉。建安二十四年，卒。權追録其功，封子胤爲丹陽侯。胤卒，無子，弟晞嗣，領兵。有罪，自殺，國除。弟咨、彌、儀皆將軍，封侯。〔一三〕咨羽林督，儀無難督。〔一四〕咨爲滕胤所殺，儀爲孫峻所害。〔一五〕

〔一〕護軍校尉一人，吴置。

〔二〕胡三省曰：「征虜將軍，始於光武以命祭遵。」

〔三〕夏口見魏志武紀建安十三年。

〔四〕沙羡見孫策傳。郡國志：「荆州江夏郡雲杜、南新市。」一統志：「雲杜故城，今湖北漢陽府沔陽州西北；南新市故城，今湖北安陸府京山縣東北。」竟陵見蜀志劉焉傳。

〔五〕趙一清曰：「劉靖之名，一見孫堅傳注引山陽公載記，爲董卓別部司馬；一見魏志劉馥傳，馥之子也。與此爲三。」

〔六〕劉靖、李允、吴碩、張梁事見後孫奂傳。

〔七〕建安五年，孫權統事，時年二十歲。此書蓋作於建安十五年。

〔八〕昭奚恤，楚宣王之相也。戰國策：「荆宣王問羣臣曰：『吾聞北方之畏昭奚恤也，果誠何如？』」

〔九〕甘寧字興霸。

〔一〇〕興霸有禽黄祖破曹公之功，其人有豪俠之氣，故仲謀優禮之。

〔一一〕宋本「視」作「觀」。

〔一二〕或曰：「知二三之不可以集事，侃侃爲明主言之，不以嫉忌是嫌，古人肝膽如雪，可敬可愧。」

〔一三〕錢大昭曰：「皎與瑜皆孫静子，瑜子既名彌，皎子必不同名。且下文但曰咨、儀，不及彌，疑彌字衍文。」

〔一四〕羽林督、無難督，皆吴置。

〔一五〕孫峻傳：「將軍孫儀等欲因會殺峻，事泄，儀等自殺。」

孫奂字季明，兄皎既卒，代統其衆，以揚武中郎將領江夏太守。〔一〕在事一年，遵皎舊迹，禮劉靖、李允、吴碩、張梁及江夏閭舉等，並納其善。奂訥於造次，而敏於當官，軍民稱之。黄武五年，權攻石陽，〔二〕奂以地主使所部將軍鮮于丹帥五千人先斷淮道，〔三〕自帥吴碩、張梁五千人爲軍前鋒，降高城，〔四〕得三將。大軍引還，權詔使在前住，駕過其軍，見奂軍陣整齊，權歎曰：「初吾憂其遲鈍，今治軍諸將，少能及者，吾無憂矣。」拜揚威將軍，封沙羨侯。〔五〕吴碩、張梁皆裨將軍，賜爵關内侯。

江表傳曰：初，權在武昌，欲還都建業，而慮水道泝流二千里，一旦有警，不相赴及，以此懷疑。及至夏口，於塢中大會百官議之。詔曰：「諸將吏勿拘位任，其有計者，爲國言之。」諸將或陳宜立栅栅夏口，〔六〕或言宜重設鐵鎖者，權皆以爲非計。時梁爲小將，未有知名，乃越席而進曰：「臣聞香餌引泉魚，重幣購勇士，今宜明樹賞罰之信，遣將入沔，與敵争利，形勢既成，彼不敢干也。使武昌有精兵萬人，付智略者任將，常使嚴整，一旦有警，應聲相赴。作甘水城，輕艦數千，諸所宜用，皆使備具。如此，開門延敵，敵自不來矣。」權以梁計爲最得，即超增梁位。後稍以功進至沔中督。〔七〕

奂亦愛樂儒生，復命部曲子弟就業，後仕進朝廷者數十人。年四十，嘉禾三年卒。子承嗣，以昭武中郎將代統兵，領郡。赤烏六年，卒，無子，封承庶弟壹奉奂後，〔八〕襲業爲將。孫峻之誅諸葛恪也，壹與全熙、施績攻恪弟公安督融，〔九〕融自殺。壹從鎮南遷鎮軍，假節，督夏口。及孫綝誅滕胤、吕據，據、胤皆壹之妹夫也，壹弟封又知胤、據謀，自殺。綝遣朱異潛襲壹。異至武昌，壹知其攻己，率部曲千餘口過將胤妻奔魏。魏以壹爲車騎將軍，儀同三司，封吴侯，以故主芳貴人邢氏妻之。邢美色妒忌，下不堪命，遂共殺壹及邢氏。壹入魏，黄初三年死。〔一〇〕

〔一〕揚武中郎將一人，吴置。江夏郡見魏志武紀建安十三年及文聘傳。
〔二〕石陽見文聘傳。
〔三〕「淮」字疑誤。
〔四〕漢書地理志：「南郡高成。」徐松曰：「説文作高城。」顧祖禹曰：「高城，後漢廢入孱陵。」一統志：「故城今湖北荆州府松滋縣南。」
〔五〕沙羡見孫策傳。

〔六〕馮本無下「栅」字。

〔七〕吴於要地置督。

〔八〕魯王霸子亦名壹，二者必有一誤。

〔九〕融見恪傳。

〔一〇〕錢大昕曰：「壹以孫亮太平二年奔魏，即魏甘露二年也，距文帝黄初三年已三十六年矣。此云黄初，必誤。魏志高貴鄉公紀：甘露四年十一月，車騎將軍孫壹爲婢所殺。蓋壹入魏三年而死耳。黄初二字，當是衍文。」顧炎武、盧明楷説同。何焯曰：「黄初疑首尾之誤。」

孫賁字伯陽，父羌字聖壹，〔一〕堅同産兄也。賁早失二親，弟輔嬰孩，賁自贍育，友愛甚篤。爲郡督郵守長。〔二〕堅於長沙舉義兵，賁去吏從征伐。堅薨，賁攝帥餘衆，扶送靈柩。後袁術徙壽春，賁又依之。術從兄紹用會稽周昂爲九江太守，紹與術不協，術遣賁攻破昂於陰陵。〔三〕術表賁領豫州刺史，轉丹陽都尉，行征虜將軍，討平山越。爲揚州刺史劉繇所迫逐，因將士衆還住歷陽。頃之，術復使賁與吴景共擊樊能、張英等，未能拔。及策東渡，助賁、景破英、能等，遂進擊劉繇，繇走豫章。策遣賁、景還壽春報術，值術僭號，署置百官，除賁九江太守。賁不就，棄妻孥還江南。〔四〕

江表傳曰：袁術以吴景守廣陵，策族兄香亦爲術所用，作汝南太守，而令賁爲將軍，領兵在壽春。策與景等書曰：「今征江東，未知二三君意云何耳？」景即棄守歸，賁因而後免。〔五〕香以道遠，獨不得還。

吴書曰：香字文陽，父儒〔六〕字仲孺，堅再從弟也。仕郡主簿功曹。香從堅征伐有功，拜郎中。後爲袁術驅馳，加征南將軍，死於壽春。

時策已平吴、會二郡，賁與策征廬江太守劉勳、江夏太守黄祖，軍旋，聞繇病死，過定豫章，上賁領太守。〔七〕

江表傳曰：時丹陽僮芝自署廬陵太守，〔八〕策留賁弟輔領兵住南昌，〔九〕策謂賁曰：「兄今據豫章，是扼僮芝咽喉而守其門户矣。但當伺其形便，因令國儀杖兵而進，〔一〇〕使公瑾爲作勢援，〔一一〕一舉可定也。」後賁聞芝病，即如策計。周瑜到巴丘，〔一二〕輔遂得進據廬陵。

後封都亭侯。建安十三年，使者劉隱奉詔拜賁爲征虜將軍，領郡如故。〔一三〕在官十一年，卒。子鄰嗣。

〔一〕郝經續漢書作「字聖臺」。孫堅字文臺，孫靜字幼臺，羌爲堅兄，作「臺」是。

〔二〕郡督郵，吴郡之督郵也。「守長」二字疑誤。

〔三〕陰陵見魏志袁術傳。

〔四〕曹公爲子彰取賁女，見孫策傳。

〔五〕宋本「因」作「困」。

〔六〕宋本「儒」作「孺」。

〔七〕領豫章太守也。

〔八〕或曰：「按孫策傳，策定豫章，分置廬陵郡，是前此未爲郡也。此云僮芝自署廬陵太守，何歟？豈芝實創之，策因分置歟？當日私據一城，自署太守者，所在有之。如孟達之爲宜都太守，申耽之爲上庸太守，是也。」弼按：廬陵郡詳見孫策傳。又按：太史慈傳注引江表傳：「慈見策曰：丹陽僮芝自擅廬陵，詐言被詔書爲太守。」此亦自署之證。

〔九〕南昌見孫策傳

〔一〇〕孫輔字國儀。

〔一一〕周瑜字公瑾。

〔一二〕當時有兩巴丘，名同處異，詳見周瑜傳裴注。

〔一三〕朱治傳：「孫權從兄豫章太守賁女爲曹公子婦，及曹公破荆州，威震南土，賁畏懼，欲遣子入質。治聞之，求往見賁，爲陳安危，賁由此遂止。」

鄰年九歲，代領豫章〔一〕進封都鄉侯。

吴書曰：鄰字公達，雅性精敏，幼有令譽。

在郡垂二十年，討平叛賊，功績修理。〔二〕召還武昌，爲繞帳督。〔三〕時太常潘濬掌荆州事，〔四〕重安長陳留舒燮〔五〕有罪下獄，濬嘗失燮，欲寘之於法。論者多爲有言，〔六〕濬猶不釋。鄰謂濬曰：「舒伯膺兄弟爭死，海内義之，以爲美譚，仲膺又有奉國舊意。今君殺其子弟，若天下一統，青蓋北巡，中州士人必問仲膺繼嗣，答者云潘承明殺燮，〔七〕於事何如？」濬意即解，燮用得濟。

博物志曰：仲膺名邵。初，伯膺親友爲人所殺，仲膺爲報怨。事覺，兄弟爭死，皆得免。袁術時，邵爲阜陵長。〔八〕亦見江表傳。

鄰遷夏口沔中督，威遠將軍，〔九〕所居任職。赤烏十二年卒，子苗嗣。苗弟旅及叔父安、熙、績，皆歷列位。

吴歷曰：鄰又有子曰述，爲武昌督，平荆州事；震，無難督；諧，城門校尉；歆，樂鄉督。〔一〇〕震後禦晉軍，與張悌俱死。〔一一〕賁曾孫惠，字德施。

惠别傳曰：〔一二〕惠好學有才智，晉永寧元年，赴齊王冏義，以功封晉興侯，辟大司馬賊曹屬。〔一三〕冏驕矜僭侈，天下失望。惠獻言於冏，諷以五難、四不可，〔一四〕勸令委讓萬機，歸藩青岱，辭甚深切。冏不能納，頃之果敗。成都王穎召爲大將軍參軍。是時穎將有事於長沙，〔一五〕以陸機爲前鋒都督。惠與機鄉里親厚，〔一六〕憂其致禍，謂之曰：「子盍讓都督於王粹乎？」〔一七〕機曰：「將謂吾避賊首鼠，更速其害。」機尋被戮，二弟雲、耽亦見殺。惠甚傷恨之。〔一八〕永興元年，乘輿幸鄴，司空東海王越治兵下邳，惠以書干越，詭其姓名，自稱南岳逸民秦祕之，勉以勤王匡世之略，辭義甚美。〔一九〕越省其書，牓題道衢，招求其人。惠乃出見，越即以爲記室參軍，專掌文疏，豫參謀議。每造書檄，越或驛馬催之，應命立成，皆有辭旨。累遷顯職，〔二〇〕後爲廣武將軍、安豐内史。年四十七卒。〔二一〕惠文翰凡數十首。〔二二〕

〔一〕何焯曰：「九歲無領郡理，疑脱十字。」錢儀吉曰：「魏、晉以來，刺史、郡守，父死子代，往往有之。此正以九歲領郡，故史異之，而著其年。若十九歲，則文義爲贅。」

〔二〕宋本「功」作「政」。

〔三〕洪飴孫曰：「繞帳督一人，吴所置，掌宿衛兵。」

〔四〕潘濬傳：「濬與陸遜俱駐武昌，共掌留事。」

〔五〕郡國志：「荆州零陵郡重安。」三國吳因改屬衡陽郡。謝鍾英曰：「在今湖南衡州府西六十里。」

〔六〕官本作「多有爲言」，郝經續漢書作「多爲言之」。

〔七〕潘濬字承明。

〔八〕皁陵見孫權傳黄龍三年。

〔九〕洪飴孫曰：「威遠將軍一人，第五品。」

〔一〇〕趙一清曰：「晉書杜預傳：遣牙門率奇兵襲樂鄉，至吳都督孫歆帳下，虜歆而還。王濬先列上得歆頭，預後生送歆，洛中以爲大笑。」樂鄉見孫晧傳鳳皇元年。

〔一一〕張悌死事，見孫晧傳天紀四年及注引襄陽記。

〔一二〕孫惠別傳，隋、唐志不著録。

〔一三〕晉書孫惠傳：「惠赴齊王冏義，討趙王倫，以功封晉興縣侯，辟大司馬户曹掾，轉東曹屬。」沈家本曰：「賊字疑誤。」

〔一四〕惠諫齊王書，見晉書齊王冏傳，文繁不録。

〔一五〕晉書惠傳：「成都王穎薦惠爲大將軍參軍，領奮威將軍，白沙督。是時，穎將征長沙王乂。」

〔一六〕同爲吳郡人。

〔一七〕晉書王濬傳：「濬太康六年卒，子矩嗣。矩弟暢，暢子粹。太康十年，武帝詔粹尚潁川公主，仕至魏郡太守。」

〔一八〕機、雲事見陸抗傳注引機、雲別傳。晉書陸機傳：「太安初，成都王穎與河間王顒起兵討長沙王乂，假機後將軍、河北大都督，督北中郎將王粹、冠軍牽秀等諸軍二十餘萬人。機以三世爲將，道家所忌，又羈旅入宦，頓居羣士之右，而王粹、牽秀等皆有怨心，固辭都督，穎不許。機鄉人孫惠亦勸機讓都督於粹，機曰：將謂吾爲首鼠避賊，適所以速禍也。遂行。穎謂機曰：若功成事定，當爵爲郡公，位以台司，將軍勉之矣。機曰：昔齊桓任夷吾以建九合之功，燕惠疑樂毅以失垂成之業，今日之事，在公不在機也。穎左長史盧志心害機寵，言於穎曰：「陸機自比管、樂，擬君闇主，自古命將遣師，未有臣陵其君而可以濟事者也。」穎默然。機始臨戎，而牙旗折，意甚惡之。列軍自朝歌至於河橋，鼓聲聞數百里。漢、魏以來，出師之盛，未嘗有也。長沙王乂奉天子與機戰於鹿苑，機軍大敗，赴七里澗而死者如積焉，水爲之不流。宦人孟玖譖機於穎，遂遇害於軍中，時年四十三。」陸雲傳：「機之敗也，並收雲。穎有宥雲色，孟玖扶穎入，催令殺雲，時年四十二。雲弟耽爲平東祭酒，亦有清譽，與雲同遇害。大將軍參軍孫惠與淮南内史朱誕書曰：『不意三陸相攜闇朝，一旦湮滅，道業淪喪，痛酷之深，荼毒難言；國喪儁望，悲豈一人？其爲州里所痛悼如此。後東海王越討穎，移檄天下，亦以機、雲兄弟張枉害罪狀穎云。」晉書孫惠傳：「惠擅殺穎牙門將梁儁，懼，因改姓名以遁。」

〔一九〕書見晉書孫惠傳，文繁不録。

〔二〇〕晉書惠傳：「越誅周穆等，夜召參軍王廙造表，廙戰懼，壞數紙不成。時惠不在，越歎曰：『孫中郎在，表久就矣。』」

〔二一〕晉書惠傳：「以迎大駕之功，封臨湘縣公。何鋭爲安豐太守，惠攻殺鋭，奔入蠻中，尋病卒。」

〔二二〕隋書經籍志：「晉安豐太守孫惠集八卷，梁十一卷，録一卷。」唐新、舊志十卷，今存嚴可均輯本。

孫輔字國儀，賁弟也。以揚武校尉佐孫策平三郡。策討丹陽七縣，〔一〕使輔西屯歷陽，〔二〕以拒袁術，並招誘餘民，鳩合遺散。又從策討陵陽，〔三〕生得祖郎等。

江表傳曰：策既平定江東，逐袁胤。〔四〕袁術深怨策，乃陰遣閒使齎印綬與丹陽宗帥陵陽祖郎等，使激動山越，大合衆，圖共攻策。策自率將士討郎，生獲之。策謂郎曰：「爾昔襲擊孤，斫孤馬鞍，〔五〕今創軍立事，除棄宿恨，惟取能用，與天下通耳。非但汝，汝莫恐怖。」〔六〕郎叩頭謝罪。即破械，賜衣服，署門下賊曹。及軍還，郎與太史慈俱在前導軍，人以爲榮。

策西襲廬江太守劉勳，輔隨從，身先士卒，有功。策立輔爲廬陵太守，〔七〕撫定屬城，分置長吏。遷平南將軍，假節，領交州刺史。遣使與曹公相聞，事覺，權幽繫之。

典略曰：輔恐權不能保守江東，因權出行東冶，〔八〕乃遣人齎書呼曹公。行人以告，〔九〕權乃還，僞若不知，與張昭共見輔，權謂輔曰：「兄厭樂邪，何爲呼他人？」輔云：「無是。」權因投書與昭，昭示輔，輔慙無辭。乃悉斬輔親近，亦其部曲，〔一〇〕徙輔置東。〔一一〕

數歲，卒。子興昭偉昕，皆歷列位。

〔一〕孫策傳注引江表傳云：陳瑀遣都尉萬演等密渡江，使持印傳三十餘(細)〔紐〕與賊丹陽、宣城、涇、陵陽、始安、黟、歙諸險縣大帥祖郎等，使爲內應。策所討者，即此諸縣也。

〔二〕歷陽見孫策傳。

〔三〕陵陽見孫策傳。

〔四〕袁術遣從弟胤爲丹陽，孫策令徐琨討而代之。會吴景還，乃復用景。見妃嬪傳徐夫人傳注引江表傳。

〔五〕孫策傳注引江表傳曰：「策詣丹陽依舅，得數百人，而爲涇縣大帥祖郎所襲，幾至危殆。」

〔六〕通鑑「莫」作「勿」。

〔七〕策傳立輔爲廬陵太守在前，破劉勳在後，與此少異。蓋書更署長吏，連類及之，當以此傳爲是。觀孫賁傳，賁與策征劉勳，軍旋，過定豫章，上賁領太守，可證更置長吏在平定劉勳之後也。策傳注引江表傳云，策分遣從兄賁、輔率八千人於彭澤待劉勳，賁、輔於彭澤破勳。

〔八〕各本「冶」均作「治」。

〔九〕陳景雲曰：「輔之得罪，史不著其年，以阮瑀代曹公與權書攷之，蓋在赤壁之役後也。是時江東乘戰勝之勢，霸業已安，輔不當復有懼心，其通使曹公，殆自有他志，非慮權之不克保國也。權雖領會稽太守，然自以將軍屯吳，不過使丞之郡，行文書而已。攷之吳志，終權之世，未嘗一至會稽，況東治僻在海隅，何暇遠涉其地？此魚豢所紀，殆不可信。」

〔一〇〕「亦」，宋本作「分」，是。

〔一一〕胡三省曰：「置之吳東也。」趙一清曰：「東下疑有治字。」

孫翊字叔弼，權弟也。驍悍果烈，有兄策風。太守朱治舉孝廉，〔一〕司空辟。典略曰：翊名儼，〔二〕性似策。策臨卒，張昭等謂策當以兵屬儼，而策呼權，佩以印綬。〔三〕建安八年，以偏將軍領丹陽太守，〔四〕時年二十。〔五〕後卒爲左右邊鴻所殺，〔六〕鴻亦即誅。吳歷載翊妻徐節行，宜與嫣覽等事相次，〔七〕故列於後孫韶傳中。〔八〕

〔一〕治既舉權，復舉翊。

〔二〕趙一清曰：「於文當云一名儼。」

〔三〕仲謀之不滿意於子布者，在此。

〔四〕翊領丹陽太守，蓋繼吳景之後。

〔五〕翊當生於中平元年。

〔六〕宋、元本「卒」作「年」。翊性峭急，見朱治傳。

〔七〕劉咸炘曰：「承祚不書徐氏事，似未知也。故所書殺翊，不以嫣、戴爲主謀。」

〔八〕監本「韶」作「晧」，誤。

子松，爲射聲校尉、都鄉侯。

吳録曰：松善與人交，輕財好施。鎮巴丘，〔一〕數咨陸遜以得失。嘗有小過，遜面責松，松意色不平。遜觀其少釋，謂曰：「君過聽不以其鄙，〔二〕數見訪及，是以承來意進盡言，便變色何也？」松笑曰：「屬亦自忿行事有此，豈有望邪！」〔三〕

黄龍三年卒。〔四〕蜀丞相諸葛亮與兄瑾書曰：「既受東朝厚遇，依依於子弟。又子喬良器，爲之惻愴。見其所與亮器物，感用流涕。」其悼松如此。由亮養子喬咨述，故云。〔五〕

〔一〕巴丘見周瑜傳。

〔二〕官本「其」作「某」。按：作「其」亦可通。

〔三〕陸遜傳：「射聲校尉松於公子中最親，戲兵不整，遜對之髡其職吏。」

〔四〕孫翊建安八年，年二十，爲邊鴻所殺。其子松死於黄龍三年，亦不過年二十餘歲耳。

〔五〕何焯曰：「孔明爲之感涕，惜其早亡，乃使峻、綝敗國。」錢大昭曰：「子喬，疑是松之字也。亮兄瑾子喬，自吳至蜀，故咨述松而亮傷之也。亮以喬爲己適子，當云兄子，不當謂之養子。」趙翼曰：「吳孫輔傳其子松一段，最不可解。子喬乃瑾子，出繼亮爲後者，蓋子喬嘗爲亮述松之爲人也。然所謂依依於子弟、及與亮器物，果何謂也？豈亮前奉使至吳時，與松相識，其後松又託喬附致器物於亮耶？然文義究不明晰。」潘眉曰：「書中言子喬良器，子喬即松之字。松字子喬，猶喬字伯松，字義相應也。養子喬者，亮養子名喬，喬自吳來，爲亮述子喬事甚詳，故素知其爲良器，因其没而悼之。如此，又曰松乃孫翊子，在翊傳，不在輔傳。趙氏因二傳相連，遂以爲孫輔傳，誤一也。子喬者，松也；喬者，亮之養子也。合兩子喬爲一，誤二也。養子喬三(子)〔字〕成文，當於養子二字略讀，（去聲。）若截子喬二字爲名，則亮養二字作何解？誤三也。使書中子喬即是亮養子，則亮自與兄書，言其子之爲人，與孫翊何涉？乃不載於亮、瑾二人傳，而載於此邪？況傳明言悼松如此，顯以子喬爲松，而以爲文義不明晰，竊所未解。松以黄龍三年卒，亮養子喬已没九年。」弼按：潘駮趙説極是，然尚有未盡者。諸葛亮使吴在建安十三年，是時孫翊方死，孫松不過數歲，何能與亮相識？趙説之誤，顯然無疑。又按峻、綝敗國在孫亮之時，武侯已前卒，亦不及見，何説亦稍失之。李慈銘曰：「趙氏翼廿二史劄記以此數語爲不可解。今按：子喬當是松字，蓋松嘗遺亮器物也。松爲權弟之子，故曰依依於子弟。志不明言松字子喬者，蓋史駮文，或闕誤也。下云由亮養子喬咨述故云者，言亮之知松，由於喬之咨述也。喬本瑾子，爲亮後，亮爲之改字伯松，蓋亦由器松，故名字皆象之。趙氏以兩喬字同，遂以子喬爲亮自稱其子，非也。」弼按：喬本字仲慎，亮以喬爲己適子，故易其字曰伯松，與孫松初不相涉。李説謂亮器松，故名字皆象之，其説亦誤。

孫匡字季佐，翊弟也。舉孝廉、茂才，未試用，卒時年二十餘。〔一〕

江表傳曰：曹休出洞口，〔二〕吕範率軍禦之。時匡爲定武中郎將，〔三〕遣範令放火，〔四〕燒損茅芒，以乏軍用。範即啓送匡還吴，權别其族爲丁氏，禁固終身。〔五〕

臣松之按：本傳曰：「匡未試用，卒時年二十餘。」而江表傳云吕範在洞口，匡爲定武中郎將。既爲定武，非爲未試用。且孫堅以初平二年卒，洞口之役在黄初三年，堅卒至此，合三十一年。匡時若尚在，本傳不得云「卒時年二十餘」也。此蓋權别生弟朗，江表傳誤以爲匡也。朗之名位見三朝録及虞喜志林也。〔六〕

子泰，曹氏之甥也，爲長水校尉。嘉禾三年，從權圍新城，〔七〕中流矢死。泰子秀爲前將軍、夏口督。秀公室至親，提兵在外，〔八〕晧意不能平。建衡二年，晧遣何定將五千人至夏口獵。先是，民閒僉言秀當見圖，而定遠獵，秀遂驚，夜將妻子親兵數百人奔晉。〔九〕晉以秀爲驃騎將軍，儀同三司，封會稽公。〔一〇〕

江表傳曰：晧大怒，追改秀姓曰厲。

干寶晉紀曰：秀在晉朝，初聞晧降，羣臣畢賀，秀稱疾不與，南向流涕曰：「昔討逆弱冠以一校尉創業，今後主舉江南而棄之，宗廟山陵，於此爲墟。悠悠蒼天，此何人哉！」朝廷美之。〔一一〕

晉諸公贊曰：吴平，降爲伏波將軍，開府如故。永寧中卒，追贈驃騎、開府。子儉，字仲節，給事中。〔一二〕

〔一〕曹操以弟女配匡，見孫策傳。
〔二〕洞口即洞浦，見魏志曹休傳。
〔三〕定武中郎將一人，吴置。
〔四〕何焯校改「遺」作「違」。弼按：吕範時爲大將，豈孫匡所能遺？作「違」是。
〔五〕何焯校改「固」作「錮」。
〔六〕三朝録未詳。志林云：堅有五子，少子朗，庶生，見孫堅傳注。
〔七〕孫權傳：「嘉禾三年，權率大衆圍合肥新城。」
〔八〕宋本「提」作「捉」，馮本作「握」。
〔九〕互見孫晧傳。
〔一〇〕胡三省曰：「厚其封賞，以攜吴人。」

〔一〕世説新語惑溺篇：「孫秀降晉，晉武帝厚存寵之，妻以姨妹蒯氏，室家甚篤。妻常妒，乃罵秀爲貉子，秀大不平，遂不復入。蒯氏大自悔責，請救於帝。時大赦，羣臣咸見。既出，帝獨留秀，從容謂曰：天下曠蕩，蒯夫人可得從其例不？秀免冠而謝，遂爲夫婦如初。」劉孝標注引太原郭氏録曰：「秀字彦才，吴郡吴人。爲夏口督，甚有威恩。孫晧憚，欲除之，遣將軍何定溯江而上，辭以捕鹿三千口供厨。秀預知謀，遂來歸化。世祖喜之，以爲驃騎將軍、交州牧。」

〔二〕趙一清曰：「晉書孝友傳：孫晷字文度，吴伏波將軍秀之曾孫也。晷爲兒童，未嘗被呵怒，顧榮見而稱之，謂其外祖薛兼曰：此兒神用清審，志氣貞立，非常童也。司空何充爲揚州，檄晷爲主簿，司徒蔡謨辟爲掾屬，並不就。尚書張國明，州士之望，表薦晷，公車特徵，會卒，朝野嗟痛之。」

孫韶字公禮。伯父河，字伯海，本姓俞氏，亦吴人也。孫策愛之，賜姓爲孫，列之屬籍。〔一〕

吴書曰：河，堅族子也，出後姑俞氏，後復姓爲孫。河質性忠直，訥言敏行，〔二〕有氣幹，能服勤。少從堅征討，常爲前驅。後領左右兵，典知内事，待以腹心之任。又從策平定吴、會，〔三〕從權討李術，〔四〕術破，拜威寇中郎將，〔五〕領廬江太守。

後爲將軍，屯京城。〔六〕

〔一〕續百官志：「宗正卿一人，中二千石，掌序録王國嫡庶之次，及諸宗室親屬遠近。郡國歲因計上宗室名籍。」惠棟曰：「禮記大傳云：繫之以姓而弗別。鄭氏云：繫之弗別，若今宗室屬籍也。」

〔二〕論語：「君子欲訥於言，而敏於行。」正義曰：「訥，遲鈍也；敏，疾也。君子但欲遲鈍於言，敏疾於行。」

〔三〕呂範傳：「時唯範與孫河常從策跋涉辛苦，危難不避。」

〔四〕孫策表用汝南李術爲廬江太守，見策傳注引江表傳；孫權攻術於皖城，見權傳建安五年注引江表傳。

〔五〕威寇中郎將一人，吴置。

〔六〕京城見蜀志先主傳建安十三年。胡三省曰：「京城即漢吴郡丹徒縣也。孫權自吴徙居之，命曰京城，亦曰京口。予謂此京取爾雅丘絶高曰京之義。」趙一清曰：「方輿紀要卷二十五：鎮江府，後漢屬吴郡，三國吴曰京口鎮。建安十三年，孫權自吴徙治丹徒，號曰京城；十六年，遷建業，復於此置京督，爲重鎮。京城，今府治；春秋之朱方也。秦曰丹徒，漢爲縣治。」

初，孫權殺吴郡太守盛憲，

會稽典録曰：憲字孝章，器量雅偉，舉孝廉，補尚書郎，稍遷郡太守，〔一〕以疾去官。孫策平定吴、會，誅其英豪，憲素有高名，策深忌之。初，憲與少府孔融善，〔二〕融憂其不免禍，〔三〕乃與曹公書曰：「歲月不居，時節如流，五十之年，忽焉已至，公爲始滿，融又過二。〔四〕海内知識，零落殆盡，〔五〕惟會稽盛孝章尚存。〔六〕其人困於孫氏，妻孥湮没，單子獨立，〔七〕孤危愁苦，若使憂能傷人，此子不得復永年矣。春秋傳曰：諸侯有相滅亡者，桓公不能救，則桓公恥之。〔八〕今孝章實丈夫之雄也，天下譚士依以揚聲，而身不免於幽執，〔九〕命不期於旦夕，是吾祖不當復論損益之友，〔一〇〕而朱穆所以絶交也。〔一一〕公誠能馳一介之使，加咫尺之書，則孝章可致，友道可弘也。〔一二〕今之少年，喜謗前輩，或能譏平〔一三〕孝章；孝章要爲有天下大名，九牧之民〔一四〕所共稱歎。燕君市駿馬之骨，非欲以騁道里，乃當以招絶足也。〔一五〕惟公匡復漢室，宗社將絶，又能正之，正之之術，實須得賢。珠玉無脛而自至者，〔一六〕以人好之也，況賢者之有足乎！〔一七〕昭王築臺以尊郭隗，隗雖小才，而逢大遇，竟能發明主之至心，故樂毅自魏往，劇辛自趙往，鄒衍自齊往。〔一八〕向使郭隗倒縣而王不解，臨溺而王不拯，則士亦將高翔遠引，莫有北首燕路者矣。凡所稱引，自公所知，而有云者，〔一九〕欲公崇篤斯義也。因表不悉。」〔二〇〕由是徵爲騎都尉。制命未至，果爲權所害。子匡奔魏，位至征東司馬。

憲故孝廉嬀覽、戴員〔二一〕亡匿山中，孫翊爲丹陽，皆禮致之：覽爲大都督、督兵；員爲郡丞。及翊遇害，河馳赴宛陵，〔二二〕責怒覽、員，以不能全權，〔二三〕令使奸變得施。二人議曰：「伯海與將軍疏遠，〔二四〕而責我乃耳。〔二五〕討虜若來，〔二六〕吾屬無遺矣。」遂殺河，使人北迎揚州刺史劉馥，〔二七〕令住歷陽，以丹陽應之。〔二八〕會翊帳下徐元、孫高、傅嬰等殺覽、員。

吳歷曰：嬀覽、戴員親近邊洪等，〔二九〕數爲翊所困，常欲叛逆；因吳主出征，遂其奸計。時諸縣令、長並會見翊，翊以妻徐氏頗曉卜，翊入語徐：「吾明日欲爲長吏作主人，卿試卜之。」徐言：「卦不能佳，可須異日。」翊以長吏來久，宜速遣，乃大請賓客。翊出入常持刀，爾時有酒色，空手送客。洪從後斫翊，郡中擾亂，〔三〇〕無救翊者，遂爲洪所殺，迸走入山。徐氏購募追捕，中宿乃得，覽、員歸罪殺洪。諸將皆知覽、員所爲，而力不能討。覽入居軍府中，悉取翊嬪妾及左右侍御，欲復取徐，恐逆之見害，乃紿之曰：「乞須晦日，〔三一〕設祭除服。」時月垂竟，覽聽須祭畢，徐潛使所親信語翊親近舊將孫高、傅嬰等，說：「覽已虜略婢妾，今又欲見偪，所以外許之者，欲安其意以免禍耳。欲立微計，願二君哀救。」高、嬰涕泣答言：「受府君恩遇，所以不即死難者，以死無益，欲思惟事計，事計未立，未敢啓夫人耳。今日之事，實夙夜所懷也。」乃密呼翊時侍養者二十餘人，〔三二〕以徐意語之，共盟誓、合謀。到晦日，設祭，徐氏哭泣盡哀。畢，乃除服，薰香沐浴，更於他室，安施幃帳，言笑歡悦，示無戚容。大小悽愴，〔二三〕怪其如此。覽密覘視，無復疑意。徐呼高、嬰與諸婢羅住戶內，使人報覽，説已除凶即吉，惟府君勑命。覽盛意入，徐出戶拜。覽適得一拜，徐便大呼：「二君可起！」高、嬰俱出，共得殺覽，餘人即就外殺員。夫人乃還縗絰，〔二四〕奉覽、員首以祭翊墓。舉軍震駭，以爲神異。吴主續至，悉族誅覽、員餘黨，擢高、嬰爲牙門，〔二五〕其餘皆加賜金帛，殊其門戶。

〔一〕文選注作「遷吴郡太守」。

〔二〕李周翰曰：「初，盛憲爲臺郎，路逢童子，容貌非常。憲怪而問之，答曰：魯國孔融，時年十餘歲。憲以爲異，乃載歸。與之言，知其奇才，便結爲兄弟，升堂見親也。」

〔三〕李周翰曰：「會稽典録云：孫策定江東，以憲江東首望，恐人歸之，因禁欲殺之，故融作書論之。欲使曹公致書於吴以救之，書未至，已誅矣。」

〔四〕是書殆作於建安九年，是時曹操年五十，孔融年五十二也。（建安十三年，孔融爲曹操所殺，時年五十六。）李善注云：「言曹操年始滿五十，融過於二歲也。」

〔五〕張銑曰：「零落，死也。」

〔六〕何焯曰：「時憲避難於許昭家。」弼按：時已爲孫氏囚禁，下文身不免幽執可證。

〔七〕呂延濟曰：「無右臂曰孑。言無援助，如無右臂。」

〔八〕公羊傳曰：「邢亡，孰亡之？蓋狄滅也。曷爲不言狄滅之？爲桓公諱也。曷爲爲桓公諱？上無天子，下無方伯，天下諸侯有相滅亡者，桓公不能救，則桓公恥之。」

〔九〕文選「執」作「縶」。

〔一〇〕吾祖，謂孔子也。論語：「益者三友，損者三友。」

〔一一〕李善曰：「後漢朱穆感世澆薄，莫尚敦厚，著絶交論以矯之。」

〔一二〕文選「也」作「矣」。

〔一三〕原注：「皮柄反。」文選作「評」。

〔一四〕李善曰：「九牧，猶九州也。」

〔一五〕李善注引戰國策：「郭隗謂燕昭王曰：臣聞古之人君有市千里馬者，三年而不得。於是遣使者賫千金之貨，將市於他國，未至而千里馬已死。使者乃以五百金買死馬之骨以歸。其君大怒曰：所求者本不市死馬，何故損金市死馬乎？將誅之。使者對曰：死馬尚市，況生者乎！天下必知君之好也，馬將至矣。於是朞年而千里馬至者三焉。」

〔一六〕文選「脛」作「踁」。

〔一七〕李善注引韓詩外傳曰：「蓋胥謂晉平公曰：珠出於海，玉出於山，無足而至者，好之也。士有足而不至者，君不好也。」

〔一八〕李善注引史記曰：「燕昭王於破燕之後，卑身厚幣，以禮賢者。謂郭隗曰：齊因孤之國亂，而襲破燕，孤知國小力少，不足以報。然誠得賢士，與共圖以雪先王之醜也，願先生視可者，得身事之。隗曰：王必欲致士，先從隗始。況賢於隗者，豈遠千里哉！於是昭王爲隗改築宮而師事之。樂毅自魏往，鄒衍自齊往，劇辛自趙往。」

〔一九〕文選作「而復有云者。」

〔二〇〕劉良曰：「言因孝章以表見志，不盡所懷也。悉，盡也。」

〔二一〕胡三省曰：「嬀覽、戴員，盛憲之黨也。嬀，俱爲翻，姓也。舜居嬀汭，其後因以爲氏。員，音云」。

〔二二〕宛陵，丹陽郡治。

〔二三〕「權」疑作「翊」。

〔二四〕孫河字伯海，孫翊爲偏將軍。
〔二五〕「耳」疑作「爾」。
〔二六〕孫權時爲討虜將軍。
〔二七〕通鑑：「曹操表沛國劉馥爲揚州刺史，時揚州獨有九江。」胡三省曰：「時廬江、丹陽、會稽、吴郡、豫章皆屬孫氏。」
〔二八〕胡三省曰：「歷陽與丹陽隔江，使馥來屯，以爲聲援。」
〔二九〕官本「洪」作「鴻」，下同，與孫翊傳合。
〔三〇〕或曰：「郡中疑作座中。變起倉卒，不及待郡中之救也。」
〔三一〕胡三省曰：「月終爲晦，陰之盡也。給，蕩亥翻。」
〔三二〕胡三省曰：「侍養，謂侍翊左右而厚蒙給養者。」
〔三三〕胡三省曰：「悽，悲也，痛也。愴，傷也；音初亮翻。」
〔三四〕胡三省曰：「復著衰絰也。」
〔三五〕胡三省曰：「牙門將也。」

韶年十七，收河餘衆，繕治京城，起樓櫓、脩器備以禦敵。權聞亂，從椒丘還，〔一〕過定丹陽，引軍歸吴。夜至京城下營，試攻驚之，兵皆乘城傳檄備警，讙聲動地，頗射外人。權使曉喻，乃止。明日見韶，甚器之，即拜承烈校尉，〔二〕統河部曲，〔三〕食曲阿、丹徒二縣，〔四〕自置長吏，一如河舊。後爲廣陵太守、〔五〕偏將軍。權爲吴王，遷揚威將軍，封建德侯。〔六〕權稱尊號，爲鎮北將軍。韶爲邊將數十年，善養士卒，得其死力。常以警疆埸、遠斥候爲務，先知動静而爲之備，故鮮有負敗。青、徐、汝、沛，頗來歸附。淮南濱江屯候，皆徹兵遠徙，徐、泗、江、淮之地，不居者各數百里。自權西征還，都武昌，〔七〕詔不進見者十餘年。權還建業，乃得朝覲。權問青、徐諸屯要害，遠近人馬衆寡，魏將帥姓名，盡具識之，所問咸對。身長八尺，儀貌都雅。權歡悦曰：「吾久不見公禮，不圖進益乃爾！」〔八〕加領幽州牧、〔九〕假節。赤烏四年卒，子越嗣，至右將軍。越兄楷，武衛大將軍、〔一〇〕臨成侯，〔一一〕代越爲京下督。〔一二〕楷弟異，至領軍將軍；奕，宗正卿；恢，武陵太守。天璽元年，徵楷爲宫下鎮、〔一三〕驃騎將軍。初，永安賊施但等劫皓弟謙，襲建業，〔一四〕或白楷二端，不即赴討者。皓數遣詰楷。楷常惶怖，而卒被召，遂將妻子親兵數百人歸晉，晉以爲車騎將軍，封丹陽侯。

晉諸公贊曰：吴平，降爲渡遼將軍，永安元年卒。

吴録曰：楷處事嚴整不如孫秀，而人閒知名，過也。

〔一〕椒丘見魏志華歆傳。

〔二〕宋本「承」作「丞」。承烈校尉一人，吴置。

〔三〕胡三省曰：「史言孫權能用人，以保江東。」

〔四〕曲阿，吴改曰雲陽；丹徒，吴改曰武進。均見孫策傳。

〔五〕監本「陵」作「陸」，誤。吴廣陵徙治京城，見孫策傳注。

〔六〕建德見孫休傳永安三年。

〔七〕潘眉曰：「陳仁錫本以征字絶句。今案還字當屬上西征爲句。吴主初屯兵吴，建安十六年徙治秣陵，十七年改秣陵爲建業，黄武二年都鄂，改鄂爲武昌。武昌至是始都，不得云還都武昌也。吴主傳：黄龍元年，遷都建業。因故府不改，似當云還都，而云遷都者，以前此徙治建業，猶未即尊，未得都名，故不曰還都。孫晧甘露元年徙都武昌，寶鼎元年還都建業，則書還都矣。」

〔八〕魏志明紀：「青龍二年五月，孫權遣將陸議、孫韶各將萬餘人入淮、沔。」

〔九〕遥領也。

〔一〇〕武衛將軍，見魏志明紀景初二年。

〔一一〕晉書地理志：「揚州宣城郡臨城。」宋書州郡志：「揚州宣城太守，晉武帝太康元年分丹陽立；臨城令，吳立。」寰宇記：「臨城，吳赤烏中置。」方輿紀要：「今青陽縣南五里臨城鎮。」李兆洛曰：「今安徽池州府青陽縣南五里。」

〔一二〕胡三省曰：「京下督，鎮京口。」弼按：即上文之京城也。

〔一三〕胡三省曰：「宫下鎮在建業。」

〔一四〕施但事見孫晧傳寶鼎元年。

孫桓字叔武，河之子也。

吳書曰：河有四子，長助，曲阿長；〔一〕次誼，海鹽長；〔二〕並早卒。次桓，儀容端正，器懷聰朗，博學彊記，能論議應對。〔三〕權常稱爲宗室顔淵，擢爲武衛都尉。從討關羽於華容，〔四〕誘羽餘黨，得五千人，牛馬器械甚衆。

年二十五，拜安東中郎將，〔五〕與陸遜共拒劉備。〔六〕備軍衆甚盛，彌山盈谷，〔七〕桓投刀奮命，與遜勠力，備遂敗走。〔八〕桓斬上兜道，截其徑要。〔九〕備踰山越險，僅乃得免。忿恚歎曰：「吾昔初至京城，〔一〇〕桓尚小兒，〔一一〕而今迫孤，乃至此也！」桓以功拜建武將軍，〔一二〕封丹徒侯，下督牛渚，〔一三〕作横江塢，會卒。

吴書曰：桓弟俊，〔一四〕字叔英。性度恢弘，才經文武，爲定武中郎將，屯戍薄落。〔一五〕赤烏十三年卒。長子建襲爵，平虜將軍。少子慎，鎮南將軍；慎子丞，〔一六〕字顯世。文士傳曰：丞好學，有文章，作螢火賦行於世。爲黄門侍郎，與顧榮俱爲侍臣。〔一七〕歸命世内侍多得罪尤，惟榮、丞獨獲全。常使二人記事，承答顧問，乃下詔曰：「自今已後，用侍郎皆當如今宗室丞、顧榮疇也。」〔一八〕吴平赴洛，爲范陽涿令，〔一九〕甚有稱績。永安中，陸機爲成都王大都督，請丞爲司馬，與機俱被害。〔二〇〕

〔一〕曲阿見孫策傳。

〔二〕海鹽見孫權傳赤烏五年。

〔三〕馮本「議」作「義」，誤。

〔四〕華容見魏志武紀建安十三年。

〔五〕安東中郎將一人，吴置。

〔六〕事在黄武元年，蜀章武二年。

〔七〕陸遜傳：「備從巫峽、建平連營至夷陵界，立數十屯。」

〔八〕陸遜傳：「孫桓别討備前鋒於夷道，爲備所圍，求救於遜。遜曰：安東得士衆心，不救自解。備果奔潰。」

〔九〕水經江水注：「江水又東逕石門灘，灘北岸有山，山上合下開，洞達東西。緣江步路所由，劉備爲陸遜所破，走逕此門，追者甚急，備乃燒鎧斷道。孫桓爲遜前驅，奮不顧命，斬上夔道，截其要徑。備踰山越險，僅乃得免。忿恚而歎曰：吾昔至京，桓尚小兒，而今迫孤，乃至於此！遂發憤而薨矣。」趙一清曰：「兜當作夔。（沈欽韓、潘眉説同。）方輿紀要卷七十八：石門山在歸州巴東縣東北三十五里，山有石徑，深若重門，其下爲石門灘。」謝鍾英曰：「左傳僖公二十六年：楚令尹子玉城夔。服虔曰：在巫之陽，秭歸之鄉。水經注：江水又東南逕夔城南。其地在今歸州東。斬上夔道，即截備上夔城之道。三國志作上兜，係字之譌。」沈欽韓曰：「上當是土，謂削土填道耳。」

〔一〇〕京城見前。

〔一一〕備至京城在建安十三年，桓年十一歲。

〔一二〕建武將軍一人，吴置。

〔一三〕牛渚見孫策傳。

〔一四〕馮本、陳本「俊」作「峻」，誤。

〔一五〕趙一清曰：「薄落圍見徐盛傳。」

〔一六〕何焯曰：「丞，當從晉書本傳作拯。下同。」丁國鈞晉書校文曰：「通鑑攷異引晉春秋作承，文館詞林（百五十六）載有孫承贈陸機詩及機答承詩，當即一人三字，形聲都近，不知孰是。」

〔一七〕顧榮見顧雍傳注，雍孫，爲黄門侍郎。

〔一八〕何焯曰：「如今，御覽作令如。」

〔一九〕涿見魏志盧毓傳。

〔二〇〕晉書孫拯傳：「陸機既爲孟玖等所誣，收拯考掠，兩踝骨見，終不變辭。門生費慈、宰意二人詣獄明拯，拯譬遣之曰：吾義不可誣枉知故，卿何宜復爾！二人曰：僕亦安得負君？拯遂死獄中，而慈、意亦死。」吴士鑑曰：「御覽三百七十二陸機別傳曰：孟玖欺成都王穎曰：陸機司馬孫拯備知機情，可考驗也。穎於是收拯父子五人，考掠備加，踝骨皆脱出，終不誣機。又四百二十引三十國春秋曰：初，機之專征，請孫承爲後軍司馬。至是收承下獄，考捶數百，兩髁骨見，終言機寃。吏知承義烈，謂承曰：二陸之痛，誰不知枉？君何不愛身！承仰天曰：陸君兄弟，今之奇士，有顧於吾，吾危不能濟，死復相誣，非吾徒也。乃夷三族。承門人費慈自詣潁，明承之寃。承喻之曰：吾唯不負二陸，死自吾分，卿何爲爾耶？慈曰：僕又安負君而生乎？固明承寃，玖又疾之，亦並見害。又四百三十八張騭文士傳曰：收承付剌奸獄，考掠千餘，兩髀骨見，終不自誣。獄吏作承服辭謀反狀，成都乃下令夷承三族。」

評曰：夫親親恩義，古今之常；宗子維城，詩人所稱。〔一〕況此諸孫，或贊興初基，或鎮據邊陲，克堪厥任，不忝其榮者乎！故詳著云。

〔一〕詩大雅板之章：「大邦維屏，大宗維翰，懷德維寧，宗子維城。」

吳書七

三國志五十二

張顧諸葛步傳第七

張昭字子布，彭城人也。〔一〕少好學，善隸書，從(自)〔白〕侯子安受左氏春秋，博覽衆書，與琅邪趙昱、〔二〕東海王朗〔三〕俱發名友善。弱冠察孝廉，不就。與朗共論舊君諱事，州里才士陳琳等皆稱善之。〔四〕

時汝南主簿應劭議，〔五〕宜為舊君諱，論者皆互有異同，事在風俗通。〔六〕昭著論曰：「客有見大國之議，士君子之論，云起元建武已來，舊君名諱五十六人，〔七〕以為後生不得協也。取乎經論，譬諸行事，義高辭麗，甚可嘉羨。愚意褊淺，竊有疑焉。蓋乾坤剖分，萬物定形，肇有父子君臣之經。故聖人順天之性，制禮尚敬，在三之義，君實食之，〔八〕在喪之哀，君親臨之，厚莫重焉，恩莫大焉，誠臣子所尊仰，萬夫所天恃，〔九〕焉得而同之哉！然親親有衰，尊尊有殺，故禮服上不盡高祖，下不盡玄孫。又傳記四世而緦麻，服之窮也；五世袒免，降殺同姓也；六世而親屬竭矣。〔一〇〕又曲禮有不逮事之義則不諱，〔一一〕不諱者，蓋名之謂，〔一二〕屬絶之義，不拘於協，況乃古君五十六哉！邾子會盟，〔一三〕季友來歸，〔一四〕不稱其名，咸書字者，是時魯人嘉之也。何解臣子爲君父諱乎？周穆王諱滿，至定王時有王孫滿者，其爲大夫，是臣協君也。又厲王諱胡，及莊王之子名胡，〔一五〕其比衆多。夫類事建議，經有明據，傳有徵案，然後進攻退守，萬無奔北，垂示百世，永無咎失。今應劭雖上尊舊君之名，而下無所斷齊，猶歸之疑云。曲禮之篇，疑事無質，觀省上下，闕義自證，文辭可爲，倡而不法，將來何觀？言聲一放，猶拾瀋也，〔一六〕過辭在前，悔其何追！」

刺史陶謙舉茂才，不應，謙以爲輕己，遂見拘執。昱傾身營救，方以得免。〔一七〕漢末大亂，徐方士民多避難揚土，昭皆南渡江。〔一八〕孫策創業，命昭爲長史、撫軍中郎將，〔一九〕升堂拜母，〔二〇〕如比肩之舊，文武之事，一以委昭。〔二一〕

吳書曰：策得昭甚悦，謂曰：「吾方有事四方，以士人賢者上，〔二二〕吾於子不得輕矣。」乃上爲校尉，待以師友之禮。

昭每得北方士大夫書疏，專歸美於昭。昭欲嘿而不宣，則懼有私；宣之，則恐非宜；進退不安。策聞之，歡笑曰：「昔管仲相齊，一則仲父，二則仲父，而桓公爲霸者宗。〔二三〕今子布賢，我能用之，其功名獨不在我乎！」〔二四〕

〔一〕彭城見魏志武紀建安三年。

〔二〕趙昱事見魏志陶謙傳及注，又見本志劉繇傳。昱就處士東莞綦毋君受公羊傳。

〔三〕朗以通經拜郎中，著易、春秋、孝經、周官傳傳世，見魏志朗傳。

〔四〕陳琳，廣陵人，見魏志王粲傳。彭城、廣陵均屬徐州，故曰州里。

〔五〕應劭事見魏志武紀興平元年注引世語。

〔六〕劭撰風俗通事，見魏志王粲傳注引華嶠漢書。劭議舊君諱事，今本風俗通無之，嚴可均輯本云：「周穆王名滿，晉厲公名州滿，是同名不諱，見春秋成公十年正義。」

〔七〕自光武至東漢末，舊君不得有五十六人。

〔八〕國語晉語：「欒共子曰：民生於三，事之如一。父生之，師教之，君食之。」韋注云：「食，謂祿也。」

〔九〕馮本、毛本「侍」作「待」。

〔一〇〕鄭玄注：「四世共高祖，五世高祖昆弟，六世以外，親盡無屬名。」

〔一一〕禮記曲禮上云：「逮事父母，則諱王父母；不逮事父母，則不諱王父母。」

〔一二〕鄭玄曰：「諱，避也。生者不相避名。衛侯名惡，大夫有石惡，君臣同名，春秋不非。」見曲禮注。

〔一三〕春秋：「魯隱公元年三月，公及邾儀父盟于蔑。」杜注云：「附庸之君，未王命，例稱名，能自通于大國，繼好息民，故書字貴之。」

〔一四〕春秋：「魯閔公元年八月，季子來歸。」杜注云：「季子，公子友之字。季子忠於社稷，爲國人所思，故賢而字之。」

〔一五〕史記周本紀作「莊王子釐王胡齊」。

〔一六〕瀋，汁也。

〔一七〕陶謙病死，子布爲撰哀辭，見魏志陶謙傳注引吳書。當時之敬禮舉主如此，不以拘執爲憾也。

〔一八〕何焯校改「皆」作「偕」。

〔一九〕洪飴孫曰：「撫軍中郎將一人，比二千石，第四品。」

〔二〇〕周壽昌曰：「升堂拜母，語始此。後周瑜傳亦有之。孫策傳注引吳録，吳夫人謂孫策曰：王晟與汝父有升堂見妻之分。升堂見妻，語亦僅見。」

〔一〕孫策傳：「策以彭城張昭等爲謀主。」

〔二〕謂表上也。

〔三〕新序曰：「有司請吏於齊桓公，公曰以告仲父。有司又請，公曰以告仲父。在側者曰：一則告仲父，二則告仲父，易哉爲君。公曰：吾未得仲父則難，已得仲父，曷爲其不易？故王者勞於求賢，佚於得人。」

〔四〕胡三省曰：「策任張昭，昭何足以當管仲？策之斯言，蓋因北方人士書疏，從而歸重耳。英雄胸次，可易測邪？或曰：休休之度，因短成長，爲人上者，皆宜體之。」

策臨亡，以弟權託昭，〔一〕昭率羣僚，立而輔之。〔二〕

吳歷曰：策謂昭曰：「若仲謀不任事者，君便自取之。〔三〕正復不克捷，緩步西歸，亦無所慮。」〔四〕

上表漢室，下移屬城，中外將校，各令奉職。權悲感未視事，昭謂權曰：「夫爲人後者，貴能負荷先軌，克昌堂構，〔五〕以成勳業也。方今天下鼎沸，羣盜滿山，孝廉何得寢伏哀戚，肆匹夫之情哉！」乃身自扶權上馬，陳兵而出，然後衆心知有所歸。昭復爲權長史，授任如前。〔六〕

吳書曰：是時天下分裂，擅命者衆，孫策蒞事日淺，恩澤未洽，一旦傾隕，士民狼狽，頗有同異。及昭輔權，綏撫百姓，諸侯賓旅寄寓之士，得用自安。權每出征，留昭鎮守，領幕府事。後黄巾賊起，昭討平之。權征合肥，命昭别討匡琦，〔七〕又督領諸將，攻破豫章賊率周鳳等於南城。〔八〕自此希復將帥，〔九〕常在左右，爲謀謨臣。權以昭舊臣，待遇尤重。

後劉備表權行車騎將軍，〔一〇〕昭爲軍師。權每田獵，常乘馬射虎，虎常突前，攀持馬鞍。昭變色而前曰：「將軍何有當爾？夫爲人君者，謂能駕御英雄，驅使羣賢，豈謂馳逐於原野，校勇於猛獸者乎？如有一旦之患，柰天下笑何！」權謝昭曰：「年少慮事不遠，以此慚君。」〔一一〕然猶不能已，乃作射虎車，爲方目，閒不置蓋，一人爲御，自於中射之。時有逸羣之獸，輒復犯車，而權每手擊以爲樂。昭雖諫爭，常笑而不答。魏黄初二年，遣使者邢貞拜權爲吴王。〔一二〕貞入門，不下車。昭謂貞曰：「夫禮無不敬，故法無不行。而君敢自尊大，豈以江南寡弱，無方寸之刃故乎！」貞即遽下車。〔一三〕拜昭爲綏遠將軍，〔一四〕封由拳侯。〔一五〕

吴録曰：昭與孫紹、滕胤、鄭禮等，〔一六〕採周漢，撰定朝儀。

權於武昌，臨釣臺，飲酒大醉。〔一七〕權使人以水灑羣臣，〔一八〕曰：「今日酣飲，惟醉墮臺中乃當止耳。」昭正色不言，出外車中坐。權遣人呼昭還，謂曰：「爲共作樂耳，公何爲怒乎？」〔一九〕昭對曰：「昔紂爲糟丘酒池長夜之飲，〔二〇〕當時亦以爲樂，不以爲惡也。」權默然，有慙色，遂罷酒。初，權當置丞相，衆議歸昭。權曰：「方今多事，職統者責重，非所以優之也。」後孫邵卒，百寮復舉昭。權曰：「孤豈爲子布有愛乎？領丞相事煩，〔二一〕而此公性剛，所言不從，怨咎將興，非所以益之也。」〔二二〕乃用顧雍。

〔一〕事見策傳。

〔二〕事見權傳建安五年。

〔三〕或曰：「吴、蜀之主託孤，皆有自取之語。」梁章鉅曰：「此與昭烈付託後主之言，如出一轍。然阿斗昏稚，先主自不失知人之明，而仲謀英勇蓋世，乃兄亦作此語，將誰欺乎？可見當日君臣，都以權術相尚，恐孔明、子布亦早應竊笑矣。」

〔四〕周壽昌曰：「昭之終不得爲相者，正坐此數語耳。權狹中多忌，徒以昭老臣練事，創業功多，恐廢棄則羣情不服，計隱以全終始。觀後案刀而怒之言，豈曾須臾置念哉！異日擁號稱尊，於策不過謚號桓王，並未追尊帝號，待其子孫者亦甚薄，皆由此言横耿於中而不釋。江表傳謂昭之不相因駁肅、瑜等議而然，此猶見其一端，而未測權之險忍也。吾所以於季漢後主之待武侯，而斷其爲賢君也。」弼按：孫權之不滿意於張昭，在昭謂策當以兵屬孫翊，事見翊傳注引典略。周説極是，然亦止見其一端也。

〔五〕尚書大誥曰：「厥子乃弗肯堂，矧肯構。」孔傳云：「以作室喻治政也。父已致法，子乃不肯爲堂基，況肯構立屋乎！」

〔六〕此與孫權傳所載事同而辭異。周瑜傳：「建安五年，策薨，權統事，瑜將兵赴喪，遂留吳，以中護軍與長史張昭共掌衆事。」魯肅傳：「張昭非肅謙下不足，頗訾毁之。」

〔七〕匡琦見魏志卷七陳登傳注引先賢行狀，又見魏志卷二十二陳矯傳注。

〔八〕郡國志：「揚州豫章郡南城。」三國吳改屬臨川郡。一統志：「故城今江西建昌府南城縣東南。」方輿紀要云：「以在豫章郡城之南而名。」

〔九〕監本「帥」作「領」。

〔一〇〕事在建安十四年，見孫權傳。

〔一一〕時權已年三十矣，不爲少也。

〔一二〕魏志程昱傳「昱與中尉邢貞爭威儀」，即此人。

〔一三〕互見徐盛傳。胡三省曰：「觀貞以張昭之言而下車，則其氣已奪矣。」

〔一四〕綏遠將軍見孫瑜傳。潘眉曰：「陸績述玄稱安遠將軍彭城張子布，考雜號有綏遠，無安遠。魏于禁曾爲安遠將軍，或是三國時有此號，今當以綏字爲正。」梁章鉅曰：「建安中，士燮、士徽、魏唐咨、蜀鄧方、王嗣皆曾爲安遠將軍，不止于禁一人，不得謂雜號有綏遠無安遠也。」

〔一五〕由拳，吴黄龍三年改禾興，赤烏五年改嘉興，詳見孫策傳注引吴録注。

〔一六〕趙一清曰：「孫紹即孫長緒，本作劭。」弼按：孫邵事見孫權傳黄武四年注引吴録，鄭禮事見孫權傳赤烏二年注引文士傳。

〔一七〕武昌見孫權傳黄初二年。水經江水注：「武昌郡治南有樊山，北背大江，江上有釣臺，權常極飲其上，曰：墮臺醉乃已。張昭盡言處。」趙一清曰：「方輿紀要卷七十六：樊山下有寒溪，中有蟠龍石，山北背大江，江上有釣臺，即孫權與羣臣會飲處。又有避暑宫，在寒谿上，相傳孫吴所置。釣臺在武昌縣北門外大江中，孫權嘗駐兵於此。又縣有大、小回，乃大江回曲處。在樊口者曰大回，在釣臺下者曰小回。唐元結歌曰：樊水欲東流，大江又北來。樊山當其南，此中爲大回。叢石横大江，人云是釣臺；水石相衝擊，此中爲小回。」

〔一八〕胡三省曰：「醉者以水灑之醒，然後能飲。」

〔一九〕錢大昭曰：「江表傳：初，權與屬多呼其字，惟呼張昭曰公。本傳：權歎曰：使張公在坐，彼不折自廢。又曰：孤與張公言，不敢妄也。又諸葛恪傳：權曰：卿其能令張公詞屈，乃當飲之耳。皆稱爲公。」（顧雍，大帝亦嘗稱公，曰：顧公在坐，令人不樂。）

〔二〇〕胡三省曰：「紂以酒爲池，糟丘足以望一里，一鼓而牛飲者三千人。懸肉爲林，使男女倮逐於其閒，爲長夜之飲。」

〔二一〕官本考證曰：「通鑑領作顧。」弼按：通鑑亦作「領」，官本考證誤。

〔二二〕韓慕廬曰：「真愛張君者。或曰：君臣之閒，護其短而用之，真如骨肉之愛，令人生感。」弼按：孫權始終不滿意於張昭，此皆託詞耳。

權既稱尊號，昭以老病上還官位及所統領。江表傳曰：權既即尊位，請會百官，歸功周瑜。昭舉笏欲褒贊功德，未及言，權曰：「如張公之計，今已乞食矣。」〔一〕昭大慚，伏地流汗。〔二〕昭忠謇亮直，有大臣節，權敬重之。然所以不相昭者，蓋以昔駮周瑜、魯肅等議爲非也。〔三〕

臣松之以爲張昭勸迎曹公，所存豈不遠乎？夫其揚休正色，委質孫氏，誠以厄運初遘，塗炭方始，自策及權，才略足輔，是以盡誠匡弼，以成其業，上藩漢室，下保民物，鼎峙之計，本非其志也。曹公仗順而起，功以義立，冀以清一諸華，拓平荆郢，大定之機，在於此會。若使昭議獲從，則六合爲一，豈有兵連禍結，遂爲戰國之弊哉！雖無功於孫氏，有大當於天下矣。昔竇融歸漢，與國升降；張魯降魏，賞延于世。況權舉全吴，望風順服，寵靈之厚，其可測量哉！然則昭爲人謀，豈不忠且正乎！〔四〕

更拜輔吴將軍，〔五〕班亞三司，改封婁侯，〔六〕食邑萬户。在里宅無事，乃著春秋左氏傳解〔七〕及論語注。〔八〕權嘗問衛尉嚴畯：〔九〕「寧念小時所闇書不？」畯因誦孝經「仲尼居」。〔一〇〕昭曰：「嚴畯鄙生，臣請爲陛下誦之。」乃誦「君子之事上」，咸以昭爲知所誦。〔一一〕

〔一〕胡三省曰：「歸功周瑜，以能拒曹公而成三分之業也。乞食，謂張昭欲迎曹公也。」

〔二〕王懋竑：「白田草堂存稿卷四云：此江表傳之謬也。昭以剛直見憚，權稱爲張公，而不敢字之，何得於衆中公肆摧折？即後按刀責怒之時，亦未嘗及此也。昭之議迎操，乃過爲權計，不欲以孤注一擲，亦用策緩步西歸之言耳。雖爲失策，然未至誤大計。權即尊位，不當追仇前語。昭以師傅自居，於權未嘗有所降屈，何至以一語之故，遂伏地流汗乎？其必不然也明矣！陳志不載而通鑑取之，私所未曉。」弼按：孫權始終不滿意於張昭，説已見前。王説謂迎操不誤大計，殊不謂然。

〔三〕周瑜傳注引江表傳云：「孫權撫周瑜背曰：子布、文表諸人，各顧妻子，挾持私慮，深失所望。」又按周瑜傳載議者勸迎曹公之語，通鑑直書長史張昭等曰，蓋亦以昭爲力主迎曹者。設無孫權拔刀斫案之決心，則與劉琮等耳。然亦賴公瑾、子敬熟權利害，深知彼我，益以程普、黄蓋諸將之猛勇，故能一戰而霸，雄視江東耳。孫權之歸功周瑜，豈無故哉！王懋竑曰：「權初置丞相，衆舉昭，權言非所以優之。及顧雍卒，（弼按：當作及孫邵卒。）衆再舉昭，權又言此公性剛，非所以益之，其語自明，正陳志所云以嚴見憚，以高見外者。江表傳所言，非其實也。」弼按：此爲託詞，説見前。

〔四〕曹操果忠於漢室，則松之之言是也。無如操乃周瑜所謂託名漢相，其實漢賊，迎漢相可也，降漢賊不可也。李安溪曰：「松之言粗有理，恐如此則曹氏革命，不待子桓，昭亦與華歆輩爲魏佐命也，何當輔漢邪？」厲鶚曰：「孫氏初起江東，有會稽、丹陽、豫章、吳郡之地，桓王不幸死於賓客，昭受遺輔政，奉孝廉於戎馬間，犯顔强諫，有大臣風，而位亞三司，不登丞相，權真多忌哉！將毋烏林之戰，昭勸迎操委質，策名之義安在，權之秉衡炯如也。夫昭習春秋、覽羣書，寧不如瑜之知操爲漢賊也？特懾於稚琮以荆土降曹，兵號八十萬，將有水陸席捲之勢，不勝欲保妻子，遂舉討逆、破虜之遺烈，一旦思灰滅之。壽雖不書，江表傳言之詳矣。然壽雖良史，魯肅，吳之鄧禹，謀定鼎足，與武侯埒。乃討祖戡表，斥爲少年麤疏者，昭也。厥後勸迎操者衆，非昭誰倡邪？裴松之以此段爲忠且正，駟其可追邪？使昭之言得行，吳之君臣將稽顙許下，求守舊國之不得，昭烈安能據上游，帝全蜀邪？是操之迎不迎，吳、蜀興亡共之矣。天祐孫、劉以敵曹，故生肅、瑜並時耳。軍旅之事，將軍後酒食之事，將軍先恪之嘲，昭有愧焉。迨公孫淵在遼東，懼魏稱藩，昭策兩使之不返，有如蓍蔡。彼利害不切於身，已所見誠遠。且大以瓦注者巧，以金注者昏，人臣之懷二心，未有如昭者也。壽猶以爲忠謇方直，動不爲己。夫以方盛之吳，而欲折入於魏，彼譙叟將笑之矣。」顧千里曰：「子布輔佐孫氏，其心豈爲漢室？而謂鼎峙非其本志，一何迂也！當時勸權降操，不過謂勢力不敵耳。裴氏諸論多當，而此論特乖剌，亦可怪矣。」劉咸炘曰：「昭本漢末名士，短於智計，本傳不書勸降事，蓋原文諱之。」錢振鍠曰：「裴注論張昭如此，而於諸葛瑾與先主牋云：義旗所指，宜在孫氏。一説水火，豈有立言之值哉！」

〔五〕輔吴將軍一人，吴置。世説排調篇云：「於張輔吴坐中相遇。」劉注引環濟吴紀曰：「張昭忠正有才義，仕吴爲輔吴將軍。」（周壽昌云爲輔將軍，誤。）

〔六〕郡國志：「揚州吴郡婁。」一統志：「故城今江蘇蘇州府崑山縣東北三里。」胡三省曰：「婁，古縣也。前漢屬會稽郡，東漢分屬吴郡，今蘇州崑山縣地。吴以封昭，非真國於婁而君國子民也。」弼按：建安二十四年，封陸遜爲婁侯，破劉備，改封江陵侯，見陸遜傳。至吴黄龍元年，改封張昭爲婁侯。趙一清曰：「寰宇記卷九十：婁湖在昇州江寧縣東南十里，灌田二十餘頃。水入艦澳，通秦淮。方輿紀要卷二十：婁湖，張昭所濬，昭封婁侯，故名。又紀要卷二十四：婁城在今崑山縣治東，孫權封張昭於此。」

〔七〕此本子布少時所學。

〔八〕魏文帝以素書所著典論及詩賦餉孫權，又以紙寫一通與張昭，見魏文紀黄初七年注引吴歷。

〔九〕畯傳見後。

〔一〇〕畯著孝經傳，見本傳。潘眉曰：「孝經正義引古文孝經作仲尼閒居。彼所謂古文，僞古文也。三國時僞書未出，故畯所引仲尼居，無閒字，與説文所引合。居，説文作凥，古今字異耳。近見日本國鄭注孝經，亦作仲尼居，無閒字。」

〔一一〕趙一清曰：「南史王儉傳：齊高帝使陸澄誦孝經，起自仲尼居。儉曰：澄所謂博而寡要，臣請誦之，乃誦君子之事上章。蓋襲張子布事也。」

昭每朝見，辭氣壯厲，義形於色。會以直言逆旨，〔一二〕中不進見。後蜀使來，稱蜀德美，而羣臣莫拒。〔二〕權歎曰：「使張公在坐，彼不折自廢，〔三〕安復自誇乎！」〔四〕明日，遣中使勞問，因請見昭。昭避席謝，權跪止之。昭坐定，仰曰：「昔太后、桓王〔五〕不以老臣屬陛下，而以陛下屬老臣，是以思盡臣節，以報厚恩，使泯没之後，有可稱述。而意慮淺短，違逆聖旨，自分幽淪，長棄溝壑，不圖復蒙引見，得奉帷幄。然臣愚心、所以事國，志在忠益，畢命而已。若乃變心易慮，以偷榮取容，此臣所不能也。」權辭謝焉。

〔一〕宋本「會」作「曾」，通鑑同。

〔二〕通鑑作「羣臣莫能屈」。

〔三〕通鑑「自」作「則」。

〔四〕胡三省曰：「折，屈也。」李奇曰：「廢，失氣也。」晉灼曰：「廢，不收也。」

〔五〕胡三省曰：「太后，謂權母吳氏也。」

權以公孫淵稱藩，遣張彌、許晏至遼東拜淵爲燕王。〔一〕昭諫曰：「淵背魏懼討，遠來求援，非本志也。若淵改圖，欲自明於魏，兩使不反，不亦取笑於天下乎？」權與相反覆，昭意彌切。權不能堪，案刀而怒曰：〔二〕「吳國士人入宮則拜孤，出宮則拜君，孤之敬君，亦爲至矣。而數於衆中折孤，孤嘗恐失計。」〔三〕昭孰視權，〔四〕曰：「臣雖知言不用，每竭愚忠者，誠以太后臨崩，呼老臣於牀下，遺詔顧命之言故在耳。」〔五〕因涕泣横流。權擲刀致地，與昭對泣。然卒遣彌、晏往。昭忿言之不用，稱疾不朝。權恨之，土塞其門，昭又於内以土封之。〔六〕

淵果殺彌、晏。權數慰謝昭，昭固不起，權因出過其門呼昭，昭辭疾篤。權燒其門，欲以恐之，昭更閉户。權使人滅火，住門良久，昭諸子共扶昭起，權載以還宮，深自克責。昭不得已，然後朝會。

習鑿齒曰：張昭於是乎不臣矣。夫臣人者，三諫不從則奉身而退，身苟不絕，何忿懟之有？且秦穆違諫，卒霸西戎；〔七〕晉文暫怒，終成大業。〔八〕遺誓以悔過見録，〔九〕狐偃無怨絶之辭，君臣道泰，上下俱榮。今權悔往之非而求昭，後益迴慮降心，不遠而復，是其善也。昭爲人臣，不度權得道，匡其後失，夙夜匪懈，以延來譽，乃追忿不用，歸罪於君，閉户拒命，坐待焚滅，豈不悖哉！

〔一〕事在吳嘉禾二年。

〔二〕通鑑「刀」作「劍」。

〔三〕胡三省曰：「失計，謂不能容昭而殺之也。」

〔四〕宋本「熟」作「孰」，通鑑同。胡三省曰：「古孰、熟字通。」

〔五〕吳夫人傳：「夫人臨薨，引見張昭等，屬以後事。」

〔六〕胡三省曰：「張昭事吳，有古大臣之節。」

〔七〕左傳僖公三十三年：「晉敗秦師於殽，秦伯鄉師而哭曰：孤違蹇叔，以辱二三子，孤之罪也。」文公三年：「秦伯伐晉，遂霸西戎，用孟明也。」

〔八〕左傳僖公二十三年：「狐偃從重耳在秦。（狐偃，子犯也；重耳，晉文也。）重耳至齊，齊桓公妻之，重耳安之。姜氏與子犯謀，醉而遣之。醒，以戈逐子犯。」

〔九〕秦穆公悔過，作秦誓。

昭容貌矜嚴，有威風。權嘗曰：「孤與張公言，不敢妄也。」舉邦憚之。年八十一，嘉禾五年卒。〔一〕遺令幅巾素棺，〔二〕斂以時服。〔三〕權素服臨弔，謚曰文侯。

典略曰：余曩聞劉荆州嘗自作書欲與孫伯符，以示禰正平。正平蚩之，言：「如是爲欲使孫策帳下兒讀之邪，將使張子布見乎？」如正平言，以爲子布之才高乎？雖然，猶自蘊藉典雅，不可謂之無筆迹也。加聞吴中稱謂之仲父，如此其人，信一時之良幹，恨其不於嵩岳等資，而乃播殖於會稽。〔四〕

長子承，已自封侯，少子休襲爵。

〔一〕子布當生於漢桓帝永壽二年，小孫堅一歲。

〔二〕幅巾，解見魏志武紀建安二十五年注引傅子，又見華歆傳。

〔三〕斂以時服，解見魏志司馬朗傳。

〔四〕袁宏三國名臣序贊曰：「子布擅名，遭時方擾，撫翼桑梓，息肩江表。王略威夷，吴、魏同寶；遂獻宏謀，匡此霸道。桓王之薨，大業未純，把臂託孤，惟賢與親。輟哭止哀，臨難忘身，成此南面，實由老臣。」

昭弟子奮，年二十，造作攻城大攻車，〔一〕爲步騭所薦。昭不願曰：「汝年尚少，何爲自委於軍旅乎？」奮對曰：「昔童汪死難，〔二〕子奇治阿，〔三〕奮實不才耳，於年不爲少也。」遂領兵爲將軍，連有功效，至平州都督，〔四〕封樂鄉亭侯。〔五〕

〔一〕官本考證曰：「下攻字疑衍。」

〔二〕禮記檀弓下云：「公叔禺人與其鄰重汪踦往，（鄭注云：「重當爲童，童，未冠者之稱。姓汪名踦。」）皆死焉。魯人欲勿殤重汪踦，問於仲尼。仲尼曰：能執干戈，以衛社稷，雖欲勿殤也，不亦可乎！」

〔三〕新序曰：「昔子奇年十八，齊君使之治阿，既行矣，悔之，使使追，曰：未至阿及之，還之；已至，勿還也。使者及之而不還。君問其故，對曰：臣見所與共載者，白首也。夫以老者之智，以少者之決，必能治阿矣。是以不還。」

〔四〕趙一清曰：「平州在遼東，此是遥領。」陳景雲曰：「吴無平州，當是半州之誤。吴主子建昌侯慮嘗鎮半州，又大將甘寧、潘璋亦嘗屯此，乃中流重地，故特置都督，如西陵濡須之比也。」紀昀曰：「平州，晉書作半洲，見庾懌、褚裒二傳。元和郡縣志：晉太康十年，分豫章、鄱陽、廬江等郡之地置江州，惠帝分廬江之潯陽、武昌之柴桑置潯陽郡。自東晉元帝至蕭齊，或理半洲。隋改潯陽爲湓城縣。武德五年，復改爲潯陽縣。半洲故城在縣西九十里。吴孫慮出鎮，於此築城云云。據吉甫所志，合之褚裒除江州刺史，鎮半洲，即吴志之半州無疑。」洪飴孫曰：「半州在蘄春尋陽縣，見通典。」一統志：「半洲城在今江西九江府德化縣西。」半州互見薛綜傳。沈家本曰：「州牧、郡守，三國時遥領者甚多，而都督則無遥領者，趙説誤。」

〔五〕樂鄉見孫晧傳鳳皇元年。

承字仲嗣，少以才學知名，與諸葛瑾、步騭、嚴畯相友善。權爲驃騎將軍，辟西曹掾，出爲長沙西部都尉。〔一〕討平山寇，得精兵萬五千人。後爲濡須都督、奮威將軍，〔二〕封都鄉侯，領部曲五千人。承爲人壯毅忠讜，能甄識人物，拔彭城蔡款、南陽謝景於孤微童幼，後並爲國士，款至衛尉，景豫章太守。

吴録曰：款字文德，〔三〕歷位内外，以清貞顯於當世。後以衛尉領中書令，封留侯。〔四〕二子條、機。條，孫晧時位至尚書令、太子少傅；機爲臨川太守。謝景事在孫登傳。

又諸葛恪年少時，衆人奇其英才，承言終敗諸葛氏者元遜也。勤於長進，篤於物類，凡在庶幾之流，〔五〕無不造門。年六十七，赤烏七年卒，〔六〕謚曰定侯。子震嗣。初，承喪妻，昭欲爲索諸葛瑾女，承以相與有好，難之，權聞而勸焉，遂爲婚。

臣松之案：承與諸葛瑾同以赤烏中卒，〔七〕計承年小瑾四歲耳。

生女，權爲子和納之。〔八〕權數令和修敬於承，執子壻之禮。〔九〕震諸葛恪誅時亦死。

〔一〕趙一清曰：「兩漢無長沙西部都尉，疑是吳立。孫亮太平二年，分爲衡陽郡。」弼按：長沙西部都尉爲吳立，詳見孫亮傳太平二年衡陽郡注。

〔二〕潁川周昭稱張承爲奮武將軍，見後步騭傳。

〔三〕錢大昭曰：「周昭論作蔡文至，與吳録互異。」盧明楷曰：「即名求義，作文至於款更協。」

〔四〕郡國志：「徐州彭城國留。」劉昭注引西征記曰：「城中有張良廟。」一統志：「今江蘇徐州府沛縣東南。」弼按：是時吳不能有其地，蓋遥封之耳。

〔五〕錢大昕曰：「王弼以庶幾爲慕聖，何晏解論語亦云：庶幾，聖道。王充論衡云：孔子之門，講習五經，五經皆習庶幾之才也。顧邵傳：自州郡庶幾及四方人士，往來相見。王羲之傳：母兄鞠育，得漸庶幾。蓋魏、晉人好用庶幾字。」論衡超奇篇：「造論助思，極窅冥之深，非庶幾之才，不能成也。」文選吳質與魏太子牋：「抑亦懔懔，有庶幾之心。」李冶敬齋古今黈卷四云：「庶幾者，所謂凡有可以成材者皆是也。」

〔六〕當生於漢靈帝光和元年，長孫權四歲。

〔七〕諸葛瑾傳：「赤烏四年，年六十八卒。」

〔八〕孫和張夫人見妃嬪傳，又見孫和傳。

〔九〕承又有女爲陸抗妻，見陸抗傳注引文士傳。

休字叔嗣，弱冠與諸葛恪、顧譚等俱爲太子登僚友，以漢書授登。〔一〕吴書曰：休進授，指摘文義，分别事物，並有章條。每升堂宴飲，酒酣樂作，登輒降意與同歡樂。休爲人解達，登甚愛之，常在左右。從中庶子轉爲右弼都尉。〔二〕權嘗游獵，迨暮乃歸。休上疏諫戒，權大善之，以示於昭。及登卒後，爲侍中，拜羽林都督，〔三〕平三典軍事，〔四〕遷揚武將軍。爲魯王霸友黨所譖，與顧譚、承俱以芍陂論功事，〔五〕休、承與典軍陳恂通情，詐增其伐，〔六〕並徙交州。中書令孫弘佞僞險詖，〔七〕休素所忿。〔八〕吴録曰：弘，會稽人也。弘因是譖訴，下詔書賜休死，時年四十一。〔九〕

〔一〕孫登傳：「登爲太子，銓簡秀士，以爲賓友。於是諸葛恪、張休、顧譚、陳表以選入，侍講詩書。權欲登讀漢書，使休從張昭受讀，還以受登。」

〔二〕孫登傳：「登爲皇太子，以恪爲左輔，休右弼，譚爲輔正，表爲翼正都尉，是爲四友。」

〔三〕漢志：「羽林中郎將，主羽林郎。」此亦當主宿衛者。

〔四〕吴置中、左、右三典軍，左典軍萬彧，見孫晧傳。

〔五〕芍陂見魏志武紀建安十四年。或曰：按顧譚傳止承與休北征，此處疑衍一譚字。

〔六〕互見顧譚傳注引吴録。

〔七〕孫弘附魯王霸，見孫和傳注引殷基通語。

〔八〕毛本少此四字，誤。

〔九〕芍陂之役，在魏正始二年，即吴赤烏四年。賜休死，通鑑編入魏正始六年，即吴赤烏八年，休當生於建安十年。張昭二十四歲生承，五十一歲生休，承長休二十八歲，故承與諸葛瑾等爲友，休與諸葛恪等爲友也。趙一清曰：「晉書張闓傳：昭曾孫闓，字敬緒，以佐翼元帝勳賜爵丹陽縣侯。以討蘇峻功，由尚書加散騎常侍，賜爵宜陽伯，遷廷尉，拜金紫光禄大夫。」

顧雍字元歎，吴郡吴人也。〔一〕

吴録曰：〔二〕雍曾祖父奉，字季鴻，潁川太守。〔三〕

蔡伯喈從朔方還，嘗避怨於吴，雍從學琴書。〔四〕

江表傳曰：雍從伯喈學，專一清静，敏而易教。伯喈貴異之，謂曰：「卿必成致，今以吾名與卿。」故雍與伯喈同名也。〔五〕

吴録曰：〔六〕雍字元歎，言爲伯喈之所歎，〔七〕故以爲字焉。〔八〕

州郡表薦，弱冠爲合肥長，〔九〕後轉在婁、曲阿、上虞，〔一〇〕皆有治迹。孫權領會稽太守，不之郡，以雍爲丞，行太守事；〔一一〕討除寇賊，郡界寧静，吏民歸服。數年，入爲左司馬。〔一二〕權爲吴王，累遷大理奉常，領尚書令，封陽遂鄉侯，〔一三〕拜侯還寺，〔一四〕而家人不知，後聞乃驚。

〔一〕吴郡治吴，見孫策傳。趙一清曰：「顧炎武顧氏譜系考云：越王句踐七世孫闓君摇，漢封東甌，摇别封其子爲顧余侯，漢初居會稽，爲顧氏。顧族之著，乃自東漢至孫吴時，稱爲四姓。自分會稽爲吴郡，而後三國、晉、宋見於史者，皆吳郡吳人。一清按：文選吳都賦：高門鼎貴，魁岸豪傑，虞、魏之昆，顧、陸之裔。虞、顧、陸三姓，皆見吳書，而魏則無聞。陸機吳趨行：八族未足侈，四姓實名家。注引張勃吳録云：八族，陳、桓、呂、竇、公孫、司馬、徐、傅也；四姓，朱、張、顧、陸也。此四姓爲近之。鼎録曰：「顧雍鑄一鼎，文曰顧元歎鼎，八分書，三足。」弼按：世説賞譽篇曰：「吳四姓舊目云：張文、朱武、陸忠、顧厚。」劉孝標注引吳録士林曰：吳郡有顧、陸、朱、張爲四姓。三國之閒，四姓盛焉。」

〔二〕監本無「曰」字，誤。

〔三〕趙一清曰：「後漢書張霸傳：霸爲會稽太守，表用郡人處士顧奉、公孫松等，奉後爲潁川太守，松爲司隸校尉，並有名稱。又儒林程曾傳：曾還家講授，會稽顧奉等數百人常居門下。」弼按：范書順帝紀：永建四年，分會稽爲吳郡。是吳郡各縣，初屬會稽，故顧奉爲會稽郡人。又按范書黄瓊傳云：自頃徵聘之士胡元安、薛孟嘗、朱仲昭、顧季鴻等，其功業皆無所採，是故俗論皆言處士純盜虛聲。」

〔四〕范書蔡邕傳：「邕字伯喈，陳留圉人。特詔以邕經學深奧，密特稽問，以皁囊封上。邕奏對，帝覽而歎息，因起更衣。曹節於後竊視之，悉宣語左右，其爲邕所裁黜者，皆側目思報。後徙邕朔方，帝嘉其才高，會大赦，宥邕還本郡。邕慮卒不免，乃亡命江海，遠跡吳會，往來依太山羊氏，積十二年在吳。吳人有燒桐以爨者，邕聞火烈之聲，知其良木，因請而裁爲琴，果有美音，而其尾猶焦，故時人名曰焦尾琴焉。」章懷注引張騭文士傳曰：「邕告吳人曰：吾昔常經會稽高遷亭，見屋椽竹東閒第十六可以爲笛，取用果有異聲。」

〔五〕宋本作「故雍與伯喈同名，由此也」。吳本、毛本無「由此」二字。潘眉曰：「雍、邕古字通用。」

〔六〕陳本吳録曰提行，誤。

〔七〕伯喈，各本皆作蔡雍。

〔八〕林國贊曰：「雍母弟徽字子歎，又將誰歎耶？」

〔九〕合肥見魏志武紀建安十三年。趙一清曰：「方輿紀要卷二十六：建安四年，孫策取合肥，以顧雍爲合肥長。五年，曹操表劉馥爲揚州刺史，時揚州獨有九江，馥單馬造合肥，建州治。一清按：自後孫權屢攻合肥不克，遂爲重鎮。太和六年，滿寵更置新城。終吳之世，不能有淮南尺寸之土也。」

〔一〇〕婁縣見張昭傳，曲阿、上虞均見孫策傳。

〔一一〕續百官志：「每郡置太守一人，二千石。丞一人。」孫權傳：「曹公表權爲討虜將軍，領會稽太守，屯吳。使丞之郡，行文書事。」

〔一二〕當爲討虜將軍之左司馬。

〔一三〕晉書地理志：「交州九德郡陽遂。」宋書州郡志：「九德太守，故屬九真，吳分立。陽遠，（弼按：『遠』當作『遂』。）吳立，曰陽成。太康二年更名。」李兆洛曰：「當在今安南國境。」弼按：據宋志，則吳時爲陽成，未知顧雍所封爲今何地，似不應封邊裔之鄉侯也。」

〔一四〕胡三省曰：「寺，官舍也。」潘眉曰：「一切經音義引三倉曰：寺，官寺也。又漢九卿謂之九寺。時雍累遷大理奉常，職在九卿，故曰還寺。」

黄武四年，迎母於吳。既至，權臨賀之，親拜其母於庭，公卿大臣畢會，後太子又往慶焉。雍爲人不飲酒，寡言語，舉動時當。權嘗歎曰：「顧君不言，言必有中。」至飲宴歡樂之際，左右恐有酒失，而雍必見之，是以不敢肆情。權亦曰：「顧公在坐，使人不樂。」其見憚如此。是歲，改爲太常，〔一〕進封醴陵侯，〔二〕代孫邵爲丞相，平尚書事。〔三〕其所選用文武將吏，各隨能所任，心無適莫。〔四〕時訪逮民閒，及政職所宜，輒密以聞。若見納用，則歸之於上；不用，終不宣泄。〔五〕權以此重之。然於公朝有所陳及，辭色雖順而所執者正。〔六〕權嘗咨問得失，張昭因陳聽采聞，〔七〕頗以法令太稠，刑罰微重，宜有所蠲損。權默然，顧問雍曰：「君以爲何如？」雍對曰：「臣之所聞，亦如昭所陳。」於是權乃議獄輕刑。

江表傳曰：權常令中書郎詣雍，〔八〕有所咨訪。若合雍意，事可施行，即與相反覆，〔九〕究而論之，爲設酒食；如不合意，雍即正色改容，默然不言，無所施設，即退告。權曰：「顧公歡悦，是事合宜也；其不言者，是事未平也。孤當重思之。」其見敬信如此。江邊諸將，各欲立功自效，多陳便宜，有所掩襲。權以訪雍，雍曰：「臣聞兵法戒於小利，此等所陳，欲邀功名，而爲其身，非爲國也。陛下宜禁制。苟不足以曜威損敵，所不宜聽也。」權從之。軍國得失，行事可不，自非面見，口未嘗言之。

久之，呂壹、秦博爲中書，典校諸官府及州郡文書。〔一〇〕壹等因此漸作威福，遂造作榷酤障管之利，〔一一〕舉罪糾姦，纖介必聞，重以深案醜誣，毀短大臣，排陷無辜。雍等皆見舉白，用被譴讓。〔一二〕後壹姦罪發露，收繫廷尉，雍往斷獄。壹以囚見，雍和顏色，問其辭狀，臨出，又謂壹曰：「君意得無欲有所道？」〔一三〕壹叩頭無言。時尚書郎懷叙〔一四〕面詈辱壹，雍責叙曰：「官有正法，何至於此！」〔一五〕

江表傳曰：權嫁從女，女顧氏甥，故請雍父子及孫譚，譚時爲選曹尚書，〔一六〕見任貴重。是日，權極歡。譚醉酒，三起舞，舞不知止，雍内怒之。明日召譚，訶責之曰：「君王以含垢爲德，〔一七〕臣下以恭敬爲節。昔蕭何、吴漢並有大功，何每見高帝，似不能言；漢奉光武，亦信恪勤。汝之於國，寧有汗馬之勞，可書之事邪？但階門户之資，遂見寵任耳。何有舞不復知止？雖爲酒後，亦由恃恩忘敬，謙虚不足。損吾家者必爾也！」因背向壁臥，譚立過一時，乃見遣。

徐衆評曰：〔一八〕雍不以吕壹見毁之故，而和顔悦色，誠長者矣。然開引其意，問所欲道，此非也。壹姦險亂法，毁傷忠賢，吴國寒心。自太子登、陸遜以下，切諫不能得，是以潘濬欲因會手劍之，〔一九〕以除國患，疾惡忠主，義形於色。而今乃發起令言，若壹稱枉邪？不申理，則非録獄本旨；若承辭而奏之，吴主儻以敬丞相所言，而復原宥，伯言、承明不當悲慨哉！〔二〇〕懷叙本無私恨，無所爲嫌，故詈辱之，疾惡意耳。惡不仁者，其爲仁也。季武子死，曾點倚其門而歌；〔二一〕子晳創發，子産催令自裁。〔二二〕以此言之，雍不當責懷叙也。〔二三〕

〔一〕趙一清曰：「魏黄初元年，改奉常爲太常，吴朝官制亦如之。蓋孫權奉魏正朔時也。」弼按：權自黄武改年以後，臨江拒守。三年，遂與魏絶。此時已至黄武四年，非遵魏之官制也。」

〔二〕郡國志：「荆州長沙郡醴陵。」水經湘水注：「湘水又北過醴陵縣西。」一統志：「故城今湖南長沙府醴陵縣治。」

〔三〕宋書百官志：「漢武帝世，使左右曹諸吏分平尚書事。昭帝即位，霍光領尚書事。成帝初，王鳳録尚書事。漢東京每帝即位，輒置太傅，録尚書事，薨輒省。録尚書職無不總。」洪飴孫曰：「吴或曰領尚書事，（滕胤傳）或曰平尚書事，（顧雍、顧譚傳）或曰分平尚書事，（劉繇子基傳）或曰省尚書事，（是儀傳）無常員。」

〔四〕胡三省曰：「適，音的。心之所主爲適，心之所否爲莫。」

〔五〕胡三省曰：「宣，明也，布也；泄，漏也。」

〔六〕趙一清曰：「御覽卷四百五十四引梁祚魏國統曰：雍諫權曰：公孫淵未可信，後必悔也。權入禁中，雍後隨之，頓首曰：此國之大事，臣以死爭之。權令左右扶出。」弼按：孫權傳：「舉朝大臣，自丞相雍已下皆諫，以爲淵未可信。」

〔七〕或曰：「采下應有風字。」

〔八〕胡三省曰：「中書郎，魏曰通事郎，晉爲中書侍郎。」

〔九〕通鑑作「即相與反覆」。

〔一〇〕馮本、毛本「諸」作「詣」，誤。「官」作「宮」，宋本作「官」，通鑑同。何焯校本云：「宮指太子諸王，或是官字。」

〔一一〕漢書武帝紀：「天漢三年，初榷酒酤。」如淳曰：「榷，音較。」應劭曰：「縣官自酤榷賣酒，小民不得復酤也。」韋昭曰：「以木渡水曰榷，謂禁民酤釀，獨官開置，如道路設木爲榷，獨取利也。」師古曰：「榷者，步渡橋，爾雅謂之石杠，今之略彴是也。禁閉其事，總利入官，而下無由以得，有若渡水之榷，因立名焉。」韋説、如音是也。酤，音工護反。彴，音酌。」禮記王制篇：「名山大澤不以封。」鄭注云：「名山大澤不以封者，與民同財，不得障管，亦賦税之而已。」正義曰：「既不封諸侯，其諸侯不得障塞管領，禁民取物，民既取物，隨其所取，賦税而已。」梁章鉅曰：「蕭常續後漢書謂王莽設六管之利，酤酒、賣鹽、鐵器、鑄錢、名山、大澤也。此即榷酤障管之利。」

〔一二〕潘濬傳：「時校事呂壹操弄威柄，奏案丞相顧雍、左將軍朱據等，皆見禁止。黄門侍郎謝厷語壹：潘太常常切齒於君。壹大懼，遂解散雍事。」

〔一三〕胡三省曰：「道，言也。」

〔一四〕胡三省曰：「懷姓，叙名。姓譜：無懷氏之後。」

〔一五〕何焯曰：「國體當爾，壹之死，於此益無所展矣。權多猜，不使壹得盡其情，則疑大臣銜前事，而周内之矣。」弼按：此與滿寵之考訊楊彪事相反，而用意相同。

〔一六〕洪飴孫曰：「吴尚書有選曹（見顧譚、薛綜、張温傳）、户曹（見孫休傳）、左曹（見濮陽興傳）、賊曹（見薛綜傳）。」

〔一七〕「王」疑作「上」。

〔一八〕趙一清曰：「衆當作爰。」弼按：解見魏志臧洪傳。

〔一九〕宋本作「是以潘濬欲因會同手劍之」。馮本、毛本作「是以潘濬欲同手劍之」。弼按：潘濬傳：「濬乃大請百寮，欲因會手刃殺壹。」

〔二〇〕陸遜傳：「時中書典校呂壹竊弄權柄，擅作威福。遜與太常潘濬同心憂之，言至流涕。」

〔二一〕禮記檀弓下：「季武子寢疾，及其喪也，曾點倚其門而歌。」鄭注云：「季武子，魯大夫季孫夙也。世爲上卿，强且專政。」周壽昌曰：「據此，則點非但狂直，於季武子有樂其死之心矣。此亦漢經師之訓，有異於今者。」

〔二二〕左傳昭公二年：「鄭公孫黑將作亂，（公孫黑，字子晳。）傷疾作而不果，子産使吏數之曰：『不速死，大刑將至。』」

〔二三〕何焯曰：「引季武子事不倫，不爲子産地異也。呂壹狐鼠，亦非子晳强家怙亂，當急除之，以防他變也。」沈家本曰：「雍之斷獄，蓋得聖人哀矜勿喜之意，衆之所譏，未必是也。懷叙之詈辱，豈官有正法哉！」弼按：何、沈二説均是。沈精法律，所言尤允。

雍爲相十九年，〔一〕年七十六，赤烏六年卒。〔二〕初，疾微時，權令醫趙泉視之，拜其少子濟爲騎都尉。雍聞，悲曰：「泉善別死生，吾必不起，故上欲及吾目見濟拜也。」權素服臨弔，謚曰肅侯。長子邵，早卒；〔三〕次子裕，有篤疾；〔四〕少子濟嗣。無後，絶。永安元年詔曰：「故丞相雍，至德忠賢，輔國以禮，而侯統廢絶，朕甚愍之。其以雍次子裕襲爵爲醴陵侯，以明著舊勳。」

吴録曰：裕一名穆，終宜都太守。〔五〕裕子榮。

晉書曰：〔六〕榮字彦先，爲東南名士，仕吴爲黄門郎，〔七〕在晉歷顯位。〔八〕元帝初鎮江東，以榮爲軍司馬，禮遇甚重。〔九〕卒，表贈侍中、驃騎將軍、儀同三司。〔一〇〕榮兄子禺，字孟著，〔一一〕少有名望，爲散騎侍郎，早卒。

吴書曰：雍母弟徽，字子歎，少游學，有脣吻。〔一二〕孫權統事，聞徽有才辯，召署主簿。嘗近出行，見營軍將一男子至市行刑，問之何罪，云盜百錢，徽語使住。須臾，馳詣闕陳啟：「方今畜養士衆，〔一三〕以圖北虜，視此兵丁壯健兒，且所盜少，愚乞哀原。」權許而嘉之，轉東曹掾。或傳曹公欲東，權謂徽曰：「卿孤腹心，今傳孟德懷異意，莫足使揣之，卿爲吾行。」拜輔義都尉，〔一四〕到北與曹公相見。公具問境内消息，徽應對婉順，因説江東大豐，山藪宿惡，皆慕化爲善，義出作兵。公笑曰：「孤與孫將軍一結婚姻，〔一五〕共輔漢室，義如一家，君何爲道此？」徽曰：「正以明公與主將義固磐石，〔一六〕休戚共之，必欲知江表消息，是以及耳。」公厚待遣還。權問定云何，徽曰：「敵國隱情，卒難探察，然徽潛采聽，方與袁譚交爭，〔一七〕未有他意。」乃拜徽巴東太守，〔一八〕欲大用之，會卒。子裕，字季則，〔一九〕少知名，位至鎮東將軍。雍族人悌，字子通，以孝悌廉正，聞於鄉黨。年十五，爲郡吏，除郎中，稍遷偏將軍。權末年，嫡庶不分，悌數與驃騎將軍朱據共陳禍福，言辭切直，朝廷憚之。待妻有禮，常夜入晨出，希見其面。〔二〇〕嘗疾篤，妻出省之，悌命左右扶起，〔二一〕冠幘加襲，起對，趣令妻還。其貞潔不瀆如此。悌父向，歷四縣令，年老致仕。悌每得父書，常灑埽，整衣服，更設几筵，舒書其上，拜跪讀之。每句應諾，畢，(後)〔復〕再拜。若父有疾耗之問至，則臨書垂涕，聲語哽咽。父以壽終，悌飲漿不入口五日。權爲作布衣一襲，皆摩絮著之，强令悌釋服。悌雖以公議自割，猶以不見父喪，常畫壁作棺柩象，設神座於下，每對之哭泣，服未闋而卒。悌四子：彦、禮、謙、祕。祕，晉交州刺史。〔二二〕祕子衆，尚書僕射。〔二三〕

〔一〕黄武四年至赤烏六年。

〔二〕十一月卒，見孫權傳。當生於漢靈帝建寧元年。袁宏三國名臣序贊曰：「元歎穆遠，神和形檢，如彼白圭，質無塵玷。立行以恒，匡主以漸，清不增潔，濁不加染。」

〔三〕世説雅量篇云：「豫章太守顧邵，是雍之子。邵在郡卒，雍盛集僚屬自圍棋，外啓信至，而無兒書，雖神氣不變，而心了其故，以爪掐掌，血流沾褥。賓客既散，方歎曰：已無延陵之高，豈可有喪明之責？於是豁情散哀，顔色自若。」

〔四〕潘眉曰：「雍次子名裕，母弟徽之子亦名裕，必有一誤。或疑注中子裕即雍次子，是一人。然既云有篤疾，不能襲爵，而又云少知名，位至鎮東將軍，當是兩人也。」弼按：下文裕後襲爵，注引吴録云：裕一名穆，終宜都太守，似與位至鎮東將軍者爲兩人。晉書顧榮傳：「榮父穆，宜都太守」，與吴録合。然注引吴書云：裕字季則，與顧邵之字孝則，似爲昆仲也。周壽昌曰：「裕或因徽子名裕，遂改名穆，而史仍書其初名也。」

〔五〕宜都郡見蜀志先主傳章武二年。

〔六〕湯球輯本王隱晉書云：「裴注此條，未標王隱，姑録俟考。」

〔七〕晉書顧榮傳：「榮爲南土著姓，祖雍，吴丞相；父穆，宜都太守。榮機神朗悟，弱冠仕吴，爲黄門侍郎、太子輔義都尉。吴平，與陸機兄弟同入洛，時人號爲三俊。」世説德行篇云：「顧榮在洛陽，嘗應人請，覺行炙人有欲炙之色，因輟已施焉。同坐嗤之，榮曰：豈有終日執之，而不知其味者乎？後遭亂渡江，每經危急，常有一人左右。已問其所以，乃受炙人也。」劉孝標注引文士傳曰：「榮字彦先，吴郡人。其先越王句踐之支庶，封於顧邑，子孫遂氏焉。世爲吴著姓。大父雍，吴丞相；父穆，宜都太守。榮少朗俊機警，風穎標徹，歷廷尉正。曾在省與同僚共飲，見行炙者有異於常僕，乃割炙以噉之。後趙王倫篡位，其子爲中領軍，逼用榮爲長史。及倫誅，榮亦被執。凡受戮等輩，十有餘人，或有救榮者。問其故，曰：某省中受炙臣也。榮乃悟而歎曰：一餐之惠，恩今不忘，古人豈虚言哉！」初學記十二云：「顧榮少有珪璋，符采朗徹。仕吴，弱冠舉賢良，爲黄門侍郎。當時後進，盡相推謝，稱榮有大才令望。」

〔八〕晉書顧榮傳：「趙王倫篡位，以榮爲大將軍長史。倫敗，齊王冏召爲大司馬主簿，轉中書侍郎，封嘉興伯。轉太子中庶子。長沙王乂召爲驃騎長史，轉成都王穎丞相從事中郎，入兼侍中。惠帝西遷，避亂還吴。陳敏據江東，以爲右將軍，丹陽内史。尋起兵攻敏，事平，復還吴。懷帝徵侍中，不就。」

〔九〕類聚卷七十一云：「顧榮徵拜侍中，見王路塞絶，便乘船而還。過下邳，遂解舫爲單舸，一日一夜行五六百里，遂得免。」御覽卷四百四十五云：「顧榮謂中宗曰：陸士元貞正清貴，金相玉質；甘季思忠款盡誠，加以膽幹殊快；殷慶元質略有明規，文武可施用。榮族兄公讓，明亮守節，困不易操；會稽楊彦明謝，行言皆服膺儒教，足爲民望；賀生沈潛青雲之士，陶恭兄弟才力雖少，實事極佳。凡此諸人，皆南金也。中宗納之。」

〔一〇〕晉書顧榮傳：「榮素好琴，及卒，家人常置琴於靈座。吴郡張翰哭之慟，既而上牀，鼓琴數曲，撫琴而歎曰：顧彦先復能賞此不？因又慟哭，不弔喪主而去。子毗嗣，官至散騎侍郎。」范成大吴郡志云：「陳敏反，南渡江，榮起兵攻敏，敏率萬餘人出，榮以羽扇麾之，皆潰。永嘉初，召拜侍中，禍難方作，輕舟而還。元帝鎮江東，以爲軍司，謀畫皆諮焉。朝野推敬之。卒，官散騎常侍、安東軍司，嘉興伯，贈侍中、驃騎將軍、開府儀同三司，謚曰元。榮經德體道，謀猷洪遠，忠正之節，在困彌厲。」

〔一一〕御覽卷四百五引蘇州志云：「通賢橋東有吴丞相顧雍宅，自雍至孟，名著四代，常居此宅，門無雜賓，投刺攝齊者，不過一時英俊。」范成大吴郡志云：「顧禺字孟著，雍諸孫而榮兄子也。」弼按：蘇州志自雍至孟，或係自雍至禺之誤。

〔一二〕漢書東方朔傳：「朔曰：臣觀其臿齒牙，樹頰胲，吐脣吻，擢項頤，結股脚，連脽尻，遺蛇其迹，行步偊旅。臣朔雖不肖，尚兼此數子者。」蜀志龐統傳注引蔣濟萬機論曰：「樊子昭吐脣吻，自非許文休敵也。」

〔一三〕馮本「土」作「亡」，誤。

〔一四〕輔義都尉一人，吴置。

〔一五〕孫策傳：「曹公以弟女配策小弟匡，又爲子彰取賁女。」

〔一六〕馮本「磐」作「盤」，誤。

〔一七〕此當在建安九年。

〔一八〕巴東郡見魏志武紀建安二十年。趙一清曰：「是時巴漢尚屬劉璋，此亦遥領。」

〔一九〕趙一清曰：「雍次子名裕，徽子不應又名裕，此爲誤也。」

〔二〇〕俞正燮癸巳存稿卷十四云：「漢書朱博傳：博夜寢早起，妻罕見其面。吴志劉繇傳注引吴書云：劉基常夜卧早起，妻妾希見其面。此史傳相襲，不致思之詞。其妻即驕惰，亦不當以婦人日日早寢而晏起，至不見其面也。」

〔二一〕御覽「右」下有「自」字。

〔二二〕文選贈顧交阯公真詩注引晉百官名曰：「交州刺史顧祕，字公真。」

〔二三〕晉書顧衆傳：「衆字長始，驃騎將軍榮之族弟也。父祕，交州刺史。有文武才幹，衆出後伯父早終，事伯母以孝聞。元帝爲鎮東將軍，命爲參軍，以討華軼功，封東鄉侯。辟丞相掾。祕卒交州，州人立衆兄壽爲刺史，尋爲州人所害。衆往交州迎喪，值杜弢之亂，崎嶇六年乃還。除鄱陽太守。王敦搆逆，令衆出軍，以軍期召衆還，聲色甚厲，衆不爲動。蘇峻反，王師敗績，衆還吴，潛圖義舉。吴中人士，同時響應，與賊戰，破之，以功封鄱陽縣伯，還尚書僕射。永和二年卒，謚曰靖。長子昌嗣，爲建康令。第三子會，中軍諮議參軍。時稱美士。」晉書顧和傳：「和字君孝，侍中衆之族子也。曾祖容，吴荆州刺史；祖相，臨海太守。和總角有清操，族叔榮雅重之，曰：此吾家麒麟，興吾宗者，必此子也。王導謂和珪璋特達，機警有鋒，不徒東南之美，實爲海内之俊。咸康初，拜御史中丞，劾奏尚書左丞戴抗贓汙百萬，付法議罪。帝以保母周氏有阿保之功，欲假其名號，内外皆奉詔，和獨上疏，以爲若假名號，記籍未見明比，惟漢靈帝以乳母趙嬈爲平氏君，此末代之私恩，非先代之令典。帝從之。遷尚書僕射，以母老固辭，詔書特聽暮出朝還，其見優遇如此。」

邵字孝則，〔一〕博覽書傳，好樂人倫。〔二〕少與舅陸績齊名，〔三〕而陸遜、張敦、卜靜等皆亞焉。〔四〕

吴録曰：敦字叔方，静字玄風，並吴郡人。敦德量淵懿，清虚淡泊，又善文辭。孫權爲車騎將軍，辟西曹掾，轉主簿，出補海昏令，〔五〕甚有惠化。年三十一，卒。〔六〕卜静終於郯令。〔七〕

自州郡庶幾〔八〕及四方人士，往來相見，或言議而去，或結厚而別，〔九〕風聲流聞，遠近稱之。〔一〇〕權妻以策女。年二十七，起家爲豫章太守。〔一一〕下車祀先賢徐孺子之墓，優待其後；〔一二〕禁其淫祀非禮之祭者。〔一三〕小吏資質佳者，輒令就學，〔一四〕擇其先進，擢置右職，舉善以教，風化大行。初，錢唐丁諝〔一五〕出於役伍，陽羨張秉〔一六〕生於庶民，〔一七〕烏程吴粲、〔一八〕雲陽殷禮〔一九〕起乎微賤，邵皆拔而友之，爲立聲譽。秉遭大喪，親爲制服結絰。邵當之豫章，發在近路，值秉疾病，時送者百數，邵辭賓客曰：「張仲節有疾，苦不能來別，恨不見之。暫還與訣，諸君少時相待。」其留心下士，惟善所在，皆此類也。〔二〇〕諝至典軍中郎，〔二一〕秉雲陽太守，〔二二〕禮零陵太守，〔二三〕

禮子基作通語曰：〔二四〕禮字德嗣，弱不好弄，潛識過人。少爲郡吏，年十九，守吴縣丞。孫權爲王，召除郎中。後與張温俱使蜀，諸葛亮甚稱歎之。稍遷至零陵太守，卒官。

文士傳曰：禮子基，無難督，以才學知名，著通語數十篇。有三子：巨字元大，有才器，初爲吴偏將軍，統家部曲，城夏口。吴平後，爲蒼梧太守。少子祐，字慶元，吴郡太守。

粲太子少傅。世以邵爲知人。在郡五年，卒官。子譚、承云。

〔一〕官本考證曰：「御覽作孝時。」弼按：詩大雅下武之章云：「永言孝思，孝思維則。」與邵字義亦相應，自以作「則」爲是。顧裕字季則，可爲「則」字之證。御覽刊本多誤字，官本考證亦多疏陋也。

〔二〕「人倫」解見蜀志龐統傳。

〔三〕績亦吳郡吳人，後有傳。邵爲績甥，則其母爲陸康之女也。

〔四〕陸遜傳：「遜少孤，隨從祖廬江太守康在官。袁術與康有隙，將攻康，康遣遜及親戚還吳。遜年長於康子績數歲，爲之綱紀門户。」

〔五〕海昏見孫策傳。

〔六〕敦子純，見孫和傳及注引吳録。

〔七〕郯當作剡，見賀齊傳。

〔八〕「庶幾」解見張昭傳。

〔九〕世説品藻篇注引此，作「或諷議而去，或結友而别」。

〔一〇〕蜀志龐統傳：「統送周瑜喪至吳，吳人多聞其名。及當西還，並會昌門，陸績、顧邵、全琮皆往。統曰：陸子可謂駑馬有逸足之力，顧子可謂駑牛能負重致遠也。」世説品藻篇：「顧劭嘗與龐士元宿語，問曰：聞子名知人，吾與足下孰愈？曰：陶冶世俗，與時浮沈，吾不如子；論王霸之餘策，覽倚仗之要害，吾似有一日之長。劭亦安其言。」

〔一一〕豫章郡見孫策傳。

〔一二〕范書徐穉傳：「穉字孺子，豫章南昌人。家貧，常自耕稼，非其力不食。恭儉義讓，所居服其德。屢辟公府，不起。時陳蕃爲太守，以禮請署功曹，穉不免之，既謁而退。蕃在郡不接賓客，唯穉來特設一榻，去則縣之。」世説德行篇：「陳仲舉爲豫章太守，至便問徐孺子所在，欲先看之。主簿白羣情欲府君先入廨。陳曰：武王式商容之閭，席不暇煖，吾之禮賢，有何不可？」豫章記：「徐孺子墓在郡南十四里，曰白社亭。吳嘉禾中，太守長沙徐熙于墓隧種松，太守南陽謝景于墓側立碑。永安中，太守梁郡夏侯嵩于碑邊立思賢亭、松碑亭，今並在。松大合抱，亭世世修治，至今謂之聘君亭。」

〔三〕趙一清曰：「志怪云：顧劭爲豫章，崇學校，禁淫祀，風化大行。歷毁諸廟。至廬山廟，一郡悉諫，不從。夜聞有排大門聲，怪之，忽一人開閤逕前，狀若方相，自說是廬君。劭獨對之，鬼即入坐。劭善左傳，鬼遂與劭談春秋，彌夜不能相屈。劭歎其精辨，謂曰：傳載晉景公所夢大厲者，古今同有是物也。鬼笑曰：今大則有之，厲則不然。燈火盡，劭不命取，乃隨燒左傳以續之。鬼頻請退，劭輒留之。鬼本欲陵劭，劭神氣湛然，不可得乘，鬼反和遜求復廟，言旨懇至。劭笑而不答。鬼發怒而退，顧謂劭曰：今夕不能讐君，三年之内，君必衰矣，當因此時相報。劭曰：何事匆匆，且復留談論。鬼乃隱而不見。視門閤悉閉如故。如期，劭果篤疾，恆夢見此鬼來擊之，並勸復廟。劭曰：邪豈勝正，終不聽。後遂卒。」

〔四〕御覽「令」作「獎」。

〔五〕錢唐見孫堅傳。

〔六〕陽羨見孫權傳。

〔七〕御覽作「民庶」。

〔八〕烏程見孫堅傳。官本「吴」作「吾」。何焯曰：「吴粲即吾粲，庾信作吴明徹墓誌，用吾彦事對吴起，豈吾、吴同邪？古書吾丘壽王多作虞丘，而虞仲亦爲吴仲，則吾、吴通也。」錢大昕曰：「吴、吾音相似，潁川周昭著書，稱吾粲由於牧豎，豫章(楊)〔揚〕其善，以並陸、全之列，謂此也。」

〔九〕雲陽即曲阿，見孫策傳。殷禮事見孫權傳赤烏四年注引漢晉春秋，又見張溫傳、趙達傳。

〔一〇〕或曰：「有憚舉足之勞，而失緇衣之義者，吾惑之。」又曰：「此數事非難行者，然人鮮至焉。中庸不可能，正在爾許。」

〔一一〕吴有典軍，故有典軍中郎。

〔一二〕趙一清曰：「雲陽，丹陽曲阿縣也。豈權既復縣名，又立郡邪？」錢儀吉説同。弼按：雲陽屬吴郡，不屬丹陽，趙説誤。錢大昕曰：「雲陽縣即漢吴郡之曲阿，嘉禾三年更名。其置郡當在嘉禾以後也。晉志叙吴所置郡，不及雲陽，蓋不久即省矣。」洪亮吉曰：「據顧邵傳，張秉爲雲陽太守，則吴時又曾作郡，後旋廢也。」楊守敬説同。

〔一三〕零陵見蜀志先主傳建安十三年。

〔一四〕殷基通語，詳見蜀志費禕傳注。

譚字子默，〔一〕弱冠，與諸葛恪等爲太子四友，從中庶子轉輔正都尉。〔二〕

陸機爲譚傳曰：〔三〕宣太子正位東宫，〔四〕天子方隆訓導之義，妙簡俊彦，講學左右。時四方之傑畢集，太傅諸葛恪等雄奇蓋衆，〔五〕而譚以清識絶倫，獨見推重。自太尉范慎、謝景、楊鑑之徒，〔六〕皆以秀稱其名，而悉在譚下。〔七〕

赤烏中，代恪爲左節度。〔八〕

吴書曰：譚初踐官府，上疏陳事，〔九〕權輟食稱善，以爲過於徐詳。〔一〇〕雅性高亮，不修意氣，或以此望之。〔一一〕然權鑒其能，見待甚隆，數蒙賞賜，特見召請。

每省簿書，未嘗下籌，徒屈指心計，盡發疑謬，下吏以此服之。加奉車都尉。薛綜爲選曹尚書，固讓譚曰：「譚心精體密，貫道達微，才照人物，德允衆望，誠非愚臣所可越先。」後遂代綜。祖父雍卒數月，拜太常，代雍平尚書事。是時魯王霸有盛寵，與太子和齊衡，譚上疏曰：「臣聞有國有家者，必明嫡庶之端，異尊卑之禮，使高下有差，階級踰邈，如此則骨肉之恩生，覬覦之望絶。昔賈誼陳治安之計，論諸侯之勢，以爲勢重雖親，必有逆節之累，勢輕雖疎，必有保全之祚。故淮南親弟，不終饗國，失之於勢重也；〔一二〕吴芮疎臣，傳祚長沙，得之於勢輕也。〔一三〕昔漢文帝使愼夫人與皇后同席，袁盎退夫人之座，帝有怒色。及盎辨上下之儀，陳人彘之戒，帝既悦懌，夫人亦悟。〔一四〕今臣所陳，非有所偏，誠欲以安太子，而便魯王也。」由是霸與譚有隙。時長公主壻衛將軍全琮子寄爲霸賓客，〔一五〕寄素傾邪，〔一六〕譚所不納。先是譚弟承與張休俱北征壽春，全琮時爲大都督，與魏將王淩戰於芍陂，軍不利，魏兵乘勝陷没五營將秦兒軍，〔一七〕休、承奮擊之，遂駐魏師。時琮羣子緒、端〔一八〕亦並爲將，因敵既住，乃進擊之，淩軍用退。時論功行賞，以爲駐敵之功大，退敵之功小，休、承並爲雜號將軍，緒、端偏裨而已。寄父子益恨，共構會譚。

吴録曰：全琮父子屢言芍陂之役，爲典軍陳恂詐增張休、顧承之功，而休、承與恂通情。休坐繫獄，權爲譚故，沈吟不決，欲令譚謝而釋之。及大會，以問譚，譚不謝，而曰：「陛下，讒言其興乎！」

江表傳曰：有司奏譚誣罔大不敬，罪應大辟。權以雍故，不致法，皆徙之。

譚坐徙交州，〔一九〕幽而發憤，著新言二十篇。〔二〇〕其知難篇，蓋以自悼傷也。見流二年，年四十二，卒於交阯。〔二一〕

〔一〕侯康曰：「御覽卷三百八十九引顧譚別傳曰：譚字子嘿，嘗慕賈誼之爲人。身長七尺八寸，少言笑，容貌矜整，有珪璋威重，未嘗失色於物。非其人，或終日不言。」弼按：孫登傳注引江表傳云「子嘿精而很」，亦作子嘿。

〔二〕太子四友及輔正都尉，解見張昭傳。

〔三〕陸機顧譚傳，隋、唐志不著録。

〔四〕孫登謚曰宣太子。

〔五〕宋本「等」作「以」。

〔六〕宋本、元本、馮本楊鑑作羊徽，吳本、毛本作楊鑑，均誤。孫登傳：謝景、范慎、刁玄、羊衜等，皆爲賓客。似以作羊衜爲是。

〔七〕「而」字疑衍。

〔八〕周壽昌曰：「諸葛恪傳注引江表傳曰：權爲吳王，初置節度官，使典掌軍糧，非漢制也。初用侍中偏將軍徐詳，詳死，將用恪。本傳云令守節度，則亦非真拜。恪由此拜撫越將軍，領丹陽太守，譚代恪當是此時。案稱左節度，是尚有右節度也。後世節度之名官，實始於此。」

〔九〕譚議奔喪立科，見孫權傳嘉禾六年。

〔一〇〕徐詳見孫權傳建安二十二年，又見諸葛恪傳注引江表傳。

〔一一〕望，怨也。

〔一二〕史記淮南王傳：「淮南厲王長者，高祖少子也。孝文帝初即位，淮南王自以爲最親，驕蹇數不奉法，上以親故，常寬赦之。厲王有材力，自袖鐵椎，椎辟陽侯。孝文爲親故弗治，赦厲王，厲王益驕恣，不用漢法。丞相張蒼等請處蜀郡嚴道邛郵，淮南王不食死。」

〔一三〕漢書吳芮傳：「芮，秦時番陽令也。項羽以芮率百越佐諸侯，立爲衡山王，上以芮將梅鋗有功，徙爲長沙王。」

〔一四〕史記袁盎傳：「上幸上林，皇后、慎夫人從其在禁中，常同席坐。及坐，郎署長布席，袁盎引卻慎夫人坐，慎夫人怒，不肯坐。上亦怒，起入禁中。盎因前說曰：臣聞尊卑有序，則上下和。今陛下既已立后，慎夫人乃妾，妾主豈可與同坐哉！且陛下幸之，即厚賜之，陛下所以爲愼夫人，適所以禍之。陛下獨不見人彘乎？於是上乃説，召語愼夫人，愼夫人賜盎金五十斤。」

〔一五〕長公主即魯班，字大虎，前配周瑜子循，後配全琮，所謂全公主也。

〔一六〕陸遜傳：「全琮子寄阿附魯王，輕爲交搆。」

〔一七〕孫權傳：赤烏四年四月，遣衛將軍全琮略淮南，琮與魏將王淩戰于芍陂，中郎將秦晃等十餘人戰死。」錢大昕曰：「秦兒當作秦晃。」（潘眉説同。）

〔一八〕通鑑云：「全琮子端、緒與之爭功。」胡三省曰：「端、緒，琮之二子。」弼按：琮長子緒，見琮傳注引吴書，琮從子端，見魏志鍾會傳，通鑑及胡注均誤。

〔一九〕趙一清曰：「御覽卷七百七十五引顧譚别傳曰：譚徙交趾。初，吴以罪徙者皆收家財入官，及下獄，簿其資，唯有犢車一乘，牛數頭，奴婢不滿十人，無尺帛珠金之寶。上聞而嘉之，皆以家財付叔文後。」

〔二〇〕隋書經籍志：「顧子新語十二卷，吴太常顧譚撰。」唐經籍志：「顧子新語五卷，顧譚撰。」藝文志：「顧子新論五卷。注云顧譚。」馬國翰輯本序曰：「吴志本傳云：著新言二十篇。隋志作新語，唐志作新論，皆非原目。今惟太平御覽引數節。又本傳載疏一篇，隋志無譚集，疏當在新言中，如賈誼治安疏在新書，董仲舒天人策在春秋繁露之類，合訂爲卷。」黄以周曰：「馬輯本既據本傳新言二十篇，有知難篇，其叙則據隋志云新言十二篇，篇爲一卷，説更矛盾。馬氏又以本傳所載疏爲知難篇文，御覽所引新言爲顧譚語，此亦未可知之辭也。今姑從其説，以意林所引補之。」

〔二一〕「阯」當作「州」。通鑑吴主徙譚、承、休於交州，編入魏正始六年，即吴赤烏八年。按孫權傳，赤烏四年太子登卒，五年，立子和爲太子，立子霸爲魯王，六年，丞相顧雍卒，七年，以陸遜爲丞相，八年，丞相陸遜卒，十三年，廢太子和，處故鄣，魯王霸賜死。自太子和與魯王霸同宫，禮秩如一，遂爲兩宫交搆之端。而全公主之與太子和母王夫人有隙，尤爲禍亂之本。顧雍、陸遜先後云亡，譚、承兄弟與張休皆勳臣之子，壯年英俊，流徙竄死，曾不少惜。借端於芍陂之役，以遂全主誣罔之譖，孫權暮年昏憒，自貽伊戚，可慨也已。

承字子直，嘉禾中與舅陸瑁俱以禮徵。〔一〕權賜丞相雍書曰：「貴孫子直，令問休休，〔二〕至與相見，過於所聞，爲君嘉之。」拜騎都尉，領羽林兵。後爲吳郡西部都尉，〔三〕與諸葛恪等共平山越，別得精兵八千人，還屯軍章阬，〔四〕拜昭義中郎將，入爲侍中。芍陂之役，拜奮威將軍，出領京下督。數年，與兄譚、張休等俱徙交州，年三十七卒。〔五〕

〔一〕陸瑁爲丞相遜弟。遜傳：遜外生顧譚、顧承、姚信並以親附太子，枉見流徙。是也。顧邵少與舅陸績齊名，顧承又與舅陸瑁同徵，顧、陸兩世婚姻，俱有令子，獨惜譚、承以直臣貶竄，陸遜以憤恚致卒，讒人高張，謂之何哉！

〔二〕尚書秦誓：「其心休休焉。」孔傳云：「其心休休焉樂善。」正義引王肅云：「休休，好善之貌。」

〔三〕趙一清曰：「吳郡西部都尉，漢時未有，亦吳所置。沈約曰：吳時分吳郡無錫以西爲毗陵典農校尉。或先爲西部都尉，後乃更爲典農校尉耳。諸葛瑾傳注引吳書云：新都都尉陳表、吳郡都尉顧承各率所領人會佃毗陵。是其證也。」王先謙曰：「沈志：晉陵太守，吳時分吳郡無錫以西爲毗陵典農校尉，太康二年省校尉，立以爲毗陵郡。洪氏從沈志，以毗陵、武進、雲陽三縣隸毗陵典農，謝氏據吳志書華覈吳郡武進人，韋曜吳郡雲陽人，蓋嘉禾中以顧承爲吳郡西部都尉，其後省都尉并吳郡，故承祚據其終言之。沈志謂太康二年省校尉立毗陵郡，誤矣。今以三縣還屬吳郡。」

〔四〕章阬，宋本作章阮。趙一清曰：「陳武傳亦作章坑。陸機辨亡論作東坑。」（錢儀吉說同。）沈欽韓曰：「呂覽九塞高誘注：冥阨、荆阮、方城皆在楚，章阮當即荆阮，蓋章山也。方輿紀要：内方山在荆門州東百八十里。」弼按：章坑與東坑爲兩地，解見孫晧傳末注引陸機辨亡論。顧承討平山越，還屯軍章阬；陳武爲新安都尉，討平鄱陽亂民，北屯章阬。參合二傳，章坑當在新都之北，丹陽之南，決不遠在荆州也。趙、沈均誤。

〔五〕張休賜死，時年四十一。顧譚、顧承流徙而死，一年四十二，一年三十七，史備書之，深致慨惜。又按顧承妻爲張温中妹，有節行，見温傳注引文士傳。一門忠節，朝野嘉歎，可貴也。

諸葛瑾字子瑜，琅邪陽都人也。〔一〕吴書曰：其先葛氏，本琅邪諸縣人，〔二〕後徙陽都。陽都先有姓葛者，時人謂之諸葛，〔三〕因以爲氏。瑾少游京師，治毛詩、尚書、〔四〕左氏春秋。遭母憂，居喪至孝，〔五〕事繼母恭謹，甚得人子之道。風俗通曰：葛嬰爲陳涉將軍，有功而誅。〔六〕孝文帝追録，封其孫諸縣侯，因并氏焉。此與吴書所説不同。〔七〕漢末避亂江東。〔八〕值孫策卒，孫權姊壻曲阿弘咨〔九〕見而異之，薦之於權，與魯肅等並見賓待。後爲權長史，轉中司馬。〔一〇〕建安二十年，權遣瑾使蜀，通好劉備，〔一一〕與其弟亮俱公會相見，退無私面。

〔一〕陽都見魏志諸葛誕傳。

〔二〕郡國志：「徐州琅邪國諸。」一統志：「故城今山東青州府諸城縣西南三十里。」

〔三〕官本考證曰：「廣韻注作：時人謂徙居者爲諸葛。」

〔四〕或曰：「尚書上疑脱古文二字，于時謂之古學。」

〔五〕諸葛亮傳云：「亮早孤。」

〔六〕史記陳涉世家：「陳勝自立爲將軍，令符離人葛嬰將兵徇齊以東，葛嬰至東城，立襄彊爲楚王。嬰後聞陳王已立，因殺襄彊，還報至陳，陳王誅殺葛嬰。」

〔七〕何焯曰：「孝文時侯者十人，無姓葛者。高祖封樂毅後於一鄉，嬰何功德，而其孫乃食一縣？此風俗通傳聞之謬也。」周壽昌曰：「葛嬰爲陳涉將有功，漢無與也。況亦被誅乎？孝文録封，必不寬濫至此。考功臣表內無之，應氏此言，恐未足信也。」

〔八〕董卓之亂，曹嵩避難琅邪，爲陶謙所害。曹操志在復讎，所過多所殘滅，見魏志武紀興平元年。

〔九〕孫晧傳甘露元年注引吴録曰：「弘璆，曲阿人。弘咨之孫，權外甥也。」（甥當作孫。）

〔一〇〕胡三省曰：「時權署置諸將，有别部司馬，則中司馬者，蓋中軍司馬也。瑾自長史轉中司馬，位任蓋不輕矣。」弼按：孫權傳：建安十四年，劉備表權行車騎將軍，瑾蓋爲車騎將軍之中司馬也。

〔一一〕孫權傳：「建安十九年，權以備已得益州，令諸葛瑾從求荆州諸郡，備不許。」

與權談説諫喻，未嘗切愕，微見風采，粗陳指歸；如有未合，則捨而及他，徐復託事造端，以物類相求，於是權意往往而釋。吴郡太守朱治，權舉將也，〔一〕權曾有以望之，〔二〕而素加敬，難自詰讓，忿忿不解。〔三〕瑾揣知其故，而不敢顯陳，乃乞以意私自問，遂於權前爲書，泛論物理，因以己心遥往忖度之。畢，以呈權。權喜，笑曰：「孤意解矣。顔氏之德，使人加親，〔四〕豈謂此邪？」權又怪校尉殷模，罪至不測。羣下多爲之言，權怒益甚，與相反覆，惟瑾默然。權曰：「子瑜何獨不言？」瑾避席曰：「瑾與殷模等遭本州傾覆，生類殄盡。棄墳墓，攜老弱，披草萊，歸聖化，在流隸之中，蒙生成之福，不能躬相督厲，陳答萬一，至令模孤負恩惠，自陷罪戾，臣謝過不暇，誠不敢有言。」權聞之愴然，乃曰：「特爲君赦之。」

〔一〕朱治傳：「權年十五，治舉爲孝廉。權歷位上將，及爲吳王，治每進見，權常親迎，執版交拜。」

〔二〕梁章鉅曰：「漢書汲黯傳云：黯褊心不能無少望。音義：望，怨也。」趙一清曰：「孫權有望於朱治，殆謂曁豔，見張溫傳。」

〔三〕周壽昌曰：「權之忿治，治傳未載，僅此一見，亦互文見義之法。」

〔四〕梁章鉅曰：「史記仲尼弟子列傳：孔子曰：自吾有回，門人益親。」

後從討關羽，封宣城侯，〔一〕以綏南將軍〔二〕代呂蒙領南郡太守，住公安。〔三〕劉備東伐吳，吳王求和，〔四〕瑾與備牋曰：「奄聞旗鼓來至白帝，〔五〕或恐議臣〔六〕以吳王侵取此州，危害關羽，怨深禍大，不宜答和，此用心於小，未留意於大者也。試爲陛下論其輕重，及其大小。陛下若抑威損忿，蹔省瑾言者，計可立決，不復咨之於羣后也。陛下以關羽之親，何如先帝？〔七〕荆州大小，孰與海内？俱應仇疾，誰當先後？若審此數，易如反掌。」〔八〕

臣松之云：以爲劉后以庸蜀爲關河，〔九〕荆楚爲維翰，〔一〇〕關羽揚兵沔、漢，志陵上國，雖匡主定霸，功未可必，要爲威聲遠震，有其經略。孫權潛包禍心，助魏除害，是爲翦宗子勤王之師，行曹公移都之計，〔一一〕拯漢之規，於兹而止，義旗所指，宜其在孫氏矣。瑾以大義責備，答之何患無辭，且備、羽相與，有若四體，股肱横虧，憤痛已深，豈此奢闊之書所能迴駐哉！載之於篇，實爲辭章之費。

時或言瑾别遣親人與備相聞，權曰：「孤與子瑜有死生不易之誓，子瑜之不負孤，猶孤之不負子瑜也。」

江表傳曰：瑾之在南郡，人有密讒瑾者。此語頗流聞於外，陸遜表保明瑾無此，宜以散其意。權報曰：「子瑜與孤，從事積年，恩如骨肉，深相明究。其爲人非道不行，非義不言。玄德昔遣孔明至吴，〔一二〕孤嘗語子瑜曰：『卿與孔明同産，且弟隨兄，於義爲順，何以不留孔明？孔明若留從卿者，孤當以書解玄德，意自隨人耳。』〔一三〕子瑜答孤言：『弟亮以失身於人，〔一四〕委質定分，義無二心。弟之不留，猶瑾之不往也。』此言足貫神明。〔一五〕今豈當有此乎？孤前得妄語文疏，即封示子瑜，并手筆與子瑜，即得其報，論天下君臣大節、一定之分。孤與子瑜，可謂神交，非外言所間也。知卿意至，輒封來表，以示子瑜，使知卿意。」〔一六〕

黄武元年，遷左將軍，督公安，〔一七〕假節，封宛陵侯。〔一八〕

吴録曰：曹真、夏侯尚等圍朱然於江陵，又分據中州，〔一九〕瑾以大兵爲之救援。瑾性弘緩，推道理，任計畫，無應卒倚伏之術，兵久不解，權以此望之。〔二〇〕及春水生，潘璋等作水城於上流，瑾進攻浮橋，真等退走。〔二一〕雖無大勳，亦以全師保境爲功。〔二二〕

〔一〕宣城見孫策傳。

〔二〕綏南將軍一人，吴置。

〔三〕郡國志：「荆州南郡，治江陵。」吴增僅曰：「洪志：南郡治江陵。今考周瑜領南郡太守，屯江陵。（瑜傳。）及吕蒙襲破荆州，領南郡太守，時江陵未城，（吴志：赤烏十一年始城江陵。）遂住公安。（據蒙傳云蒙發疾時，權在公安，迎置内殿云云可見。）諸葛瑾代蒙亦即住此。（瑾傳。）是後魏人攻圍南郡，皆須渡江。（以夏侯尚、王昶傳觀之可見。）沈志云：吴南郡治江南，又云晉改公安曰江安。通鑑胡注云：晉平吴，以江南之南郡爲南平郡，治江安。參證史志，知吴之南郡，始終治公安也。（諸葛瑾傳注引江表傳：公安靈鼉鳴，童謡有曰南郡城中可長生云云，亦足證南郡治公安也。）」王先謙曰：「江陵，前漢縣，三國吴因。沈志：魏荆州刺史治江陵。（謝云：沈説非是。）通典：吴荆州理江陵。（馬與龍云：吴江陵設督，其荆州牧駐武昌及樂鄉巴丘，見吴志吕岱、諸葛恪等傳，無駐江陵者。）案：江陵屬吴南郡治，晉志：南郡，漢置，首江陵；沈志：南郡太守，下同。吴表引沈志：南平内史，吴南郡治江南。（馬與龍云：沈志言治，皆謂縣地，江南非縣名，亦非地名，南字當即陵字之訛。）又謂吕蒙領南郡太守，住公安。諸葛瑾代蒙，亦住公安。是後魏人攻圍南郡，皆須渡江，知吴之南郡，始終治公安。今考吴志南郡太守惟諸葛瑾住公安，旋遷左將軍，督公安。瑾以前各太守周瑜、魯肅、程普、吕蒙皆治江陵也。吴謂魏攻南郡，皆須渡江，説尤非是。謝云：赤烏九年，朱然城江陵，見孫權傳，有百里洲；董昭傳：夏侯尚攻江陵，欲將步騎入渚中安屯，築浮橋，南北往來。潘璋傳：夏侯尚圍南郡，（按：據此，南郡即江陵，知吴云魏攻南郡皆須渡江之謬。）築浮橋，渡百里洲上。謝云：其地在江陵南、江津戍之西，有中洲。孫權傳：曹真分軍據江陵中洲。張郃傳：夏侯尚擊江陵，郃别督軍渡江。（案：謂渡江至洲上，非謂至南岸。）取洲上屯塢。胡三省云：即百里洲。其洲自枝江縣西至上明，東及江津，江津北岸，即江陵故城。江陵縣志：明嘉靖中，江水衝斷，分爲上百里洲、下百里洲。晉志因。」一統志：「江陵故城，今湖北荆州府江陵縣治。」公安見蜀志劉璋傳。

〔四〕蜀志先主傳：「章武元年，先主忿孫權之襲關羽，遂帥諸軍伐吴，孫權遣書請和，先主盛怒不許。」

〔五〕白帝見蜀志先主傳。

〔六〕郝經續書「議」作「羣」。

〔七〕胡三省曰：「時蜀人傳漢帝已遇害，因稱之爲先帝。」

〔八〕胡三省曰：「諸葛瑾之言，天下之公也。使漢主因此與吴解仇繼好，魏氏其旰食乎！」何焯曰：「及昭烈之時，以大義討賊，則人心尤易於聳動。子瑜之言，至言也。股肱或虧，何痛如之，顧可以先元首乎？後儒謂孫權亦漢賊也，則誠如裴氏所論。又云於此時也，責以犄角討賊，同好棄惡，告諸天地，騰書遠近，爲文祭羽，曉示士衆，旋師北向，身出秦川，若克關中，漢業可復，權即稱藩矣。」弼按：劉、孫之釁，始於關羽之剛愎，吕蒙之圖近功，蔣濟之爲曹操畫策，許割江南以封權。權内憚羽，外欲以爲己功，遂致關羽毀敗，秭歸蹉跌，皆由於此。子瑜之餞，雖爲孫氏釋怨求和，然權衡當日大勢，實爲名論。與趙雲謂國賊是曹操非孫權，當先滅魏，則吴自服，不應置魏，先與吴戰，皆所見者大，惜玄德之不納也。」

〔九〕何焯曰：「關河，謂關中、河内也。」

〔一〇〕詩大雅板之章：「大邦維屏，大宗維翰。」鄭箋云：「爲屏藩垣翰也。」

〔一一〕官本「行」作「紓」。李龍官曰：「當作紓。當日雲長威震華夏，孟德恐懼，欲遷都以避之。今荆州爲權所破，羽死而操安，遷都之計，可以緩也。」

〔一二〕胡三省曰：「蓋謂亮至吴求救時也。」

〔一三〕胡三省曰：「意，自料度也。權自言料度備意，必當相從。」

〔一四〕宋本「失」作「身」，誤。通鑑「以」作「已」。

〔一五〕宋本「此」作「其」，通鑑同。

〔一六〕胡三省曰：「觀孫權君臣之閒，推誠相與，讒閒不行於其閒，所以能保有江東也。」

〔一七〕吴於瀕江要地皆置督。

〔一八〕宛陵見孫策傳。

〔一九〕中州見前南郡治江陵注。是役在吴黄武元年，魏黄初三年，詳見孫權傳。

〔二〇〕魏志夏侯尚傳：「黄初三年，尚率諸軍與曹真共圍江陵，權將諸葛瑾與尚軍對江，瑾渡入江中渚，而分水軍於江中，尚於下流潛渡攻瑾，諸軍夾江燒其舟船，水陸並攻，破之。會大疫，尚引諸軍還。」

〔二一〕潘璋傳：「夏侯尚等圍南郡，作浮橋，渡百里洲上。諸葛瑾、楊粲並會兵赴救，未知所出。魏兵日渡不絶，璋於上流伐葦數百萬束，縛作大筏，欲順流放火，燒敗浮橋，作筏適畢，尚便引退。」

〔一二〕魏明紀：「黄初七年，諸葛瑾圍襄陽，司馬懿擊破之。」本傳未載。

虞翻以狂直流徙，〔一〕惟瑾屢爲之説。翻與所親書曰：「諸葛敦仁，則天活物，比蒙清論，有以保分。〔二〕惡積罪深，見忌殷重，雖有祁老之救，德無羊舌，解釋難冀也。」〔三〕

〔一〕虞翻傳：「翻數犯顔諫爭，權不能悦，又性不協俗，多見謗毀。權積怒非一，遂徙翻交州。」

〔二〕官本考證曰：「保分，册府作保全。」

〔三〕左傳襄公二十一年：「范宣子囚叔向，於是祁奚老矣，聞之，乘馹而見宣子曰：夫謀而鮮過，惠訓不倦者，叔向有焉，社稷之固也，猶將十世宥之，以勸能者。宣子説，以言諸公而免之。不見叔向而歸，叔向亦不告免焉而朝。」杜注：「羊舌肸，叔向也。」

瑾爲人有容貌思度，〔一〕于時服其弘雅。權亦重之，大事咨訪。又别咨瑾曰：〔二〕「近得伯言表，〔三〕以爲曹丕已死，毒亂之民，當望旌瓦解，而更靜然。聞皆選用忠良，寬刑罰，布恩惠，薄賦省役，以悦民心，〔四〕其患更深於操時。孤以爲不然。操之所行，其惟殺伐小爲過差，及離閒人骨肉，以爲酷耳。至於御將，〔五〕自古少有。比之於操，〔六〕萬不及也。今叡之不如丕，猶丕不如操也。其所以務崇小惠，必以其父新死，自度衰微，恐困苦之民一朝崩沮，故彊屈曲以求民心，欲以自安住耳，寧是興隆之漸邪！聞任陳長文、曹子丹輩，〔七〕或文人諸生，或宗室戚臣，寧能御雄才虎將以制天下乎！夫威柄不專，則其事乖錯，如昔張耳、陳餘，非不敦睦，至於秉勢，自還相賊，乃事理使然也。〔八〕又長文之徒，昔所以能守善者，以操笮其頭，〔九〕

畏操威嚴，故竭心盡意，不敢爲非耳。逮丕繼業，年已長大，承操之後，以恩情加之，用能感義。今叡幼弱，隨人東西，此曹等輩，必當因此弄巧行態，阿黨比周，各助所附。如此之日，姦讒並起，更相陷懟，轉成嫌貳。一爾已往，〔一〇〕羣下爭利，主幼不御，其爲敗也焉得久乎！所以知其然者，自古至今，安有四五人把持刑柄，而不離刺轉相蹄齧者也？彊當陵弱，弱當求援，此亂亡之道也。〔一一〕子瑜，卿但側耳聽之，伯言常長於計校，恐此一事小短也。」〔一二〕

臣松之以爲魏明帝一時明主，政自己出，孫權此論，竟爲無徵，而史載之者，將以主幼國疑，威柄不一，亂亡之形，有如權言，宜其存録，以爲鑒戒。或當以雖失之於明帝，而事著於齊王，齊王之世，可不謂驗乎！不敢顯斥，抑足表之微辭。〔一三〕

〔一〕諸葛恪傳：「恪父瑾，面長似驢。」
〔二〕劉咸炘曰：「特載此書，亦互見之法。」
〔三〕陸遜，字伯言。
〔四〕趙一清曰：「晉書楊駿傳：駿自知素無美望，懼不能輯和遠近，乃依魏明帝即位故事，遂大開封賞，欲以悦衆。則知曹叡嗣統之初，曲媚人情，宜其見輕於敵國也。」
〔五〕宋本、毛本「御將」作「將御」，誤。
〔六〕何焯校改「比」作「丕」。
〔七〕陳羣字長文，曹真字子丹。魏文帝疾篤，召曹真、陳羣、曹休、司馬懿受遺詔，輔嗣主。
〔八〕史記張耳陳餘列傳：「太史公曰：張耳、陳餘，始居約時，相然信以死，豈顧問哉！及據國爭權，卒相滅亡，何鄉者相慕之用誠，後相倍之戾也？豈非以利哉！」(素)〔索〕隱述贊曰：「張耳、陳餘，天下豪俊，忘年羈旅，刎頸相信。耳圍鉅鹿，餘兵不進，張既望深，陳乃去印，勢利傾奪，隙末成釁。」

〔九〕沈欽韓曰：「一切經音義：笮，猶壓也。」

〔一〇〕官本「二」作「自」。

〔一一〕朱邦衡曰：「此必指斥仲達，乃爲切中，承祚在晉，特爲隱其詞耳。」

〔一二〕此書叙在權稱尊號之前，當在吳黄武六、七年，魏太和元、二年。

〔一三〕陳本「足」作「聊」。曹叡託孤仲達，魏以是亡。

權稱尊號，拜大將軍、左都護，〔一〕領豫州牧。〔二〕及呂壹誅，權又有詔切磋瑾等，語在權傳。瑾輒因事以答，辭順理正。瑾子恪，名盛當世，權深器異之；然瑾常嫌之，謂非保家之子，每以憂戚。〔三〕

吳書曰：初，瑾爲大將軍，而弟亮爲蜀丞相，二子恪、融皆典戎馬，督領將帥，族弟誕又顯名於魏，一門三方爲冠蓋，天下榮之。〔四〕瑾才略雖不及弟，而德行尤純。妻死，不改娶，有所愛妾，生子不舉，其篤慎皆如此。〔五〕

赤烏四年，年六十八卒。〔六〕遺命令素棺、斂以時服，事從省約。〔七〕恪已自封侯，〔八〕故弟融襲爵，〔九〕攝兵業，〔一〇〕駐公安。〔一一〕

吳書曰：融字叔長，生於寵貴，少而驕樂，學爲章句，博而不精。性寬容，多技藝，數以巾褐奉朝請，後拜騎都尉。赤烏中，諸郡出部伍，新都都尉陳表、〔一二〕吳郡都尉顧承各率所領人會佃毗陵，〔一三〕男女各數萬口。表病死，權以融代表，〔一四〕後代父瑾領攝。融部曲吏士親附之，疆外無事。〔一五〕秋冬則射獵講武，春夏則延賓高會，休吏假卒，或不遠千里而造焉。每會，輒歷問賓客，各言其能，乃合榻促席，量敵選對，或有博弈，或有摴蒲，投壺弓彈，部別類分。於是甘果繼進，〔一六〕清酒徐行，融周流觀覽，終日不倦。融父兄質素，雖在軍旅，身無采飾；而融錦罽文繡，獨爲奢綺。孫權薨，徙奮威將軍。後恪征淮南，假融節，令引軍入沔，以擊西兵。恪既誅，遣無難督施寬就將軍施績、孫壹、全熙等取融，融卒聞兵士至，惶懼猶豫，不能決計。兵到圍城，飲藥而死，三子皆伏誅。

江表傳曰：先是公安有靈鼉鳴，童謠曰：「白鼉鳴，龜背平，南郡城中可長生，守死不去義無成。」及恪被誅，融果刮金印龜，服之而死。

〔一〕陸遜傳：「黃龍元年，拜上大將軍、右都護。」是遜與瑾同時並拜，一爲上大將軍，一爲大將軍，一爲右都護，一爲左都護也。胡三省曰：「吴於大將軍之上，復置上大將軍。」洪飴孫曰：「吴黃龍元年，初置上大將軍，又置大將軍，後皆並設。韋昭辨釋名曰：大將軍，位在三公上。」弼按：吴置左右都護，洪氏三國職官表失載。

〔二〕洪飴孫曰：「黃龍元年，與蜀約參分天下，以豫、青、徐、幽屬吴，故四州置州牧遥領之。諸葛瑾、陸凱豫州，朱桓青州，賀齊、丁奉徐州，孫韶幽州。案以此年之約，故領兗州牧朱然，領冀州牧步騭，皆以地在蜀分，共解牧職。乃永安三年，陸抗即爲益州牧，則亦未能如約矣。」

〔三〕諸葛恪傳：「瑾歎曰：恪不大興吾家，將大赤吾族也。」

〔四〕世説品藻篇云：「瑾弟亮及從弟誕，並有盛名，各在一國。於時以爲蜀得其龍，吴得其虎，魏得其狗。」弼按：以公休之忠，不得謂之狗，世說之評，未爲允也。

〔五〕何焯曰：「生子不舉，此非人情，果崇不邇之德，無姬侍可也。」顧千里曰：「裴氏謂瑾之才略不及弟，而德行尤純。吾恐德行亦不及弟，即如出處一節，瑾能待三顧而出者邪？」弼按：裴引吳書，非裴說也。

〔六〕閏六月卒，見孫權傳。何焯曰：「天不祚漢，武侯不同乃兄之壽。」弼按：瑾當生於漢靈帝熹平三年（長孫策一歲），弟亮生於漢靈帝光和四年（與孫權同歲），瑾長亮七歲。亮卒於蜀建興十二年，即吳嘉禾三年，年五十四。先瑾九年而死，惜哉！

〔七〕袁宏三國名臣序贊曰：「子瑜都長，體性純懿，諫而不犯，正而不毅。將命公庭，退忘私位，豈無鶺鴒，固慎名器。」

〔八〕恪出山民功，封都鄉侯，見恪傳。

〔九〕襄宛陵侯。

〔一〇〕胡三省曰：「攝，領也，承也。領父之兵，承父之業也。」

〔一一〕瑾女爲張承妻，見前張昭傳。

〔一二〕新都郡見孫權傳赤烏六年。

〔一三〕郡國志：「揚州吳郡毗陵，季札所居，北江在北。」劉昭注：（引）「越絶曰：縣南城在荒連上湖中冢者，季子冢也，名延陵墟。」皇覽曰暨陽鄉。」晉志改屬毗陵郡。一統志：「故城今江蘇常州府武進縣治。」洪亮吉以毗陵典農校尉爲即吳郡西部都尉，説誤，解見顧承傳。

〔一四〕代陳表爲新都都尉也。

〔一五〕何焯曰：「融部曲以下十二字，疑係承祚本文，連下秋冬。」弼按：此十二字作正文或作注文，當衍「融」字。

〔一六〕宋本「經」作「繼」。

步騭字子山，臨淮淮陰人也。〔一〕

吳書曰：晉有大夫楊食采於步，〔二〕後有步叔，與七十子師事仲尼。〔三〕秦漢之際，有爲將軍者，以功封淮陰侯，騭其後也。〔四〕

世亂，避難江東，單身窮困，與廣陵衛旌同年相善，俱以種瓜自給，晝勤四體，夜誦經傳。〔五〕

吳書曰：騭博研道藝，靡不貫覽。性寬雅沈深，能降志辱身。

〔一〕漢書地理志：「臨淮郡淮陰。」郡國志：「徐州下邳國淮陰。」劉昭注：「武帝置臨淮郡，永平十五年更爲下邳國。淮陰下鄉有南昌亭，韓信寄食處。」宋書州郡志：「臨淮太守淮陰令，前漢屬臨淮，後漢屬下邳。晉太康地志屬廣陵。」胡三省曰：「魏廣陵郡治淮陰。」謝鍾英曰：「吳志步騭、步夫人傳並云臨淮淮陰人，蓋仍舊言之。」又曰：「晉志：漢章帝以臨淮合下邳。太康元年，以下邳縣在淮南者置臨淮郡。荀凱傳又云：咸熙中，封臨淮侯。係史家駁文。胡三省據之，遂謂魏徐州有臨淮郡，誤矣。」一統志：「淮陰故城，今江蘇淮安府清河縣南。」謝鍾英曰：「今淮安府山陽縣西北四十里。」

〔二〕通志氏族略：「步氏姬姓，晉公族郤氏之後。步楊食采於步，遂以爲氏。」胡三省曰：「姓譜：晉有步楊，食采于步，因氏焉。」

〔三〕史記仲尼弟子列傳：「步叔乘，字子車。」鄭玄曰：「齊人。」

〔四〕沈家本曰：「漢功臣表無姓步者。」

〔五〕避難而能敏學，真不可及。

會稽焦征羌，郡之豪族，〔一〕

吴録曰：征羌名矯，嘗爲征羌令。〔二〕

人客放縱。騭與旍求食其地，懼爲所侵，乃共修刺奉瓜，以獻征羌。征羌方在内臥，駐之移時，旍欲委去，騭止之曰：「本所以來，畏其彊也；〔三〕而今舍去，欲以爲高，祇結怨耳。」良久，征羌開牖見之，身隱几坐帳中，設席致地，坐騭、旍於牖外。旍愈恥之，騭辭色自若。征羌作食，身享大案，殽膳重沓，以小盤飯與騭、旍，惟菜茹而已。旍不能食，騭極飯致飽，乃辭出。旍怒騭曰：「何能忍此！」騭曰：「吾等貧賤，是以主人以貧賤遇之，固其宜也，當何所恥？」〔四〕

吴録曰：衛旍字子旗，官至尚書。

〔一〕錢大昭曰：「史家叙事，例得稱名，志中如蔡伯喈（邕）、劉子奇（陶）、司馬德操（徽）、宋仲子（忠）、劉伯安（虞）、許文休（靖）、任定祖（安）、秦子勅（宓）之類，不可枚舉，此又稱其官，更非史例。臧洪傳稱劉兖州公山（岱）、孔豫州公緒（伷），則又官字並舉，尤爲變格也。」劉咸炘曰：「征羌二字，亦未及改。」

〔二〕郡國志：「豫州汝南郡征羌。」一統志：「今河南許州郾城縣東南。」

〔三〕馮本「畏」作「長」，誤。

〔四〕此真飽經世態，識透人情之語，大有韓信忍辱袴下之風。同産淮陰，習聞有自。追斬徇吴巨，賓服南土，又與韓信之國士無雙、一軍皆驚者何異？或曰：「步騭與衛旍不能無大小之分，然所界甚微，易致失足。一失足則廉恥盡矣。寧學衛旍，無效步騭。」

孫權爲討虜將軍，〔一〕召騭爲主記，

吴書曰：歲餘，騭以疾免。與琅邪諸葛瑾、彭城嚴畯俱游吴中，並著聲名，爲當時英俊。除海鹽長。〔二〕還辟車騎將軍東曹掾。〔三〕

吴書曰：權爲徐州牧，以騭爲治中從事，舉茂才。

建安十五年，出領鄱陽太守。〔四〕歲中，徙交州刺史、立武中郎將，〔五〕領武射吏千人，便道南行。明年，追拜使持節、征南中郎將。〔六〕劉表所置蒼梧太守吴巨〔七〕陰懷異心，外附内違。騭降意懷誘，請與相見，因斬徇之，威聲大震。士燮兄弟，相率供命，南土之賓，自此始也。〔八〕益州大姓雍闓等殺蜀所署太守正昂，〔九〕與燮相聞，求欲内附。騭因承制遣使宣恩撫納，〔一〇〕由是加拜平戎將軍，〔一一〕封廣信侯。〔一二〕

〔一〕孫權傳：「建安五年，曹操表權爲討虜將軍。」

〔二〕海鹽見孫權傳赤烏五年。

〔三〕孫權傳：「建安十四年，劉備表權行車騎將軍，領徐州牧。」

〔四〕鄱陽郡見孫權傳建安八年。

〔五〕立武中郎將一人，吴置。

〔六〕征南中郎將一人，吴置。

〔七〕蒼梧見魏志陶謙傳。

〔八〕互見士燮傳。趙一清曰：「水經泿水注引王氏交廣春秋曰：建安十六年，吴遣臨淮步騭爲交州刺史，將武吏四百人之交州，道路不通。蒼梧太守長沙吴巨擁衆五千，騭有疑於巨，先使諭巨，巨迎之於零陵，遂得進州。巨既納騭，而後有悔，騭以兵少，恐不存立。巨有都督區景，勇略與巨同，士爲用。騭惡之，陰使人請巨，巨往告景，勿詣騭。騭請不已，景又往，乃於廳事前中庭俱斬，以首狥衆。」又曰：「騭殺吴巨、區景，使嚴舟船，合兵二萬，下取南海。蒼梧人衡毅、錢博、宿巨部伍興軍，逆騭於蒼梧高要峽口，兩軍相逢，於是遂交戰，毅與衆投水死者千有餘人。」清案：錢博後降於吕岱，見岱傳。水經注又引鄧德明南康記曰：「昔有盧耽仕州爲治中，少棲仙術，善解雲飛，每夕輒淩虚歸家，曉則還州。嘗於元會至朝，不及朝列，化爲白鵠，至闕前迴翔欲下，威儀以石擲之，得一隻履。耽驚還就列，内外左右莫不駭異。時步騭爲廣州，意甚惡之，便以狀聞，遂至誅滅。」侯康曰：「本傳云：騭爲交州，南康記作廣州者，據其後名之。蓋步騭爲交州在建安十六年，其時交州治番禺；後因吕岱之請，分交州置廣州，交州治龍編，廣州治番禺。然則步騭時之交州，即後來之廣州也。」

〔九〕互見蜀志後主傳建興元年注。

〔一〇〕互見士燮傳。

〔一一〕平戎將軍一人，吴置。

〔一二〕蒼梧郡治廣信，見魏志陶謙傳。

延康元年，〔一〕權遣吕岱代騭，騭將交州義士萬人出長沙。會劉備東下，武陵蠻夷蠢動，〔二〕權逆命騭上益陽。〔三〕備既敗績，而零、桂諸郡〔四〕猶相驚擾，處處阻兵。騭周旋征討，皆平之。黄武二年，遷右將軍左護軍，〔五〕改封臨湘侯。〔六〕五年，假節，徙屯漚口。〔七〕

〔一〕沈家本曰：「范書獻紀書建安二十五年，而不冠延康於歲首。觀此稱延康元年，則當時海内實遵用之。」

〔二〕蜀志先主傳：「章武元年（魏黄初二年），先主軍次秭歸，武陵五谿蠻夷遣使請兵。」

〔三〕官本「逆」作「遂」。考證云：「監本訛作逆，今改正。」沈家本曰：「上文云騭將交州義士萬人出長沙，是騭猶在道也。

權遣使逆而命之，則作逆自通，不必改字。」

〔四〕長沙、武陵、零陵、桂陽均見蜀志先主傳建安十三年，益陽見先主傳建安十九年。

〔五〕洪飴孫曰：「吳置中、左、右護軍各一人。」弼按：詳見周瑜傳。

〔六〕長沙郡治臨湘。

〔七〕呂岱傳：「黄龍三年，岱屯長沙漚口。」謝鍾英曰：「地缺。」

權稱尊號，拜驃騎將軍，領冀州牧。是歲，都督西陵，〔一〕代陸遜撫二境；〔二〕頃以冀州在蜀，分解牧職。〔三〕時權太子登駐武昌，愛人好善，與騭書曰：「夫賢人君子，所以興隆大化，佐理時務者也。受性闇蔽，不達道數，雖實區區〔四〕欲盡心於明德，歸分於君子，至於遠近士人，先後之宜，猶或緬焉，未之能詳。〔五〕傳曰：『愛之能勿勞乎？忠焉能勿誨乎？』〔六〕斯其義也，豈非所望於君子哉！」騭於是條于時事在荆州界者，〔七〕諸葛瑾、陸遜、朱然、程普、潘濬、裴玄、夏侯承、衛旌、〔八〕李肅、

吳書曰：肅字偉恭，南陽人。少以才聞，善論議，臧否得中，甄奇録異，薦述後進，題目品藻，曲有條貫，衆人以此服之。〔九〕權擢以爲選舉，號爲得才。〔一〇〕求出補吏，爲桂陽太守，吏民悦服。徵爲卿，會卒，知與不知，並痛惜焉。

周條、石幹十一人，甄別行狀。〔一一〕因上疏奬勸曰：「臣聞人君不親小事，百官有司各任其職。故舜命九賢，〔一二〕則無所用心，彈五弦之琴，詠南風之詩，〔一三〕不下堂廟，而天下治也。齊桓用管仲，被髮載車，〔一四〕齊國既治，又致匡合。〔一五〕近漢高祖擥三傑，以興帝業；〔一六〕西楚失雄

俊，以喪成功。〔一七〕汲黯在朝，淮南寢謀；〔一八〕郅都守邊，匈奴竄迹。〔一九〕故賢人所在，折衝萬里，〔二〇〕信國家之利器，崇替之所由也。方今王化未被於漢北，河、洛之濱，尚有僭逆之醜，誠擥英雄拔俊任賢之時也。願明太子重以經意，則天下幸甚！」

〔一〕西陵見孫晧傳鳳皇元年。胡三省曰：「吴保江南，凡邊要之地皆置督，獨西陵稱都督。以國之西門，統攝要重也。杜佑云：西陵今夷陵郡。」洪飴孫曰：「吴於瀕江要地，皆置都督，權輕者但稱督。」

〔二〕孫權傳：「黄龍元年，權遷都建業，徵陸遜輔太子登，掌武昌留事。」

〔三〕解見諸葛瑾傳。

〔四〕宋本「區區」作「軀軀」，誤。

〔五〕錢大昭曰：「緬猶泯也。言泯泯焉，未能詳。」沈欽韓曰：「廣韻：緬，遠也。韋昭楚語注：緬，猶邈也。」弼按：魏志夏侯尚傳：緬緬紛紛，未聞整齊。尚書吕刑篇：泯泯棼棼。逸周書祭公篇：汝無泯泯芬芬。錢、沈二説皆通。

〔六〕此論語憲問篇之辭。蘇氏曰：「愛而勿勞，禽犢之愛也；忠而勿誨，婦寺之忠也。愛而知勞之，則其爲愛也深矣；忠而知誨之，則其爲忠也大矣。」

〔七〕宋、元本「事」下有「業」字，通鑑同。嚴衍曰：「詳味上文語意，及下文疏中大指，似騭於太子别無所以啓誨，但條列時賢姓名與其行狀，以教之任賢使能而已，不必身親小事也。但條于時事四字，於下文不貫；疑于字當作列字，事字當作士字，則上下文明暢矣。想通鑑求其説而不得，乃於事字下增一業字，又於者字下删去十一人姓名，而易其辭曰及諸寮吏行能以報之，似分時事與薦賢爲二事矣。恐與疏意不合。」

〔八〕諸葛瑾時督公安，陸遜、潘濬俱駐武昌，掌留事，朱然鎮江陵，各見本傳。衛旌官武陵太守，見潘濬傳注引江表傳，此皆在荆州界者。裴玄見嚴畯傳，夏侯承未詳。陳景雲曰：「騭所條上諸臣，皆當時有聲績於荆州者。程普之卒，在吴主稱尊號前，不應亦列其中，恐傳録誤也。時吕岱在荆州，其名迹亦葛、陸之儔，蹔獨遺之，爲不可曉。或程普乃吕岱之譌，如魏志夏侯惇傳中以雲長爲吕布也。」

〔九〕孟宗從李肅學，見孫晧傳建衡三年注引吴録。

〔一〇〕何焯曰：「以爲下，御覽有選曹尚書四字。」

〔一一〕周壽昌曰：「甄別二字昉此，此即後世甄別官員之法。」

〔一二〕胡三省曰：「舜命九官，禹作司空，宅百揆；契作司徒，棄后稷，皋陶作士，益作朕虞，垂共工，夷作秩宗，龍作納言，夔典樂。」

〔一三〕尸子曰：「帝舜彈五弦之琴，以歌南風。其詩曰：南風之薰兮，可以解吾民之愠兮；南風之時兮，可以阜吾民之財兮。」禮記疏曰：「南風，孝子之詩。舜以教天下之孝。」琴清英曰：「舜彈五弦之琴，而天下治。堯加二弦，以合君臣之恩也。」

〔一四〕沈欽韓曰：「韓非子外儲説右下：桓公之霸也，内事屬鮑叔，外事屬管仲。桓公被髮而御婦人，日游於市。論衡書虚篇：桓公負婦人而朝諸侯。説苑：鮑叔言桓公姪娣不離懷袵。此皆襄公下流之謗，而集於桓公耳。」

〔一五〕論語：「齊桓公九合諸侯，一匡天下。」

〔一六〕錢大昭曰：「漢三傑之稱始此，謂蕭何、韓信、張良也。」

〔一七〕史記項羽本紀：「項王疑范增與漢有私，稍奪之權。范增大怒曰：天下事大定矣，君王自爲之，願賜骸骨歸卒伍。項王許之。」

〔一八〕史記汲黯傳：「淮南王謀反，憚黯，曰：好直諫，守節死義，難惑以非。至如説丞相弘，如發蒙振落耳。」

〔一九〕史記酷吏傳：「郅都爲雁門太守，匈奴素聞郅都節居邊，爲引兵去。竟郅都死，不近雁門。匈奴至爲偶人象郅都，令騎馳射之，莫能中。見憚如此，匈奴患之。」

〔二〇〕胡三省曰：「晏子春秋云：晉平公欲攻齊，使范昭觀焉。景公觴之。范昭曰：願請君之棄爵。景公曰：諾。已飲，晏子命徹尊更之。范昭歸，以報晉平公曰：齊未可伐也。吾欲恥其君，而晏子知之。仲尼聞之，曰：起於尊俎之閒，而折衝千里之外。漢何武上封事曰：虞有宮之奇，晉獻不寐；衛青在位，淮南寢謀。故賢人立朝，折衝厭難，勝於無形。」

後中書呂壹典校文書，多所糾舉，騭上疏曰：「伏聞諸典校擿抉細微，吹毛求瑕，重案深誣，趨欲陷人，〔一〕以成威福。無罪無辜，橫受大刑，是以使民跼天蹐地，誰不戰慄？昔之獄官，惟賢是任，故皐陶作士，〔二〕呂侯贖刑，〔三〕張、于廷尉，民無冤枉，〔四〕休泰之祚，實由此興。今之小臣，動與古異，獄以賄成，輕忽人命，歸咎于上，爲國速怨。夫一人吁嗟，王道爲虧，甚可仇疾。明德愼罰，哲人惟刑，〔五〕書傳所美。自今蔽獄，都下則宜諮顧雍，武昌則陸遜、潘濬，平心專意，務在得情；騭黨神明，受罪何恨？」又曰：「天子父天母地，故宮室百官，動法列宿。若施政令，欽順時節，官得其人，則陰陽和平，七曜循度。至於今日，官寮多闕，雖有大臣，復不信任，如此，天地焉得無變？故頻年枯旱，亢陽之應也。又嘉禾六年五月十四日，赤烏二年正月一日及二十七日，地皆震動。地陰類，臣之象，陰氣盛故動，臣下專政之故也。夫天地見異，所以警悟人主，可不深思其意哉！」又曰：「丞相顧雍、上大將軍陸遜、太常潘濬，憂深責重，志在竭誠，夙夜兢兢，寢食不寧。念欲安國利民，建久長之計，可謂心膂股肱，社稷之臣矣。宜各委任，不使他官監其所司，責其成效，課其負殿。〔六〕此三臣者，思慮不到則已，豈敢專擅威福、欺負所天乎！」〔七〕又曰：「縣賞以顯善，設刑以威姦，任賢而使能，審明於法術，則何功而不成，何事而不辨，何聽而不聞，何視而不覩哉！若今郡守、百里，皆各得其人，共相經緯，如是，庶政豈不康哉！竊聞諸縣並有備吏，吏多民煩，俗以之弊。〔八〕但小人因緣銜命，不務奉公而作威福，無益視聽，更爲民害。愚以爲可一切罷省。」權亦覺悟，遂誅呂壹。騭前後薦達屈滯，救解患難，書數十上。權雖不能悉納，然時采其言，多蒙濟賴。

吳録云：騭表言曰：「北降人王潛等説，北相部伍，圖以東向，多作布囊，欲以盛沙塞江，以大向荆州。夫備不豫設，難以應卒，宜爲之防。」權曰：「此曹衰弱，何能有圖，必不敢來。若不如孤言，當以牛千頭，爲君作主人。」後有呂範、諸葛恪爲説騭所言，〔九〕云：「每讀步騭表，輒失笑。此江與開闢俱生，寧有可以沙囊塞理也？」

〔一〕馮本「趨」作「趣」。錢儀吉曰：「從宋五行志校作輒欲陷人。」

〔二〕尚書舜典篇：「帝曰：皐陶，汝作士，五刑有服。」孔傳云：「士，理官也。五刑，墨、劓、剕、宫、大辟。服，從也。言得輕重之中正。」

〔三〕書序云：「呂命穆王訓夏贖刑作呂刑。」孔傳云：「呂侯見命爲天子司寇，以穆王命作書訓，暢夏禹贖刑之法，更從輕以布告天下。呂侯後爲甫侯，故或稱甫刑。」史記周本紀：「諸侯有不睦者，甫侯言於王，作修刑辟，命曰甫刑。」

〔四〕漢書于定國傳：「定國爲廷尉，其決疑平法，務在哀鰥寡，罪疑從輕，加審慎之心。朝廷稱之曰：張釋之爲廷尉，天下無冤民；于定國爲廷尉，民自以不冤。」

〔五〕錢大昕曰：「哲當作折，用呂刑折民惟刑語。」弼按：呂刑篇前文有伯夷降典，折民惟刑之語，後文有哲人惟刑，無疆之辭之語。孔傳云：「言智人惟用刑，乃有無窮之善辭。」漢書于定國傳贊云：「于定國父子，哀鰥哲獄，爲任職臣。」應劭曰：「哲，智也。」鄭氏曰：「當言折獄。」師古曰：「哀鰥，哀恤鰥寡也；哲獄，知獄情也。」劉奉世曰：「古文鰥、矜音字蓋通用，此乃哀矜折獄爾。」是哲、折亦可通也。

〔六〕通鑑作「課其殿最。」胡注：「賢曰：殿，軍後也，課居後也；最，凡要之先也，課居先也。」

〔七〕胡三省曰：「君，天也。」弼按：步騭傳諸疏，非一時所上，承祚彙敘於誅呂壹之前，通鑑編入魏景初二年，即吳赤烏元年。呂壹固以赤烏元年伏誅，然上文疏中敘及赤烏二年事，則確在誅呂壹後上也。騭前疏泛言諸典校，亦未專指呂壹，故壹誅後，孫權有詔責數騭也。

〔八〕沈欽韓曰：「此所謂散吏也。隸續：南陽郡吏題名從掾位者南鄉王晧等五十六人，從史位順陽五肅等十人。容齋隨筆：晉南鄉太守司馬整碑陰故吏題名，從掾位李奉等十五人，費鳳碑、溧陽校官碑皆有之，則縣之備吏久矣。」

〔九〕官本考證曰：「有疑作與。」何校本改作「向」。

赤烏九年，代陸遜爲丞相，猶誨育門生，手不釋書，〔一〕被服居處有如儒生。然門内妻妾服飾奢綺，頗以此見譏。〔二〕在西陵二十年，鄰敵敬其威信。性寬弘得衆，喜怒不形於聲色，而外内肅然。

〔一〕猶是少年夜誦經傳之習尚。

〔二〕騭附魯王霸，見孫和傳注引殷基通語。世期著論，極言騭之失，本傳一字不載。

十一年卒，〔一〕子協嗣，統騭所領，加撫軍將軍。協卒，子璣嗣侯。協弟闡，繼業爲西陵督，加昭武將軍，封西亭侯。鳳皇元年，召爲繞帳督。闡累世在西陵，卒被徵命，自以失職，又懼有讒禍，於是據城降晉。遣璣與弟璿詣洛陽爲任，晉以闡爲都督西陵諸軍事、衛將軍、儀同三司，加侍中，假節、領交州牧，封宜都公；璣監江陵諸軍事、左將軍、加散騎常侍，領廬陵太守，改封江陵侯；璿給事中、宣威將軍，封都鄉侯。命車騎將軍羊祜、荆州刺史楊肇往赴救闡。孫晧使陸抗西行，祜等遁退。抗陷城，斬闡等，〔二〕步氏泯滅，惟璿紹祀。

〔一〕錢大昭曰：「吳主傳：步騭卒於赤烏十年五月。一字疑衍。」趙一清曰：「吳地記：步騭墳在縣東北三里，有石碑，見存臨頓橋西南。」

〔二〕抗破闡事，見孫晧傳鳳皇元年及抗傳。何焯曰：「騭有君子之名，而二宫相搆，不能守正。闡之作逆，或其餘殃邪？」

潁川周昭著書，〔一〕稱步騭及嚴畯等曰：「古今賢士大夫，所以失名喪身，傾家害國者，其由非一也，然要其大歸，總其常患，四者而已。急論議，一也；爭名勢，二也；重朋黨，三也；務欲速，四也。急論議則傷人，爭名勢則敗友，重朋黨則蔽主，務欲速則失德。此四者不除，未有能全也。〔二〕當世君子，能不然者，亦比有之，豈獨古人乎！然論其絶異，未若顧豫章、諸葛使君、步丞相、嚴衛尉、張奮威之爲美也。〔三〕論語言『夫子恂恂然善誘人』，〔四〕又曰『成人之美，不成人之惡』，〔五〕豫章有之矣。『望之儼然，即之也温，聽其言也厲』，〔六〕使君體之矣。『恭而安，威而不猛』，〔七〕丞相履之矣。學不求禄，心無苟得，衛尉、奮威蹈之矣。此五君者，雖德實有差，輕重不同，至於趨舍大檢，〔八〕不犯四者，〔九〕俱一揆也。昔丁諝出於孤家，吾粲由於牧豎，豫章揚其善，以並陸、全之列，是以人無幽滯，而風俗厚焉。使君、丞相、衛尉三君，昔以布衣，俱相友善，諸論者因各敘其優劣。初，先衛尉、次丞相、而後有使君也；其後並事明主，經營世務，出處之才〔一〇〕有不同，先後之名須反其初，此世常人所決勤薄也。〔一一〕至於三君分好，卒無虧損，豈非古人交哉！又魯橫江昔杖萬兵，〔一二〕屯據陸口，〔一三〕當世之美業也，能與不能，孰不願焉？而橫江既亡，衛尉應其選，自以才非將帥，深辭固讓，終於不就。〔一四〕後徙九列，遷典八座，〔一五〕榮不足以自曜，禄不足以自奉。至於二君，皆位爲上將，窮富極貴。衛尉既無求欲，二君又不稱薦，各守所志，保其名好。孔子曰：『君子矜而不爭，羣而不黨。』斯有風矣。又奮威之名，亦三君之次也，當一方之戍，受上將之任，與使君、丞相不異也。然歷國事，論功勞，實有先後，故爵位之榮殊焉。而奮威將處此，〔一六〕決能明其部分，心無失道之欲，事無充詘之求，每升朝堂，循禮而動，辭氣謇謇，罔不惟忠。元遜雖親貴，言憂其敗；〔一七〕蔡文至雖疏賤，談稱其賢。女配太子，受禮若弔，慷慨之趨，惟篤人物，成敗得失，皆如所慮，可謂守道見機，好古之士也。若乃經國家，〔一八〕當軍旅於馳騖之際，立霸王之功，此五者〔一九〕未爲過人。至其純粹履道，求不苟得，升降當世，保全名行，邈然絶俗，實有所師。〔二〇〕故粗論其事，以示後之君子。」周昭者，字恭遠，與韋曜、薛瑩、華覈並述吳書，後爲中書郎，坐事下獄，覈表救之，孫休不聽，遂伏法云。〔二一〕

〔一〕周昭與韋曜、薛瑩、華覈等共撰吳書，見薛瑩傳。李慈銘曰：「潁川周昭以下，辭既太繁，與他傳不類。上已敘至驚之子孫，何又著此一大篇文字？且以騭與嚴畯等四人並論，傳非同卷，評亦重出。承祚貴簡，絶無此等體例，必是裴氏之注，誤作正文。觀傳文步氏泯滅，惟璿紹祀，文氣已完。且此末又附見周昭本末，而目録步騭下並不出周昭姓名，則傳文止于惟璿紹祀句無疑。而此段是寫者混小字爲大字耳。至評中有周昭之論，稱之甚美，故詳録焉三句，亦甚可疑。昭所論並不及張承、顧邵二人，何以此三句綴於評承、邵之後？且與下文評顧譚、張休、顧承者語氣間隔，疑三句亦是裴氏之注文，本在見器當世句下，皆傳寫者所亂。」弼按：周昭書中所云張奮威即張承，論之甚詳。李云昭未論及者，誤也。其論及嚴畯，則以諸葛瑾、步騭、嚴畯皆友善也。承祚書中往往有取他人議論本傳人物載入正文，如吕蒙傳末載孫權與陸遜論周瑜、魯肅、吕蒙書，例亦相同。評語亦云：孫權之論，優劣允當，故載録焉。與此傳評語云「周昭之論，稱之甚美，故詳録焉」事同一例。李説似辯而實未允也。劉咸炘曰：「周昭書藉作總論，中論諸葛瑾、步騭、顧邵、張承皆在此篇，嚴畯在下篇，此論所稱，亦即漢末名士器量之風。」

〔二〕文類「也」上有「者」字。

〔三〕謂顧邵、諸葛瑾、步騭、嚴畯、張承也。

〔四〕今本論語「恂恂」作「循循」，次序貌。誘，進也。

〔五〕邢昺疏曰：「君子之於人，嘉善而矜不能，反復仁恕，故成人之美，不成人之惡也。」

〔六〕論語子張篇子夏之辭。邢昺疏曰：「人遠望之，則正其衣冠，尊其瞻視，常儼然也。就近之，則顔色温和，及聽其言辭，則嚴正而無佞邪也。」

〔七〕邢昺曰：「雖爲恭遜，而能安泰儼然，人望而畏之，而無剛暴。」

〔八〕宋本「大」作「太」。

〔九〕急論議，爭名勢，重朋黨，務欲速。

〔一〇〕御覽「才」下有「儀」字。

〔一一〕御覽「勤」下無「薄」字。

〔一二〕魯肅拜横江將軍。

〔一三〕陸口見孫權傳建安十五年。

〔一四〕事見嚴畯傳。

〔一五〕畯爲尚書令，當時以五曹尚書、二僕射、一令爲八座。

〔一六〕何焯校云：「將處下有脱誤。」

〔一七〕「元遜」，各本皆作「叔嗣」。盧明楷曰：「傳稱張承能甄識人物，又言終敗諸葛氏者元遜也。叔嗣爲承弟休之字，傳無憂敗之文，叔嗣二字，當作元遜。」周壽昌曰：「叔嗣爲承弟休之字，安知承非平日慮家門之禍，而有此言？特史未傳耳。後休卒被賜死，其言亦驗。」錢儀吉曰：「休後亦被禍，焉知周昭所指，必與史同乎？」

〔一八〕若乃以下，當是統論諸人。

〔一九〕何焯校，「五」下增「君」字。

〔二〇〕「所」疑作「可」。

〔二一〕姚振宗曰：「隋書經籍志：梁有周子九卷，吴中書郎周昭撰，亡。」嚴可均全三國文編曰：「周昭有周子新論九卷，御覽二百四十一引周紹新論，即昭之誤。又四百六引周昭新撰，亦新論之誤。今存四篇，一贈孫奇詩序、二論步騭、嚴畯等，三論薛瑩等，四立交，並見御覽及步騭傳。」馬國翰輯本序曰：「七録儒家有周子九卷，隋志云亡，唐志不著録，佚已久。御覽引論交一節，稱周昭新撰；白六帖引二語而已。吴志載其論步騭、嚴畯等，猶爲完篇。茲據合輯。其論平情準理，不爲低昂，則在當時，臧否人物，當具有特識。遇暴主不以善終，惜哉！」侯康曰：「昭一作招。抱(璞)〔朴〕子正郭篇引中書郎周恭遠論郭林宗，當出此書。」

評曰：張昭受遺輔佐，功勳克舉，忠謇方直，動不爲己。而以嚴見憚，以高見外，〔一〕既不處宰相，又不登師保，從容閭巷，養老而已，以此明權之不及策也。〔二〕顧雍依杖素業，而將之智局，故能究極榮位。諸葛瑾、步騭並以德度規檢見器當世，張承、顧邵虛心長者，好尚人物，周昭之論，稱之甚美，故詳録焉。〔三〕譚獻納在公，有忠貞之節；休、承脩志，咸庶爲善。愛惡相攻，流播南裔，哀哉！〔四〕

〔一〕或曰：「憚則外，此事理之必然。然士君子自立，寧爲人之所憚，勿貪人之不外。」

〔二〕王懋竑曰：「孫策創業江東，以張昭爲長史，待以師友之禮。文武之事，一以委之。以策之雄略，而所以任昭者如此，則昭之才必有大過人者矣。策傳：創甚，請張昭等謂曰：公等善相吾弟。吴歷云：策謂昭曰：若仲謀不任事者，君便自取之。此與昭烈之託孔明，蓋無以異。昭傳亦云：策臨卒，以權託昭，昭率羣僚，立而輔之。則昭固獨任託孤寄命之責，而權以建安五年嗣位，至十三年規模大定，力能拒操，此昭佐佑鎮撫之功亦不細矣。而權之能嗣守江東之業者，皆昭力也。及曹操之來，昭與瑜等異議，瑜既成功，而昭别攻當塗，亦不克，昭遂以自絀矣。其拒曹操、攻朱光、借荆州、取荆州，昭未有一言，史失之邪？抑竟不與議也？權即尊位，昭以老病上還官位，蓋以不用之故，權更以爲輔吴將軍，改封婁侯。外雖尊寵，而實疏遠之，以此明權之不及策也，陳壽之評允矣。」

〔三〕元本「詳」作「辭」，誤。

〔四〕劉咸炘曰：「四人及其子弟，皆以德器稱，以周昭之論合之。」

吳書八

張嚴程闞薛傳第八〔一〕

〔一〕劉咸炘曰：「諸人皆以文學進，猶蜀之有劉巴、秦宓、杜瓊、許慈輩，薛瑩則如蜀之郤正。」

張紘字子綱，廣陵人。〔一〕少游學京師，〔二〕

吳書曰：紘入太學，事博士韓宗，治京氏易、〔三〕歐陽尚書，〔四〕又於外黃從濮陽闓受韓詩〔五〕及禮記、左氏春秋。

還本郡，舉茂才，公府辟，皆不就。

吳書曰：大將軍何進、太尉朱儁、司空荀爽三府辟爲掾，皆稱疾不就。

避難江東，孫策創業，遂委質焉。〔六〕表爲正議校尉，〔七〕

吳書曰：紘與張昭并與參謀，常令一人居守，〔八〕一人從征討。呂布襲取徐州，〔九〕因爲之牧，不欲令紘與策從事。追舉茂才，移書發遣紘。紘心恶布，恥爲之屈。策亦重惜紘，欲以自輔。答記不遣，曰：

「海産明珠，所在爲寶，楚雖有才，晉實用之。英偉君子，所游見珍，何必本州哉！」〔一〇〕

從討丹陽。〔一一〕策身臨行陣，紘諫曰：「夫主將乃籌謨之所自出，三軍之所繫命也，不宜輕脱，自敵小寇。願麾下重天授之姿，副四海之望，無令國内上下危懼。」〔一二〕

〔一〕廣陵見孫策傳。

〔二〕宋本無「少」字。

〔三〕毛本「京」作「綜」，誤。經典釋文序録云：「京房受易梁人焦延壽，房爲易章句，説長於災異，由是前漢多京氏學。」

〔四〕釋文序録云：「歐陽氏世傳業，至曾孫高作尚書章句，爲歐陽氏學。」

〔五〕郡國志：「兗州陳留郡外黄。」一統志：「外黄故城，今河南開封府杞縣東。」釋文序録云：「燕人韓嬰，推詩之意，作内外傳數萬言，號曰韓詩。」

〔六〕孫策傳注引吴歷云：「策在江都，張紘有母喪，策數詣紘，咨以世務。」

〔七〕胡三省曰：「正議校尉，亦孫策私所署置。」

〔八〕孫策傳注引吴歷云：「策謂紘曰：一與君同符合契，以老母弱弟委付於君，策無復回顧之憂。」

〔九〕宋本「吕布」上有「後」字。

〔一〇〕不欲令其還徐州也。孫策傳：「時袁術僭號，策以書責而絶之。」吴録載策使張紘爲書。

〔一一〕丹陽見孫策傳。

〔一二〕虞翻亦諫孫策輕出微行，策終不納，遂爲許貢客所害。

建安四年，策遣紘奉章至許宫，留爲侍御史。〔一〕少府孔融等皆與親善。〔二〕

吴書曰：紘至，與在朝公卿及知舊述策材略絶異，平定三郡，風行草偃，加以忠敬款誠，乃心王室。時曹公爲司空，欲加恩厚，以悦遠人，至乃優文褒崇，改號加封，辟紘爲掾，舉高第，補侍御史，後以紘爲九江太守。〔三〕紘心戀舊恩，思還反命，以疾固辭。

曹公聞策薨，〔四〕欲因喪伐吴。紘諫，以爲乘人之喪，既非古義，〔五〕若其不克，成讎棄好，不如因而厚之。曹公從其言，即表權爲討虜將軍，領會稽太守。曹公欲令紘輔權内附，出紘爲會稽東部都尉。〔六〕

吴書曰：權初承統，春秋方富，太夫人以方外多難，深懷憂勞，數有優令辭謝，付屬以輔助之義。紘輒拜牋答謝，思惟補察。每有異事密計及章表書記，與四方交結，常令紘與張昭草創撰作。紘以破虜有破走董卓、扶持漢室之勳，討逆平定江外，建立大業，宜有紀頌以昭公義。〔七〕既成，呈權，權省讀悲感，曰：「君真識孤家門閥閲也。」乃遣紘之部。或以紘本受北任，嫌其志趣不止於此，權不以介意。〔八〕初，琅邪趙昱爲廣陵太守，察紘孝廉。昱後爲笮融所殺，〔九〕紘甚傷憤，而力不能討。昱門户絶滅，及紘在東部，遣主簿至琅邪設祭，并求親戚爲之後，以書屬琅邪相臧宣。宣以趙宗中五歲男奉昱祀，權聞而嘉之。及討江夏，以東部少事，命紘居守，遥領所職。孔融遺紘書曰：「聞大軍西征，足下留鎮，不有居者，誰守社稷？深固折衝，亦大勳也。無乃李廣之氣，倉髮益怒，樂一當單于，以盡餘憤乎？〔一〇〕南北並定，世將無事，孫叔投戈，〔一一〕絳、灌俎豆，〔一二〕亦在今日。但用離析，無緣會面，爲愁歎耳。道直途清，相見豈復難哉！」權以紘有鎮守之勞，欲論功加賞。紘厚自挹損，不敢蒙寵，權不奪其志。每從容侍燕，微言密指，常有以規諷。〔一三〕

江表傳曰：初，權於羣臣多呼其字，惟呼張昭曰張公，紘曰東部，所以重二人也。

〔一〕虞翻傳注引江表傳：「策謂翻曰：卿博學洽聞，故前欲令卿一詣許，卿不願行，便使子綱。」是役蓋策初令翻行，翻不願，乃遣紘也。

〔二〕孫策傳注引江表傳曰：「建安三年，策又遣使貢方物，倍於元年所獻。其年，制書轉拜討逆將軍，改封吳侯。」通鑑考異曰：「策貢獻在二年，非元年也。又陳志紘傳曰，建安四年，遣紘奉章詣許。按吳書，紘述策材略忠款，曹公乃優文褒崇，改號加封。然則紘來在策封吳侯前，本傳誤也。」

〔三〕九江見魏志武紀初平四年。

〔四〕策薨於建安五年。

〔五〕胡三省曰：「古不伐喪。」

〔六〕孫亮傳：「太平二年，以會稽東部爲臨海郡。」臨海郡治章安，見孫權傳黄武四年、太元元年。何焯曰：「漢地理志會稽但有西部、南部都尉。趙明誠金石録有永平八年所造會稽東部都尉路君闕銘，在未分吳郡之前，蓋班書略之也。其居是官者，惟紘見於史焉。」沈家本曰：「續志會稽郡屬縣有東部、侯官；宋志：臨海太守本會稽東部都尉，孫亮太平二年立，建安太守本閩越，後立爲冶縣，屬會稽。後分冶地爲東南二部都尉，東部，臨海是也；南部，建安是也。此並會稽有東部之證也。惟分治爲東、南二部，不知始於何時。班志不書，疑西漢尚無東部，東京始分立耳。非班氏之略。」王先謙曰：「會稽典録：陽朔元年，徙東部都尉治鄞，或有寇害，後徙句章。金石録載永平八年會稽東部都尉路君闕銘，吳志張紘、全琮、潘濬傳並有會稽東部都尉，是此官至後漢、三國時未經省併，前漢當有之明證矣。」

〔七〕宋本「義」作「美」。

〔八〕胡三省曰：「介，閒也，纖微也。言其意不以纖微嫌閒也。」

〔九〕見劉繇傳。

〔一〇〕史記李將軍傳：「廣自請曰：臣結髮而與匈奴戰，今乃一得當單于，臣願居前，先死單于。」

〔一〕何焯校改作「叔孫投戈」。

〔二〕漢書賈誼傳：「絳、灌之屬盡害之。」師古曰：「絳，絳侯周勃也；灌，灌嬰也。」

〔三〕王懋竑曰：「張紘與張昭俱爲策謀謨之臣，策待之亞於張昭。爲策將命，入爲王官，權之嗣業，紘亦有力焉。曹操以紘爲東部都尉。吳書曰：權初統事，太夫人屬以輔助之義，常令紘與張昭草創撰作。蓋猶如策指，時未之部也。後權遣紘之部，當在建安七年，太夫人卒後。至十二年，征黃祖，始令紘居守，遙領所部。十三年秋九月後操東下，紘不與議，則破黃祖後紘又遠之部矣。十二月權以紘爲長史，從征合肥，是時張昭別將兵攻當塗，是已罷長史也。吳書又曰：每從容侍燕，微言密指，常有以規諷。則權之外尊禮而內疎之，亦與昭同。紘以十七年卒，留牋與權，大抵爲昭言，亦自況也。權之不及策，此又一徵矣。」

後權以紘爲長史，從征合肥。〔一〕

吳書曰：合肥城久不拔，紘進計曰：「古之圍城，開其一面，以疑衆心。今圍之甚密，攻之又急，誠懼並命戮力死戰之寇，固難卒拔。及救未至，可小寬之，以觀其變。」議者不同。會救騎至，數至圍下，馳騁挑戰。

權率輕騎，將往突敵，紘諫曰：「夫兵者凶器，戰者危事也。〔二〕今麾下恃盛壯之氣，〔三〕忽彊暴之虜，三軍之衆，莫不寒心，雖斬將搴旗，威震敵場，此乃偏將之任，非主將之宜也。願抑賁、育之勇，懷霸王之計。」權納紘言而止。既還，明年將復出軍，紘又諫曰：「自古帝王受命之君，雖有皇靈佐於上，文德播於下，亦賴武功以昭其勳。然而貴於時動，乃後爲威耳。今麾下值四百之厄，有扶危之功，宜且隱息師徒，廣開播殖，任賢使能，務崇寬惠，順天命以行誅，

可不勞而定也。」於是遂止不行。紘建計宜出都秣陵，權從之。〔四〕

江表傳曰：紘謂權曰：「秣陵，楚武王所置，名爲金陵。地勢岡阜連石頭，訪問故老，云昔秦始皇東巡會稽，經此縣，望氣者云：金陵地形有王者都邑之氣。故掘斷連岡，改名秣陵。〔五〕今處所具存，地有其氣，天之所命，宜爲都邑。」權善其議，未能從也。後劉備之東，宿於秣陵，周觀地形，亦勸權都之。權曰：「智者意同。」遂都焉。

獻帝春秋云：劉備至京，〔六〕謂孫權曰：「吴去此數百里，即有警急，〔七〕赴救爲難，將軍無意屯京乎？」權曰：「秣陵有小江百餘里，可以安大船，吾方理水軍，當移據之。」備曰：「蕪湖近濡須，亦佳也。」權曰：「吾欲圖徐州，宜近下也。」

臣松之以爲秣陵之與蕪湖，道理所校無幾，〔八〕於北侵利便，亦有何意？〔九〕而云欲闚徐州，貪秣陵近下，非其理也。〔一〇〕諸書皆云劉備勸都秣陵，而此獨云權自欲都之，又爲虛錯。

令還吴迎家，道病卒。〔一一〕臨困，授子靖留牋曰：〔一二〕「自古有國有家者，咸欲脩德政以比隆盛世，至於其治，多不馨香。〔一三〕非無忠臣賢佐，闇於治體也，〔一四〕由主不勝其情，弗能用耳。夫人情憚難而趨易，好同而惡異，與治道相反。傳曰『從善如登，從惡如崩』，言善之難也。人君承奕世之基，據自然之勢，操八柄之威，甘易同之歡，

周禮太宰職曰：以八柄詔王馭羣臣。一曰爵，以馭其貴；二曰禄，以馭其富；三曰予，以馭其幸；四曰置，以馭其行；五曰生，以馭其福；六曰奪，以馭其貧；七曰廢，以馭其罪；八曰誅，以馭其過。〔一五〕

無假取於人；而忠臣挾難進之術，吐逆耳之言，其不合也，不亦宜乎！雖則有釁，〔一六〕巧辯緣

閒，眩於小忠，戀於恩愛，賢愚雜錯，長幼失序，〔一七〕其所由來，情亂之也。故明君悟之，求賢如饑渴，受諫而不厭，抑情損欲，以義割恩，上無偏謬之授，下無希冀之望。宜加三思，含垢藏疾，以成仁覆之大。」時年六十，卒。〔一八〕權省書流涕。

〔一〕在建安十三年。

〔二〕胡三省曰：「兵凶器，戰危事，前書鼂錯之言。」

〔三〕胡三省曰：「以權在軍中，故稱麾下。」

〔四〕秣陵見孫權傳建安十六年。

〔五〕趙一清曰：「方輿紀要卷二十：秦淮水在上元縣治東南三里，秦始皇掘斷連岡，接石頭城處。今方山石埭橫瀆是也。建康實録云：秦淮水舊名龍藏浦，有二源，一發句容縣北六十里之華山南流，一發溧水縣東南十五里之東盧山北流，合於方山，西經府城中，至石頭城，注大江。其水經流三百里，地勢高下屈曲自然，不類人功，疑非始皇所鑿也。孫吳至六朝都城，皆去秦淮五里，其時夾淮立柵十餘里，史所稱柵塘是也。」

〔六〕京見蜀志先主傳建安十三年。

〔七〕毛本「警」作「驚」，誤。

〔八〕朱邦衡曰：「理當作里。」

〔九〕宋本「意」作「異」。

〔一〇〕錢大昕曰：「秣陵與廣陵隔江相對，而廣陵屬徐州部。權意欲都秣陵以圖廣陵，故云欲圖徐州。裴氏譏之，殆未審於地理矣。」

〔一一〕權於建安十六年徙治秣陵，令紘還吳迎家，紘道病卒，當卒於是年。通鑑編入魏太和三年，即吳黃龍元年，誤也。

隋書經籍志：「後漢討虜長史張紘集一卷。」則其官止於孫權爲討虜將軍之時，不及權稱尊號之時也。通鑑因孫權傳黄龍元年有遷都建業之文，遂誤以爲紘卒於是年也。王懋竑曰：「權以魏文帝黄初三年改元，置丞相，衆舉張昭，而不及紘，則紘之前卒可知矣。」

〔一二〕胡三省曰：「留牋，猶今遺表也。」弼按：此時權未稱尊，故書曰留牋。

〔一三〕尚書君陳篇曰：「至治馨香，感於神明。」

〔一四〕官本攷證曰：「闇疑作諳。」周壽昌曰：「此非字亦貫下句讀，言非無忠臣賢佐，亦非闇於治體也。古人文法多如此。」

〔一五〕鄭注云：「柄，所秉執以起事者也；詔，告也，助也。爵爲公、侯、伯、子、男、卿、大夫、士也。詩云『誨爾序爵』，言教王以賢否之第次也。班祿所以富臣下。書曰：凡厥正人，既富方穀。幸謂言行偶合於善，則有以賜予之，以勸後也。生，猶養也，賢臣之老者，王有以養之。成王封伯禽於魯，曰：生以養周公，死以爲周公後。是也。五福，一曰壽。奪謂臣有大罪没入家財者。六極，四曰貧。廢猶放也。舜殛鯀于羽山是也。誅，責讓也。曲禮曰：齒路馬有誅。凡言馭者，所以敺之，内之於善。」

〔一六〕通鑑「雖」作「離」。胡注：「言納忠而不合於上，則上下之情離，釁隙由此而生也。」

〔一七〕通鑑作「黜陟失序」。

〔一八〕前已書卒，此卒字爲贅。

紘著詩、賦、銘、誄十餘篇。〔一〕

吴書曰：紘見柟榴枕，愛其文，爲作賦。〔二〕陳琳在北見之，以示人曰：「此吾鄉里張子綱所作也。」後紘見陳琳作武庫賦、〔三〕應機論，與琳書深歎美之。〔四〕琳答曰：「自僕在河北，與天下隔，此閒率少於文章，易爲雄伯，故使僕受此過差之譚，非其實也。今景興在此，足下與子布在彼，所謂小巫見大巫，〔五〕神氣盡矣。」紘既好文學，又善楷篆書，〔六〕嘗與孔融書，自書。〔七〕融遺紘書曰：「前勞手筆，多篆書。〔八〕每舉篇見字，欣然獨笑，如復覩其人也。」

子玄，官至南郡太守、尚書。〔九〕

江表傳曰：玄清介有高行，而才不及紘。

玄子尚，

江表傳曰：稱尚有俊才。〔一〇〕

孫晧時爲侍郎，以言語辯捷見知，擢爲侍中、中書令。晧使尚鼓琴，尚對曰：「素不能。」勑使學之。後宴言次説琴之精妙，尚因道「晉平公使師曠作清角，曠言吾君德薄，不足以聽之」。晧意謂尚以斯喻己，不悦。後積他事下獄，皆追以此爲詰，〔一一〕

環氏吴紀曰：〔一二〕晧嘗問：「詩云『汎彼柏舟』，惟柏中舟乎？」尚對曰：「詩言『檜楫松舟』，則松亦中舟也。」〔一三〕又問：「鳥之大者惟鶴，小者惟雀乎？」尚對曰：「大者有秃鶖，〔一四〕小者有鷦鷯。」〔一五〕晧性忌勝己，而尚談論每出其表，積以致恨。後問：「孤飲酒可方誰？」〔一六〕尚對曰：「陛下有百觚之量。」晧云：「尚知孔丘之不王，而以孤方之！」〔一七〕因此發怒收尚。尚書岑昬率公卿已下百餘人，詣宫叩頭請罪，尚得減死。〔一八〕

送建安作船。〔一九〕久之，又就加誅。

〔一〕隋書經籍志：「後漢討虜長史張紘集一卷，梁二卷，録一卷。」唐書經籍志：「張紘集一卷」，藝文志同。嚴可均曰：

「張紘有集二卷，隋志及類聚、御覽皆列於後漢，今輯五篇。」

〔二〕嚴可均曰：「諸書所引，有瓌材枕賦，未知即柟榴枕賦否？俟考。」梁章鉅曰：「藝文類聚七十張紘瓌材枕賦，疑即此篇。紘又有瓌材枕箴，亦載類聚。」

〔三〕類聚、御覽作武軍賦。

〔四〕嚴可均曰：「此書今亡。」

〔五〕何焯曰：「莊子逸篇云：小巫見大巫，拔茅而棄，此其所以終身弗如。」

〔六〕宋本無「書」字。

〔七〕馮本無「嘗」字。

〔八〕毛本「多」作「名」，誤。

〔九〕潘眉曰：「前云臨困，授子靖留牋，則紘子實名靖。此作玄者，疑因靖旁脫譌，又譌立成玄耳。」

〔一〇〕「曰」字疑衍。

〔一一〕梁章鉅曰：「晧本使尚鼓琴，尚既對以不能，而復說此事，宜爲晧所不容也。此事見韓非十過篇，云晉平公曰：清角可得而聞乎？師曠曰：不可。昔者黄帝合鬼神于太山之上，駕象車而六蛟龍，大令鬼神，作爲清角。今主君德薄，聽之將恐有敗。平公曰：寡人老矣，所好者音也，願遂聽之。師曠不得已而鼓之，一奏而有玄雲從西北方起，再奏之，大風至，大雨隨之，裂帷幕，破俎豆，坐者散走。平公恐懼，伏於廊室之閒。晉國大旱三年，平公之身遂癃病。」

〔一二〕隋書經籍志正史類：「吴紀九卷，晉太學博士環濟撰。」新、舊唐志作十卷，均列編年類，史略卷同。通志校讎略云：「吴紀九卷，唐志類於編年，是；隋志類於正史，非。」黄逢元曰：「是書吴志各注、宋書禮志、世說政事、雅量、品藻、規箴、排調各篇注、初學記六、御覽書目均引存。」

〔一三〕汎彼柏舟，詩邶風柏舟篇之辭。檜楫松舟，詩衞風竹竿篇之辭。毛傳云：「柏木所以宜於爲舟也。檜、柏葉松身；楫，所以櫂舟也。」

〔一四〕詩：「有鶖在梁。」說文曰：「鶖，禿鶖也。」

〔一五〕爾雅釋鳥篇：「桃蟲鷦，其雌艾。」郭璞注：「鷦䳭，桃雀也，俗呼爲巧婦。」詩曰：「肇允彼桃蟲，拚飛惟鳥。」注：「桃蟲，鷦鷯是也。微小於黃雀，其雛化爲雕，故俗語曰鷦鷯生雕雀。」易林亦謂桃蟲生雕，或云布穀生子，鷦鷯養之。

〔一六〕方，比也。

〔一七〕胡三省曰：「孔叢子曰：趙平原君與孔子高飲，强子高酒，曰：諺云：堯飲千鍾，孔子百觚，子路嗑嗑，尚飲十榼。古之聖賢，無不能飲，子何辭焉？觚，飲器也，受二升。王，于況翻。」

〔一八〕宋本作「叩頭請，尚罪得減死」。通鑑考異曰：「三十國春秋云：岑昏等泥頭請代尚死，尚得免死，徙廣州。今從尚傳，參取環氏吳紀。」胡三省曰：「余觀尚之爲人，蓋以辯給得親近於孫晧，而亦以辯給取怒。請其死者，必岑昏之徒；三十國春秋所書，蓋得其實。」

〔一九〕建安見孫權傳赤烏二年。趙一清曰：「寰宇記卷百云：福州，古閩越地。漢立冶縣，以越王冶鑄爲名，屬會稽郡。尋爲東冶縣，後漢改爲候官都尉，後分冶地爲會稽東、南二都尉，此爲南部都尉，東部，今臨海是也。吳於此立典船都尉，主謫徙之人作船於此。宋書州郡志：晉安太守，晉太康三年分建安立。領縣有原豐令，太康三年省建安典船校尉立，又有温麻令，太康四年以温麻船屯立是。」

初，紘同郡秦松字文表，〔一〕陳端字子正，並與紘見待於孫策，參與謀謨。〔二〕各早卒。

〔一〕孫權謂子布、文表諸人，各顧妻子，挾持私慮，深失所望，即此人。見周瑜傳注引江表傳。

〔二〕孫策傳：以彭城張昭、廣陵張紘、秦松、陳端等爲謀主。

嚴畯字曼才，彭城人也。少耽學，善詩、書、三禮，又好說文。避亂江東，與諸葛瑾、步騭齊名友善。性質直純厚，其於人物，忠告善道，志存補益。張昭進之於孫權，權以爲騎都尉、從事中郎。及橫江將軍魯肅卒，權以畯代肅，督兵萬人，鎮據陸口。〔一〕衆人咸爲畯喜，畯前後固辭：「樸素書生，不閑軍事，〔二〕非才而據，咎悔必至。」發言慷慨，〔三〕至於流涕，〔四〕

志林曰：權又試畯騎，上馬墮鞍。〔五〕

權乃聽焉。〔六〕世嘉其能以實讓。〔七〕權爲吴王，及稱尊號，畯嘗爲衞尉，使至蜀，蜀相諸葛亮深善之。不蓄禄賜，皆散之親戚知故，家常不充。廣陵劉穎與畯有舊，穎精學家巷，權聞徵之，以疾不就。其弟略，爲零陵太守，〔八〕卒官。穎往赴喪，權知其詐病，急驛收録。畯亦馳語穎，使還謝權。權怒，廢畯，而穎得免罪。久之，以畯爲尚書令，後卒。

吴書曰：畯時年七十八，二子凱、爽。凱官至升平少府。〔九〕

〔一〕陸口見孫權傳建安十五年。

〔二〕胡三省曰：「閑，習也。」

〔三〕通鑑作「發言懇惻」。

〔四〕或曰：「此非崇讓，以避咎也。可爲力弱任重、貪利冒昧者戒。」

〔五〕康發祥曰：「辭職情形，難分真僞。將以爲僞邪？畯畏葸規避，事君不忠；將以爲真邪？權無知人之明，漫將重任付予，兩失之矣。何得以此爲佳事，載之傳中乎！」

〔六〕權乃以呂蒙代魯肅，見蒙傳。

〔七〕王懋竑曰：「孫權所用，皆智謀勇力之士，陸口重地，不當以付嚴畯，此必肅舉畯以自代。肅之意，欲協和吳、蜀以拒操，而不用呂蒙之計也。權雖用其言，而意實不在畯，畯亦知之，故力辭而卒以授呂蒙。史謂衆嘉畯之能以實讓，蓋以肅之薦畯爲非是，乃諱之而不著其語。此其情事曲折，雖於諸史略無所見，而千百載後猶可以意度之也。」

〔八〕趙一清曰：「有兩劉略，一見孫晧傳天紀三年。」

〔九〕孫和何姬稱升平宮，見妃嬪傳，蓋太后三卿也。

畯著孝經傳、〔一〕潮水論，〔二〕又與裴玄、張承論管仲、季路，皆傳於世。〔三〕玄字彥黄，下邳人也，亦有學行，〔四〕官至太中大夫。問子欽齊桓、晉文、夷、惠四人優劣，欽答所見，與玄相反覆，各有文理。欽與太子登游處，登稱其翰采。〔五〕

〔一〕畯誦孝經，見張昭傳。侯康曰：「畯所習者，今文也。據邢疏，三國時，王肅、蘇林、何晏、劉邵、韋昭、徐整諸家所注，亦皆今文。」

〔二〕姚振宗三國藝文志列入河渠之屬。

〔三〕裴玄見步騭傳。

〔四〕隋書經籍志：「裴氏新言五卷，吳大鴻臚裴玄撰。」唐經籍志：「新言五卷，裴玄撰。」藝文志：「裴玄新言五卷。」馬國翰輯本序曰：「裴氏新言五卷，隋志以爲梁有今亡，唐志復著録，今佚。輯録八節，中一條論管仲奪伯氏駢邑三百，則吳志嚴畯傳所謂與裴玄、張承論管仲、季路者，佚説勵存。至問子欽齊桓、晉文、夷、惠四人優劣，反覆各有文理，則泯絶不可見矣。」侯康曰：「文選羊叔子讓開府表注引裴氏新語，藝文類聚卷四引裴玄新語，御覽八百十四引裴玄新言，據此三條，皆考證故事，其體例與風俗通、古今注略同，亦有用書也。餘見御覽引者尚多，或稱新語，或稱新言，或稱新書。」姚振宗曰：「宋刻全本意林，有裴玄新言二條，馬輯本未采。」

〔五〕孫登傳：「登臨終上疏曰：裴欽博記，翰采足用。」據此，則欽爲玄子也。

程秉字德樞，汝南南頓人也。〔一〕逮事鄭玄。後避亂交州，與劉熙考論大義，〔二〕遂博通五經。士燮命爲長史。權聞其名儒，以禮徵，秉既到，拜太子太傅。〔三〕黄武四年，權爲太子登娉周瑜女，秉守太常，迎妃於吴，權親幸秉船，深見優禮。既還，秉從容進説登曰：「婚姻人倫之始，王教之基。是以聖王重之，所以率先衆庶，風化天下，故詩美關雎，以爲稱首。願太子尊禮教於閨房，存周南之所詠，則道化隆於上，頌聲作於下矣。」登笑曰：「將順其美，匡救其惡，誠所賴於傅君也。」病卒官。著周易摘、尚書駮、論語弼，凡三萬餘言。〔四〕秉爲傳時，率更令河南徵崇〔五〕亦篤學立行云。

吴録曰：崇字子和，治易、春秋左氏傳，兼善内術。本姓李，遭亂更姓，遂隱於會稽，躬耕以求其志。好尚者從學，所教不過數人輒止，欲令其業必有成也。所交結如丞相步騭等，咸親焉。嚴畯薦崇行足以厲俗，學足以爲師。初見太子登，以疾賜不拜。東宮官僚皆從諮詢，太子數訪以異聞。年七十而卒。

〔一〕南頓見魏志王基傳。

〔二〕劉熙事詳見蜀志許慈傳。

〔三〕續百官志：「太子太傅一人，中二千石，職掌輔導太子，禮如師，不領官屬。」

〔四〕三書，隋、唐志均未著録。

〔五〕續百官志：「太子率更令一人，千石，主庶子舍人更直，職似光禄。」李祖楙曰：「前書顔注：率更掌知漏刻。晉志：主宫殿門户及掌罰事。西京率更令有丞。」

闞澤〔一〕字德潤，會稽山陰人也。〔二〕家世農夫，〔三〕至澤好學，居貧無資，常爲人傭書，以供紙筆；所寫既畢，誦讀亦遍。追思論講，〔四〕究覽羣籍，兼通曆數，由是顯名。察孝廉，除錢唐長，〔五〕遷郴令。〔六〕孫權爲驃騎將軍，〔七〕辟補西曹掾；及稱尊號，以澤爲尚書。嘉禾中，爲中書令，加侍中。赤烏五年，拜太子太傅，〔八〕領中書如故。

〔一〕胡三省曰：「闞，姓也。齊有大夫闞止。」

〔二〕山陰見孫堅傳。趙一清曰：「御覽卷四及卷三百六十引會稽先賢傳曰：澤在母胞八月，叱聲震外。年十三，夢見名字炳然在月中。」

〔三〕趙一清曰：「方輿紀要卷九十一：敢山在湖州府德清縣東北二十一里，本名闞山，吴丞相闞澤所居，後譌爲敢。」弼按：澤未爲丞相。

〔四〕宋本「思」作「師」。

〔五〕錢唐見孫堅傳。

〔六〕桂陽郡治郴，見蜀志先主傳建安十三年。

〔七〕在建安二十四年，見孫權傳。

〔八〕潘眉曰：「法苑珠林破邪篇引韋曜吴書：澤以赤烏四年拜太子太傅。按：四年，太子登也；五年，太子和也。登傳不載澤爲太傅，和傳云：赤烏五年，立爲太子，闞澤爲太傅。然則韋曜書云四年者，非也。」黄凱鈞曰：「韋曜吳書：以康僧會來到，遂感舍利，下敕闞澤。澤曰：諸佛設教，天法奉行，不敢違佛。吳主大悦，以澤爲太子太傅。愚謂澤以儒學勤勞封侯，不應以佞佛拜太傅，陳志削之是也。」

澤以經傳文多，難得盡用，乃斟酌諸家，刊約禮文及諸注説以授二宮，〔二〕爲制行出入及見賓儀，〔三〕又著乾象麻注以正時日。〔三〕每朝廷大議，經典所疑，輒諮訪之。以儒學勤勞，封都鄉侯。〔四〕性謙恭篤慎，官府小吏，〔五〕呼召對問，皆爲抗禮。人有非短，口未嘗及，容貌似不足者，然所聞少窮。〔六〕權嘗問：「書傳篇賦，何者爲美？」澤欲諷喻以明治亂，因對「賈誼過秦論最善」，權覽讀焉。初，以呂壹姦罪發聞，有司窮治，奏以大辟；或以爲宜加焚裂，用彰元惡。〔七〕權以訪澤，澤曰：「盛明之世，不宜復有此刑。」權從之。〔八〕又諸官司有所患疾，欲增重科防，以檢御臣下。澤每曰「宜依禮、律」。其和而有正，皆此類也。

吳録曰：虞翻稱澤曰：「闞生矯傑，蓋蜀之揚雄。」又曰：「闞子儒術德行，亦今之仲舒也。」初，魏文帝即位，權嘗從容問羣臣曰：「曹丕以盛年即位，恐孤不能及之，諸卿以爲何如？」羣臣未對。澤曰：「不及十年，丕其没矣，大王勿憂也。」權曰：「何以知之？」澤曰：「以字言之，不十爲丕，此其數也。」文帝果七年而崩。

臣松之計孫權年大文帝五歲，〔九〕其爲長幼也微矣。〔一〇〕

六年冬，卒。權痛惜感悼，食不進者數日。

〔一〕此即「節本」及「提要」之意，亦即羣書治要之濫觴。

〔二〕孫和傳注引殷基通語曰：「初，權既立和爲太子，而封霸爲魯王。初拜，猶同宮室，禮秩未分。羣公之議，以爲太子、國王，上下有序，禮秩宜異，於是分宮別僚，而隙端開矣。」又是儀傳云：「南、魯二宮初立，儀領魯王傅。儀嫌二宮相近切，乃上疏言，二宮宜有降殺，正上下之序。」姚振宗曰：「孫和傳云：赤烏五年，立爲太子，時年十九，闞澤爲太傅。澤是書蓋作於是時，其後和廢而霸亦賜死。又據澤傳，則尚有刊約禮文之書，大抵是禮記之屬，今不可攷。」

〔三〕姚振宗曰：「吳志孫權傳：黄武二年春正月，改四分，用乾象曆。」晉書、宋書曆志曰：「劉氏在蜀，不見改曆，當是仍用漢四分法。吳中書令闞澤受劉洪乾象法於東萊徐岳，又加解注，中常侍王蕃以洪術精妙，用推渾天之理，以制儀象及論，故孫氏用乾象曆，至於吳亡。」北周甄鸞數術記遺注曰：「漢會稽太守劉洪付乾象曆於東萊徐岳，（按此稱會稽太守，當是會稽都尉之偶誤。）岳授吳中書闞澤，澤甚重焉，爲注解。」隋書經籍志：「乾象曆三卷，吳太子太傅闞澤撰。梁有乾象麻五卷，漢會稽都尉劉洪等注；又有闞澤注五卷，亡。」唐經籍志：「乾象麻三卷，闞澤注、闞澤撰。」（按此當是劉洪撰，闞澤注，轉寫亂之。）藝文志：「劉洪乾象曆術三卷，闞澤注。」汪曰楨古今推步諸術攷：「後漢劉洪乾象術，自吳大帝黄武二年癸卯始用此術，迄歸命侯天紀四年庚子，凡行用五十八年。」趙一清曰：「劉昭補注律麻志引袁山松書曰：劉洪字元卓，泰山蒙陰人，魯王之宗室也。延熹中，以校尉應太史徵，拜郎中，遷常山長史。後爲上計掾，拜郎中，檢東觀著作律麻記，遷謁者，穀城門候，會稽東（郡）〔部〕都尉。徵還，未至，領山陽太守，卒官。洪善算，當世無偶，作七曜術。及在東觀，與蔡邕共述律麻記，攷驗天官。及造乾象術，十餘年攷驗日月，與象相應。皆傳於世。」

〔四〕周壽昌曰：「以勤學封侯，亦是異典。」

〔五〕宋本「官府」作「宮府」。

〔六〕周壽昌曰：「少窮，言少能窮之，謂所聞之富也。」

〔七〕胡三省曰：「殷紂用炮烙之刑，項羽燒殺紀信，漢武帝焚蘇文於横橋，然未以爲刑名也。王莽作焚如之刑，後世不復遵用。裂，謂車裂，古之轘刑。」

〔八〕不字下八字，馮本、吴本無之，陳本改作「不宜有此舉動，宜寬宥」。任意改易，大誤。

〔九〕孫權生於光和四年，曹丕生於中平四年，當云大六歲。

〔一〇〕宋本「矣」作「耳」。

澤州里先輩丹陽唐固〔一〕亦修身積學，稱爲儒者，著國語、公羊、穀梁傳注，〔二〕講授常數十人。權爲吴王，拜固議郎，自陸遜、張温、駱統等皆拜之。黄武四年，爲尚書僕射，卒。

吴録曰：固字子正，〔三〕卒時年七十餘矣。

〔一〕顧炎武日知録卷十七云：「先輩乃同試而先得第者之稱。通典：魏文帝黄初五年，立太學於雒陽，通五經者擢高第，不通者隨後輩復試。故唐時舉人呼已第者爲先輩。今考吴志闞澤傳言州里先輩，薛綜傳言零陵賴恭先輩仁謹，晉書羅憲傳詔問先輩宜敍用者。是先輩之稱，起於三國之時。」姚振宗曰：「唐書宰相世系表：唐林，王莽時封建德侯，六世至翔，爲丹陽太守，因家焉。翔二子，固、滂。固，吴尚書僕射。滂有唐子十卷，見隋志。」

〔二〕隋書經籍志：「春秋外傳國語二十一卷，唐固注。」唐經籍志同。藝文志：唐固注國語二十一卷。韋昭國語注序曰：「建安、黄武之閒，故侍御史會稽虞君、尚書僕射丹陽唐君，皆英才碩儒，洽聞之士也。采摭所見，因賈爲主，而損益之。觀其辭義，信多善者。然所理釋，猶有異同。」經義攷曰：「固注國語，初學記引之，餘見韋注者多。」侯康曰：「史記集解亦屢引唐注。」王謨賈氏解詁輯本序録曰：「内附唐注三十餘條，馬氏玉函山房輯存唐氏注一卷。」釋文敍録：唐固穀梁注十二卷，吴尚書僕射。隋書經籍志：春秋穀梁傳十三卷，吴僕射唐固注。二唐志均作十二卷。」

〔三〕姚振宗曰：「册府作字世正，或音聲之誤，或唐人避諱，改爲子正。」

薛綜字敬文，沛郡竹邑人也。〔一〕

吴録曰：其先齊孟嘗君封於薛，秦滅六國，而失其祀，子孫分散。〔二〕漢祖定天下，過齊，求孟嘗後，得其孫陵、國二人，欲復其封。陵、國兄弟相推，莫適受，乃去之竹邑，因家焉，故遂氏薛。〔三〕自國至綜，世典州郡，爲著姓。〔四〕綜少明經，善屬文，有秀才。

少依族人，辟地交州，從劉熙學。〔五〕士燮既附孫權，召綜爲五官中郎，〔六〕除合浦、交阯太守。時交土始開，刺史吕岱率師討伐，綜與俱行，越海南征，及到九真。〔七〕事畢還都，守謁者僕射。西使張奉於權前列尚書闞澤姓名以嘲澤，澤不能答。綜下行酒，因勸酒曰：「蜀者何也？有犬爲獨，無犬爲蜀；横目苟身，虫入其腹。」

臣松之見諸書本「苟身」或作「句身」，以爲既云「横目」，則宜曰「句身」。

奉曰：「不當復列君吴邪？」綜應聲曰：「無口爲天，有口爲吴，君臨萬邦，天子之都。」於是衆坐喜笑，而奉無以對。其樞機敏捷，皆此類也。

江表傳曰：費禕聘於吴，陛見，公卿侍臣皆在坐。酒酣，禕與諸葛恪相對嘲難，言及吴、蜀。禕問曰：「蜀字云何？」恪曰：「有水者濁，無水者蜀，横目苟身，虫入其腹。」禕復問：「吴字云何？」恪曰：「無口者天，有口者吴，下臨滄海，天子帝都。」與本傳不同。〔八〕

〔一〕郡國志：「豫州沛國竹邑。」一統志：「竹邑故城，今安徽鳳陽府宿州北二十五里。」互見魏志明紀景初二年及胡質傳注。

〔二〕史記孟嘗君列傳：「孟嘗君名文，姓田氏。文之父曰靖郭君田嬰相齊，十一年封於薛。嬰卒，文代立於薛，是爲孟嘗君。文卒，諸子爭立，而齊、魏共滅薛，孟嘗絶嗣無後也。」弼按：據此傳，是孟嘗君早無嗣矣。

〔三〕何焯曰：「此因求信陵後事，（弼按：信陵應作孟嘗。）從而僞造。果有之，則馬遷亦載之傳後矣。」

〔四〕宋本「與」作「典」。

〔五〕劉熙見蜀志許慈傳。

〔六〕官本攷證曰：「元本中郎下有將字。」

〔七〕合浦、交阯、九真均見魏志陳留王紀咸熙元年。

〔八〕蜀志費褘傳：「諸葛恪、羊衜等才博果辯，論難鋒至，褘辭順義篤，據理以答，終不能屈，權甚器之。」蓋當時兩國記載，各自誇耀，遂互相歧異耳。

吕岱從交州召出，綜懼繼岱者非其人，上疏曰：「昔帝舜南巡，卒於蒼梧，〔一〕秦置桂林、南海、象郡，〔二〕然則四國之内屬也，有自來矣。趙佗起番禺，〔三〕懷服百越之君，珠官之南是也。〔四〕漢武帝誅吕嘉，〔五〕開九郡，〔六〕設交阯刺史以鎮監之。山川長遠，習俗不齊，言語同異，重譯乃通，民如禽獸，長幼無別，椎結徒跣，〔七〕貫頭左袵，〔八〕長吏之設，雖有若無。自斯以來，頗徙中國罪人雜居其閒，稍使學書，粗知言語，使驛往來，〔九〕觀見禮化。〔一〇〕及後錫光爲交阯，任延爲九真太守，乃教其耕犂，使之冠履，爲設媒官，始知聘娶，建立學校，導之經義。〔一一〕由此已降，四百餘年，〔一二〕頗有似類。〔一三〕自臣昔客始至之時，珠崖除州縣嫁娶，皆須八月引户，〔一四〕人民集會之時，男女自相可適，乃爲夫妻，父母不能止。交阯糜泠、九真都龐二縣，〔一五〕皆兄死弟妻其嫂，世以此爲俗，長吏恣聽，不能禁制。日南郡男女倮體，〔一六〕不以爲羞。由此言之，可謂蟲豸，有靦面目耳。然而土廣人衆，阻險毒害，易以爲亂，難使從治。縣官羈縻，〔一七〕示令威服，田户之租賦，裁取供辦，貴致遠珍，名珠、香藥、象牙、犀角、玳瑁、珊瑚、琉璃、鸚鵡、翡翠、孔雀、奇物，充備寶玩，不必仰其賦入，以益中國也。然在九甸之外，長吏之選，類不精覈。漢時法寬，多自放恣，故數反違法。珠崖之廢，起於長吏覩其好髮，髡以爲髲。〔一八〕及臣所見，南海黄蓋爲日南太守，〔一九〕下車以供設不豐，撾殺主簿，仍見驅逐。九真太守儋萌〔二〇〕爲妻父周京作主人，并請大吏，酒酣作樂，功曹番歆起舞屬京，京不肯起，歆猶迫彊，萌忿杖歆，亡於郡内。歆弟苗帥衆攻府，毒矢射萌，萌至物故。交阯太守士燮，遣兵致討，卒不能克。又故刺史會稽朱符，多以鄉人虞褒、劉彦之徒分作長吏，侵虐百姓，彊賦於民，黄魚一枚，收稻一斛，百姓怨叛，山賊並出，攻州突郡。符走入海，流離喪亡。〔二一〕次得南陽張津，與荆州牧劉表爲隙，兵弱敵彊，歲歲興軍，諸將厭患，去留自在。津小檢攝，威武不足，爲所陵侮，遂至殺没。後得零陵賴恭，先輩仁謹，不曉時事。〔二二〕表又遣長沙吴巨爲蒼梧太守，〔二三〕巨武夫輕悍，不爲恭服，所取相怨恨，〔二四〕逐出恭，求步騭。是時津故將夷廖、錢博之徒尚多，〔二五〕鷙以次鉏治，〔二六〕綱紀適定，會仍召出。吕岱既至，有士氏之變。〔二七〕越軍南征，平討之日，改置長吏，〔二八〕章明王綱，威加萬里，大小承風。由此言之，綏邊撫裔，實有其人。牧伯之任，既宜清能，荒流之表，禍福尤甚。今日交州雖名粗定，尚有高涼宿賊，〔二九〕其南海、蒼梧、鬱林、珠官四郡界未綏，依作寇盜，專爲亡叛逋逃之藪。若岱不復南，新刺史宜得精密，檢攝八郡，〔三〇〕方略智計，能稍稍以漸能治高涼者，〔三一〕假其威寵，借之形勢，〔三二〕責其成效，庶幾可補復。如但中人，近守常法，無奇數異術者，則羣惡日滋，久遠成害。故國之安危，在於所任，不可不察也。竊懼朝廷忽輕其選，故敢竭愚情，以廣聖思。」〔三三〕

〔一〕史記五帝本紀：「舜踐帝位，三十九年，南巡狩，崩於蒼梧之野。」禮記檀弓：「舜葬于蒼梧之野。」

〔二〕史記秦始皇本紀：「三十三年，發諸嘗逋亡人、贅壻、賈人略取陸梁地，爲桂林、象郡、南海以適遣戍。」韋昭曰：「桂林今鬱林，象郡今日南。」賈誼過秦論：「南取百越之地，以爲桂林、象郡。」

〔三〕南海郡治番禺，見孫晧傳天紀三年。史記南越尉佗傳：「南越王尉佗，真定人，姓趙氏。佗秦時行南海尉事，秦已破滅，佗即擊并桂林、象郡，自立爲南越武王。」

〔四〕錢大昭曰：「珠官即合浦也。黄武七年，更名。宋志云：孫亮復舊。」

〔五〕吕嘉，南越王丞相也。反漢，武帝遣兵誅之。

〔六〕史記：「南越已平，遂爲九郡。」徐廣曰：「儋耳、珠崖、南海、蒼梧、九真、鬱林、日南、合浦、交阯也。」

〔七〕漢書陸賈傳：「尉佗魋結箕踞見賈。」服虔曰：「魋，音椎，今兵士椎頭髻也。」師古曰：「結讀曰髻，椎髻者一撮之髻，其形如椎。」漢書蕭何傳「何徒跣入謝」，謂赤足步行也。

〔八〕漢書地理志：「民皆服布如單被，穿中央爲貫頭。」師古曰：「著時從頭而貫之。」論語：「微管仲，吾其被髮左衽矣。」邢昺疏曰：「衽謂衣衿。衣衿向左，謂之左衽。夷狄之人，被髮左衽。」

〔九〕何焯校改「驛」作「譯」。

〔一〇〕元本「見」作「其」。

〔一一〕范書循吏傳：「任延字長孫，南陽宛人。建武初，詔徵爲九真太守，光武引見，賜馬雜繒，令妻子留洛陽。九真俗以射獵爲業，不知牛耕，民常告糴交阯，每致困乏。延乃令鑄作田器，教之墾闢，田疇歲歲開廣，百姓充給。又駱越之民無嫁娶禮法，各因淫好，無適對匹，不識父子之性，夫婦之道。延乃移書屬縣，各使男年二十至五十，女年十五至四十，皆以年齒相配。其貧無禮聘，令長吏以下各省奉禄以賑助之。同時相娶者二千餘人。是歲風雨順節，穀稼豐衍。其産子者始知種姓，咸曰：使我有是子者，任君也。多名子爲任。於是徼外蠻夷夜郎等慕義保塞，延遂止罷偵候戍卒。初，平帝時，漢中錫光爲交阯太守，教導民夷，漸以禮義，化聲侔於延。王莽末，閉境拒守。建武初，遣使貢獻，封鹽水侯。領南華風，始於二守焉。延視事四年，徵詣洛陽，以病稽留，左轉睢陽令。九真吏人，生爲立祠。」

〔一二〕何焯曰：「自錫光、任延至此，尚未及三百年，四字恐二字之譌。」

〔一三〕郝經續漢書「似」作「士」。

〔一四〕李龍官曰：「除，一本作餘。按文義似謂州縣之中，猶存禮化，除此之外，則嫁娶由己，不由父母也。作餘非。」弼按：各本皆作除，無作餘者，不知李説何據。梁章鉅曰：「引户，即古之案比。周官司徒職注：鄭司農云：漢時八月案比。後漢書江革傳縣當案比注：猶今皃閲也。册府元龜卷四百八十三：隋開皇三年，四方疲人，或詐老或少，規免雜賦。高祖乃令州縣大索貌閲，户口不實者，正口遠配。」

〔一五〕吴分交阯爲新昌郡，治糜泠，見孫晧傳建衡三年。潘眉曰：「糜泠，漢書地理志、續漢郡國志並作麊泠，糜、麊字皆誤也。攷說文米部𥻗字許慎曰：交阯有𥻗泠縣，從米，尼聲。知字當爲𥻗也。都龐，前漢舊縣，後漢省。此有都龐，當是漢末復置耳。龐，音龍。」王先謙曰：「都龐，前漢縣，續志無。沈志九真太守下云漢舊縣，吳録有。疑漢末復置。李兆洛曰：在安南清化府境。」

〔一六〕史記南越王傳：「其西甌駱裸國亦稱王。」索隱曰：「裸，音和寡反，裸露形也。」

〔一七〕毛本「麊」作「糜」，誤。

〔一八〕漢書賈捐之傳：「賈捐之，字君房，賈誼之曾孫也。元帝初即位，上疏言得失，召待詔金馬門。初，武帝征南越，元封元年立儋耳、珠厓郡，皆在南方，海中洲居，廣袤可千里，合十六縣，户二萬三千餘。其民暴惡，自以阻絶，數犯吏禁，吏亦酷之。率數年壹反殺吏，漢輒發兵擊定之。自初爲郡，至昭帝始元元年，二十餘年閒，凡六反叛。至其五年，罷儋耳郡，并屬珠厓。至宣帝神爵三年，珠厓三縣復反，反後七年，甘露元年，九縣反，輒發兵擊定之。元帝初元元年，珠厓又反，發兵擊之，諸縣更叛，連年不定。上與有司議大發軍。捐之建議，以爲不當擊，願遂棄珠厓，上從之。遂下詔罷珠厓郡。」互見孫權傳赤烏五年。

〔一九〕錢大昕曰：「此别是一人，非黄公覆也。」弼按：公覆爲零陵人，此爲南海人。

〔二〇〕毛本「萌」作「明」，下仍作「明」。

〔二一〕士燮傳：「交州刺史朱符，爲夷賊所殺。」

〔二二〕張津、賴恭均見士燮傳。錢大昕曰：「賴恭仕蜀，官至太常，而志不立傳。以士燮傳及此傳參攷之，蓋建安中劉表承制授恭交州刺史，爲蒼梧太守吴巨所逐，乃歸先主也。」

〔二三〕吴巨見劉先主傳，又見士燮傳、步騭傳。

〔二四〕官本攷證曰：「册府所字衍，取作輒。」

〔二五〕吕岱傳：「高涼賊帥錢博乞降，岱承制以博爲都尉。」

〔二六〕毛本「鷺」字空格，誤。

〔二七〕宋本、毛本「氏」作「民」，誤。趙一清曰：「謂士燮子徽也。」

〔二八〕據士燮傳、呂岱傳，更置長吏在平士氏之前。

〔二九〕高涼見呂岱傳，又見陸胤傳及鍾離牧傳注引會稽典録。

〔三〇〕孫權傳黄武五年，分交州置廣州，俄復舊。是時有珠官（即合浦）、交趾、九真、日南、南海、蒼梧、鬱林、高涼（建安末，吴分合浦置，見沈志。）八郡。

〔三一〕下「能」字衍。

〔三二〕或云宋本「借」作「備」。

〔三三〕何焯曰：「此文當與韓退之送鄭權尚書序參觀。」蔣超伯曰：「交阯、九真漢末事蹟，史多脱略。吴志士燮、步騭二傳，亦不甚詳，惟薛綜請留呂岱一疏，極爲條暢。此疏於漢末牧守，言之羅縷，可補越史所遺。」劉咸炘曰：「此疏可當交阯傳。」趙一清曰：「綜言後多驗。水經温水注：古戰灣，吴赤烏十一年、魏正始九年，交州與林邑於灣大戰，初失區粟。林邑建國，起自漢末。初平之亂，象林功曹姓區，有子名逵，攻其縣殺令，自號爲王。值世亂離，林邑遂立，後乃襲代，傳位子孫。三國鼎爭，未有所附。吴有交土，與之鄰接，進侵壽泠，以爲疆界，皆在呂岱召還之後。亦見陸胤傳。」

黄龍三年，建昌侯慮爲鎮軍大將軍，〔一〕屯半州，〔二〕以綜爲長史，外掌衆事，内授書籍。慮卒，入守賊曹尚書，遷尚書僕射。時公孫淵降而復叛，權盛怒，欲自親征。綜上疏諫曰：「夫帝王者，萬國之元首，天下之所繫命也。是以居則重門擊柝，以戒不虞；〔三〕行則清道案節，以養威嚴。〔四〕蓋所以存萬安之福，鎮四海之心。昔孔子疾時，託乘桴浮海之語，〔五〕季由斯喜，拒以無所取才。〔六〕漢元帝欲御樓船，薛廣德請刎頸以血染車。〔七〕何則？水火之險至危，非帝王所宜涉也。諺云：『千金之子，坐不垂堂。』況萬乘之尊乎！今遼東戎貊小國，無城池之固，〔八〕備禦之術，器械銖鈍，〔九〕犬羊無政，往必禽克，誠如明詔。然其方土寒埆，〔一〇〕穀稼不殖，民習鞍馬，轉徙無常。卒聞大軍之至，自度不敵，〔一一〕鳥驚獸駭，長驅奔竄，一人匹馬，不可得見，雖獲空地，守之無益。此不可一也。加又洪流滉瀁，〔一二〕有成山之難，〔一三〕海行無常，風波難免，倏忽之閒，人船異勢，雖有堯舜之德，智無所施，賁育之勇，力不得設。此不可二也。〔一四〕加以鬱霧冥其上，鹹水蒸其下，善生流腫，轉相洿染，〔一五〕凡行海者，稀無斯患。〔一六〕此不可三也。天生神聖，顯以符瑞，當乘平喪亂，〔一七〕康此民物，嘉祥日集，海內垂定，逆虜凶虐，滅亡在近。中國一平，遼東自斃，但當拱手以待耳。今乃違必然之圖，尋至危之阻，忽九州之固，肆一朝之忿，既非社稷之重計，又開闢以來所未嘗有，斯誠羣僚所以傾身側息，〔一八〕食不甘味，寢不安席者也。惟陛下抑雷霆之威，忍赫斯之怒，〔一九〕遵乘橋之安，〔二〇〕遠履冰之險，〔二一〕則臣子賴祉，天下幸甚。」時羣臣多諫，權遂不行。

〔一〕孫權傳：「黄武七年，封子慮爲建昌侯。」孫慮傳：「黄龍二年，爲鎮軍大將軍，假節，開府，治半州。嘉禾元年卒。」

〔二〕半州見張昭傳。趙一清曰：「半州即半洲城，在九江府西九十里。」錢大昭曰：「半州，地名。孫慮傳：假節，開府，治半州。甘寧傳注：因令寧將兵，遂徙屯于半州。潘璋傳：遂領百校，屯半州。朱績傳：恪向新城，要績并力而留置半州。」

〔三〕周禮天官宮正「掌王宮之戒令糾禁，夕擊柝而比之。」鄭注云：「夕，莫也。莫行夜以比直宿者，爲其有解惰，離部署，比校次其人之在否。鄭司農云：柝，戒守者所擊也。易曰：重門擊柝，以待暴客。」

〔四〕續百官志：「式道左右中候三人，六百石。車駕出，掌在前清道，還持麾至宮門，宮門乃開。」漢書百官公卿表：「武帝更名爲執金吾。」

〔五〕各本皆脱「海」字，元本、官本有之。

〔六〕論語公冶長篇：「子曰：道不行，乘桴浮于海。從我者，其由與！子路聞之喜。子曰：由也好勇過我，無所取材。」何晏集解云：「馬曰：桴，編竹木，大者曰栰，小者曰桴。鄭曰：子路信夫子欲行，故言好勇過我；無所取材者，無所取於桴材。以子路不解微言，故戲之耳。一曰：子路聞孔子欲浮海，便喜，不復顧望，故孔子數其勇曰過我，無所取哉！言唯取於己。古字材、哉同。」

〔七〕漢書薛廣德傳：「廣德字長卿，沛郡相人。爲御史大夫。上欲御樓船，廣德當乘輿車免冠頓首曰：宜從橋。詔曰：大夫冠。廣德曰：陛下不聽臣，臣自刎以血汙車輪。張猛進曰：臣聞主聖臣直，乘船危，就橋安。聖主不乘危，御史大夫言可聽。上乃從橋。」

〔八〕通鑑「池」作「隍」。

〔九〕胡三省曰：「銖者，十分黍之重，言其輕也。」潘眉曰：「銖亦鈍也。淮南齊俗訓云：其兵戈銖而無刃。高誘注：楚人謂刃爲銖。」

〔一〇〕胡三省曰：「埆，克角翻，墝瘠也。」

〔一一〕胡三省曰：「卒，讀曰猝。度，徒洛翻。」

〔一二〕胡三省曰：「滉漾，水深廣貌。滉，户廣翻；漾，以兩翻，又余亮翻。」

〔一三〕成山見魏志明紀太和六年。

〔一四〕毛本作「此三不可也」，誤。

〔一五〕胡三省曰：「洿，烏故翻。流腫者，謂毒氣下流，足爲之腫。古人謂之重膇，今人謂之脚氣。」

〔一六〕通鑑「斯」作「此」。

〔一七〕通鑑作「當乘時平亂」。

〔一八〕胡三省曰：「謂傾身而臥，側鼻而息，不得展布四體，安於偃仰也。」

〔一九〕詩大雅皇矣章：「王赫斯怒。」

〔二〇〕乘橋事，見前。

〔二一〕詩小雅小旻章：「如履薄冰。」

正月乙未，權敕綜祝祖不得用常文，綜承詔，卒造文義，信辭粲爛。〔一〕權曰：「復爲兩頭，使滿三也。」綜復再祝，辭令皆新，衆咸稱善。赤烏二年，徙選曹尚書。〔二〕五年，爲太子少傅，領選職如故。

吴書曰：後權賜綜紫綬囊，綜陳讓紫色非所宜服。〔三〕權曰：「太子年少，涉道日淺，君當博之以文，約之以禮，茅土之封，非君而誰？」是時綜以名儒居師傅之位，仍兼選舉，甚爲優重。

六年春，卒。凡所著詩、賦、難論數萬言，名曰私載，〔四〕又定五宗圖述、〔五〕二京解，〔六〕皆傳於世。

〔一〕謂綜倉猝所造，所造文義信辭粲爛也。郝經改作文義誠信，辭藻粲爛，失之。

〔二〕綜讓顧譚，見譚傳。

〔三〕何焯曰：「左傳：渾良夫紫衣狐裘。杜預注：紫衣，君服。」

〔四〕隋書經籍志：「梁又有太子少傅薛綜集三卷，録一卷，亡。」唐經籍志「薛綜集二卷」，藝文志三卷。嚴可均輯文十一篇。

〔五〕隋志：「梁有五宗圖一卷。」嚴可均曰：「通典卷七十三引薛綜述鄭氏禮、五宗圖。」

〔六〕文心雕龍指瑕篇曰：「若夫注解爲書，所以明正事理，然謬於研求，或率意而斷。西京賦稱中黄、育、獲之疇，而薛綜謬注，謂之閹尹，是不聞執雕虎之人也。」隋書經籍志：「梁有薛綜注張衡二京賦二卷，亡。」唐經籍志：「二京賦音二卷，薛綜撰。」藝文志：「薛綜二京賦音二卷。」通志藝文略：「張衡二京賦二卷，薛綜注并音。」

子珝，官至威南將軍，〔一〕征交阯還，道病死。〔二〕

漢晉春秋曰：孫休時，〔三〕珝爲五官中郎將，遣至蜀求馬。及還，休問蜀政得失。對曰：「主闇而不知其過，臣下容身以求免罪，入其朝不聞正言，經其野民皆菜色。臣聞燕雀處堂，子母相樂，自以爲安也，突決棟焚，而燕雀怡然，不知禍之將及。其是之謂乎！」〔四〕

珝弟瑩，字道言，初爲祕府中書郎，〔五〕孫休即位，爲散騎中常侍。數年，以病去官。孫晧初，爲左執法，〔六〕遷選曹尚書。及立太子，又領少傅。建衡三年，晧追歎瑩父綜遺文，且命瑩繼作。瑩獻詩曰：「惟臣之先，昔仕于漢，奕世緜緜，頗涉臺觀。〔七〕暨臣父綜，遭時之難，卯金失御，邦家毁亂。適兹樂土，庶存孑遺，天啓其心，東南是歸。厥初流隸，困于蠻垂。大皇開基，恩德遠施。特蒙招命，拯擢泥汙，釋放巾褐，受職剖符。作守合浦，在海之隅；遷入京輦，遂升機樞。枯瘁更榮，絶統復紀，自微而顯，非願之始。亦惟寵遇，心存足止。重值文皇，〔八〕建號東宮，〔九〕乃作少傅，光華益隆。明明聖嗣，〔一〇〕至德謙崇，禮遇兼加，惟渥惟豐。

哀哀先臣，念竭其忠，洪恩未報，委世以終。嗟臣蔑賤，惟昆及弟，幸生幸育，託綜遺體。過庭既訓，頑蔽難啟。堂構弗克，志存耦耕。豈悟聖朝，仁澤流盈。追録先臣，愍其無成，是濟是拔，被以殊榮。珝忝千里，受命南征，旌旗備物，金革揚聲。及臣斯陋，實闇實微，既顯前軌，人物之機；復傅東宮，繼世荷輝，才不逮先，是忝是違。乾德博好，文雅是貴，追悼亡臣，冀存遺類。如何愚胤，曾無髣髴，瞻彼舊寵，顧此頑虛，孰能忍媿，臣實與居。夙夜反側，克心自論，父子兄弟，累世蒙恩，死惟結草，〔一一〕生誓殺身，〔一二〕雖則灰隕，無報萬分。」〔一三〕

〔一〕威南將軍一人，吳置。

〔二〕晉書吾彥傳：「將軍薛珝，杖節南征，軍容甚盛。」陶璜傳：「吳遣虞汜爲監軍，薛珝爲威南將軍、大都督，陶璜爲蒼梧太守，距楊稷，戰于分水，璜敗退，保合浦，亡其二將。珝怒，謂璜曰：若自表討賊，而喪二帥，其責安在？璜曰：下官不得行意，諸軍不相順，故致敗耳。珝怒，欲引軍還。璜夜以數百兵襲董元，獲其寶物，船載而歸。珝乃謝之。以璜領交州，珝、璜遂陷交阯。」互見本志孫皓傳建衡三年注。

〔三〕孫休永安時，即蜀後主景耀時，去蜀亡之日不遠矣。

〔四〕胡三省曰：「魏相子順引先人之言也。嗚呼！蜀之亡形成矣，薛珝見而知之。濮陽興、張布用事，浦里塘之役，吳民愁怨，韋昭、盛沖以切直而不得居王所，珝亦知之否邪？知而不言，無亦容身而求免罪邪？」

〔五〕洪飴孫曰：「吳有祕府郎，掌祕書。韋曜傳：曜所撰書乞上祕府。即此。華覈傳：覈以文學，入爲祕府郎。」

〔六〕洪飴孫曰：「吳置中、左、右執法各一人，平諸官事。」

〔七〕官本攷證曰：「涉疑作陟。」

〔八〕孫晧傳：「元興元年，追謚父和曰文皇帝。」

〔九〕孫和傳：「赤烏五年立爲太子，薛綜爲少傅。」

〔一〇〕謂孫晧也。

〔一一〕左傳宣公十五年：「魏顆敗秦師于輔氏，獲杜回，秦之力人也。初，魏武子有嬖妾，無子。武子疾，命顆曰：必嫁是。疾病，則曰：必以爲殉。及卒，顆嫁之，曰：疾病則亂，吾從其治也。及輔氏之役，顆見老人結草以亢杜回，杜回躓而顛，故獲之。夜夢之曰：余而所嫁婦人之父也。爾用先人之治命，余是以報。」

〔一二〕宋本「殺」作「投」。

〔一三〕或曰：「詩亦由幹衍枝，清暢可諷。」

是歲，何定建議，鑿聖谿以通江淮，〔一〕晧令瑩督萬人往，遂以多盤石難施工，罷還，出爲武昌左部督。〔二〕後定被誅，晧追聖谿事，下瑩獄，〔三〕徙廣州。右國史華覈上疏曰：〔四〕「臣聞五帝三王皆立史官，敘録功美，垂之無窮。漢時司馬遷、班固咸命世大才，所撰精妙，與六經俱傳。大吴受命，建國南土，大皇帝末年，命太史令丁孚、〔五〕郎中項峻〔六〕始撰吴書。孚、峻俱非史才，其所撰作，不足紀録。至少帝時，更差韋曜、周昭、薛瑩、梁廣及臣五人，〔七〕訪求往事，所共撰立，備有本末。昭、廣先亡，曜負恩蹈罪，瑩出爲將，復以過徙，其書遂委滯，迄今未撰奏。臣愚淺才劣，適可爲瑩等記注而已，〔八〕若使撰合，必襲孚、峻之跡，懼墜大皇帝之元功，〔九〕損當世之盛美。瑩涉學既博，文章尤妙，同寮之中，瑩爲冠首。今者見吏，雖多經學，記述之才，如瑩者少，是以慺慺爲國惜之。實欲使卒垂成之功，編於前史之末。奏上之後，退填溝壑，無所復恨。」晧遂召瑩還，爲左國史。〔一〇〕頃之，選曹尚書同郡繆禕〔一一〕以執意不移，爲羣小所疾，左遷衡陽太守。〔一二〕既拜，又追以職事見詰責，拜表陳謝，因過詣瑩，復爲人所白，云禕不懼罪，多將賓客會聚瑩許。乃收禕下獄，徙桂陽，〔一三〕瑩還廣州。〔一四〕未至，召瑩還，復職。是時法政多謬，舉措煩苛，瑩每上便宜，陳緩刑簡役，以濟育百姓，事或施行。遷光禄勳。天紀四年，晉軍征晧，晧奉書於司馬伷、王渾、王濬請降，其文瑩所造也。〔一五〕瑩既至洛陽，特先見敘，爲散騎常侍。答問處當，皆有條理。〔一六〕

干寶晉紀曰：武帝從容問瑩曰：「孫晧之所以亡者，何也？」瑩對曰：「歸命侯臣晧之君吳也，昵近小人，刑罰妄加，大臣大將，無所親信，人人憂恐，各不自保，危亡之釁，實由於此。」〔一七〕帝遂問吳士存亡者之賢愚，瑩各以狀對。

太康三年卒，著書八篇，名曰新議。〔一八〕

王隱晉書曰：瑩子兼，字令長，清素有器宇，資望故如上國，不似吳人。歷位二宮丞相長史。元帝踐阼，累遷丹陽尹、尚書，又爲太子少傅。自綜至兼，三世傳東宮。〔一九〕

〔一〕何定事見孫晧傳建衡二年、鳳皇元年及注引江表傳。沈欽韓曰：「聖谿即青谿之古名。江南通志：潮溝在江寧府治西。客座贅語云：吳赤烏中，鑿潮溝以引江水連青溪，南抵秦淮，西通運瀆，北接後湖。今舊内城下流入竹橋者，其故迹也。案赤烏年無此事，當是孫晧時也。」謝鍾英曰：「方輿紀要：青谿在上元縣東六里溪，發源鍾山，下入秦淮。吳赤烏四年，鑿東渠，通北塹，以洩玄武湖水，南接於秦淮，逶迤十五里，名曰青溪。鍾英按：今江寧府城中。」吳增僅曰：「聖谿疑即今盱眙縣東聖人山下禹王河，一名古河，南至六合，隱隱有河身可辨。六合縣人相傳，名爲聖人河。其下多石，似是興工而未成者，與吳志薛綜傳合。」又云：「三國之際，淮南江北墟無人户，是以吕據督軍，可以直入淮泗，丁奉襲晉，可以直攻穀陽。何定建議，鑿聖谿以通江淮，其間魏無縣戍可證。」

〔二〕呂岱傳：「諸葛恪代陸遜，孫權分武昌爲兩部，岱督右部，自武昌上至蒲圻。」

〔三〕陸抗傳：「抗聞武昌左部督薛瑩徵下獄，上疏曰：瑩父綜，納言先帝，傅弼文皇。及瑩承基，内厲名行，今之所坐，罪在可宥，如復誅戮，益失民望，乞原赦瑩罪。」

〔四〕洪飴孫曰：「吴置左、右國史二人，掌修國史。」

〔五〕唐書藝文志：「丁孚漢官儀式選用一卷。」

〔六〕隋志：「始學十二卷，吴郎中項峻撰，亡。」唐經籍志：「始學篇十二卷，項峻撰。」

〔七〕周昭見步騭傳。

〔八〕或曰：「此言後人所難。」弼按：覈連疏救韋曜，見曜傳。

〔九〕監本「功」作「坊」，誤。

〔一〇〕韋曜吴書，詳見魏志武紀興平元年。沈家本曰：「史通正史篇：當歸命時，覈表請召曜、瑩續成前史，其後曜獨終其書，定爲五十五卷。今案曜傳，曜於鳳皇二年付獄，華覈救之不得，遂被誅。薛因何定事下獄，被徙。何定之誅，在鳳皇元年，薛之徙當在此時。華蓋因救韋不得，乃請召還薛，迨後書成，曜亡已久。史通云曜終其書，殊非事實。惟書非成于韋之手，而仍屬之于韋者，大約此書體例，皆韋手定，不爲孫和作紀，乃其一端。韋在時稿本已具，特未裁定奏上耳。故書之成也，華、薛皆不敢居以爲功，華、薛二傳亦不言作吴書也。」

〔一一〕毛本「禕」作「褘」，誤。

〔一二〕衡陽見孫亮傳太平二年。

〔一三〕桂陽見蜀志先主傳建安十三年。

〔一四〕毛本「州」作「川」，誤。

〔一五〕書見孫晧傳天紀四年。或曰：「郤令先、薛道言皆不幸而有文。」

〔一六〕晉書陸喜傳：「喜有較論格品篇曰：或問余薛瑩最是國士之第一者乎？答曰：以理推之，在乎四五之閒。問者愕然請問，答曰：夫孫晧無道，肆其暴虐，若龍蛇其身，沉默其體，潛而勿用，趣不可測，此第一人也。避尊居卑，禄代耕養，玄静守約，沖退澹然，此第二人也。侃然體國思治，心不辭貴，以方見憚，執政不懼，此第三人也。斟酌時宜，在亂猶顯，意不忘忠，時獻微益，此第四人也。温恭修慎，不爲諂首，無所云補，從容保寵，此第五人也。過此以往，不足復數。故第二已上，多淪没而遠悔吝，第三已下，有聲位而近咎累。是以深識君子，晦其明而履柔順也。問者曰：始聞高論，終年啓寤矣。」

〔一七〕瑩對晉武帝語，亦見晉書吾彦傳，與此相同。又見孫晧傳末注引干寶晉紀。

〔一八〕隋書經籍志：「後漢記六十五卷，本一百卷，梁有，今殘缺。晉散騎常侍薛瑩撰。」唐經籍志：「後漢記一百卷，薛瑩作。」藝文志：「薛瑩後漢記一百卷。」汪文臺輯本一卷，嚴可均輯後漢記贊六篇，（汪輯本有之。）姚之駰輯本序曰：「瑩所著漢書，當是私作，故吴志本傳不載。余靖表云：瑩作後漢記百卷。今他本直云後漢書也。瑩書大半弗存，未經拂耳瞥目，然讀世祖、顯宗二論，波屬雲委，灝瀚蒼鬱，洵良史手，他稱是矣。袁彦伯竟未采及，何邪？」姚振宗曰：「吴志本傳未載瑩作後漢記，此史文偶爾疎漏，不關公私。」弼按：自唐章懷注范書，范存而諸家微，此亦文人之有幸有不幸也。隋志：晉散騎常侍薛瑩集三卷。唐經籍志：晉薛瑩集二卷。藝文志：吴薛瑩集三卷。

〔一九〕晉書薛兼傳：「兼，丹楊人。父瑩，有名吴朝。吴平，爲散騎常侍。兼少與同郡紀瞻、廣陵閔鴻、吴郡顧榮、會稽賀循齊名，號爲五儁。初入洛，司空張華見而奇之，曰：皆南金也。自綜至兼，三世傳東宮，談者美之。」吴世鑑曰：「綜爲沛郡竹邑人，其後仕吴，故子孫著籍於丹陽也。」

評曰：張紘文理意正，爲世令器，孫策待之亞於張昭，誠有以也。嚴、程、闞生，一時儒林也。至晙辭榮濟舊，不亦長者乎！薛綜學識規納，爲吴良臣。及瑩纂蹈，允有先風，然於暴酷之朝，屢登顯列，君子殆諸。